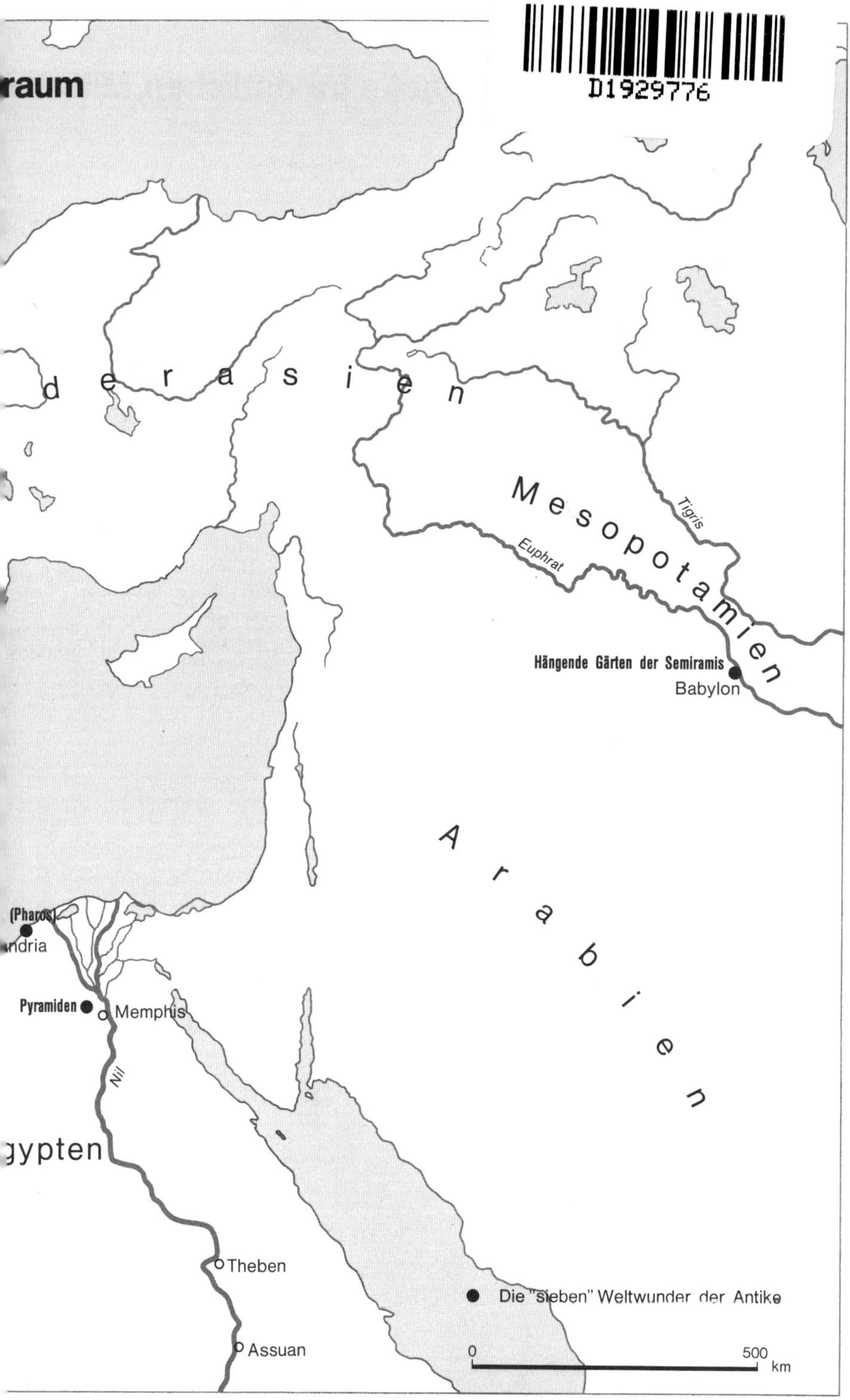
raum
d e r a s i e n
Mesopotamien
Tigris
Euphrat
Hängende Gärten der Semiramis
Babylon
Arabien
(Pharos)
ndria
Pyramiden
Memphis
Nil
gypten
Theben
Assuan
Die "sieben" Weltwunder der Antike
0
500
km

Manfred Barthel

Glanz und Geheimnis der Antike

Manfred Barthel

Glanz und Geheimnis der Antike

Rätsel zwischen Sphinx und Sokrates

ECON Verlag
Düsseldorf · Wien · New York · Moskau

Die Deutsche Bibliothek - CIP-Einheitsaufnahme

Barthel, Manfred:
Glanz und Geheimnis der Antike: Rätsel zwischen Sphinx und Sokrates.
Manfred Barthel. Überarb. Neuausg. Düsseldorf; Wien; New York;
Moskau: ECON Verlag 1992
Früher u.d.T.: Barthel, Manfred. An den Gestaden der Götter
ISBN 3-430-11183-8

Überarbeitete Neuausgabe 1992
Bisheriger Titel »An den Gestaden der Götter«

Gesetzt aus der Times, Berthold
Satz: Dörlemann-Satz, Lemförde
Papier: Papierfabrik Schleipen GmbH, Bad Dürkheim
Druck und Bindearbeiten: Spiegel, Ulm
Printed in Germany
ISBN 3-430-11183-8

Inhalt

Statt eines Vorworts: Die Antike lebt

Die Antike ist immer noch für Überraschungen gut.

Geistig ist sie uns allemal näher als irgendeine andere Epoche der Geschichte.

Dies zu belegen, wurden in diesem Buch älteste Weisheiten mit jüngsten Forschungsergebnissen gebündelt.

Aber es wäre zuwenig, käme zur Information nicht die Emotion hinzu - zum Bücherwissen das Erlebnis. Dadurch erst wird aus der engbegrenzten antiken Welt die grenzenlose Weite des Geistes, unseres abendländischen Geistes.

Immer wieder muß man sich vor Augen halten: Kreta ist von Troja nicht weiter entfernt als München von Berlin, und Kleinasiens Küste samt Ägäis und Korfu passen leicht in die Fläche der Bundesrepublik ohne die neuen Bundesländer.

Eine kleine Welt der großen Gegensätze - verbunden durch die Wellen des Meeres in ihrer Mitte. Das Mittelmeer trug Waren und Werte an die Gestade der Götter und die Küsten der Kaufleute.

»Wie Frösche sitzen wir am Ufer dieses Tümpels und quaken uns an«, hat Sophokles respektlos geschrieben. Wenn Homer bewundernd von einem »weit über die Erde gekommenen Mann« sprach, dann war dieser antike Globetrotter bestenfalls bis nach Gibraltar und dem Hellespont gekommen - den beiden Enden der antiken Welt, der Wiege unserer Kultur. So liefert ein halber Satz Homers ein Beispiel mehr, wie töricht jene rechnen, die viele Reisekilometer für große Erfahrungen halten.

Ich habe Seemeilen und Kilometer nicht gezählt, die ich seit Anfang der fünfziger Jahre in dieser Mittelmeerwelt zurückgelegt habe. Auf Frachtern, Yachten, Luxusschiffen. In Sportflugzeugen und Düsenjets. Per Eisenbahn, Bus, Geländewagen und - oh, das war schön! - auf dem Fahrrad.

Viel habe ich gesehen, viel gelesen. Immer war das *Sehen* wichtiger als das Lesen. Dadurch fanden neue Fragen an alten Plätzen oft verblüffende Antworten. Auf Malta, in Kom Ombo, auf Kreta, Santorin, in Mykene, Epidauros, Paestum und sogar im »ausgeforschten« Rom.

Der Leser mag entscheiden, ob das, was auf diesen Seiten zusammengetragen wurde, den Satz des Komödienautors Terenz (190–159 v. Chr.) lügen straft: »Nullum est iam dictum, quod non dictum sit prius.« (Es gibt kein Wort mehr, das nicht schon früher gesagt ist.)

M. B.

I.

Vorgeschichte vor der Haustür

»Zu den vielen Rätseln aus Maltas Vorgeschichte rechne ich auch die Tatsache, daß die Römer auf Malta - anders als in anderen besetzten Gebieten - die Steinzeittempel weder zu Kultstätten für ihre Götter umfunktionierten noch zerstörten. Wir wissen nicht, warum dies geschah.«

Sir Themistocles Zammit,
Leiter der Ausgrabungen von 1915.

1. Malta steckt voller Rätsel

Warum auf Malta eine Taschenlampe wichtig ist / Die ältesten und größten Steinzeittempel wurden nach einer genormten Vorlage gebaut / »Miss Malta« - 6000 Jahre alt / Antike Orakelstätten? / Rillen im Fels mit Bundesbahnspurbreite / Drei Etagen unter der Erde - Räume ohne Ecken / Was geschah auf Malta vom 2. bis zum 1. Jahrtausend v. Chr.? / Die C-14-Methode und ihre Fehlerquellen.

»Nach Malta reisen Sie?! Dann nehmen Sie unbedingt eine starke Taschenlampe mit!« Der Mann, dem ich diesen Tip gab, schaute mich an, als hätte ich ihm geraten, nach Kenia nicht ohne Pelzstiefel zu fliegen. Er wußte nicht, daß Maltas größte Sehenswürdigkeit 20 Meter unter der Erde liegt. Wochen später erhielt ich eine Ansichtskarte aus Malta. Mit nur einem Wort: »Danke!« Daneben war eine überdimensionale Stabtaschenlampe gezeichnet.

Man kann mit dem Flugzeug diese Insel besuchen, auch Kreuzfahrtschiffe liegen gern in La Valletta auf Reede. Die Werften auf Malta sind bekannt für gute Arbeit. Das mag an englischer Schiffsbautradition liegen. Die Engländer waren von 1810 (offiziell ab 1814) bis 1964 Herren der inzwischen unabhängigen Insel.

Auf Malta sind sich Deutsche und Engländer zweimal auf Tuchfühlung näher gekommen. Das erstemal freundschaftlich in der Zeit von 1530 bis 1788, als die Insel dem Johanniterorden gehörte. Kaiser Karl V. hatte 1530 den aus Rhodos vertriebenen Johannitern Malta übertragen - gegen jährlich einen Falken als symbolische Gegenleistung. Den Ordensrittern gelang es, die Insel gegen die Türken zu verteidigen. Als Belohnung dafür erlaubte ihnen Papst Klemens VII., sich Malteserorden zu nennen. Damals entstand eine heute noch zu besichtigende Herberge für die englisch-bayerische »Zunge« dieses Ordens. Wobei Zunge für jedes der acht Ordensländer steht. Die seltsame Verbindung kam zustande, weil sowohl die Engländer wie die Bayern zuwenig Ritter stellten, als daß jede von ihnen eine eigene »Zunge« hätte bilden können.

Der zweite Inselkontakt zwischen Engländern und Deutschen wurde in letzter Minute gestoppt. Zum Glück. Im Zweiten Weltkrieg waren die Pläne für die Eroberung Maltas durch deutsche

Fallschirmspringer fix und fertig ausgearbeitet. Nach den furchtbaren Verlusten bei der Eroberung Kretas verschwanden sie in den Generalstabsschubladen. Dafür fielen auf die 246 Quadratkilometer Maltas mehr Bomben als auf irgendeine andere Insel im Mittelmeer.

Dreimal bin ich in den letzten fünf Jahren mit Reisegruppen auf Malta gewesen, jedesmal wurden die gleichen zwei Inselrundfahrten angeboten. Die eine gut drei, die andere sechs Stunden lang. Gezeigt werden: die Hauptstadt Valletta, Gärten, Großmeisterpalast, Kathedrale, die alte Hauptstadt Mdina, die Marienkirche von Mosta. Die Zeitdifferenz zwischen drei und sechs Stunden füllt ein Mittagessen. Wer Glück hat, bekommt vom Führer im Vorüberfahren auch noch die Stelle gezeigt, an der Paulus 60 n. Chr. Schiffbruch erlitten haben soll.

Ob drei oder sechs Stunden - nach Ausflugsende gab es bei den Teilnehmern immer mehr enttäuschte als zufriedene Gesichter. Kein Wunder, Malta hat weder Berge noch Flüsse noch Wälder zu bieten, und seine Badestrände sind eher dürftig. Mehr als das, was gezeigt wird, gibt es auf Malta offenbar nicht. Jedenfalls müssen dies die enttäuschten Touristen annehmen. Woher sollen sie auch wissen, daß es auf Malta und seiner Nachbarinsel Gozo archäologische Stätten gibt, die einmalig in der ganzen Welt sind. So wurden auf Gozo die ältesten freistehenden Steintempel der Menschheit gefunden. Eine Weltsensation, wirklich.

Dreißig megalithische Kultbauten habe ich auf beiden Inseln gezählt. Alle aus dem 4. und 3. Jahrtausend v. Chr. Stonehenge in England dürfte in dieser Epoche der Jungsteinzeit entstanden sein. Die Anlage auf englischem Inselboden ist ein kümmerlicher Steinkreis im Vergleich zu dem, was damals auf Malta und Gozo errichtet worden ist.

Heute ist Gozo, die kleine, grüne Nachbarinsel Maltas, keine zwanzig Fährschiffminuten entfernt, beliebtes Ziel für Badeurlauber. Sie folgen damit den Spuren des Odysseus, der an den Gestaden dieser Insel bereits einen ausgedehnten Urlaubsflirt erlebte. Die schöne Nymphe Kalypso behielt ihn sieben Jahre in ihrer Grotte. Offenbar war sie mehr Nymphomanin als Nymphe. Homer berichtet von diesem Odysseusabenteuer. Bei ihm heißt die Insel Ogygia. Homer behauptet auch, Ehemann Odysseus sei gegen seinen Willen bei der knusprigen Kalypso geblieben. Doch kann das nicht ganz stimmen, immerhin entsprossen dem siebenjährigen Dolcefarniente zwei Söhne.

Auf der Kalypsoinsel Gozo steht die größte und älteste Steinzeittempelanlage. In Maltesisch, diesem Sprachgulasch aus Arabisch, Französisch, Italienisch, heißt sie denn auch Gigantja. Ihre Mauern sind noch heute 5 Meter hoch. Einige der Kalksteinquader haben Einfamilienhaus-Ausmaße. Ihr Gewicht: 40 bis 50 Tonnen. Zur Auffrischung: 1 Tonne hat 1000 Kilo.

Seit 1824 ist dieser Bau freigelegt - doch noch immer nehmen nur wenige Reiseführer Notiz davon. Dabei ist seine Kolossalität nicht die einzige Besonderheit. Diese Tempelanlage mit ihren beiden Kultstätten wurde nach einem »Kleeblatt«-Grundriß errichtet. Drei runde Kammern umgeben einen ebenfalls runden Mittelraum. Zufall? Sonderlaune eines Steinzeitarchitekten? Keineswegs! Nicht nur dieser Riesentempel, sondern *alle* Kultstätten auf Malta und Gozo wurden nach einem solchen Kleeblattgrundriß errichtet.

Neben diesen Kultbauten hat Malta eine weitere prähistorische Sensation: In der ca. sechstausend Jahre alten Höhle Ghar Dalan kann man Skeletteile von Zwergelefanten, Flußpferden in Handtaschenformat und Löwen in Plüschtiergröße bestaunen. Niemand kann hieb- und stichfest erklären, wie es zu dieser Miniaturisierung in einer frühen Welt gekommen ist, die in ihren plastischen Darstellungen das Gegenteil, nämlich das Füllige und Runde, liebte. Auch dafür bietet Malta Beispiele.

Ein Museumsbesuch auf Malta gehört ins Urlaubsprogramm. Nicht nur als Regentag-Alternative. In seinen kühlen Sälen können sich Freunde Rubensscher Formen an weiblichen Figuren satt sehen, deren massige Konturen mit ihren zierlichen, graziösen Händen und Füßen kontrastieren. Schönheitsideale einer Epoche, die beweisen: Schon immer liebte man nicht, was schön ist, sondern schön ist, was wir lieben.

Wer aber nicht bereit ist, auch nur eine Stunde seines Urlaubs für einen Museumsbesuch abzuzwacken, der kann in der frischen Luft einen Ausflug in die Vorgeschichte unternehmen und per Bus oder Taxi nach Hal Tarxien, etwa 10 Kilometer südlich von Valletta, fahren. Auf einem Hektar sind dort gleich vier Kultbauten zu besichtigen. Auch sie im Kleeblattgrundriß erbaut. Unfaßbar, daß alles ohne Metallwerkzeug behauen wurde. Feuersteinklingen waren die einzigen Geräte. Einige hat man gefunden, unmittelbar neben dem Torso einer wohlgerundeten Statue von zweieinhalb Meter Höhe, die mit diesem primitiven Werkzeug geschaffen wurde.

Nur: Feuerstein gibt es nirgendwo auf Malta! Wer brachte ihn hierher? Und: Wozu wurden solche Riesenstatuen geschaffen? Für wen und von wem? Wir wissen es nicht. Malta steckt voller Rätsel. Wir sehen, was diese Menschen erbauten, wir wissen, wann sie es taten, aber wozu diese Gebäude dienten, wissen wir ebensowenig, wie wir die Wohnstätten ihrer Erbauer bisher gefunden haben. Kamen diese Menschen aus Afrika, von Sizilien oder aus Arabien? In keinem dieser Gebiete fand man ähnliche »Kleeblatt«-Bauten. Nicht ein einziges Schriftzeichen wurde gefunden, wir sind auf Vermutungen angewiesen. Vergleiche müssen helfen, das Dunkel wenigstens notdürftig aufzuhellen.

Derartige Vergleichsuntersuchungen frustrieren, weil sie nie mit absoluter Gewißheit Fragen beantworten können. Das Ergebnis bleibt unbefriedigend wie ein Urteil aufgrund von Indizien. Hier folgen zwei Beispiele für solche Kombinationen à la Sherlock Holmes:

Erstes Beispiel: Bei mehreren Kultbauten auf Malta entdeckte man sogenannte »Türlochplatten«. Darunter verstehen Archäologen Steinplatten, in die Gucklöcher in Augenhöhe gebohrt worden sind. Mit welchem Werkzeug auch immer - in einer Zeit, die noch kein Metall kannte, muß dies eine mühselige Arbeit gewesen sein, die man sich nur für einen wichtigen Zweck auferlegt hat.

Die »Türlochplatten« füllten den Raum zwischen zwei aufrechtstehenden Steinen, die durch einen horizontal darüberliegenden Stein verbunden waren. Solche Platten wurden an mehreren Plätzen im Mittelmeerraum gefunden. Meist handelte es sich um frühe Orakelstätten, bei denen sie als Trennwand zwischen dem Orakel und seinem Kunden dienten. Also kam man zu dem Wahrscheinlichkeitsschluß, daß auch auf Malta diese Tempelanlagen Orakelplätze gewesen sein könnten. Der Konjunktiv regiert bei solchen Schlüssen, die davon ausgehen, daß das, was (vielleicht) für den Platz X galt, auch für den Platz Y gelten könnte.

Zweites Beispiel: In der Minsija, einer ziemlich einsam-trostlosen Gegend nordwestlich von Valletta, und auch auf Gozo gibt es mehrere geheimnisvolle Doppelspuren. Jeweils zwei 50 Zentimeter tiefe Rillen laufen parallel im felsigen Grund. An einigen Stellen enden sie unvermittelt, an anderen gibt es Weichen und Kreuzungen. Fast alle führen bis zur Küste. Zusätzliches Staunen für Eisenbahnfans: Diese Steinzeitschienen haben die Spurbreite der Deutschen Bundesbahn, 1,4 Meter.

Wer hat sie wozu gebaut? Erich von Däniken, unser Astroarchäologe, war rasch mit einer Antwort zur Hand: Es sind vorzeitliche Abschußrampen der Außerirdischen. Die Geologen - und nicht nur sie - folgten nicht seinem Gedankenflug ins Weltall. Sie haben eine irdische Antwort anzubieten: An Afrikas Küste gegenüber von Malta entdeckten sie »Schienen«, die denen von Malta in Spurbreite und Rillentiefe entsprechen.

Die Theorie von der Landbrücke, die einst Afrika, Malta und Sizilien verbunden haben soll, erhielt dadurch solide vorgeschichtliche Pfeiler. Nur die Archäologen wurden nicht so recht froh. Sie hatten die Malteser Schienen in das 4. vorchristliche Jahrtausend datiert, die Entdeckung, daß sie im heutigen Libyen weitergehen, verlegte deren Entstehung um einige Jahrtausende zurück. Sie konnten also nicht von den Transportschlitten herrühren, mit denen die Steinquader für die Kleeblattempel transportiert worden waren. Bis heute gibt es keine verbindliche Deutung und Datierung dieser Steinschienen.

Das Interesse an ihnen wurde durch eine Entdeckung verdrängt, die den Blick in das größte Rätsel von Malta freigab:

1912 baute sich in der Straße Hal Safieni in Vallettas Vorort Paola ein Mann ein Haus. Ein gutes Haus mit Keller sollte es werden. Also wurde ausgeschachtet. Dabei brach ein Arbeiter durch die Erdschicht und fiel etwa 3 Meter tief in eine Höhle. Als er sich aufrappelte und ihm eine Lampe abgeseilt wurde, erkannte er, daß er nicht nur ein paar Meter tief gefallen war, sondern auch fünftausend Jahre zurück. Beim kalten Licht seiner Karbidlampe sah er schattenhaft ein Labyrinth unterirdischer, aus weichem Kalkstein gehauener Gewölbe, Kammern, Nischen, Gänge, Stufen, Treppen, Durchgänge - alle ohne Ecken und Kanten. Decken und Wände waren bemalt.

Durch seinen Sturz hatte der unbekannte Arbeiter zufällig eine der ungewöhnlichsten unterirdischen Tempelanlagen entdeckt. Ihre überragende Bedeutung sollte sich erst bei näherer Untersuchung herausstellen. Zuerst einmal hielt man sie für eine weitere unterirdische Tempelanlage, von denen man in Kleinasien bereits einige entdeckt hatte. Doch dann stellte sich heraus: Sie ist die älteste und die größte. Drei Etagen tief! Was wir uns an bautechnischem Aufwand nur bei Bunkern und Tiefgaragen (wer ruft hier: Pleonasmus?) leisten, das haben Mitte des 3. Jahrtausend v. Chr. Menschen auf sich genommen, um ein - ja, was? - zu schaffen. Es gibt zwar viele Theorien, wozu diese unterirdische Anlage diente - aber keine ist so stichhaltig, daß durch sie die anderen unter den Tisch fielen.

Wer heute das Hypogäum (aus griechisch hypo = unter und gaia = Erde) von Paola durch eine ganz normale Haustür betritt und von einer Wohndiele aus in die Unterwelt steigt, braucht bequemes, stabiles Schuhwerk, denn die Wege sind uneben und schmal. Außerdem ist die Beleuchtung spärlich, deshalb den Rat, eine Taschenlampe ins Malta-Reisegepäck zu legen. Was man dann allerdings zu sehen bekommt, wäre es wert, auch größere Mühsal in Kauf zu nehmen.

Der verzweigte Dreietagenbau ist so raffiniert angelegt, daß der Eindruck entsteht, man durchwandere vier oder fünf verschiedene Ebenen. Immer wieder kommt man in Räume von unterschiedlicher Größe, keiner von ihnen hat Wände mit Ecken. Alles in dieser Unterwelt ist rund gebaut. Am beeindruckendsten das »Allerheiligste«: In diesem Rundbau stimmen sämtliche Proportionen, saubere Feinarbeit überall und eine ausgereifte Akustik. Ein geflüstertes Wort läuft rund um den Bau.

Ob er wirklich das Allerheiligste war? Alle Namen, die für die einzelnen Räume verwendet wurden, wie »Große Halle«, »Rundkammer« usw., sind Erfindungen, Notbehelfe. Fachgelehrte schätzen, daß etwa tausend Jahre an diesem Bau gearbeitet wurde. Eine höchst fiktive Zahl. Wissen wir doch nicht, wie viele Menschen beschäftigt waren. Wegen der schmalen Gänge konnten immer nur wenige ausschachten. Wohin das dabei anfallende Erdreich abtransportiert wurde, ist bis heute ungeklärt. Vielleicht ins Meer - oder doch über die Schienenrillen, die die Geologen für sich reklamieren? Die bewundernswürdige Bauakkuratesse, die perfekte Logistik beim Abtransport des Erdreichs sind nur der Anfang einer Kette von Rätseln. Auch in den tiefsten Räumen ist die Luft rein und trocken. Kein Modergeruch. Keine Atemnot für uns air-condition-verwöhnte Spätbesucher. Wie man für Hunderte von Menschen, die sich offensichtlich hier versammelten, das Be- und Entlüftungsproblem gelöst hat, wissen wir nicht. Fest steht: einfacher und mit natürlicheren Methoden als heutige Techniker bei einigen supermodernen Bauten.

Ein Rätsel auch - ähnlich wie bei den ägyptischen Mastabas (Mastabas nennt man die vornehmen Privatgräber aus dem Alten Reich. Sie setzten sich aus den Grabkammern und dem Kultraum zusammen, deren Wände und Decken bemalt waren) -, bei welcher Beleuchtung die Maler ihre Bilder an Decken und Wände malten oder fehlerlose Spiralreliefs in den Stein ritzten. Zwar wurden Rußspuren von Talgfunzeln gefunden, aber ob deren Licht ausgereicht hat, ist zweifelhaft.

Weil man zwei kleine weibliche Toplessfiguren aus Terrakotta in einem der großen Räume gefunden hat, erklärten einige Ausgräber sie kurzerhand zu schlafenden Priesterinnen und schlossen daraus - mehr kühn als fundiert -, hier sei unterirdischer Tempelschlaf mit Orakelkult praktiziert worden. Genausogut können es Darstellungen von barbusigen Klageweibern sein, wie sie bei Bestattungen in dem sumerischen und israelitischen Kulturkreis als Grabbeigaben benutzt wurden. Für diese Theorie spricht, daß in und um das Hypogäum große Skelettfunde gemacht wurden. Die Reste von 7000 menschlichen Skeletten hat Professor Zamit registriert. Dazu Knochenreste unzähliger Opfertiere. Lebten im Neolithikum mehr Menschen auf Malta als heute, wo die Einwohnerzahl um 30000 liegt?

7000 menschliche Skelette in einer einzigen Tempelanlage! Ein solcher Fund verlangt nach Erklärungen. In welchem Zeitraum wurden sie gesammelt? Monate, Jahre, Jahrzehnte? Waren es Opfer, starben sie eines natürlichen Todes? Man vermutet, daß der Tempel zu einer Begräbnisstätte umfunktioniert worden ist. Aber warum und wann dies geschehen sein soll, bleibt ein weiteres Rätsel.

In einer englischen Fachzeitschrift fand ich folgende Erklärung:

»Nach dem Eindringen einer neuen Bevölkerung um 2000 v. Chr. diente die unterirdische Anlage als Begräbnisstätte.« Eine Behauptung, die zu ihrer Rechtfertigung lediglich anführen kann, daß etwa ab 2000 v. Chr. nichts mehr gefunden wurde, was aus jenem Kulturkreis stammt, der diese Anlage geschaffen hat. Es wurden aber auch keine anderen Funde gemacht! Damit fehlt jeder Beleg, daß eine andere »Bevölkerung« Malta eroberte und die bisherigen Menschen ausrottete, es sei denn, man will das Fehlen jeder Art von Funden damit erklären, diese neue Bevölkerung sei so primitiv gewesen, daß nicht eine einzige Tonscherbe von ihr zeugt.

Die Wahrheit ist: Wir wissen nicht, was in der Zeit von 2000 v. Chr. (+/– 200) bis zum Eintreffen der Phönizier im Jahr 1000 v. Chr. (+/– 200) auf Malta geschah. Da es keine Funde gibt, liegt dieses Jahrtausend im Schoß der Geschichte. Für diese Zeitspanne stehen wir auf Malta vor einem ähnlich unerklärlichen (oder zumindest: ungeklärten) Phänomen wie bei den Maya, die im 52-Jahre-Rhythmus ihre intakten Städte verließen, ohne daß wir bis heute wissen, aus welchem Grund. Was auf Malta zwischen 1500 und 1000 v. Chr. geschah, ist noch mysteriöser. Eine Kultur, die sich durch erstaunliche Bauten manifestiert hatte, versiegte total, verschwand für immer.

Eine Epidemie - war die erste Vermutung. Kann nicht sein, denn man fand keine Skelette, die jünger sind als 1500 v. Chr.

Eine Auswanderungswelle, aus welchen Gründen auch immer, wie wir sie zu späteren Zeiten vor allem von Völkern aus Kleinasien kennen? Auch diese Theorie war rasch zu widerlegen. In Hal Safiendi waren nämlich vorbereitete, aber leere unbenutzte Gräber gefunden worden. Das sprach gegen einen geplanten Aufbruch. Diese leeren Gräber bewiesen, daß der Untergang dieser Menschengruppe überraschend erfolgte, sie war nicht auf diese Katastrophe vorbereitet gewesen. Sowenig wir wissen, woher diese Menschen kamen, sowenig wissen wir, was sie vertrieb, wohin sie um 1000 v. Chr. (+/– 200) gingen.

Bei so viel Ungeklärtem und Rätselhaftem nimmt es vor allem wunder, mit welcher Genauigkeit die Archäologen ihre chronologischen Angaben plazieren. Sind sie so sicher, oder tun sie nur so? Schließlich kann kein Laie ihre Angaben nachprüfen. Nein, die

Gelehrten blufften nicht. Sie hatten handfeste Belege für ihre Angaben. Jedenfalls glaubten sie es eine ganze Weile.

Die Chronologie der neolithischen Kultur auf Malta wurde in den fünfziger und sechziger Jahren unseres Jahrhunderts nach der gerade erst praktizierbaren C-14-Methode ermittelt. Sie erlebte auf Malta ihren ersten großen Sieg und kurz darauf ihre erste Niederlage.

Was ist das eigentlich, diese C-14- oder Radiokarbonmethode (zusammengesetzt aus radiare = strahlen und carbo = Kohle), ohne deren Erwähnung kaum noch ein archäologisches Fach- und Sachbuch auskommt? Erfunden hat diese Zeitbestimmungsmethode kein Archäologe, sondern ein Chemiker. Der Amerikaner Willard Frank Libby, ein Mitarbeiter beim Bau der ersten Atombombe. Ende der vierziger Jahre fand er eine Methode, mit der das Alter organischer Substanzen mit erstaunlicher Genauigkeit festgestellt werden konnte. Er erhielt dafür 1960 den Nobelpreis für Chemie.

Libby machte sich für seine Methode zunutze, daß in allen organischen Substanzen außer normalen Kohlenstoffatomen noch eine besondere Kohlenstoffvariante vorhanden ist. Während der normale Kohlenstoff die Massenzahl 12 hat und nicht radioaktiv ist, hat dieses abweichende Kohlenstoffisotop die Massenzahl 14 und ist radioaktiv. Nach der chemischen Abkürzung für Carbo (Kohle) unterscheidet man daher beide als C-12 und C-14.

C-14 wird bei lebenden Organismen ständig abgebaut, da aber Lebewesen ebenso ständig neuer C-14-Kohlenstoff von außen zugeführt wird, bleibt seine Quantität im Organismus konstant. Aber eben nur so lange, wie dieser lebt! Wenn der Mensch stirbt, der Baum gefällt, das Tier getötet wird, endet die Aufnahme radioaktiven Kohlenstoffs von außen, und der C-14-Bestand im Organismus wird allmählich geringer. »Die Radiokarbonuhr beginnt zu ticken«, hat Libby dies plastisch ausgedrückt.

Auch wenn der tote organische Gegenstand vergraben oder verschüttet ist, kann das ständige Strahlenbombardement aus der Atmosphäre den C-14-Gehalt nicht mehr verändern. Aus früheren Untersuchungen und Berechnungen war bekannt, daß jeweils die Hälfte der vorhandenen C-14-Isotope in einer ganz bestimmten Zeit zerfällt – das ist die sogenannte Halbwertzeit. Also, folgerte

Libby, braucht man nur nach dem Absterben das sich ständig verändernde Verhältnis zwischen dem gleichbleibenden »normalen« (C-12) und dem sich verringernden radioaktiven Kohlenstoff (C-14) zu messen, um festzustellen, wieviel Zeit seit dem Absterben des untersuchten organischen Fundobjekts vergangen ist. Damit war die erste absolute Datierungsmethode - allerdings nur bei organischen Stoffen - für die Früh- und Vorgeschichte bis zu einem Zeitraum von etwa 50000 Jahren vor unserer Zeitrechnung gefunden. Für frühere Zeiten ist diese Methode nicht mehr anwendbar, weil dann sämtliche C-14-Isotope zerfallen sind.

Der Jubel unter den Archäologen war groß. Das Rätselraten und Tasten bei Zeitangaben schien zu Ende. Chemophysikalische Daten sind schließlich Grundwerte. Der Respekt, den Geisteswissenschaftler ohnehin vor den nachprüfbaren Ergebnissen ihrer Kollegen von der naturwissenschaftlichen Zunft haben, machte sie zu gläubigen Anhängern dieser Methode. Alles und jedes wurde gemessen. Hauptsache, es war etwas Organisches. Die Skelettberge im Hypogäum auf Malta waren hervorragendes Testmaterial. Die C-14-Methode ergab für diese Knochenreste und verkohlte Holzstücke eine Entstehungszeit des Hypogäums von ca. 2000 bis 2500 v. Chr. Diese Zahlen waren denn auch in den offiziellen Broschüren zu lesen.

Inzwischen sind diese Zahlen korrigiert. Und zwar gleich um rund tausend Jahre weiter in die Vergangenheit! Was war geschehen? Man hatte festgestellt, daß auch diese chemophysikalische Methode ihre Macken, Tücken und Fehlerquellen hat. Zuerst einmal stellte sich heraus, daß die Halbwertzeit eben doch nicht so genau feststeht, wie man anfangs glaubte. Während man zuerst mit einer Halbwertzeit von 5568 Jahren rechnete, setzte man später die Zerfallzeit mit knapp 6000 Jahren an. Nach neuesten Untersuchungen liegt der genaue Halbwert bei 5730 bis 5760 Jahren. Auch veränderten äußere Fehlerquellen die Ergebnisse. Dazu zählen verunreinigtes Testmaterial oder ungenaue Angaben, aus welcher Grabungsschicht das Prüfstück stammte. Schließlich mußten auch die Naturwissenschaftler zurückstecken und die Perioden der C-14-Strahlungen korrigieren. Man fand heraus, daß C-14 nicht regelmäßig, sondern in »Schüben« strahlt. Um diese Ungenauigkeit aufzufangen, einigte man sich auf einen oberen und einen unteren Grenzwert. Auf Seite 18 finden Sie z. B. mehrmals Jahreszahlen, hinter denen in Klammern (+/– 200) steht. Das besagt, es muß nicht das Jahr 2000 v. Chr. gewesen sein, sondern es könnte auch 1800 oder 2200 v. Chr. gewesen sein.

Inzwischen weiß man, die Karbonuhr hatte falsch getickt. Sie war nachgegangen. Das hatten Kontrollmessungen nach dem Dendrochronologieverfahren ergeben. Sie brauchen sich das Wort nicht zu merken. Der deutsche Name dieses Verfahrens ist einfacher und anschaulicher: Baumring- oder Jahresringdatierungsmethode.

Jahresringe von Bäumen können nicht nur gezählt, sondern auch in ihrem Abstand voneinander gemessen werden. In guten Jahren wächst der Baum stärker, in schlechten weniger stark, und das wirkt sich sichtbar auf den Abstand der Ringe aus. Auf dieser Basis wurde ein langfristiger Jahresringkalender aufgestellt, den man zur Überprüfung der Ergebnisse aus anderen Messungen heranziehen kann. Hundertprozentig richtig ist auch er nicht, aber die Schwachstellen des einen Verfahrens sind nicht die gleichen eines anderen. So tastet man sich an das vermutlich richtige Ergebnis heran. Ein wenig ist es wie in der Fabel vom Blinden und Lahmen.

In diesem Kapitel stehen die Daten, die seit 1976 für Malta gelten. Auch sie sind noch vage genug. So heißt es, weil man es nicht besser weiß, gelegentlich »zwischen 4000 und 2500 v. Chr.«.

Dies alles zu wissen ist nützlich, aber nicht notwendig. Es genügt, durch die Tempelanlagen zu gehen, mit Bewunderung und Phantasie. Beides ist unerläßlich für archäologische Information. Oder, um es mit den Worten von Ludwig Curtius zu sagen, dem ehemaligen Direktor des Deutschen Archäologischen Instituts in Rom: »Ein Archäologe muß sich vor der Phantasie hüten, aber ohne Phantasie ist man kein rechter Archäologe.«

Antike Maße

Fuß:

Naturmaß, abgeleitet von der Länge des Fußes.

Einige Beispiele:

Römischer Fuß	0,292 - 0,300 m
Attischer Fuß	0,295 m
Kleiner ptolemäischer Fuß	0,308 m
Olympischer Fuß	0,320 m
Dorischer Fuß	0,327 m
Äginetischer Fuß	0,333 m
Ionischer Fuß	0,349 m
Großer ptolemäischer Fuß	0,355 m

600 Fuß ergeben 1 Stadion. Dessen Länge schwankt demnach zwischen 175 m und 213 m. In hellenistischer Zeit gab es auch kürzere Stadien von 165 m und 149 m.

Elle:

Neben dem Fuß das gebräuchlichste antike Werkmaß, abgeleitet von der Länge des Unterarmes, daher sehr unterschiedlich in der Größe. Sie schwankt zwischen 0,450 m und 0,779 m. Einige Beispiele:

Kleine Elle der Pharaonen	0,450 m
Gewöhnliche Elle (Palästina)	0,458 m
Gudea-Elle	0,495 m
Nippur-Elle	0,518 m
Ionische Elle	0,524 m
Königliche Elle (Ägypten)	0,525 m (0,523 m)
Großelle (Palästina)	0,525 m
Ptolemäer-Elle	0,533 m
Doppelelle (Babylon)	0,990 - 0,996 m

II.
Ägyptische Impressionen

Der Vater lehrte seinen Sohn:
»Vor den Göttern verbeuge dich,
weil sie so groß sind.«
Da ergänzte die Mutter:
». . . und vor der Katze verneige dich,
weil sie so klein ist.«

Aus einem altägyptischen
Kinderlehrtext

2. Wiedersehen mit einer alten Geliebten

Fürst Pückler reiste bequemer / Ägypten auf einen Blick / Die klassische Nilreise / Tips für den Besuch des Ägyptischen Museums in Kairo / Die doppelte Nofretete / Nationaler Scheuklappenehrgeiz trennt Kunstwerke.

Hermann Fürst Pückler-Muskau ist an allem schuld. Weil er 1837 auf eigene Faust Ägypten erkundete, entschloß ich mich 1986, ähnliches zu versuchen. Mein Entschluß kam nicht aus nostalgischer Schwärmerei, sondern hatte handfeste Gründe:

1. Ich war seit Anfang der fünfziger Jahre nie allein, immer nur in Gruppen quer durch Ägypten unterwegs gewesen.
2. Da Gruppenreisen an Termine gebunden sind, wollte ich diesmal selbst entscheiden, wie lange ich an einem Ort verbrachte.
3. Ich wußte von neuen Grabungen und neuen Funden, über die ich mich orientieren wollte.

Mir war klar, daß ich auf einiges, was Fürst Pückler die Reise angenehm gemacht hatte, würde verzichten müssen. Ich trauerte nicht um seine Leibwächter, Dolmetscher, Kammerdiener, Pagen oder den Koch, nur seine abessinische Sklavin vermißte ich. Der Fürst und Snob hatte sie »für eine ziemlich ansehnliche Summe in Kairo gekauft«. Und er berichtet: »Als ich sie kaufte, trug sie noch das Kostüm ihres Vaterlandes, das heißt nichts als den Gürtel aus schmalen Lederriemen, mit kleinen Muscheln verziert. Woher in des Himmels Namen haben diese Mädchen, denen nie ein Schnürleib zu nahe kam, den schönsten und festesten Busen, solche Perlenzähne, ohne Bürste noch Zahnpulver, solche Haut von Atlas, deren dunkle Kupferfarbe gleich einem reinen Spiegel auch nicht durch das kleinste Fleckchen verunstaltet wird?« Mein Bedauern dürfte verständlich sein. Wenigstens den Lesern.

Ich habe den Entschluß, Ägypten auf eigene Faust zu bereisen, nicht bereut. Dennoch rate ich davon ab. Es sei denn, man war schon ein paarmal am Nil, spricht ein paar Brocken Arabisch oder liebt Katastrophen und Aufregungen. Wer sich trotzdem in dieses Abenteuer stürzen will, dem rate ich: Nehmen Sie halb soviel Kleidung, doppelt soviel Geld, dreimal soviel Filme mit. Und ein paar Dutzend Kugelschreiber. Auch Kaugummi tut manchmal Wunder.

Ob allein, zu zweit oder in der Gruppe - einige Informationen über Land und Leute von heute braucht auch, wer sich nur für Pharaonen interessiert. An der Gegenwart kommt keiner vorbei, und wer Ägyptens Vergangenheit schätzt, muß sich vor allem um die Zukunft Sorgen machen. Alle Denkmäler sind dem Untergang geweiht, nicht zuletzt durch ununterbrochene Touristenströme.

Ägypten (Aegypthos, griechisch: Tempel des Ptah. Dieser Gott war der Schöpfer der Welt und Hüter der Ordnung) hat eine der höchsten Geburtenraten der Welt. Der Bevölkerungszuwachs ist so beklemmend, daß für eine Wanderausstellung ägyptischer Kunst die Plastik des königlichen Verwalters Senneb - einem Zwerg - mit seiner Frau und zwei Kindern nicht mit auf Reisen gehen durfte. Sie mußte in Kairo im Nationalmuseum bleiben, weil mit Abbildungen dieser Plastik auf Plakaten und im Fernsehen für die staatliche Geburtenkontrolle geworben wird. Die Tatsache, daß Zwerg Senneb und seine Frau nur zwei Kinder hatten, brachte beiden nach 5000 Jahren staatliches Lob.

Ein Beispiel beleuchtet die Bevölkerungsexplosion besser als lange Statistiken: 1907 lebten in Ägypten soviel Menschen wie heute wahrscheinlich (genaue Zählungen gibt es nicht) in Kairo, nämlich über elf Millionen. Der Name Kairo kommt vom arabischen el-Kahira, was die Siegreiche heißt. Doch Kairo ist nicht Ägypten, und Ägypten ist nicht Kairo - diese Allerweltsweisheit hat einen Pferdefuß. Nur zu gern möchte ganz Ägypten Kairo sein. Von Assuan bis Alexandria, aus dem Faijum und aus der Wüste fließen Menschenströme in diese Stadt. Eine zauberische, orientalische Traumwelt versinkt im Schmutz. Der Abfall des Orients vermengt sich mit dem Müll des Westens.

Die Hoffnung auf eine Wende ist gering, denn die Vertreter der nationalen Bewegungen, die die Männer der Stunde sind, zollen allem Bewunderung, was aus dem Westen kommt. Ein Computer ist für sie verehrungswürdiger als die Erhaltung und Sanierung gewachsener Stadtviertel. Der Respekt vor der eigenen Vergangenheit ist gering. So ist im heutigen Ägypten ein Buch verboten, das zu dem Besten gehört, was die arabische Literatur zu bieten hat, nämlich die Neuausgabe von »1001 Nacht«. Verbotsgrund: sexuelle Anzüglichkeiten. Dazu paßt, daß jede Bauchtänzerin von den Füßen bis zum Hals ein Netztrikot tragen muß.

Was Millionen Menschen nach Ägypten reisen läßt, sind die Zeugen einer Kultur, die schon alt war, als Rom, Athen und Jerusalem noch jung waren, ja die bereits existiert hatte, als die Herrscher von Mykene und Troja Krieg führten. Ägyptische Kultur ist von allen Mittelmeerkulturen die langlebigste; sie ist die älteste Kultur der Menschheit.

Sie ist so fern von uns - zeitlich und geistig -, daß wir alles unter dem Sammelbegriff Altägyptisch vereinen, was sich über eine dreitausendjährige Entwicklung herausgebildet hat und das sich voneinander unterscheidet wie mitteleuropäische Felsmalereien von einer Fotografie. Altägyptisch - das steht für geheimnisvoll, fremd, groß, mystisch.

Die Aufteilung in Altes Reich, Mittleres Reich, Neues Reich mit Untertiteln wie die erste Zwischenzeit, die zweite Zwischenzeit usw. täuschen ein Ordnungssystem für diese gewaltige Zeitspanne vor. Nur zu gern vergessen wird, daß diese Rastereinteilung eine nachträgliche Erfindung der Historiker ist, um Bildungsbeflissenen die Orientierung zu erleichtern. Sie beruht auf »Ungefährzahlen«, und die Übergänge von einer Periode zur anderen sind gleitend. Auch muß man sich bei diesen Zeitangaben immer wieder ins Gedächtnis rufen, daß das Alte Reich sich vom Neuen Reich, dem goldenen Zeitalter der ägyptischen Kultur, ungefähr so unterscheidet wie das Reich Karls des Großen von dem Bismarcks.

Heute wie vor 5000 Jahren besteht Ägypten zu 96 Prozent aus Wüste. Doch das neue Ägypten muß Sand aus Holland und Belgien importieren. Sein Wüstensand hat zuviel Bleioxygen und eignet sich deshalb nicht für die Kristallherstellung. Diese Sorge blieb den alten Ägyptern erspart. Sie kannten noch kein Kristall.

Möglicherweise war die Verwaltungsstruktur des alten Ägypten der geographischen Form und der Mentalität seiner Bewohner besser angepaßt als die heutige. Das alte Nilreich war in zweiundvierzig Gaue eingeteilt. Zweiundzwanzig in Oberägypten und zwanzig in Unterägypten. Und jeder hatte seinen eigenen Gott. Das neue Ägypten hat einen Präsidenten, viele Minister und heftig zerstrittene Parteien.

*

Amerikaner sind oft enttäuscht, daß es in Ägypten keine Elefanten und Krokodile gibt, da doch bei Assuan Nilinseln Elefantine und Krokodilinseln heißen. Auch früher lebten hier keine Elefanten. Vielmehr heißt die Insel Elefantine so, weil die grauen Granitblöcke, die aus dem Wasser reichen, mit etwas Phantasie für die Hinterteile einer Elefantenherde gehalten werden könnten.

Krokodile allerdings gab es. Sie waren den Ägyptern heilig. Das ist einer jener Sätze, die Sie bitte korrigieren, wenn Sie irgendwo auf ihn stoßen. *Einige* Krokodile waren den Ägyptern heilig. Andere dienten als Nahrung. Um das Krokodil gab es einen Kult, weil dieses Tier genau wie die Sonne (Ré) aus dem Wasser hervorgegangen war. Sobek hieß der Krokodilgott, dem die Hälfte des Tempels von Kom Ombo geweiht war. Besichtigen Sie ihn, und lassen Sie sich dort die zahlreichen übereinandergestapelten Krokodilmumien zeigen. Sie sind hinter Gittern. Nicht weil man sie fürchtet, sondern deren Diebstahl.

Heute schwimmen statt Krokodilen Hotelschiffe auf dem Nil, dem »Vater allen Lebens«. Jahr für Jahr werden es mehr. Fast alle kommen von norwegischen Werften, die diese Schuhkartonkreationen dem Nil direkt ins Flußbett gestylt haben. 75 Meter lang, 11 Meter breit, aber nur anderthalb Meter Tiefgang haben diese Schachteln, auf denen 200 Passagiere und 100 Mann Besatzung Platz haben.

In Air-condition-Kabinen fährt man den Nil und altägyptische Geschichte ab. Morgens Luxor und Karnak, abends Disco an Bord. Für ein paar Stunden ankert man im Alten Reich, danach bleibt bis zum Abendessen gerade Zeit genug, sich beim Bordfriseur die Haare richten zu lassen. Was wohl Hapi über diese exotischen Besucher denken mag? Er war der Nilgott, bärtig, aber mit vollen Frauenbrüsten. Ich glaube, er hätte Verständnis für diese Mischung aus Bildungsdrang und Annehmlichkeit. Auch die Ägypter verstanden es, sich das Leben angenehm zu machen, und was die Kosmetik betrifft – gegen Kleopatra sind sogar Liz Taylor und Joan Collins Waisenkinder.

Eine solche Nilfahrt ist die bequemste Art, sich einen Überblick über Bauten und deren verschiedene Baustile zu verschaffen. Doch gilt für Ägypten das gleiche wie für Griechenland: Man muß sich immer wieder in Erinnerung rufen, daß wir heute nur die Gerippe der Bauten sehen. Die farbige Verkleidung der Säulen, die exotischen Gärten mit ihren Teichen und Wasserspielen, die einst um die Tempel angelegt waren, muß unsere Phantasie dazuliefern. In Karnak beispielsweise gehen wir über Beton, wo einst Marmor lag. Dafür können wir zu jeder Tages- und Jahreszeit diese alten Prachtstraßen benutzen. Im Pharaonenreich durfte das Volk nur einmal zum Frühlingsfest über den Marmor flanieren.

*

Oft werde ich gefragt, was man zuerst besuchen soll, das Nationalmuseum und dann die Tempel am Nil oder umgekehrt? Ganz gleich, ob mit Schiff, Bus oder Bahn - ich bin für erst reisen, dann Museum. Weil man bei dieser Reihenfolge eine Vorstellung bekommt, wo die Bauten standen und wie sie beschaffen waren, in denen die Statuen und Wandgemälde einst ihren Platz hatten, die man danach im Museum besichtigt.

Von außen sieht das Nationalmuseum in Kairo wie ein Großstadtbahnhof aus. Innen noch schlimmer. An touristischen Rushdays herrscht in seinen Sälen ein Betrieb wie vor Festtagen auf einem Bahnhof. Ich habe Tage erlebt, an denen sich bis zu 4000 Besucher um die Tut-Ench-Amon-Schätze drängelten und schubsten. Ein Besuch in solchen Pulks ist verlorene Zeit. Auch die zwei Stunden, die die meisten Pauschalarrangements ihren touristischen Schäfchen für den Museumsbesuch einräumen, sind zu knapp.

Was aber ist zu tun, wenn man partout nur eine kurze Besuchszeit zur Verfügung hat? Eine Patentlösung dafür gibt es nicht, aber ein paar Tips schon. Sie sind - wie könnte es anders sein - subjektiv, aber als Ergänzung zu den Glanzstücken, die jeder Bildband und jeder Reiseführer vorführt, vielleicht ganz nützlich.

1. Rennen Sie nicht, kaum daß Sie die Kontrolle passiert haben, nach links oder rechts, sondern gehen Sie auf die Vitrine oder das Podest in der Mitte des Saales zu. Hier sind immer Neuerwerbungen und restaurierte Stücke ausgestellt. Als ich 1986 das Museum besuchte, blickte eine Porträtmaske der Großmutter Echnatons (Amenophis IV.) die Besucher an. Erst wenige Jahre vorher hatte man von ihr die Leinenreste in Tüftelarbeit entfernt. Diese Oma hat ein so sympathisches Lächeln, wie es

vorher in der ägyptischen Kunst unbekannt war. Erst als Echnaton die Hinwendung zur Realistik propagierte, konnte eine Frau so wissend, verstehend, verzeihend lächeln wie die Großmutter dieses Pharaos. Fragen Sie nach ihr, falls sie inzwischen den Platz gewechselt hat.

2. Seit August 1987 kann man auch wieder der Mumie des Priesters Honitaoui in die Augen aus Obsidian und Elfenbein blicken. 1980 war der Raum, in dem der einbalsamierte Leichnam dieses Priesters aus Theben zusammen mit zwölf weiteren liegt, auf Anordnung des damaligen Staatspräsidenten Sadat geschlossen worden. Sadat vertrat die Ansicht, die mumifizierten Körper der alten Ägypter sollten nicht zur Schau gestellt werden.
3. Die Räume mit den Tut-Ench-Amon-Stücken sind die bestbewachten des ganzen Museums. Trotzdem hat einer das Kunststück fertiggebracht, aus der Vitrine mit der Goldmaske des Pharaos dessen schwersten und wertvollsten Kultstab zu stehlen. Eine Profiarbeit. Bis heute ist der Stab nicht wiederaufgetaucht. Wahrscheinlich hält ihn ein sehr, sehr vermögender Sammler unter Verschluß. Ist schon ein seltsames Vergnügen, etwas zu besitzen, das keiner sehen darf... So schön, so zahlreich sind die Schmuckstücke und Gegenstände aus dem Grab dieses Pharaos, daß interessante Kleinigkeiten leicht übersehen werden. Die Bumerangs beispielsweise, die an der Wand befestigt sind. Die Ägypter benutzten diese Wurfwaffe für die Jagd. Ob sie Australiens Ureinwohner ebenfalls vor 5000 Jahren schon kannten?
4. Auch der Kopfschmuck der Prinzessin Khanumit unter der Nummer 470 im Tut-Ench-Amon-Saal wird meist übersehen. Schade, denn in dem Kranz sind bereits koptische Kreuze - Zeichen der ägyptischen Christen - eingearbeitet. (O ja, daß ich's nicht vergesse: Wer es irgend einrichten kann, sollte in Kairo das Koptische Museum besuchen, der ägyptische Einfluß auf die christliche Symbolik wird nirgendwo sonst so klar wie hier.)
5. Natürlich darf man nicht versäumen, die Nofretete-Büste zu betrachten. Wieso in Kairo? Die ist doch in Berlin-Dahlem! Ja, aber: Nofretetes Berliner Kopf ist aus bemaltem Kalkstein, nur

das eine Auge aus Quarz ist noch vorhanden, was Phantasiefreudige zu der Annahme verleitete, Nofretete sei auf einem Auge blind gewesen. Ein Beispiel mehr, daß alles, was ägyptisch ist, auch einen Hauch von Geheimnis haben muß.
Nicht diesen Nofretete-Kopf meine ich, sondern jenen 33 Zentimeter hohen Quarzitkopf, der in Kairo im Museumserdgeschoß, im Amarnasaal, aufgestellt ist. Auf diesem unvollendeten Porträtkopf sind noch die Linien zu erkennen, mit denen der Künstler - wir wissen, es war Echnatons Hofbildhauer - sein Modell gliederte. Eine Skizze in Stein von langhalsigem Ebenmaß und einer Schönheit, die aus dem Stein herauswächst. Sie beeindruckt so stark, weil sie noch nicht fertig ist, sondern der Phantasie Spielraum läßt. Mehr als die maskenhafte und zu Tode abfotografierte Statuette der Nofretete in Berlin. Aber vielleicht sehen Sie es anders.
Sie merken schon, mir gefällt das Stück in Kairo besser als die Büste in Berlin, die für alles mögliche herhalten muß. Als Werbeplakat für Berlinbesuche ebenso wie als Alibi für Zeitungsartikel in der journalistischen Sauregurkenzeit, die mit der Forderung »Nofretete will nach Hause« so tun, als hätten Berliner Museumsmenschen sie entführt. Deshalb kurz klargestellt: Deutsche Ägyptologen haben 1912 zwei Nofretete-Darstellungen ausgegraben, eine davon blieb in Kairo, eine ging nach Berlin. So war es in der ägyptischen Grabungslizenz verankert: Die eine Hälfte der Funde gehörte Ägypten, die andere dem Lizenzinhaber. Und seit Sadat gilt - anders als in Griechenland -, daß alles, was vor 1952 aus Ägypten herausging, dort bleiben soll, wo es ist. Punkt.
Übrigens, wenn Sie in Kairo vor der Porträtbüste neben Engländern stehen, die behaupten, es handele sich bei dieser Dame um Nefretiti, die Gattin und möglicherweise Schwester Echnatons, dann lassen Sie sich dadurch nicht irritieren. Ob Nofretete oder Nefretiti - beide Namen bedeuten »die Schöne kommt«. Wieso derartig unterschiedliche Schreibweisen eines Namens möglich sind, darüber mehr in dem Kapitel über Hieroglyphen.

6. Im unteren Saal mit den Funden aus der XXV. Dynastie steht eine Statue des Pharaos Kaschta. Ein Stück wie viele, so scheint es, betrachtet man es nur von vorn. Schaut man aber von der

Seite, ist ein Falke zu sehen, der dem Pharao im Nacken sitzt und schützend seine Flügel um ihn legt. Das ist mehr als bloßer Grabschmuck, dahinter steckt eine Aussage. Der Falke genoß als Herrscher der Lüfte göttliche Ehren, der älteste gesamtägyptische Gott Horus hatte einen Falkenkopf. (Aber Vorsicht, nicht jeder Gott mit Falkenkopf ist Horus!) Wahrscheinlich ist der Falke auf dieser Pharaostatue das Sinnbild für die altägyptische Redensart: »Beim Anblick des Pharaos fühlen sich die Feinde gelähmt, so wie die Vögel, wenn der Falke am Himmel erscheint.«

7. Zwei Ausstellungsstücke berühren mich besonders. Das eine ist die Statue des Schreibers Mitri (Schreiber waren hohe Verwaltungsbeamte. In einer Lehrschrift heißt es: »Sein Beruf ist der vornehmste aller Berufe«) aus der V. Dynastie. Sie ist eines jener Kunstwerke, vor dem ich die vollen zwei Stunden stehen könnte, die für den Museumsbesuch eingeplant sind, und danach beglückt, aber auch betroffen das Museum verlassen würde. Ruhe und Würde gehen von dieser Figur aus. Ihre glänzenden Edelsteinaugen sind so fest auf den Betrachter gerichtet, daß es vor diesem Blick kein Ausweichen gibt.
   Das zweite Stück übersieht man leicht. Nicht, weil es so klein, sondern weil es so groß ist: eine Monumentalstatue von Amenophis III. und der Königin Teje aus der XVIII. Dynastie unten im Erdgeschoß im Amarnasaal. Diese Statue unterscheidet sich von anderen der gleichen Epoche durch zwei Sonderheiten. Teje, die Frau, ist genauso groß dargestellt wie Amenophis III. Das war revolutionär. Ein Ausdruck der großen Liebe dieses Pharaos zu seiner Hauptfrau. Auf allen anderen Bildern und Statuen mußte der Pharao immer größer dargestellt werden als alle anderen. Aber Teje ist nicht nur ihrem Mann ebenbürtig, sie hat auch die übliche statuarische Geste aufgegeben und ihren rechten Arm zärtlich um ihn gelegt. Ein Liebesbeweis, verständlich, solange Menschen leben.

Bevor Sie das Ägyptische Museum verlassen, möchte ich Ihnen eine negative Besonderheit zeigen. Ein Beispiel für eine gigantische Fehlsteuerung nationalen Sammlerehrgeizes. In dem Saal mit Fundstücken aus der V. Dynastie steht das Fragment der Statue des Königs Niuserre, der etwa um 2350 v. Chr. regiert hat. Leider fehlt der Skulptur ausgerechnet der Kopf. Aber nach mehr als viertausend Jahren muß man dankbar sein, daß wenigstens der Körper erhalten blieb.

Nein, man muß nicht dankbar, sondern ärgerlich oder von mir aus auch wütend sein, denn diese Statue ist - zwar zerbrochen - zur Gänze erhalten. Wer jedoch das Oberteil der Statue sehen will, muß nach Worchester (New York) reisen! Im dortigen Museum ist es ausgestellt. Es ist der Stolz der Stadtväter dieser 300 000-Seelen-Stadt am Blackstone River.

Diesen letzten Absatz sollte man zweimal lesen, um die Ungeheuerlichkeit einer solchen Zerstückelung aus lokalpatriotischem Ehrgeiz sich deutlich vor Augen zu führen. Der zweigeteilte König Neuserre ist kein Einzelfall. Die Streuung einzelner Teile eines Fundstückes über diverse Museen quer über den Globus ist Legion. Alle Versuche, übernational eine Zusammenführung zu erreichen, sind gescheitert. Welch eine Aufgabe für die UNESCO!

Weil es zu keiner weltweiten Zusammenführungsaktion geteilter Fundstücke gekommen ist, haben einige Museen wie beispielsweise das vorzügliche in Luxor inzwischen zur Selbsthilfe gegriffen. Bei Ausstellungsstücken, die nur als Fragmente gezeigt werden können, weil sich andere Teile an anderen Plätzen befinden, ist neben dem Fundstückteil eine Fotografie des gesamten Stückes angebracht.

PS - Die Museumsstippvisite ist zu Ende. Damit Sie nicht mit dieser ärgerlichen Information diese einmalige Ausstellung verlassen, noch ein Tip: Gleich hinter dem Ausgang ist links eine Nebenstelle der Schweizer Buchhandlung Lehnert und Landrock. Seit Jahrzehnten die Anlaufstelle für alle, die in Kairo europäische Literatur suchen. In dieser Museumsdependance gibt es eine Faltkarte vom Nil, auf der alle Sehenswürdigkeiten und berühmten Ausgrabungsfelder eingezeichnet sind. Ich hab' sie nirgendwo anders gesehen - es lohnt, sie zu kaufen.

3. Hieroglyphen - und was dahintersteckt

Namensanhänger, die keiner lesen kann / Napoleon ist (auch hier) an allem schuld / Warum alle Übersetzungsversuche scheiterten / Das Geheimnis des Steins von Rosetta / Champollion - der Mann, der zwanzig Sprachen schreiben konnte / Warum Hieroglyphen schwer zu lesen sind / Wieso der Rosettastein in Kairo versteckt wird.

Seit einigen Jahren wissen Ägyptentouristen, wie einfach unsere Buchstaben in ägyptische Hieroglyphen umzusetzen sind.

Auf Kreuzfahrtschiffen, bei Omnibusreisen und in Luxushotels erhalten sie Karten mit einem Übersetzungscode. Aber: Dieses »Hieroglyphenalphabet« ist weder eine menschenfreundliche Hilfeleistung des ägyptischen Tourismusministeriums, noch hat es auch nur einen Funken wissenschaftlichen Wertes. Die Gegenüberstellung von Buchstaben und Hieroglyphen sind erfundene Übereinstimmungen, auf die sich die Hersteller von goldenen Anhängern geeinigt haben. Anhand solcher Listen können Touristen ihren Namen - oder was immer sie auf dem Herzen haben - selbst in einen ovalen Rahmen, eine Kartusche, schreiben. Vierundzwanzig Stunden später erhalten sie ihren goldenen Namensanhänger, den keiner lesen kann. Die Hersteller dieser Anhänger ausgenommen. Sie haben für ihr Geschäft die Hieroglyphen noch einmal erfunden, und die alten Ägypter können sich nicht wehren.

Verdient hat das die intelligente Schrift dieses schreibwütigen Volkes nicht. Vor allem nicht die Legion jener Männer, die ihr Leben darauf verwendet haben, die Zeichen zu entziffern.

Wie dies schließlich nach vielen Fehlleistungen gelang, ist oft und meist ungenau dargestellt worden. Lassen Sie mich erzählen, wie es sich zugetragen hat. Wir müssen uns allerdings dazu für ein paar Seiten von der Pharaonenzeit verabschieden und uns in die Zeit nach der Französischen Revolution begeben.

Die junge Republik hatte sich zwar feierlich verpflichtet, niemals einen Angriffskrieg zu führen, als aber ein junger General dem Direktorium die Eroberung Ägyptens schmackhaft machte, warfen die neuen Bürger ihr Friedensversprechen ohne Zögern über Bord. Nach außen kaschierten sie die kriegerische Expedition mit der Beschaffung von Siedlungsraum für verdiente französische Veteranen, im engeren Kreis freute man sich jedoch, durch diesen Feldzug die verhaßten Engländer an ihrem wichtigsten Mittelmeerstützpunkt zu treffen, und im ganz vertrauten Kreis galt der Sprung nach Ägypten als elegante Möglichkeit, diesen lästigen, schrecklich ehrgeizigen General loszuwerden. Er hieß Napoleon Bonaparte.

44 Tage brauchten die 328 Schiffe der französischen Flotte, um die 40000 Mann des Expeditionskorps von Toulon nach Alexandria zu bringen. Das galt damals als maritime Glanzleistung.

Der junge Napoleon hatte sein Expeditionskorps um zwei ungewöhnliche Hilfskräfte bereichert: um Maultiere und um »gelehrte Zivilisten«. Beide erwiesen sich als äußerst nützlich. Die Maultiere für den Transport im Wüstensand, die Wissenschaftler, um vor der Geschichte Napoleons militärisches Desaster durch kulturhistorische Erfolge zu kaschieren.

Erst durch die Leistungen dieser »Akademie von 120 Gelehrten« ist in Europa die Beschäftigung mit dem alten Ägypten ausgelöst worden. Die Zeit dafür war günstig. Stendhals Ruf »Wer erlöst uns von den Griechen und Römern?« fand im klassizismusmüden Europa jener Jahre vielfaches Echo.

Napoleon wußte - entgegen anderen Darstellungen -, was er an den Eseln, vor allem aber an den Orientalisten, Architekten, Botanikern, Geometern, Chemikern, Nationalökonomen und Ingenieuren hatte. Vor jedem Angriff befahl er: »Esel und Wissenschaftler in die Mitte des Trosses!« Jeder Soldat war verpflichtet worden, Fundstücke, die interessant schienen, dem Vorgesetzten zu melden.

Aber französische Kanoniere waren es doch, die dem Sphinx die Nase abgehauen haben! Glauben Sie diese Behauptung nicht, wer immer sie verbreitet. Napoleon, der sich als neuer Alexander fühlte, hätte das nie durchgehen lassen. Umgekehrt wird ein Hut daraus: Nicht die französischen, sondern die Artilleristen der Mamelucken hatten den Kopf des Sphinx für Zielübungen benutzt. Die Strafe folgte auf dem Fuße, in der »Schlacht an den Pyramiden« wurden sie von Napoleon vernichtend geschlagen. Sein Expeditionskorps zog weiter in Richtung Luxor. Die Soldaten taten, was Soldaten immer tun (müssen): Sie kämpften, marschierten und starben. Die Esel taten, was Esel immer tun: Sie schleppten, was man ihnen auflud: Kriegsgerät, Proviant und archäologische Fundstücke. Davon gab es nicht wenige. Denn die Gelehrten taten, was Gelehrte immer tun: Sie sammelten fleißig, was ihnen irgendwie interessant schien.

Wie kommt es dann aber, daß trotz dieser französischen Aktivitäten qualitativ und quantitativ die Ägyptische Abteilung des Britischen Museums viel besser bestückt ist als die des Louvre? Horatio Nelson ist schuld. Er versenkte 1798 die französische Flotte vor Abukir, schnitt damit Napoleons Expeditionskorps von der Versorgung ab und nahm ihm die Rückkehrmöglichkeit. (Kleine Randbemerkung für maritim Interessierte: Der französische Admiral hatte seine Schiffe so leichtfertig ankern lassen, daß Nelson seiner Sache ganz sicher war und seinen Kapitänen den Flaggenspruch signalisierte: »Battle after dinner.«)

Die Franzosen kapitulierten. Napoleon setzte sich rechtzeitig nach Frankreich ab. (So nennt man »unerlaubtes Entfernen von der Truppe« vom Major aufwärts.)

Mit dem Kriegsmaterial fielen auch die Fundstücke, Gipsabdrücke und Zeichnungen der Wissenschaftler dem englischen General Hutchinson in die Hände, der alles »in seiner Liebe zur Wissenschaft« nach England schaffen ließ und dem Britischen Museum übergab.

Die Franzosen haben den Verlust der Funde und Arbeiten ihrer Gelehrten bis heute nicht verschmerzt. Als ich mich im Mai 1986 in Alexandria aufhielt, lag der französische Minensucher »Levan Longh« vor Anker. Das war nicht ungewöhnlich. Wohl aber das: Er hatte ein Dutzend Spezialtaucher an Bord. Ihr Auftrag war jedoch weder geheim noch militärisch. Sie sollten versuchen, aus der »Patriote«, einem Schiff der Flotte Napoleons, Fundstücke zu bergen, die von den Gelehrten des Expeditionskorps an Bord gebracht worden waren. Die Tauchversuche des Jahres 1986 waren weder die ersten noch die letzten, die Frankreichs militärischer Niederlage in Ägypten späten gelehrten Glanz verleihen sollen.

Zwei Ergebnisse der französischen Wissenschaftlerequipe fielen den Engländern nicht in die Hände:

Erstens: Die gesammelten Schriften mit Beschreibungen der wiederentdeckten altägyptischen Kunstwerke. Als diese trockenen, wissenschaftlichen Darstellungen ab 1809 in 21 dicken großformatigen Büchern erschienen, war die Nachfrage so groß, daß die Drucker nicht genug Exemplare liefern konnten.

Zweitens: Die Zeichnungen, die unter Anleitung von Orientalisten von allen wichtigen Bauten und Kunstwerken angefertigt worden waren, blieben ebenfalls in französischem Besitz. Diese Bildbände sind Standardwerke und Kostbarkeiten noch heute.

Im 19. Jahrhundert staunte ganz Europa über alles, was aus dem Wunderland Ägypten in Schrift und Bild berichtet wurde, so wie es ein Jahrhundert zuvor alles bewundert hatte, was Jesuitenpatres aus China zu berichten wußten.

Sowohl beim Interesse für China wie für Ägypten gab es die gleiche Schwierigkeit: die fremde Schrift. China war dabei im Vorteil. Dort hatte man es mit einer lebenden Sprache zu tun, die im Kontakt miteinander erlernbar war. Bei den ägyptischen Hieroglyphen stand man vor einem Gebirge des Unverständlichen.

Mit dem Sieg des Christentums Ende des 3. Jahrhunderts war die Kenntnis der Hieroglyphenschrift für 1500 Jahre erloschen. Weder Griechen und Römer noch Gelehrte späterer Jahrhunderte fanden Zugang zu dieser Schrift. Über ein Jahrzehnt versuchte sich das Universalgenie der Jesuiten, der deutsche Pater Athanasius Kircher (1601–1680), an ihrer Entzifferung. In seinem vierbändigen Werk »Die Erneuerung der ägyptischen Sprache« bot er Übersetzungen für fast tausend Hieroglyphen an. Nicht eine entsprach dem tatsächlichen Sinngehalt, weil bereits sein Ausgangspunkt falsch war. Er hielt die Hieroglyphen für eine Bildersprache. Ein Irrtum, den Kircher mit vielen Gelehrten vor und nach ihm teilte. Immerhin brachte dieser Irrtum den Jesuitenpater auf die Idee, eine Bilderschrift für Taubstumme zu entwickeln.

Die Hieroglyphen aber blieben über weitere zwei Jahrhunderte das, was dieses altgriechische Wort ursprünglich bedeutete: geheime, heilige Zeichen. Nichts, aber auch gar nichts wußte man von dieser Schrift. Waren die Zeichen Bilder, Symbole oder Buchstaben? Wurden sie von rechts nach links oder von links nach rechts gelesen? Oder von oben nach unten?

Nur ein Wunder konnte die Lösung bringen. Oder ein Schriftstück, auf dem der gleiche Text in Hieroglyphen und einer lesbaren Sprache, beispielsweise Griechisch, aufgezeichnet war.

Genau das geschah. Am 2. August 1799 buddelte ein einfacher namenloser Soldat des französischen Expeditionskorps an dem Schutzwall einer gerade eroberten Festung in der Nähe des Ortes Rosetta bei Alexandria.

Als sein Spaten auf einen harten Gegenstand stieß, eine Basaltplatte, rund 72 Zentimeter im Durchmesser, auf der Zeichen eingraviert waren, entsann sich der Soldat des Befehls, alles zu melden, was ungewöhnlich war. Von seiner Meldung an nahmen die Ereignisse den üblichen militärischen Verlauf. Nicht der Soldat wurde als Entdecker gefeiert und befördert, sondern zwei Leutnants und ein General, die mit entsprechenden Begleitschreiben diesen geheimnisvollen Stein nach Kairo ins Hauptquartier von Napoleons Gelehrtenakademie schickten.

Die Altphilologen im Hauptquartier sahen mit einem halben Auge, daß in dem Stein Texte in drei verschiedenen Schriften eingeritzt waren. Die eine war Griechisch, konnte also ohne Mühe übersetzt werden, die zweite war in Hieroglyphen, die nicht einmal gedeutet werden konnte. Die dritte Schrift war unbekannt.

Immerhin ging aus dem griechischen Text hervor, daß es sich um eine Dankadresse aus dem Jahr 196 v.Chr. an den Pharao Ptolemaios Epiphanos handelte. Das war schon viel. Die Pointe aber lieferte der letzte verstümmelte Satz des griechischen Textes: ». . . aus hartem Stein in heiliger volks . . . und griechischer Schrift und aufgestellt . . .« Inzwischen wissen wir, wie der Satz vollständig heißt, nämlich so: »Diese Inschrift sei in eine Platte gehauen aus hartem Stein in heiliger, in volkstümlicher und griechischer Schrift und aufgestellt neben der Statue des ewig lebenden Königs.« Das war die Lösung aller Übersetzungsprobleme. Der Text dieses Steins mochte noch so belanglos sein - ein Kochrezept oder ein Kosmetiktip -, dieser Nachsatz bestätigte, daß alle drei Texte dasselbe aussagten! Und daß die beiden unlesbaren Texte zwei Formen ägyptischer Hieroglyphen waren. In der »heiligen« Form, lernte man später, wurden die offiziellen Texte abgefaßt, die andere benutzte man im Alltag.

Der Stein von Rosetta war für die Ägyptologen so etwas wie der Stein der Weisen. Die Entzifferung der Hieroglyphen konnte nur noch eine Frage von Wochen, höchstens Monaten sein. Ein pyramidaler Irrtum, um es ägyptisch auszudrücken. Von Petersburg bis

Lissabon, von Stockholm bis Neapel versuchten sich Fachgelehrte an dieser scheinbar leichten Aufgabe. Ohne Erfolg. Es dauerte noch zwanzig Jahre, bis die »Grammatik und Gesetzmäßigkeit der altägyptischen Sprache« (so der Titel des Enthüllungsbuches) erkannt wurde. Erst von 1822 an waren die Hieroglyphen lesbar *und* verständlich.

Der Franzose, dem diese Leistung gelang, hatte Ägypten nie vorher betreten. Er war zweiunddreißig Jahre alt und hatte sich – kein Druckfehler! – seit zwanzig Jahren mit dem Studium der alten Sprachen beschäftigt. Sein Name: Jean François Champollion. Mit zehn Jahren konnte er Griechisch und Latein, als Elfjähriger las er die Bibel in Hebräisch, mit vierzehn schrieb er »so zur Übung« sein Tagebuch in Koptisch. Und so ging es weiter von Sprache zu Sprache. Die entsprechende Literatur besorgte ihm sein Vater. Er war Buchhändler. Außerdem hatte er alles – alles! – gelesen, was über die Hieroglyphen geschrieben worden war. Von der Antike bis zu seiner Zeit.

Für einen so vorbelasteten Mann war der Stein von Rosetta eine einzige Herausforderung. Trotz seiner Kenntnisse und trotz seiner Fähigkeit, Wege, die er für falsch erkannte, sofort aufzugeben (typische Tagebuchnotiz: »Diese Möglichkeit ist ausprobiert, erschöpft und aufgegeben. Ich brauche sie nicht wiederaufzunehmen. Das hat auch seinen Wert«), verrannte sich auch Champollion wieder und wieder in Sackgassen. Zwei Jahrzehnte lang bemühte er sich vergeblich um die Entzifferung. Allein die Frage, in welcher Richtung Hieroglyphen gelesen werden mußten, konnte von ihm erst nach Jahren beantwortet werden. Und zwar mit einem »Sowohl-Als-auch«. Champillon stellte fest: Die Leserichtung verlief immer so, daß Hieroglyphen, die Tiere oder Dinge darstellten, dem Lesenden entgegenblickten. Blickte zum Beispiel die Sandviper – eine der häufigsten Hieroglyphen – nach rechts, mußte von rechts nach links gelesen werden. Zeigte sie nach links, war der Text aus dieser Richtung zu lesen.

Obgleich alle drei Texte des Steins den gleichen Inhalt hatten, waren sie verschieden lang:

14 Zeilen war der Text in offiziellen Hieroglyphen lang.
31 Zeilen im Umgangsägyptisch.
54 Zeilen betrug er in Griechisch.

Champollion folgerte daraus, daß eine Hieroglyphe nicht gleich einem griechischen Buchstaben entsprach, sondern daß mit einer einzigen Hieroglyphe auch ein ganzer Begriff ausgedrückt werden konnte, für den in der griechischen Sprache mehrere Einzelbuchstaben nötig waren. Nur so war die Differenz zwischen 14 ägyptischen und 54 griechischen Zeilen zu erklären. Champollion hatte das Glück des Tüchtigen. Seine Annahme erwies sich als richtig.

Eine dritte Übersetzungshilfe lieferte der Respekt der alten Ägypter ihren Herrschern gegenüber: Sie schrieben deren Namen in ovale Rahmen, in »Kartuschen«. So wie wir beim Druck wichtige Namen durch kursive oder fettere Typen hervorheben. Champollion hatte im griechischen Text die Namen Ptolemaios und Kleopatra herausgelesen, im Hieroglyphentext fand er beide Worte in Kartuschen eingerahmt, und die erste, dritte und vierte Hieroglyphe beim Namen Ptolemaios stimmte mit dem fünften, vierten und zweiten Zeichen des Namens Kleopatra überein. Sie mußte also P, O und L bedeuten.

So arbeitete sich Champollion von der Lösung eines Problems zur Lösung des nächsten, bis er am 23. September 1822 in Paris vor den erwartungsvollen Mitgliedern der Akademie der Wissenschaften in einer Vorlesung die Entzifferung der ägyptischen Hieroglyphen demonstrieren konnte. Dieser Dienstag war somit die Geburtsstunde einer neuen Wissenschaft, der Ägyptologie. Zwar blieben noch viele Fragen zu klären, doch der Weg zu ihren Lösungen war geebnet.

23 Jahre nach der Entdeckung des Steins von Rosetta war sein Rätsel gelöst. Der Name Napoleons lebte zu dieser Zeit nur noch in der Erinnerung an Krieg, Blut und Leid. Champollion aber bestätigte durch seine Leistung das Wort des »kleinen Korporals«: »Am Ende siegt stets der Geist über das Schwert.«

Es dauerte weitere fünf Jahre, bis Champollion zum erstenmal das Land betreten konnte, dessen geistige Eroberung er eingeleitet hatte. Juli 1828 landete er mit einer vom Louvre ausgerüsteten Expedition in Alexandria.

Als erster Mensch nach fast dreitausend Jahren konnte er lesen, was unter den Pharaonen an die Wände der Tempel, Gräber und Paläste eingraviert worden war. Das war einer jener großen Momente, der für jede Mühsal wissenschaftlicher Beschäftigung entschädigt.

Champollion und seine Nachfolger legten ein Wörterbuch von 300 Hieroglyphen an, das heute noch als Grundlage für jede Übersetzungsarbeit dient. Von nun an waren Hieroglyphen zu lesen, das hieß aber nicht, daß auch alle zu verstehen waren. Symbolhieroglyphen erwecken leicht den Eindruck, als sei die Erlernung dieser Schrift ein Kinderspiel, Bilderrätseln ähnlich. Ein gewaltiger Irrtum, denn diese Symbolzeichen ändern ihren Sinn, je nachdem, mit welchen Hieroglyphen sie verbunden werden. Und der variiert ganz beträchtlich.

Hinzu kommt, daß die Schrift der alten Ägypter ohne Vokale auskam. Um dies an einem Beispiel aus unserer Sprache zu erklären: LG konnte sowohl »Loge« wie »Lage« bedeuten. Erst eine Zusatzhieroglyphe verdeutlichte, was in diesem Fall gemeint war. Später behalf man sich außerdem mit Zeichen, durch die zu erkennen war, welcher Vokal auf den Konsonanten folgte.

Aber, werden jetzt Ägyptentouristen einwenden, wieso, wenn es solche Silbenzeichen gab, sprechen die Engländer die Hieroglyphenreihe NFRTT »Nefretiti« aus und wir »Nofretete«? Weil in manchen Fällen ein und dieselbe Silbe zweierlei Zeichen hatte; der Unterschied in der Aussprache ließ sich nicht genau bestimmen.

Reichlich umständlich, die alten Ägypter! Mit ein paar Vokalen hätten sie ihre Sprache verständlicher machen können. Für uns! Aber nicht für die Bewohner des nördlichen und südlichen Reiches. Die Aussprache der Vokale differierte zwischen Abu Simbel und Alexandria so stark, daß keine Verständigung möglich gewesen wäre. Also ließ man das, was die Aussprache prägt, nämlich die Vokale, weg, und jeder ergänzte das Konsonantengerüst so, wie ihm der Schnabel gewachsen war. Sie waren eben doch nicht so umständlich, die alten Ägypter. Wir müssen uns damit abfinden, daß wir zwar - dank Champollion - Nofretete Liebesbriefe schreiben, ihr aber nicht honigsüße Schmeicheleien ins Ohr flüstern könnten.

Angenommen, jemand hat ebensoviel Zeit wie Liebe und Respekt vor den alten Ägyptern, daß er vor seiner Nilreise einige Monate darauf verwenden kann, die Hieroglyphenschrift zu lernen. Zur Abschlußprüfung eines solchen Schnellsiederkursus wird er eigens präparierte Hieroglyphentexte lesen und deutschsprachige Vorlagen in Hieroglyphen übertragen können. Nur wenn er endlich am Ziel seiner Träume, vielleicht im Tal der Könige, lesen will, was denn Sennefer, Bürgermeister Thebens im 15. vorchristlichen Jahrhundert, an Lob und Rat an die Wände seiner Grabkammer geschrieben hat, dann nützt ihm all seine Lernmühe wenig. Selbst wenn er jede Hieroglyphe und jede Kombination richtig entziffert, scheitert er aus zwei Gründen:

Einmal, weil die alten Ägypter, genau wie Europa bis weit ins Mittelalter, keine Trennung von Wörtern kannten, sondern »allesineinerzeilehintereinanderschrieben«. (Ich weiß nicht, wer als erster die Trennung der Worte eingeführt hat, es war jedenfalls ein Geniestreich.) Zum anderen stellten die Ägypter die Ästhetik über die Verständlichkeit. Klingt hübsch und harmlos, aber dahinter steckt eine kaum zu überwindende Hürde für die Entzifferung. Die Pharaonenschreiber haben nämlich oft das, was sie sagen wollten, nicht so hintereinandergeschrieben, wie es logisch gewesen wäre, sondern so, wie es sich künstlerisch als Wandzierde am eindrucksvollsten arrangieren ließ. Einen Teil hier, einen anderen an anderer Stelle. Um alte Inschriften zu lesen, genügt es also nicht, die Zeichen zu kennen, sondern man braucht auch Einfühlungsvermögen für den ägyptischen Stil der Raumaufteilung. Mein Rat: Überlassen wir diese diffizile Aufgabe den Ägyptologen, und glauben wir ihnen aufs Wort (oder auf die Hieroglyphe), daß alles stimmt, was sie für uns übersetzt haben. Sie müssen sich nämlich bei ihrer Arbeit mit einer weiteren Schwierigkeit auseinandersetzen: Nicht alle altägyptischen Schreiber waren der Hieroglyphen mächtig. In so manchen Text haben sich Schreibfehler eingeschlichen. Auf einigen Papyri sind sie sogar von fremder Hand korrigiert. Mit roter Tinte, genau wie in unseren Schulbüchern.

Wir Liebhaber altägyptischer Kultur begnügen uns, den Stein von Rosetta mit Bewunderung und einem Hauch von Ehrfurcht zu betrachten. Seltsamerweise ist dieses stolze Stück in Kairo recht lieblos in einer dunklen Ecke des Ägyptischen Museums im Erdgeschoß plaziert. Das ist kein Versehen, sondern verärgerte Absicht. In Kairo ist nur eine Kopie des Steins zu besichtigen.

Natürlich, erinnert man sich, schließlich haben Franzosen den

Stein gefunden und entziffert. Also wird er im Louvre stehen! Auch dort gibt es nur eine Kopie. Wer den echten Stein sehen will, der muß - mal wieder - nach London reisen. Kaum daß er das Britische Museum betreten hat, stößt er auf den Rosettastein, der in der Mitte des ersten Saales wie ein Präsentierteller aufgestellt ist. Immer umlagern ihn viele Besucher. Einige jedoch gehen abgewandten Blicks vorbei. Ich vermute, es sind französische Patrioten.

4. Im Tal der Könige - dreißig Minuten für die ewige Ruhe

Der Lohn nach fünfjährigem Suchen: ein nicht geplündertes Pharaonengrab / Fundstücke, die nur wenige kennen / Hochspannung am Grabeingang / Alles hängt an einem Seil / Ein Gelehrtenstreik / Wurde Tut-Ench-Amon ermordet? / Wer war Echnaton? / Der Fluch der Pharaonen - gibt es ihn? / Warum und wie Mumien gewickelt wurden.

Von meinem Hotelzimmer aus kann ich zum anderen Nilufer blicken, an dem »Biban el Muluk«, das Tal der Könige, liegt.

Zur Verwunderung des Reisebüros in Kairo hatte ich darauf bestanden, in Luxor ein Zimmer im *alten* Winter-Palace-Hotel zu bekommen. Zum Nil hin, im ersten oder zweiten Stock. Inzwischen gibt es neuere, wahrscheinlich auch bessere Hotels, aber in keinem von ihnen haben so viele Ägyptologen seit Jahrzehnten gewohnt wie im Winter-Palace. Vor allem hatten sich dort jene zwei Engländer einquartiert, die in den Zwanziger Jahren durch ihre Grabungen im Tal der Könige Schlagzeilen machten: George Herbert, der fünfte Earl of Carnarvon, und dessen Ausgrabungsleiter Howard Carter. Möglicherweise hat dieser sogar eine Zeitlang in dem Zimmer 218 gewohnt, das jetzt für ein paar Tage mir gehört. Er war ein ziemlicher Hitzkopf, und in den zehn Jahren, die er in Luxor verbrachte, wechselte er wiederholt das Zimmer.

Wer oft im Orient reist, weiß alte Hotels zu schätzen. Ihre dicken Ziegelmauern halten die Zimmer besser kühl als neumodische Aircondition, bei der man nie sicher ist, ob sie zu funktionieren geruht. Auch sind in alten Hotels Badezimmer keine Naßzellen, und ihre Badewannen sind für Menschen mit Gardemaß angelegt, auch liegen die Wasserspülkästen vernünftigerweise nicht unter Putz, sondern in Mahagoniholzkästen, leicht zugänglich bei Reparaturen. Das Fehlen eines Fernsehers buche ich ebenfalls auf der Plusseite.

In diesen Februartagen bin ich mit einer Gruppe englischer Archäologen verabredet, die etwas realisieren wollen, was es erstaunlicherweise noch nicht gibt: einen archäologischen Lageplan aller Fundstätten - auch der wieder zugeschütteten - im Tal der Könige. Zwar enthält jeder ordentliche Reiseführer eine Skizze der wichtigsten registrierten Grabstätten, auch existieren Aufstellungen der ca. 500 bisher freigelegten Gräber, was jedoch noch immer fehlt, ist ein exakter, detaillierter Plan, der auch jene Stellen berücksichtigt, die nur in Dokumenten erwähnt werden oder auf die durch Funde an anderen Plätzen hingewiesen wird. Eine gewaltige Aufgabe.

Die Arbeiten an diesem Lageplan sind bei Drucklegung dieses Buches noch im Anfangsstadium und werden sicherlich noch Jahre in Anspruch nehmen. Aber die Mühe lohnt! Einige Fachgelehrte halten es nicht für ausgeschlossen, daß dadurch weitere, bis jetzt unbekannte Grabkammern geortet werden könnten.

Selbst jene Ägyptologen, die nicht so optimistisch sind, hüten sich, die Existenz weiterer Gräber völlig zu leugnen. Zu oft haben sich gerade an diesem Platz Wissenschaftler geirrt.

Am gründlichsten, als Howard Carter 1917 mit seinen Grabungen in diesem Tal begann. Damals war zwar bekannt, daß hier von ca. 1520 bis 1080 v. Chr. die Pharaonen bestattet worden waren, aber ihre Gräber galten als abgesucht und ausgeraubt. Der Italiener Belzoni, einer der führenden Ägyptologen seiner Zeit, schrieb bereits 1811: »Es ist meine feste Überzeugung, daß es im Tal (der Könige) keine weiteren Gräber außer den bereits bekannten gibt.«

Es spricht ebenso für Lord Carnarvons Langmut wie für seinen Reichtum, daß er Carter fünf Jahre lang hatte graben lassen, obgleich in dieser Zeit keine nennenswerten Funde gemacht wurden. Das alte Lied der Archäologie: Wieder einmal gelang das Unerwartete erst, als Carnavon die Grabungen nur noch für eine kurze Frist zu finanzieren bereit war.

Die 21 Worte »HABE ENDLICH WUNDERBARE ENTDECKUNG IM TAL GEMACHT – STOP – EIN GROSSARTIGES GRAB MIT UNBESCHÄDIGTEN SIEGELN – STOP – BIS ZU IHRER ANKUNFT ALLES WIEDER ZUGEDECKT. GRATULIERE«, die Carter seinem Finanzier nach England kabelte, waren die Fanfarenstöße für die Krönung eines Archäologenlebens. Carter war damals 49 Jahre alt, hatte seit 1901 archäologisch in Ägypten gearbeitet und war 1899 zum Chefinspektor der Denkmäler in Oberägypten und Nubien ernannt worden. Die Besetzung eines so wichtigen Postens mit einem Engländer war damals ein normaler Vorgang. London diktierte nicht nur auf wissenschaftlichem Gebiet, was in Kairo zu tun und und zu lassen war. Lord Carnarvon engagierte Carter von diesem Posten weg und übertrug ihm die Aufsicht und Planung der Feldarbeit, die Seine Lordschaft aufgrund der teuer bezahlten Grabungslizenz im Tal der Könige auf eigene Kosten durchführen durfte. Ohne sonderlichen Erfolg. Bis zu dem Telegramm vom 8. November 1922.

Mit etwas mehr Optimismus hätte Carter auch telegrafieren können: HABE ENDLICH GRAB TUT-ENCH-AMON GEFUNDEN. Denn das war es, wonach er seit Jahren vergeblich gesucht hatte, nachdem er Scherben und Tonsiegel mit dem Namen dieses wenig bekannten Pharaos in der Nähe des ausgeraubten Grabes von Ramses II. gefunden hatte. Solche Scherben waren bis dahin immer brauchbare Wegweiser. Die Frage war nur, ob man dieses Grab während der Laufzeit der Grabungslizenz finden und in welchem Zustand es sich befinden würde. Waren auch bei diesem die Räuber den Archäologen zuvorgekommen?

Den entscheidenden Moment der Öffnung der zweiten Tür zur Grabkammer am 24. November 1922 in Gegenwart Lord Carnarvons und seiner Tochter, Lady Evelyn, hat Carter so beschrieben: »Mit zitternden Händen brach ich ein winziges Loch in die linke obere Ecke. Ich führte eine Kerze hindurch und spähte hinein. Zuerst konnte ich nichts sehen, da die heiße, aus der Kammer entweichende Luft das Licht der Kerze zum Flackern brachte. Als meine Augen sich aber gleich darauf an das Licht gewöhnt hatten, tauchten bald Einzelheiten im Innern der Kammer aus dem Nebel auf. Seltsame Tiere, Statuen aus Gold - Gold, überall glänzendes und schimmerndes Gold! Für einen Augenblick war ich vor Verwunderung stumm. Den anderen, die neben mir standen, muß es eine Ewigkeit erschienen sein. Dann fragte Lord Carnarvon ängstlich: ›Können Sie was sehen?‹ – ›Ja‹, antwortete ich, ›wunderbare Sachen.‹ «

Packend geschildert. In den letzten Jahren tauchten jedoch Zweifel auf, ob Carter an diesem Tag wirklich zum erstenmal in die Grabkammer schaute oder ob er nicht doch, von Neugier und Wissensdurst geplagt, schon vorher einen Blick riskiert hatte. Vier Wochen vor einer Grabkammer, die eine Sensation enthalten kann, sind eine sehr, sehr lange Zeit. Hat Carter soviel Charakterstärke besessen? Ich könnte begreifen, wenn er schwach geworden wäre . . .

Was er fand, ist heute Lexikonwissen. Wie er es fand und wie er nach dem Fund reagierte, ist weniger bekannt. Carter blieb absolut besonnen. Wert, Fülle und Schönheit des Schatzes trübten nicht seinen nüchternen Überblick. Keine Selbstverständlichkeit nach fünf Jahren erfolgloser Suche. Carter verzichtete darauf, alles allein bergen und registrieren zu wollen, sondern nutzte die Schlagzeilen, die der Grabfund in der internationalen Presse machte, und holte sich Fachleute aus Europa und den USA. Für die meisten Museen war es eine Ehre, ihre Mitarbeiter zur Bergung dieses sensationellen Fundes aus dem ersten nicht von Räubern geplünderten Pharaonen-Grab zu entsenden.

Das Metropolitan Museum in New York schickte auf das Fünfwortekabel KOLOSSALER FUND – STOP – BRAUCHE JEDE HILFE gute Fachleute und viel Geld. Deshalb besitzt dieses Museum heute eine große und gute Auswahl wertvoller Stücke aus den Grabkammern Tut-Ench-Amons. Bei vielen Gegenständen steht allerdings der Hinweis: »*Wahrscheinlich* aus dem Grab Tut-Ench-Amons.« Gehen Sie getrost davon aus, daß diese Stücke aus dem Grab stammen. Nur wurden sie nicht offiziell aus Ägypten ausgeführt, sondern herausgeschmuggelt.

Kleine Arabeske: Das Museum machte Carter zum Ehrenmitglied; nicht wegen seiner Beihilfe zum Schmuggel, sondern »in Anerkennung seiner Verdienste um die Archäologie«. Die Ehrenmitgliedschaft räumte ihm viele Privilegien ein. Eine davon war der kostenlose Besuch des Museums. Zu seinen Lebzeiten betrug der Eintrittspreis 10 Cent.

Nicht nur Fachleute für Anatomie, Chemie, Botanik und wissenschaftliche Zeichner holte sich Carter aus aller Welt, sondern er setzte auch erstmals Fotografen konsequent nach wissenschaftlichen Gesichtspunkten ein. Außerdem sorgte er für die bestmöglichen Arbeitsbedingungen unmittelbar am Grabungsort. So richtete er seinen Chemikern im ausgeraubten Grab des Pharaos Sethos ein Laboratorium ein, damit die Fundstücke so rasch wie möglich konserviert werden konnten.

Was aus den Grabkammern ans Licht kam, übertraf in Quantität und Qualität alle Erwartungen. Allein die in den ersten Vorkammern gefundenen Gegenstände füllten 89 Kisten. Die schönsten und kostbarsten Stücke aus dem Tut-Ench-Amon-Grab glänzen heute in Hunderten von Bildbänden. Imponierende Zeugnisse einer hohen Stufe künstlerischer Gestaltung und immer wieder Anregungen für Designer unserer Zeit. Daneben aber waren dem Pharao Gebrauchsgegenstände mit auf seine Reise in eine bessere Welt gegeben worden, die viel zuwenig Beachtung finden. Wer weiß beispielsweise, daß unter den Grabbeigaben auch ein Alabastersieb war, dessen winzige Löcher eines wie das andere in mehreren Ringen so präzis gebohrt waren, wie es heute nur computergesteuerte Maschinen können. Drehbohrer und Luntenfeuerzeuge lagen für des Königs Reise zum anderen Ufer des Totenflusses ebenso bereit wie Reiseproviant, darunter 36 Weinkrüge, auf denen der Jahrgang, das Wachstum und der Name des Winzers notiert waren.

Die Sandalen, die Carter in dem Grab fand, waren so elegant und raffiniert, daß Dutzende Schuhhersteller die Rechte für die Fertigung von Tut-Ench-Amon-Sandalen erwerben wollten. Auf einer der Sandalen waren auf der Innensohle Feinde der Ägypter abgebildet, so daß der König bei jedem Schritt die Feinde seines Reiches mit Füßen trat. Das macht Sinn, wozu aber der einzelne rechte Leinenhandschuh bestimmt war, der ebenfalls als Grabbeigabe gefunden wurde, ist bis heute ungeklärt.

Den Löwenanteil der im Grab gefundenen Gegenstände erhielt das Ägyptische Museum in Kairo. Einige jedoch erst mit ziemlicher Verspätung, denn die wertvollsten befanden sich bis zur Abdankung König Faruks 1952 in dessen Privatbesitz.

Alle Stücke wurden in Kisten und Collicos verpackt. Um sie ans Nilufer zur Verladung auf Schiffe zu transportieren, »ließ Carter extra eine Feldeisenbahn durch das lange Felstal legen«. Wenn Sie diesen oder einen ähnlichen Satz irgendwo lesen, dann notieren Sie an den Rand: Die angelieferten Schienen reichten mit Müh und Not für 30 Meter! Die Lorries wurden über diese kurze Schienenstrecke geschoben, dann montierte man die hinteren Schienenstücke vorn an und legte so die Kilometer bis zum Nil zurück. Selbst für einen so spektakulären archäologischen Fund standen nicht einmal die einfachsten Hilfsmittel einer Pioniereinheit zur Verfügung.

Die Transportschwierigkeiten waren von vielen Übeln immer noch das kleinste. Ärgerlicher war die Arbeitsbehinderung der Wissenschaftler durch die Reporter, die auf eigene Faust ihre Storys zu bekommen versuchten, nachdem Carter das exklusive Veröffentlichungsrecht für Text und Bilder der »Times« verkauft hatte. Noch hinderlicher, weil nicht so leicht abzuwimmeln, war die Belästigung durch Gruppen hochgestellter oder auch nur vermögender Ägyptenreisender. Für sie war ab 1923 ein Champagnerfrühstück am Tut-Ench-Amon-Grab fest eingeplant.

Als der Besucherstrom immer mehr anschwoll und mit Verboten nicht mehr einzudämmen war, griff Carter zu einer List. Er ließ am Grab eine Warntafel aufstellen:

»Vorsicht, Lebensgefahr. Dieses Tor steht unter elektrischer Hochspannung von 3000 Volt. Sie sind gewarnt!«

Eine Stromquelle dieser Stärke gab es weit und breit nicht. Die Warnung war in Englisch, Französisch und Arabisch abgefaßt.

Die schlimmste aller Behinderungen aber kam von den ägyptischen Behörden. Jahrelang hatten sie zugesehen, wie Lord Carnarvon viele, viele Pfunde für Grabungen investiert hatte, ohne nennenswerte Funde zu machen. Nun, da es sich zeigte, daß aus diesem Grab sowohl archäologisch wie vom Geld her bedeutende Funde zu erwarten waren, erklärte die ägyptische Regierung die Grabungslizenz Ihrer Lordschaft für verfallen. Eine Verlängerung wurde abgelehnt, eine neue war nur zu erhalten, wenn Carnarvon und Carter sich verpflichteten, sämtliche Funde dem ägyptischen Staat auszuliefern. Bisher gehörte die Hälfte davon den Ausgräbern. Sicher steckte hinter dieser verhärteten Haltung ein gerüttelt Maß ohnmächtiger Wut, daß ausgerechnet verhaßte Engländer diesen fetten Happen ägyptischer Kunst geschnappt hatten.

Der Befehl zum Grabungsstopp kam genau in jener Woche, in der die Ausgräber bis in die Hauptgrabkammer vorgedrungen waren und Carter fünf herrliche Schreine, die ineinandergeschachtelt waren, nacheinander hatte bergen können. Die Wahl dieses Zeitpunkts war kein Zufall. Jetzt gab es keine Zweifel mehr, daß dieser Fund einmalig war. Carter reagierte nicht darauf, sondern ließ in der Grabkammer weiterarbeiten, die von einem gewaltigen Steinsarg beherrscht wurde. Er allein war schon eine Sensation, da er aus einem einzigen Granitblock gearbeitet worden war. Nur ein anderer Pharao - Echnaton - war ebenfalls in einem solchen Sarg zur letzten Ruhe gebettet worden.

An dem Tag, an dem die Ausgräber begannen, die tonnenschwere Grabplatte zu heben, kamen Beamte aus Kairo. Nicht um zu gratulieren, sondern um die Unterschriften für die neue Grabungslizenz einzuholen, nach der alle Funde Ägypten gehörten. In Kairo war man sicher, daß zu diesem Zeitpunkt die neuen Bedingungen akzeptiert werden mußten. Die Behörden hatten ihre Rechnung ohne die Entschlossenheit Carters gemacht. Er war nicht bereit, so kurz vor dem Ziel aufzugeben. Er rannte von einer Behörde zur anderen. Vergeblich. Wer den Orient kennt, weiß, wie dieses Hinhalten, Verschaukeln, Auflaufenlassen auch bei ruhigen Naturen das Blut in Wallung bringen kann. Carter aber war ein Hitzkopf. Allerdings einer mit starken Nerven.

Nachdem auch die englischen Behörden ihn nicht unterstützen konnten oder wollten, griff er zur Selbsthilfe. Am 11. Februar 1924 heftete er eigenhändig einen Zettel in Englisch und Arabisch ans Schwarze Brett der Baracke, in der die Arbeiter ihren Lohn abholten. Auf diese Weise erfuhren sie, daß die Grabungen ab sofort eingestellt waren. Carter und seine Mitarbeiter streikten. Nie wieder hat ein Streik weltweit für solche Schlagzeilen gesorgt wie jener der Wissenschaftler im Tal der Könige.

Aber die Arbeitseinstellung hatte nur einen Sinn, wenn verhindert werden konnte, daß die ägyptische Regierung ägyptische Archäologen mit der Weiterarbeit betraute. Um dies zu erreichen, hatten Carter und seine Männer zu einem ebenso probaten wie riskanten Mittel gegriffen: Auf Carters Vorschlag war der Granitdeckel des Sarkophags an Seilen hochgezogen und der Eingang verrammelt worden. Damit hatte Carter Kairo in Zugzwang gesetzt. Hastig versuchte man, Fachleute zu finden, die die Arbeiten fortzusetzen bereit waren. Alle lehnten mit der Begründung ab, nur Carter besitze die erforderliche Kompetenz und Sorgfalt für diese Aufgabe. Der Hinweis auf Carters Sorgfalt war angesichts der Tatsache, daß der Sargdeckel an einem viel zu schwachen Tau hing, das täglich ein wenig nachgab und irgendwann einmal reißen mußte, eine ziemlich kühne Behauptung.

In und um Tut-Ench-Amons Grab herrschte wieder die Ruhe, die dort über zweieinhalb Jahrtausende geherrscht hatte. Monate gingen ins Land. Die Situation war so verfahren, die Fronten so verhärtet, daß auch nicht der Silberstreifen einer Hoffnung am Horizont schimmerte. Die Lösung kam nicht langsam und leise, sondern mit einem Paukenschlag. Ein ägyptischer Nationalist tötete einen britischen Offizier. Sofort nach diesem Zwischenfall verhängten die Engländer das Kriegsrecht über Ägypten und setzten eine neue, englandfreundliche Regierung in Kairo ein. Eine ihrer ersten Maßnahmen war die Bestätigung der alten Grabungslizenz für Carnarvon und Carter. Das war im November 1924.

Es dauerte dann bis Oktober 1925, ehe Howard Carter die drei ineinandergeschachtelten, menschengestaltigen Mumiensärge öffnen konnte. Die beiden äußeren waren aus Holz, vergoldet, mit Schmuck und Glaseinlagen überzogen. Wie bei allen Mumiensärgen waren an den Seiten Türen und auf dem Deckel offene Augen gemalt. Die Symbolik dieser Sargbemalung war bekannt. Mit den Augen, glaubte man, konnte der Tote die Außenwelt beobachten und durch die aufgemalte Tür den Sarg verlassen.

Unerwartet und überwältigend war der Anblick des dritten, innersten Sarges, der die Mumie des jungen Königs barg. Dieser Sarg ist 1,85 Meter lang und besteht aus purem Gold. Die Goldschicht ist 3,5 Millimeter dick. Gesamtgoldgewicht: 285 Kilo.

Doch damit waren die Überraschungen noch nicht zu Ende. Unter diesem letzten Sargdeckel blinkte es noch einmal golden. Unversehrt, unzerstört blickte eine massivgoldene Totenmaske, die unmittelbar auf das bindenumwundene Haupt des Pharaos Tut-Ench-Amon gelegt war, nach über 2500 Jahren wieder Menschen ins Auge. Tut-Ench-Amon, bisher nur ein Name ohne rechte Vorstellung, existierte in einem Glanz und einer Pracht, die alle Erwartungen übertraf.

Wer war dieser Pharao Tut-Ench-Amon? Plötzlich wollte alle Welt jede Einzelheit von diesem goldenen König wissen. Das Ägyptenfieber grassierte. Die Weltpresse füllte Spalten und Seiten mit Theorien über diesen Pharao. Nüchterne Feststellung: Heute, nach mehr als sechzig Jahren, sind wir noch immer auf Vermutungen angewiesen. Es schreibt sich so leicht, aber es beweist sich so schwer, was über diesen Pharao verbreitet wird.

Auf Ehre und unter Eid befragt, was wir denn verbindlich von diesem Tut-Ench-Amon wissen, kann ein Fachgelehrter nur antworten: Nichts außer der Tatsache, daß er im Frühling beigesetzt worden ist. Das beweisen die Reste des Blütenkranzes, den man ihm mit ins Grab gegeben hat.

Nicht einmal auf eine einheitliche Schreibweise seines Namens in unseren Buchstaben hat man sich einigen können. Zwischen Tut-Ench-Amon, Tut-Ench-Amun, Tutancharmun, Tut-ankh-Amen, Tutenchamon darf gewählt werden. Die Bedeutung aller Varianten ist die gleiche: »Das lebende Bild des Gottes Amun« oder »Schön ist das Leben des Gottes Amun«.

Weder sein Alter noch seine Regierungszeit konnten bisher bestimmt werden. Machen Sie die Probe aufs Exempel, schlagen Sie in Ihrem Lexikon nach, welche Regierungszeit für Tut-Ench-Amon dort angegeben ist. Ich stieß bei meinen Nachschlagereien auf folgende Daten:

In Kurt M. Jungs »Weltgeschichte in einem Griff« (1979) kam er bereits 1330 bis 1322 v. Chr. an die Regierung.

»Das moderne Lexikon« (1979) gibt 1346 bis 1333 v. Chr. an.

Auf 1347 bis 1339 v. Chr. einigten sich »Neues Hauslexikon« (1981), »Der farbige Ploetz«, dtv-Brockhaus-Lexikon (1982).

Brockhaus hält sich seit 1938 an die Angabe »um 1350 v. Chr.«.

Auf 1358 bis 1350 v. Chr. einigten sich die »Propyläen-Weltgeschichte« (1986) und »Der große Kulturfahrplan«.

Die Engländer, denen dank Carter dieser Pharao besonders am Herzen liegen muß, rücken ihn noch näher an unsere Zeit heran. »The Guiness Book of Kings, Rulers, Statesmen« (1979) nennt 1361 bis 1352 v. Chr. als Regierungszeit. Am großzügigsten löst das »Lexikon der ägyptischen Kultur« (1960) das Zeitproblem. Es erwähnt sie überhaupt nicht. Man erfährt lediglich, daß Echnaton bis 1354 v. Chr. regiert hat.

So unterschiedlich die Angaben sind, in einem stimmen die Nachschlagewerke überein: Dieser Phararo regierte nur kurze Zeit. Dies gilt als erwiesen, seit Professor Douglas Dessy von der Ägyptischen Universität in Kairo die Mumie des Pharaos im Auftrag Carters untersucht hat. Sein Befund: »Der König dürfte bei seinem Tod nicht älter als achtzehn Jahre gewesen sein. Er war äußerst zierlich gebaut und nicht größer als 1,67 Meter.«

Nach 1969 kam eine neue Theorie über diesen jungen Pharao auf, der erst Jahrtausende nach seinem Tod berühmt geworden ist. Ihr Urheber war Ronald Harrison, Professor für Anatomie an der Universität Liverpool. Er hatte die Erlaubnis erhalten, die königliche Mumie mit einem tragbaren Röntgengerät zu untersuchen. Speziell eine Partie am Schädel des Pharaos interessierte ihn, Howard Carter hatte sie als »schorfige Stelle« beschrieben. Professor Harrison konnte durch seine Untersuchungen belegen, daß an dieser Stelle der Hinterhauptknochen verdünnt war und sich eine Wunde abzeichnete. Der Professor wörtlich: »Es ist anzunehmen, daß sie vom Schlag mit einer Keule oder einem Schwertknauf herrührt!«

Da war er endlich, der Mord mit einem »stumpfen Gegenstand«, der schon in so vielen Krimis für Spannung gesorgt hat. Er paßte gut in das Puzzlespiel aus Theorien und fehlenden Belegen. Schon Carter hatte gemeint, »sein« Pharao sei lediglich eine jugendliche Marionette gewesen, die nach der Pfeife der mächtigen Amonpriester tanzen und den Befehlen seines herrschsüchtigen Truppenbefehlshabers Haremhab folgen mußte. In dieses Bild paßte, daß weder unter den tausend Grabbeilagen noch auf einem der Sarkophage und Schreine auch nur eine Zeile historischer Aufzeichnungen noch sonst irgendwelche Dokumente gefunden wurden. Offenbar hatte jemand – wir bewegen uns noch immer auf Krimipfaden – ein Interesse daran, die Erinnerung an diesen Pharao auszulöschen. Das scheint dem Betreffenden – dem Mörder? – so gründlich gelungen zu sein, daß dieser Tut-Ench-Amon derartig in Vergessenheit geraten war, daß sogar antike Grabräuber sich seiner nicht mehr erinnerten. In diese Theorie paßt, daß Tut-Ench-Amon der letzte Pharao der XVIII. Dynastie war und ihm Haremhab als erster der XIX. Dynastie auf den Thron folgte. Eine seiner ersten Amtshandlungen könnte die Löschung des Namens seines Vorgängers aus allen Dokumenten und Bildwerken gewesen sein. Ein Mord, um den Weg zum Thron frei zu machen, ist schließlich nicht erst seit Shakespeare populär.

Als alles schön zueinanderpaßte, da zerstörte ein Fund das hübsch montierte Bild. Auf einer Stele, die offenbar bei der Namenstilgung übersehen worden war, ist zu lesen, daß Tut-Ench-Amon es war, der »die Gunst der Götter zurückgewann und das Recht wiederherstellte, der Gesetze erließ jeden Tag ohne Unterlaß«. Dieses einzige historische Dokument paßt so gar nicht in die Marionettentheorie mit Mord als Abschluß. Das Thema »Wer war Tut-Ench-Amon?« ist noch immer offen.

Seine historische Anonymität kommt besonders deutlich zur Geltung, weil er der Nachfolger eines Phararos war, der schon zu Lebzeiten und bis in unsere Zeit für Wirbel sorgte: Amenophis IV., der sich selbst Echnaton (»Es gefällt dem Aton«) nannte. Die Reihenfolge der Regierungszeiten beider Pharaonen ist verbürgt. Aber schon die Frage, ob der Ketzerkönig Echnaton Schwiegervater oder Bruder Tut-Ench-Amons war, ist nicht eindeutig zu beantworten. Sicher ist nur, daß er nicht sein Vater gewesen sein kann. Echnaton, wissen wir, hatte nur vier Töchter. Dieser Echnaton hatte während seiner Regierungszeit zu viele Änderungen durchzusetzen versucht, als daß er sich nicht reichlich Feinde - vor allem unter der Priesterschaft - geschaffen hätte.

Wahrscheinlich stimmt nicht alles, was über ihn berichtet wird, wer aber die überzogenen, degenerierten Züge der überlebensgroßen Köpfe dieses Pharaos in Kairo und Luxor sieht, hält es nicht mehr für ausgeschlossen, daß er in seiner neugegründeten Hauptstadt Achet-Aton (Horizont des Aton), heute Amarna, in mystisch-religiöser Versenkung an der Seite Nofretetes dahindämmerte, während der viel zu junge Tut-Ench-Amon versuchen mußte, das Reich gegen äußere und innere Feinde zu verteidigen. Weder Echnatons Ein-Gott-Lehre noch der von ihm geforderte ekstatische Kunststil noch der Liebreiz seiner Frau Nofretete dürfen darüber hinwegtäuschen, daß während seiner Regierungszeit das Reich zerfiel. Die Hethiter eroberten Syrien, die Steuereinnehmer behielten das Geld in den eigenen Taschen, und die Haudegen unter seinen Generälen planten den Aufstand gegen ihn, vielleicht auch gegen Tut-Ench-Amon?

Die Hoffnung, durch neue Funde mehr über den »goldenen Pharao« zu erfahren, ist gering. Die reichen und informativen Funde in seinem Grab entschädigen für die historischen Lücken. Sollten es jedenfalls tun. Aber so ist der Mensch nun einmal: Wo einige Dinge ungeklärt sind, wittert er Geheimnisse, und wo Informationen fehlen, wuchern Gerüchte.

Eines der unsterblichsten Gerüchte ist seit 1924 »der Fluch der Pharaonen«. Zigmal widerlegt, immer wieder neu behauptet. In unschöner Regelmäßigkeit erscheinen alle zehn, zwanzig Jahre Publikationen, in denen die ollen Kamellen aufgewärmt werden, und prompt werden sie Bestseller. Schön für die Autoren. Prominenz und Intelligenz schützt nicht davor, an diese Fluch-Theorie zu glauben, wie das Beispiel Sir Conan Doyles beweist. Er erfand nicht nur Sherlock Holmes, er war auch überzeugter Anhänger des Okkulten. Für ihn war der Pharaonenfluch eine Tatsache.

Damit Sie gewappnet sind, wenn Ihnen auf einer Party einer der beharrlichen Fluchverfechter seine »Beweise« präsentiert, folgen nachstehend die Hauptargumente gegen die Behauptung, daß jeder, der die Ruhe der Pharaonen stört, eines frühen und schrecklichen Todes gewärtig sein muß.

1. Howard Carter, den der Fluch am ehesten und am heftigsten hätte treffen müssen, starb, 66 Jahre alt, eines natürlichen Todes.

2. Auch der Fotograf Bunton, dem man anlasten könnte, er habe durch seine Aufnahmen den toten Pharao am meisten gestört, weil in seiner Mumie wie in jedem ägyptischen Toten das Ka, die latente Lebenskraft, weiterexistiert, die sich durch Blitzlicht belästigt fühlen konnte, starb ohne spektakuläre Umstände im hohen Alter.

3. Nicht zu vergessen Professor Douglas Dessy, der als einziger mit dem Pharao Tuchfühlung hatte, als er dessen Mumienbinden löste. Dessy starb hoch betagt 1948.

4. Als Lord Carnarvon im April 1923 mit 57 Jahren starb, soll zur Todeszeit in Kairo aus unerklärlichen Gründen für ein paar Minuten der Strom ausgefallen sein, und in seinem englischen Landsitz soll sein Lieblingshund zur gleichen Zeit laut aufgeheult haben und tot umgefallen sein. Vergessen wir mal diesen armen Hund. In englischen und schottischen Lokalgeschichten wimmelt es von treuen Vierbeinern, die ihrem Herrn in den Tod folgten.

Was aber ist mit dem Licht, das in Kairo »aus unerklärlichen Gründen« ausging? Wer schon einmal länger als drei Tage in Kairo war und nicht in einer der Nobelherbergen wohnte, die über eigene Stromaggregate verfügen, kann über die Meldung nur lächeln. In Kairo sind Stromausfälle auch heute noch keine Seltenheit. In den zwanziger Jahren waren sie geradezu an der Nachtordung. Möglicherweise fiel auch in der Sterbenacht Lord Carnarvons mal wieder das Licht aus. Aber um der Meldung das Gewicht einer Sensation zu geben, hätte sie lauten müssen: »Unerklärlicherweise fiel in der Todesnacht von Lord Carnarvon der Strom in Kairo *nicht* aus.« Einige Fluchverteidiger nehmen diese Einwände zur Kenntnis, akzeptieren sie sogar, aber nur, um dann auf das niedrige Sterbealter des Lords hinzuweisen. Zugegeben, 57 Jahre sind kein Alter für einen Mann, der sorgenfrei und ohne Arbeitszwang gelebt hatte. An seinem relativ frühen Tod ist aber nicht der Pharaonenfluch, sondern seine Autoleidenschaft schuld. Er besaß das dritte in England zugelassene Automobil. Auf einer Fahrt durch Deutschland zog er sich bei einer Kollision mit einem Ochsengespann lebensgefährliche Verletzungen an der Lunge zu, die ihn zwangen, die Winter im trockenen Ägypten zu verbringen. Seinem geschwächten Organismus fehlten die Abwehrkräfte gegen die Infektion durch einen Moskitostich - daran ist er gestorben. Seine Ärzte waren erstaunt, wie lange ihr Patient mit seinem schweren Lungenschaden gelebt hatte.

5. Ein anderer »Beweis« für den Fluch ist die Behauptung, in Luxor - vis-à-vis vom Tal der Könige - seien in den zwanziger und dreißiger Jahren, also nach der Öffnung des Grabes, viele Europäer, besonders Engländer, gestorben. Blanker Unsinn. Richtig ist, daß in der Gegend um Luxor bereits seit Ende des vorigen Jahrhunderts mehr Engländer starben als an anderen Plätzen außerhalb Englands. Ab 1924 wurde dann jeder dort gestorbene Engländer mit dem Fluch der Pharaonen in Verbindung gebracht. Die hohe Sterberate lag jedoch weder am Fluch noch am schlechten Klima dieser Gegend, sondern im Gegenteil: Weil dort die trokkene Luft besonders gut für alte, asthmakranke Menschen ist, wurde Luxor zum beliebten Winterkurort betuchter älterer Engländer. Und ältere, kränkliche Menschen sterben üblicherweise mehr als junge, gesunde ... Das ist nun mal der Gang der Welt.

6. Als stärksten »Beweis« führen die Fluchanhänger Hieroglyphendrohungen an, die sich angeblich in den Grabkammern Tut-Ench-Amons befinden. So soll neben den geflügelten Wesen auf der Tür des zweiten Schreines in Hieroglyphen zu lesen sein: »Wer dieses geheiligte Grab betritt, den werden die Flügel des Todes treffen.« Und auf einem Keramiksockel sei eingraviert: »Ich verhindere, daß Sand die geheiligte Kammer füllt. Ich bin zum Schutz der Toten da. Und ich werde alle töten, die diese Schwelle zum Heiligtum des Königs der Könige übertreten, der lebt in Ewigkeit.« Das ist allerdings eine massive Drohung, die fast einem Fluch gleichkommt, wenn nicht ... Es stellte sich nämlich heraus, daß keiner der Kolporteure diese Zitate mit eigenen Augen gesehen noch der Hieroglyphen mächtig war. Trotzdem machten sich Ägyptologen auf die Suche nach diesen Drohungen. Die letzte fanden sie tatsächlich, allerdings endet sie bei »Ich bin zum Schutz der Toten da«. Das war eine übliche altägyptische Formel der Abwehr gegen böse Geister. Dem Reporter, der den Spruch zitierte, war dieser Abschluß für seine Fluch-Theorie zu schwach, deshalb fügte er den Nachsatz mit der biblischen Drohung hinzu. Er ist nie in Hieroglyphen, sondern nur in Schreibmaschinentypen geschrieben worden. In einem lichten Moment hat der »Erfinder« wenigstens »Amen« weggelassen.

Howard Carter hat alle Behauptungen um einen Pharaonenfluch als »verleumderische Erfindungen« abgetan. Die Fluchfanatiker nehmen auch das nicht zur Kenntnis. Nach ihrer Buchführung gehen bis heute 26 Opfer auf das Konto des Pharaonenfluchs.

1985 infizierte eine Nachricht auch mich für kurze Zeit mit der Fluch-Theorie. Die Nachricht entnahm ich einem Fachblatt, und sie berichtete von Erfolgen einer Gruppe von Genchemikern, deren Leistungen ich mit viel Unverstand, großer Bewunderung, aber noch größerer Sorge beobachte. Die Nachricht besagte, daß Professor M. S. Pääbo (Uppsala) erstmals die Vermehrung (Klonierung) von DNS (Desoxyribonukleinsäure) aus Mumiengewebe gelungen sei. Laienhaft weitergedacht, schien es mir vorstellbar, daß man die Erbsubstanz mumifizierter Personen vermehren und wieder zu Leben erwecken konnte. Damit wäre ein Fortbestand von Charaktereigenschaften im Bereich des Möglichen. Eine beklemmende Idee.

Nachdem diese Vision mir ein paar Wochen Gänsehautschauer über den Rücken rieseln ließ, beruhigte mich Professor Dr. Gerfried Ziegelmayer vom Münchner Institut für Anthropologie. Sein Satz: »Die Horrorvorstellung, alte Pharaonen könnten auf diese Weise wieder ›auferstehen‹, ist absurd«, brachte mein ägyptisches Weltbild wieder in Ordnung. Geblieben ist meine Angst vor der Möglichkeit, Erbfaktoren künstlich erzeugen zu können. Doch das steht auf einem anderen Blatt.

Gerfried Ziegelmayer ist Mumienfachmann. Zusammen mit Franz Parsche leitete er seit 1983 ein interdisziplinäres Forschungsprojekt »Münchner Mumien«, für das die Federführung beim Münchner Institut für Anthropologie und Humangenetik lag. In- und ausländische Wissenschaftler und Institute waren daran beteiligt, von der Deutschen Forschungsgemeinschaft wurde das Projekt finanziell gefördert. Durch die Verwendung moderner medizinischer Diagnostikmethoden wie Röntgen, Computermonographie oder Endoskopie konnten erstmals Mumien genauer untersucht werden, ohne sie zu zerstören. Ein wesentlicher Fortschritt im Vergleich zu den Untersuchungsmöglichkeiten, die 1925 für die Mumie Tut-Ench-Amons zur Verfügung standen.

Damals war über Sinn und Methode des Einbalsamierens nicht viel mehr bekannt, als Herodot bereits im Jahre 450 v. Chr. berichtet hatte. Die Mumifizierung muß diesen antiken Ägyptenreisenden genauso fasziniert haben, wie sie auch heutige Ägyptenreisende beeindruckt. Herodots Bericht ist eine musterhafte Reportage, die jeden Gesichtspunkt der Mumifizierung berücksichtigt.

Was war eigentlich der Sinn dieser Konservierung der Toten? fragt Herodot und erklärt: »Es galt, den Leib der Toten vor dem Zerfall zu schützen, weil in der ägyptischen Vorstellung der Tod kein Ende bedeutet, sondern eine Durchgangszeit, in der sich die verschiedenen Elemente des beseelten Seins zwar zerstreuen, ihre Individualität aber unversehrt erhalten.« Nur ein intakter Körper konnte den heimatlosen Elementen wieder ein Zuhause bieten. Den Körper verfallen zu lassen war gleichbedeutend mit ewiger Trennung der Lebenskräfte im Jenseits von ihrer physischen Stütze.

Mumifizierung war nicht gleich Mumifizierung - Herodot beschreibt drei Arten: »Wenn man den Einbalsamierern einen Toten bringt, zeigen sie den Verwandten aus bemaltem Holz angefertigte Mumienmodelle. Die teuerste Klasse, so erklären sie ihnen, entspricht der Einbalsamierung des Osiris. Das zweite Modell, das sie zeigen, ist schon weniger sorgfältig und billiger balsamiert als das erste, und das dritte kostet am wenigsten. Dann fragen sie, zu welcher Ausführung sich die Verwandten des Toten entschlossen haben, und vereinbaren mit ihnen den Preis.«

Tut-Ench-Amon erhielt selbstverständlich wie alle Pharaonen den First-class-Balsamierungsservice, bei dem eine Präparationszeit von siebzig Tagen vorgesehen war. Nicht weil die Behandlung soviel Zeit erforderte, sondern aus religiösen Gründen. Als ausgezeichnete Astronomen hatten die Ägypter beobachtet, daß der Sirius (die Sothis) und die 36 Dekangestirne, nach denen am Nil der Ablauf der Nachtstunden berechnet wurde, alljährlich für siebzig Tage hinter dem Horizont verschwanden. Dieses Untertauchen galt den Ägyptern als Tod der Sterne, ihr erneutes Auftauchen als ihre Wiedergeburt. Wahrscheinlich übertrugen die Priester diese Himmelssymbolik auf die zu bestattenden Toten, deren Wiedergeburt ebenfalls nach siebzig Tagen begann. Zu diesem Termin mußten sie fertig mumifiziert sein.

Herodots Beschreibung der Einbalsamierungsarbeiten liest sich wie gestern geschrieben: »Als erstes entfernen sie mit einem Metallhäkchen durch die Nase das Gehirn, aber nur zum Teil; den Rest lösen sie mit irgendwelchen Drogen auf. Mit Hilfe eines Steins aus Äthiopien machen sie dann einen langen Schnitt an der Seite und entfernen alle Weichteile aus dem Körper. Die so entstandene Höhlung reinigen sie mit Palmwein und aromatischen Substanzen. Dann füllen sie den Leib mit reinem Myrrhenpulver, Kassia und anderen bekannten Duftstoffen. Schließlich nähen sie den Schnitt wieder zu.« Herodots Reportage wurde durch die Münchner Mumienuntersuchungen bestätigt und ergänzt.

Die entnommenen Weichteile, Eingeweide, Fettgewebe, Niere, Leber und andere Organe kamen bei der »großen« Mumifizierung in spezielle Ton- oder Steinbehälter, die sogenannten Kanopen. Die Anzahl, die Form und das Material mußten rituellen Auflagen entsprechen. Die Kanopen im Tut-Ench-Amon Grab sind ein ausgezeichnetes Beispiel dafür. Sie waren in zwei Schreinen untergebracht. Der äußere aus Holz hatte die Form eines Tempels und war mit Goldblech beschlagen. Die Bilder der vier Göttinen Isis, Neith, Nephtys und Selkis beschützten seinen Inhalt, so wie Darstellungen aufgerichteter Brillenschlangen auf seinem Fries Räuber abwehren sollten. In diesem Außenschrein steckte der zweite aus Alabaster, in dem die vier Kanopen mit den Eingeweiden des jungen Pharaos standen.

Warum vier und nicht drei oder fünf Kanopen? Weil ihr Inhalt den vier »Kindern des Horus« anvertraut war. Diese vier Horussöhne hatten vier verschiedene Köpfe, denen die Deckelform jeweils einer Kanope angepaßt war. Sohn Amset war menschenköpfig, Hapis Kopf glich einem Pavian, Dwa-mutef hatte den eines Schakals und Kebehsnewef den eines Falken.

Was danach mit der Körperhülle geschah, beschrieb Herodot so: »Sie konservieren die Leiche nun mit dem Salz des Natrons siebzig Tage lang.« Chemiker bestätigen, daß ein solches Bad in trockenem Natron der Mumie jede Feuchtigkeit entzieht.

Danach wurden mit einem Gemisch aus Bitumen, Bienenwachs, Ölen, Harzen, Natron und Geruchsstoffen Schädel und Bauchraum imprägniert, um das Innere vor Zersetzung zu schützen, und die Außenhaut mit einem Gemisch aus Bienenwachs und Ölen behandelt. Schließlich wird der Körper mit den vorher in Mumifizierungsflüssigkeit getränkten Leinenbinden umwickelt. Herodot wußte dazu nur zu berichten: »Diese werden mit einer Art Gummimasse, die die Ägypter hauptsächlich an Stelle von Kleister verwenden, überzogen.«

Über die Zusammensetzung dieses Imprägnierungsgemischs sind wir – aber auch erst seit 1985 – besser informiert. Sie bestand zu etwa 40 Prozent aus wasserlöslichen Anteilen (Natron, Guar-Gum, Gummiarabikum), der Rest aus wasserunlöslichen Substanzen (Bienenwachs, Öle, Baumharz und in geringen Mengen auch Bitumen).

Diese Mischung brachte doppelten Effekt: Da die wasserunlöslichen Substanzen wie Öle und Wachse auf der Oberfläche der Binden verbleiben, werden diese unempfindlich gegen Feuchtigkeit, während verschiedene Gummisorten die Binden geschmeidig halten, so daß diese leicht zu wickeln sind. Wenn dann die Feuchtigkeit in den Binden vertrocknet ist, verkleben diese so miteinander, daß die Stoffstreifen hart werden.

Für sorgfältig präparierte Mumien waren mehrere hundert Meter Stoff notwendig. Zuerst wurden Finger, Hände und Füße gesondert in sehr feine Binden gehüllt, dann erst bekam der Körper seine Bandage. Schließlich umwickelte man alles noch einmal netzartig mit breiteren Binden. Oft wurden Amulette in die Binden eingewickelt. Nicht wahllos, sondern genau bei jenen Organen plaziert, für deren Schutz sie zuständig waren: Horusaugen aus Edelsteinen zum Beispiel auf die Augenlider. In den Mumienbinden Tut-Ench-Amons befanden sich 140 Schmuckstücke, darunter Amulette, deren genauer Zweck noch nicht geklärt werden konnte.

Balsamierer war ein geachteter Beruf. Es gab Lehrlinge, Gesellen und Meister dieses Fachs. Sie hatten ihren eigenen Schutzgott, den hunde- oder auch schakalköpfigen Anubis, der an den Gräbern der Toten wachte und zu dessen zahlreichen Beinamen auch »der mit der Mumienbinde« gehörte. Einbalsamieren war mehr als nur eine handwerkliche Arbeit, jeder Handgriff streifte religiöse Rituale. Deshalb stand neben den Balsamierern immer ein Vorlesepriester, der zu den verschiedenen Arbeiten an der Mumie jeweils die entsprechenden religiösen Texte zu verlesen hatte. »Du wirst wieder leben, du wirst für ewig leben, du wirst von neuem jung werden für ewig«, lautete eine der Beschwörungsformeln.

»Du wirst für ewig leben« - selten ist eine Beschwörungsformel so in Erfüllung gegangen wie diese für ägyptische Mumien. In den Museen unseres Planeten sind sie zur Besichtigung freigegeben und zeugen so vom ewigen Leben derer, die in ihnen konserviert sind. Gelegentlich ist der Vorwurf zu hören, es sei pietätlos, diese Toten zu Schauobjekten zu machen statt ihnen die ewige Ruhe zu gönnen. Ich zweifle, ob diese Toten zu Lebzeiten für solche Einstellung Verständnis aufgebracht hätten. Zu oft sind auf altägyptischen Grabinschriften Sprüche zu lesen wie: »Wessen Name verkündet wird, der lebt.« Unter den Pharaonen war jeder darauf bedacht, seinen Ruhm der Nachwelt zu übermitteln. Die Bewunderung durch Fremde war in der Vorstellung der alten Ägypter etwas durchaus Wünschenswertes.

Nicht immer ist ihnen diese Bewunderung zuteil geworden. Am bittersten wurden die Pharaonen im eigenen Land mit Mißachtung bestraft. Die unglaublichste Begebenheit ereignete sich 1881. Wohlgemerkt - *nach* Christus. Zu jener Zeit besaßen Ober- und Unterägypten streng getrennte Verwaltungen. Als nun im Jahre 1881 in Luxor einige Königsmumien, die Dieben abgejagt worden waren, nach Kairo ins Museum transportiert werden sollten, ergaben sich unerwartete Schwierigkeiten, weil Kairo einer anderen Zollverwaltung unterstand als Luxor. Der zuständige Beamte blätterte in seinen Unterlagen, um den für Mumien gültigen Zolltarif zu finden. Doch dieser Fall war in den Akten nicht vorgesehen. Da entschied der beherzte Beamte von sich aus. Er verlangte für die Pharaonenmumien den Betrag, der für - getrocknete Fische zu entrichten war.

Das war's, was ich über Tut-Ench-Amon, Howard Carter und das Tal der Könige erzählen wollte. Zwei Nachträge gehören noch dazu:

1. PS: Für das Tal der Könige mit seinen Gräbern - ein Höhepunkt jeder Ägyptenreise - halten die meisten Reiseveranstalter eine Besichtigungszeit von dreißig Minuten für ausreichend!

2. PS: Bitte fragen Sie mich nicht, wie die Reliefs und Farbbilder in den schmalen Gängen ohne Lichteinfall angefertigt werden konnten. Ich weiß keine überzeugende Antwort. Die Theorie, dies sei durch Einspiegelung von Sonnenlicht geschehen, überzeugt mich nicht, so behende sie auch von den Wächtern im Tal der Könige demonstriert wird.

5. Abu Simbel - versetzt, doch nicht verändert

Techniker retten Kunstwerke / Abu Simbel - erst seit 150 Jahren bekannt / Was versank im Nasser-See? / Blitzkurs in Pharaonenkunde / Eselsbrücke für Kunstfreunde / Warum Paviane und Skarabäen verehrt wurden / Was Reliefs erzählen / Ägyptische Musik - wieder zum Erklingen gebracht / Ewiges Thema: Katzen am Nil.

Wer den Nil von Luxor nach Assuan hinauffährt, sieht zwischen Esna und Edfu am rechten Nilufer die verrosteten Gestänge eines ausgebrannten Nilschiffs. Das Schiff, dessen Eisenskelett so gar nicht in diese zeitlose Umgebung paßt, hieß »Abu Simbel«. Feuer zerstörte es 1963, ausgerechnet in jenem Jahr, in dem es für diese Felsentempel durch den Bau des Assuanstaudamms kaum noch eine Überlebenschance zu geben schien.

Daß ausgerechnet ein Nilschiff mit dem Namen dieser Tempel ausbrannte, nahm man in Kairo als böses Omen. Tatsächlich waren die Hilferufe an die Kulturnationen, zur Rettung der beiden in Fels gehauenen Tempel beizutragen, bei den reichsten ohne Echo geblieben. Die USA, Kanada und England stellten sich taub, und die Sowjets, nach deren Plänen der Staudamm entstand, formulierten knallhart: »Die Hilfe für Millionen Menschen ist wichtiger als die Erhaltung eines noch so bedeutenden Kunstwerks.«

Abu Simbel mit den Ramsestempeln schien in den Wasserfluten versinken zu müssen, die sich bald hinter dem neuen Nilstaudamm stauen würden. Die Rettung der Tempel war nicht nur eine Sache des Goodwills und des Geldes, sondern vor allem ein Wettlauf mit der Zeit. 30000 Arbeiter schufteten in Tag- und Nachtschichten am neuen Damm bei Assuan, durch den Wüstenland bewässert und fruchtbar gemacht werden sollte. Gegen diese geballte Arbeitsenergie hatte die UNESCO einen Rettungsplan aufgestellt, der sich anhörte, als stamme er aus einem Sciencefiction-Film: Man wollte die Tempel in Felsblöcke zersägen, diese 180 Meter weiter ins Land hineintragen und dort 68 Meter höher als vorher neu zusammenfügen. Was es an modernem technischem Gerät gab - Steinsägen, Mammutkräne, hydraulische Hebepumpen -, war dafür bereitzustellen, zu koordinieren und einiges erstmals zu erproben. 350 Millionen DM wurden für diese neuartige Umsiedlung eines Felsentempels veranschlagt. Noch nie war ähnliches in dieser Größenordnung versucht worden.

Doch 1963, drei Jahre, bevor die Wassermassen den Tempeleingang überschwemmen würden, waren erst 45 Millionen DM von Ägypten und 30 Millionen DM von anderen Staaten zugesagt. Die Situation war prekär. Die SOS-Rufe aus Kairo wurden immer dringender, die Chancen zur Rettung immer geringer.

Verblüffende Feststellung: Wären die beiden Tempel 1966 von den Wassern des Stausees überflutet worden, dann hätten sie nur 150 Jahre lang im Bewußtsein der Neuzeit existiert, denn erst seit

1815 wußten die Ägyptologen, daß es die Abu-Simbel-Tempel gibt. In diesem Jahr hatte der Schweizer Orient- und Afrikaforscher Johann Ludwig Burckhardt diese Denkmäler des Pharaos Ramses II. unter Sandverwehungen entdeckt und freigelegt.

Wir wissen: Abu Simbel wurde im friedlichen Wettstreit aller Nationen doch noch gerettet. Es war die größte Leistung der UNESCO. Nie wieder hat sie ihre Mitgliedstaaten zu gleicher Kooperation beflügeln können. Dabei gäbe es genügend ähnlich bedeutende Projekte in Süd- und Mittelamerika wie in Afrika.

Die Rettungsaktion von Abu Simbel hat zwar nicht wie kalkuliert 350 Millionen DM, sondern über 600 Millionen DM gekostet – aber Überschreitungen dieser Größenordnung sind bei wesentlich kleineren und leichteren Bauvorhaben an der Tagesordnung.

Kaum war die Rettung der beiden Abu-Simbel-Tempel gesichert, wurden Unkenrufe in der internationalen Presse laut. Abu Simbel und die Tempelinsel Philae seien nur so lauthals als gerettet gepriesen worden, um zu vertuschen, welche unersetzlichen Kunstwerke in der Sintflut versunken seien. Protest! Das war und ist nichts weiter als Wichtigtuerei. Jeder informierte Ägyptologe nimmt auf seinen Eid, daß unter den Wassern des Nasser-Sees nichts liegt, was auch nur einen winzigen Ansatz für neue Erkenntnissse in der ägyptischen Mythologie, Architektur oder Kunst bieten könnte. Das überschwemmte Gebiet ist vorher jahrelang von internationalen Ägyptologenteams so gründlich abge- und untersucht worden wie kein anderes archäologisches Gebiet.

Inzwischen ist ein Abu-Simbel-Besuch in jede Ägyptenrundreise eingeplant. Es lohnt nicht nur für alle an ägyptischer Kultur Interessierten, sondern auch für jene, die Augen für moderne Technik haben. Für sie sind nicht die in den Fels gehauenen Tempelhallen die Höhepunkte ihres Ausflugs, sondern die technischen »Innereien«. Hinter dem ägyptischen Tempel schließt sich jetzt jener für unseren Götzen Technik an. Beide »Tempel« sind zur Besichtigung freigegeben, beide beeindrucken. Der hintere Raum mit seinen Maschinen, Apparaten und Geräten als ein Glanzstück technischer Intelligenz, der alte Tempel als Demonstration der Macht, des Stolzes und der göttlichen Unsterblichkeit eines Pharaos in dieser grandiosen Urlandschaft. Tausende von Kilometern von seiner Residenz entfernt, an der Grenze zum tributplichtigen Nubien, hat Ramses II. diese beiden Tempel errichten lassen. Er war einer der stolzesten und eitelsten Pharaonen dieses mit stolzen Herrschern reichgesegneten Landes.

Abu Simbel »macht« der heutige Ägyptentourist als Airtrip. Ein Aus*flug*. Egypt Airlines erledigt das mit zwei Boeings von 8 Uhr morgens bis 16 Uhr im Zweistundentakt. Die 120 Minuten sind bis auf die letzte durchgeplant. Viel mehr Zeit als eine halbe Stunde bleibt dabei für die Besichtigung der beiden Tempel nicht.

Die Tempelbesichtigung läuft nach dem Fifo-System moderner Lagerhaltung ab: First in - first out. Die Gruppe, die zuerst kam, muß auch als erste wieder gehen. Hauptsache, der Zeitplan wird eingehalten. Auch wenn man dann Stunden auf dem Flughafen warten muß, weil das »Shuttle«-Flugzeug Verspätung wegen Motorschadens hat. Wenn es nicht anders geht, muß es eben so gehen. Wer es sich aber einrichten kann, dem sei eine Alternative vorgeschlagen: Planen Sie anderhalb Tage für Assuan und Abu Simbel. Bei Assuan ist der Nil ideal, um mit einer Feluke zu den verschiedenen Inseln oder an das andere Ufer zum Aga-Khan-Mausoleum zu segeln. Fragen Sie aber unbedingt vorher, was eine Segelpartie kostet. Der Felukenkapitän wird Ihnen den exakten Preis für eine Zweistundensegelpartie nennen. Was er Ihnen jedoch nicht sagen wird, erleben Sie nach zwei Stunden. Dann befinden Sie sich mitten auf dem Nil, und die Rückfahrt dauert nochmals zwei Stunden. Macht dann das Doppelte. Sie sind gute Steuermänner, die Nilschiffer, aber noch bessere Geschäftsleute.

Was immer Sie in Assuan unternehmen, Bazarbummel oder Five o'clock tea auf der Terrasse des alten Katarakthotels wie einst Agatha Christie - wichtig ist, daß Sie die letzte Maschine nach Abu Simbel um 16 Uhr nicht versäumen. Sie ist nie ausgebucht. Wer mit ihr fliegt, muß nämlich mit Blick auf die beiden Tempel übernachten. »Muß« hab' ich geschrieben, bin ich von allen guten ägyptischen Geistern verlassen! »*Darf* mit Blick auf die Tempel übernachten«, muß es heißen. Recht ordentlich übrigens in großen Zimmern des Hotels »Nefertari«. Gute zehn Minuten Fußweg zu den Felsentempeln. Noch ein letzter touristischer Hinweis: Lassen Sie sich nicht nur den Flug, sondern auch die Hotelbuchung vom Tourist-Office in Assuan bestätigen. Überraschungen sind in Ägypten noch immer an der Tagesordnung.

Wenn die letzten Touristenpulks das Tempelgelände verlassen haben, ist Abu Simbel einer der stillsten Plätze unserer Erde. In der Abenddämmerung färbt sich der Himmel grün, und die beiden Tempel, die Ramses II. für sich und - den kleineren, versteht sich - für seine Frau Nefertari (auch: Nofertari) hat errichten lassen, wachsen aus dem Fels. Die vier Statuen des Haupttempels, jede 20 Meter hoch, werfen letzte Schatten. Bewunderung wird zur Demut.

Später dann im Hotelzimmer frischt man seine Kenntnisse von den Pharaonen allgemein und speziell von Ramses II. noch einmal auf. Vorbereitung für die Audienz, die jene Standbilder uns westlichen Besuchern am nächsten frühen Morgen gewähren werden.

Pharao ist die hebräische Lesart des ägyptischen Wortes pir-oî, das wiederum »Hohes Haus« bedeutet und ursprünglich den Palast bezeichnete. Wir kennen solche Übertragungen von Begriffen auch aus der modernen Geschichte. So nannte sich die Regierung des türkischen Sultans »Hohe Pforte«.

Kleine Unterbrechung: Es gibt noch ein weiteres semitisches Wort, das Ihnen in Ägypten immer wieder begegnen wird, sei es als Name für Reisebüros oder Autovermietungen: Mir. Es ist der Name, mit dem Asiaten Ägypten bezeichnen.

Das Wort »Pharao« war nie der offizielle Titel eines Königs. Ägypten und Pharao gehören jedoch inzwischen so eng zusammen, daß es keinen Grund gibt, in diesem Buch von dem Begriff abzugehen. Es gilt auch hier die Devise: Der Pharao ist tot, es lebe der Pharao.

Dreißig Herrscherdynastien haben Ägypten vom 3. Jahrtausend v. Chr. - von diesem Zeitpunkt an besitzen wir Hieroglyphenaufzeichnungen - regiert. Diese Könige, die Pharao zu nennen wir uns gewöhnt haben, besaßen bestimmte Utensilien, die nur ihnen vorbehalten waren. Dazu gehörten die hohe, bienenkorbartige Kopfbedeckung, die in der Tiara des Papstes von der katholischen Kirche übernommen wurde, außerdem der Krummstab, ein mannshohes Zepter als Zeichen der Güte, das im Christentum zum Bischofsstab wurde, und der Dreschflegel als Symbol der strafenden Kraft des Königs. Das Königskopftuch mit der heiligen Uräusschlange sowie der Zeremonialbart und der Halsschmuck waren ebenfalls Teile des königlichen Ornats. Die Uräusschlange war eine kampfbereit aufgerichtete Kobra. Der Reif, an dessen Stirnseite sie befestigt war, gilt als Urform unserer Krone. Einen Zeremonialbart mußte sich jeder Pharao umbinden, auch wenn er so jung war wie Tut-Ench-Amon oder gar eine Frau wie die Pharaonin Hatschepsut. Alle diese Requisiten waren gleichzeitig Attribute des bekanntesten ägyptischen Gottes: Osiris.

Der Pharao war die irdische Inkarnation des falkenköpfigen Gottes Horus. Deshalb wird der Pharao auf Wandgemälden oft als Doppelfigur dargestellt - Symbol dafür, daß er sowohl irdischer Herrscher wie überirdischer Gott ist. Aber es gibt auch Reliefs, auf denen der Pharao den Göttern opfert. Wie ist das zu verstehen? Opfert hier ein Gott seinen Kollegen, und waren Opfer nicht Sache der Priester? Stimmt, aber die Darstellung eines opfernden Pharaos sollte betonen, daß er über den Priestern stand (doch dies war oft nur eine Illusion).

Bei der Opferzermonie wird der Pharao meist mit langstieligen Pfannen dargestellt. Sie sehen aus wie Weihrauchpfannen. Es sind welche! Mit Weihrauch wurde geräuchert, um den Gestank zu übertönen, der durch die Tieropfer entstand. Um nicht mit diesem heidnischen Brauch identifiziert zu werden, vermieden die frühen Christen bei ihren Gottesdiensten Weihrauchduft. Erst im Mittelalter kam er wieder auf. Daran war nicht der Gestank von Tieropfern schuld, sondern die Ausdünstungen der Gläubigen in den überfüllten Kirchen.

Von der zweiten Hälfte des Neuen Reiches an führten elf ägyptische Könige den Namen Ramses. Einer von ihnen hat dafür gesorgt, daß sein Name deutlicher als der seiner Namensvettern im Bewußtsein der Nachwelt blieb: Ramses II. Seinetwegen pilgern Hunderttausende nach Abu Simbel. Über hundert Kinder soll Ramses II. im Laufe seines langen Lebens mit seinen sechs Hauptfrauen - Nefertari war nur eine davon - gezeugt haben. Aber nicht diese imponierende biologische Leistung hat für seinen Ruhm gesorgt, sondern Dutzende imposanter Bauten. Vom Nildelta bis zur nubischen Grenze preisen Inschriften an ebenso gigantischen wie langweiligen Tempeln seine Verdienste. Aber auch Bauten, die durch ihre Harmonie bestechen, tragen seinen Namen. Doch sie entstanden nicht während seiner Regierungszeit, sondern unter seinem Vorgänger Sethos I. Ramses II. ließ dessen Namen einfach herausmeißeln und seinen dafür einsetzen. Das zeugt immerhin von besseren Manieren als von denen jener neuzeitlichen Regierungen, die Bauten unliebsamer Vorgänger sprengen und abreißen lassen.

Die Okkupation der Kunstwerke, die unter seinem Vorläufer entstanden waren, hat Ramses II. nichts genützt. Jedenfalls nicht im Urteil der Kunsthistoriker. Zu groß ist das Gefälle zwischen dem, was unter Sethos I., und dem, was unter ihm entstand. Ramses' II. Bauten sind viel gröber und klotziger als die Kunstwerke vor seiner Zeit. Deshalb lernen Kunstgeschichtler gleich im ersten Semester den Eselsbrückensatz: »Die Reliefs unter *S*ethis waren *s*orgfältig. Die Reliefs bei *R*amses II. waren *r*auh.«

Auch die beiden Abu-Simbel-Tempel zeugen von der Gigantomanie dieses Pharaos. Nicht nur, daß er sich bei seinem Tempel viermal außen und achtmal innen in Riesenstatuen verewigen ließ (seine Frau und seine Kinder reichen dem sitzenden Pharao gerade bis zur Wade), auch beim Tempel seiner Lieblingsfrau dominiert er: viermal Ramses, zweimal Nefertari. Immerhin: Es gibt nilauf, nilab keine zweite Tempelfassade, auf der die Frau eines Königs dargestellt ist.

Seinen Tempel hat er Atum-Ré, Ré-Harachte, Ptah und sich geweiht. Keine schlechte Nachbarschaft für einen Pharao. Atum-Ré und Ré-Harachte waren Doppelnamen für Ré, den obersten ägyptischen Gott, wobei Ré die Sonne bezeichnete. Der alte Name Ré wurde mit dem neueren Hauptgott Atum verbunden. Wer das Kapitel über die Hieroglyphen gelesen hat, wundert sich nicht, daß Ré auch Ra und Atum auch Aton geschrieben werden kann. (Sie erinnern sich: die fehlenden Vokale!) Auch der dritte Gott Ptah (gesprochen Ptach) war eine gute Adresse. Er galt als einer der Schutzgötter des Königtums. Außerdem soll er die Künste erfunden haben.

Bei der Wahl der Göttin, der er den Nefertari-Tempel weihte, war Ramses II. ebenfalls nicht zimperlich. Er entschied sich für Hathor, Herrin des Himmels, aber auch Göttin der Liebe und der Lust. Diese Hathor war eine echte Frau, schillernd und vielgesichtig. In ihr vereinten sich so viele Widersprüche und Wandlungen, daß die Ägypter meinten, Hathor habe ursprünglich Sechmet geheißen und sei durchaus nicht liebevoll, sondern blutrünstig gewesen. Um diese Widersprüche einigermaßen zu erklären, erfanden die Priester viele Geschichten um diese Sechmet/Hathor.

In der bekanntesten wurde behauptet, Sechmet habe einen Löwenkopf und einen Löwenhunger gehabt. Ihr Lieblingsgetränk war Menschenblut. Da sie unersättlich war, bestand die Gefahr, daß die Menschheit von Sechmet vernichtet werden würde. Doch Ré, der Sonnengott, hatte Erbarmen mit den Menschen. Er füllte den Moerissee bei Faijum mit Rotwein. Sechmet hielt den Wein für Blut, trank so lange, bis sie berauscht umfiel. Als sie ihren Rausch ausgeschlafen hatte, war sie gutmütig und liebevoll. Der Wein hatte die löwenköpfige Sechmet in Hathor mit dem Kuhkopf verwandelt. Eine Geschichte, die auch heute noch jedem Weintrinker glatt die Kehle runterläuft.

Hathor, Ré und Ptah - alles hochkarätige Nachbarn, doch Ramses II. war das nicht genug. Im Inneren seines Abu-Simbel-Tempels hatte er obendrein Gestalt und Attribute des Osiris angenommen. Damit war er nun endgültig in der feinsten Göttergesellschaft. Osiris und seine Frau Isis waren und sind die Exportschlager der ägyptischen Götterfamilie. Die Griechen haben beide adoptiert, die Freimaurer erhoben Osiris, wie wir spätestens seit Mozarts »Zauberflöte« wissen, zu ihrer Leitfigur.

Im Tempel, an der Rückwand des Allerheiligsten, hielten und halten weitere Riesenstandbilder der Götter Atum-Ré, Ré-Harachte, Ramses und Ptah Wache im Dämmerlicht. Am alten Tempelstandort sollen zweimal im Jahr beim Sonnenaufgang zur Tagundnachtgleiche die Strahlen der Sonne so eingefallen sein, daß sie nacheinander drei der Götter beleuchteten. Nur Ptah, Gott aus dem Schattenreich, blieb von der Sonne unberührt. Mein ägyptischer Begleiter versicherte mir, daß dieser Beleuchtungseffekt auch am neuen Platz funktioniert. Leider habe ich ihn weder am alten noch am neuen Platz erlebt, doch ist auch schon ein ganz normaler Sonnenaufgang angesichts dieser hybriden Kolossalität einer der unvergeßlichen Momente zwischen unserer Kurzatmigkeit und dem Ewigkeitshauch dieser Bauten.

Man muß früh aufstehen, kurz nach vier, um ihn zu erleben. Die rote Sonnenscheibe schiebt sich bereits vor sechs Uhr über das andere Ufer des Stausees. Ein Anblick, um dessentwillen allein sich schon die Erfindung der Farbfotografie gelohnt hat. Der Zauber dieses Augenblicks löst sich lautlos und langsam auf. Aus dem Dämmerlicht wachsen die 22 Konturen der Paviane, die im Fries über den vier Monumentalstatuen den Eingang bewachen.

Nicht nur hier, an vielen Tempeln sind Paviane beliebte Motive. Sie wurden verehrt, weil sie jeden Morgen die Sonne mit Gekreisch begrüßten und am Abend mit Geschrei verabschiedeten. Wer Ré, die Sonne, so lautstark feierte, konnte der Verehrung der Ägypter sicher sein.

Dies ist auch der Grund für die Wertschätzung des Skarabäus. Hinter diesem weihevollen Namen versteckt sich unser anthrazitfarbener, ganz gewöhnlicher Mistkäfer. Die Ägypter nannten ihn »cheper«, und als Hieroglyphe bedeutete er »sein werden«. Auch ihn verehrte man, weil er morgens beim ersten Sonnenstrahl aus der Erde kroch. Dies galt als seine Form der Begrüßung des Gottes Ré. Die Behauptung, er sei den Ägyptern heilig gewesen, ist jedoch nirgendwo belegt.

Schon in der Antike brachten griechische Reisende Skarabäen aus Stein von einer Ägyptenreise als Andenken den Daheimgebliebenen mit. Heute lebt ein ganzer Zweig der sizilianischen Fälscherindustrie von der Skarabäenherstellung aus Plastik. Wer wissen möchte, ob das, was ihm angeboten wird, echt ist, braucht nur die Feuerzeugflamme an den Skarabäus zu halten. Schmilzt er, ist er aus Plastik, und das gab es nachweislich nicht im alten Ägypten.

Eine gute halbe Stunde ist an diesem frühen Morgen vergangen, nun liegt die Tempelfassade voll im Sonnenlicht. Wir sind die ersten, die den Tempel betreten.

Im Inneren ist es dämmerig, kühl und leer. Endlich einmal keine Touristentrauben vor den Reliefs an den Wänden. Jedes hat nur ein Thema: Ramses zu feiern, in immer neuen Situationen seine Größe zu demonstrieren. Erstaunlich, wie unmittelbar uns Darstellungen auf altägyptischen Wandbildern das Alltagsleben unter den Pharaonen näherbringen. Viel direkter, als es beispielsweise schwer lesbare mittelalterliche Texte für die Zeit Karls des Großen tun können.

Offenbar ist den Ägyptern ein glattes Stück Mauer ein Greuel gewesen. Wo immer sich ein freier Fleck bot, wurde er mit Figuren und Schriftzeichen bedeckt. Die meisten waren farbig, was in den Abu-Simbel-Tempeln noch gut zu erkennen ist. Daß diese Farben heute noch Kraft haben, liegt an ihren Grundmaterialien. Gelb und Braun wurden aus dem Ocker der Wüstenerde gewonnen. Weiß aus Kreide, Blau und Grün aus den Rückständen der Glasgewinnung oder aus zermahlenen Mineralien mit Kobalt und Kupfer als Farbbestandteilen. Schwarz aus Ruß.

Welche Farbe wofür benutzt werden mußte, war genau vorgeschrieben. So verlangte die Maltradition, daß die Haut der Frauen heller als die der Männer sein mußte. Wenn Sie an einem Wandbild eine Figur mit grüner Gesichtsfarbe entdecken, dann bedeutet das: Dieser Mann ist tot, lebt aber als Gott weiter.

Die Ägypter kannten die Gesetze der Perspektive, wandten sie aber nicht an, sondern stellten entferntere Figuren gleich groß wie jene im Vordergrund dar, plazierten sie aber mehr zum oberen Bildrand hin. Nur so konnten die Symbolauflagen der Malerei und der Reliefkunst eingehalten werden. Die besagten unter anderem: Wichtige Personen waren größer darzustellen als andere, ganz gleich, ob sie sich im Vorder- oder Hintergrund befanden. Für die Darstellung von Göttern, Pharaonen und Würdenträger waren nur zwei Grundtypen zulässig: die aufrecht vorwärtsschreitende oder die thronende Gestalt. Als die Göttin Selket (Selkis) zum erstenmal mit zur Seite gedrehtem Kopf dargestellt wurde, muß das altägyptischen Kunstfreunden so kühn und ungewöhnlich vorgekommen sein wie in unserer Zeit den ersten Betrachtern der Picasso-Kopf mit drei Augen.

Eine Figur war immer so abzubilden, als sähe sie der Künstler aus verschiedenen Blickwinkeln: das Gesicht im Profil, die Schultern frontal, die Hüften nach vorn gedreht, Füße wieder frontal.

Ein Wort zur Relieftechnik. Ausgangspunkt vor jeder Steinbearbeitung war immer die Anfertigung einer Zeichnung auf Papyrus. Diese Skizze wurde in 22 Quadrate eingeteilt, die dann – entsprechend vergrößert – auf die Wand übertragen wurden. Was auf dem Papyrus im Quadrat 14 zu sehen war, das wurde nun im gleichen Quadrat auf die Wand gemalt und herausgemeißelt. Eine Technik, die auch heute noch angewandt wird.

Typisch für die Vergröberung der Reliefkunst unter Ramses II. ist die Verringerung der bisherigen 22 auf nur noch 18 Quadrate. Diese altägyptische Rationalisierung führte zum Verzicht auf Details, so wie es die Eselsbrücke auf Seite 67 ausdrückte. Um gleich eine weitere anzuhängen: »Bei den *Außen*wänden gehen die Reliefs nach *innen,* bei *Innen*wänden nach *außen.*« Also: im Freien in die Wand vertiefte, im Inneren aus der Wand herausgearbeitete Reliefs. Wie immer bestätigen Ausnahmen auch diese Regel.

In Abu Simbel sind die Reliefs im Tempelinneren nach außen gearbeitet, wie es die Regel vorschrieb. Mit einem dieser Wandbilder und dem dazugehörigen Hieroglyphentext - einem der längsten der uns bekannten - hat Ramses II. die Nachwelt bis in unser Jahrhundert an der Nase herumgeführt. Relief und Text schildern den glorreichen Sieg dieses Pharaos über die Hethiter bei Kadesch. Glaubt man diesen Darstellungen, dann hatten damals die Hethiter ihre liebe Not, wenigstens das nackte Leben vor den ägyptischen Sturmtruppen zu retten. Inzwischen wissen wir, daß Bild und Text eitle, gigantische Schwindeleien sind. Ramses' »Sieg« bei Kadesch war bestenfalls ein glimpflich verlaufener Rückzug.

Aus dem in der Türkei gefundenen ägyptisch-hethitischen Friedensvertrag ging hervor, daß nach dem »Sieg« von Kadesch Ägyptens Einflußgebiet in Syrien begrenzt wurde und Ramses eine hethitische Prinzessin zu einer seiner Hauptfrauen nahm (oder: nehmen mußte). Alles Bedingungen, die kaum zwischen stolzem Sieger und total Besiegten hätten ausgehandelt werden können. Das stärkste Argument aber gegen die offensichtlich falsche Darstellung des Schlachtverlaufs auf dem Relief in Abu Simbel ist vor allem die Tatsache, daß nach dem »Sieg« mehr als zwei Jahre lang um die Formulierungen für diesen Friedensvertrag gefeilscht worden ist. Hätte Ramses II. wirklich so überlegen gesiegt, wie er es der Nachwelt glauben machen wollte, wäre es ihm ein leichtes gewesen, seine Bedingungen zu diktieren. Das wissen wir aus zweimaliger Erfahrung nur zu bitter.

Da für bildliche Darstellungen genau festgelegt war, welche Gesten, Stellungen und Bewegungen erlaubt waren, wiederholten sich diese entsprechend oft. Es lag daher eigentlich nah, für Reliefdarstellungen Schablonen und Prägestempel zu benutzen. Man hat dies auch lange Zeit angenommen und damit den alten Ägyptern bitter unrecht getan. Sie haben es sich nicht so einfach gemacht, sondern jede Figur, sosehr sie auch einer anderen ähnelte, wurde individuell aus dem Stein herausgemeißelt. Dadurch hatte der Künstler die Möglichkeit, winzige Details zu variieren, ohne die Auflagen der Tradition zu verletzen. Oft sind diese kleinen persönlichen »Zugaben« erst nach längerer Betrachtung zu bemerken, dann aber liefern sie aufschlußreiche kulturgeschichtliche Informationen.

Durch Reliefs wissen wir beispielsweise, daß man sich von einem Pharao rückwärts gehend entfernen mußte. Eine Winzigkeit in der Darstellung hat dies verraten: Auf Reliefs stehen Menschen vor einem Pharao. Ihre Haltung entspricht genau der Maltradition. Also: Kopf im Profil, Körper frontal, Füße im Profil. Diese Füße aber haben eine Besonderheit: Ihre Zehen zeigen nach rückwärts. Mit dieser winzigen Änderung drückte der Künstler aus, daß man sich mit Blick auf den Pharao rückwärts gehend zu entfernen hatte.

Besonders die Reliefs des Kom-Ombo-Tempels 50 Kilometer nördlich von Assuan bieten verblüffende Details. So ist auf einem Wandbild ein immer noch übliches Arztbesteck dargestellt, daneben eine Frau in einer Gebärhaltung, wie sie heute wieder Gynäkologen empfehlen. Jedenfalls versicherte mir dies ein mitreisender Frauenarzt. An der Wand des Tempels, der dem Krokodilgott Sobek und dem falkenköpfigen Har-wer geweiht und unter der Ptolomäerdynastie (304 bis 30 v. Chr.) erbaut worden war, entdeckte ich bei vier männlichen Figuren die Symboltiere der christlichen Evangelisten: den Löwen des Markus, den Stier des Lukas, den Adler des Johannes und den Engel des Matthäus. Wasser auf die Mühlen jener, die von den ägyptischen Wurzeln des Christentums überzeugt sind.

Das erstaunlichste Beispiel für kulturgeschichtliche Informationen durch Reliefs bezieht sich auf die Einstellung der Ägypter zur Musik. Mit welchen Instrumenten am Nil musiziert wurde, war schon im 19. Jahrhundert (nach Christus) bekannt. Als erstes Instrument taucht auf den ältesten Wandbildern die Harfe auf. Dann kam die Laute und wieder etwas später aus Asien die Leier. Blasinstrumente waren Flöte, doppelte Oboe und Doppelklarinette. Trommeln, Trompeten und eine Art von Rasseln ergänzten das Instrumentarium. Musik war zum Tanzen, Singen, für den Gottesdienst da und - auch damals schon - zur Ermunterung müder Krieger.

Diodor, hellenistischer Historiker aus Sizilien (ca. 80 v. Chr.), behauptet zwar: »Die Ägypter halten es für unter ihrer Würde, die Kunst der Musik selbst zu lernen«, aber ganz kann das nicht stimmen, wie das Bild des Wesirs Mereruka beweist, der munter mit seiner Frau musiziert. Tanzen allerdings überließ man ausgebildeten Tänzerinnen. Ihr Kostüm war zeitlos. Sie tanzten nackt.

Unbekannt blieb bis vor etwa zwei Jahrzehnten, wie ägyptische Musik geklungen hat. Wie sollte man dies auch rekonstruieren? Eine Art primitiver Notenschrift kannten zwar die Perser, aber nicht die Ägypter. Die Lautenspielerinnen auf Reliefs und Wandbildern schienen für immer stumm. Da entdeckte eine amerikanische Kunstgeschichtlerin, daß die Musikantinnen nur scheinbar synchron in die Saiten ihrer Lauten griffen. Bei genauem Hinsehen war zu erkennen, daß sich jede in einer kleinen Nuance von der anderen unterschied, nämlich in der Haltung ihrer Spielfinger. Verschiedene Saiten wurden in unterschiedlicher Höhe gezupft. Musikhistoriker haben daraus die Folge der einzelnen Töne abgeleitet und so eine ungefähre Vorstellung vom Klangbild erhalten. Es soll dem unserer supermodernen Zwölftöner ähneln.

Ob die alten Ägypter wirklich solche Katzenmusik geliebt haben? Zweifel sind erlaubt. Allerdings: Katzen verehrten sie mehr als irgendein anderes Tier. Sie genossen göttliche Ehren, und Herodot berichtet, daß ein Ägypter lieber all sein Hab und Gut in Flammen aufgehen ließ, bevor er nicht seine Hauskatze vor dem Verbrennen gerettet hätte. Welcher Katzenfreund wollte an dieser Erzählung zweifeln?

Wie fein sich Ägypter in die Mentalität ihres Lieblingstieres Mau (auch Miu) einzufühlen verstanden, beweist, daß ihre katzenköpfige, sanftmütige Göttin Bastet sich unversehens in die wilde, blutrünstige Göttin Sakmet mit Löwenkopf verwandeln konnte. Die beiden Seelen, die in jeder Katze schlummern - in dieser Göttin sind sie vereint gewesen.

Einmal im Jahr kamen die Anhänger - meist Anhängerinnen - der Katzengöttin Bastet zu deren Tempel nach Bast. Viele führten seltsames Gepäck mit sich: kleine Särge, in denen ihre verstorbenen und mumifizierten Katzen lagen. Auf einem riesigen Katzenfriedhof zu Bast wurden sie beigesetzt. Es war ein Freudenfest! Denn die Ägypter waren überzeugt, daß nicht nur für sie, sondern auch für ihr Lieblingstier erst nach dem irdischen Tod das eigentliche Leben begann. Damit die Katzen auf dem Weg ins Jenseits keine Zeit mit Nahrungssuche verlieren mußten, gaben die Ägypterinnen ihren mumifizierten Katzen als Wegzehrung Korn, ja sogar Mäuse in den Sarg. Wenn Sie katzennärrisch sind und der Weg Sie nach London führt, lassen Sie sich im Keller des Britischen Museums die Mumien ägyptischer Katzen zeigen, deren künstliche Augen uns groß und erstaunt über 4000 Jahre anschauen.

Ihre Verehrung der Katzen soll auch die Ursache gewesen sein, daß die Ägypter sich nicht gegen jene Fremdlinge wehrten, die um 1650 v. Chr. in Ägypten einfielen. Diese Hyksos (Fremden) wußten um die göttliche Verehrung der Katzen durch Ägypter und nutzten diese Katzenliebe für ihre bösen Zwecke aus: Sie banden lebende Katzen auf ihre Schilde - kein ägyptischer Bogenschütze wagte daraufhin, einen Pfeil auf die Bogensehne zu legen, geschweige denn, ihn auf einen der Hyksos abzuschießen, er hätte ja das heilige Tier Mau treffen können. Die Hyksos siegten. Doch unsere Herzen sind bei den Ägyptern.

Wenn Katzen in Ägypten auch nicht mehr heilig sind, allgegenwärtig sind sie auch heute noch am Nil. Man trifft sie selbst dort, wo niemand sie vermutet. Beweis: Beim Rückflug von Abu Simbel nach Assuan holte, kaum daß die Boeing abgehoben hatte, meine unbekannte Platznachbarin ein süßes, ziemlich verhungertes Kätzchen aus ihrer Reisetasche. Es war ihr durch alle Tempelhallen nachgelaufen. Da hatte sie nicht widerstehen können und es eingepackt. In 8000 Meter Höhe, mitten im ägyptischen Himmel, der der Erde so nah ist, tauften wir es mit dem letzten Tropfen Whisky aus meinem Flachmann. Die Namenswahl fiel uns leicht. Sie hieß von Stund an so wie die Lieblingsfrau von Ramses II.: Nefertari. Hoffentlich ist die Prinzessin mit ihrer neuen Beschützerin wohl und gesund in Heilbronn angekommen . . .

6. Mit 80 PS ins Land Gosen

Das Nildelta ist für Überraschungen gut / Wie man die Aktualität von Reiseführern prüft / Fahrt durch die Kulturgeschichte / Warum die Kleider Verstorbener gewaschen werden / Ein Deutscher findet die früheste Kopfplastik des Kontinents / Der ägyptische Kalender war besser als unserer / Eine Plakette sagt plötzlich das Gegenteil / Zwei Städte - welche war Raamses? / Pferde bei den Pharaonen / Ägyptischer Wein - ein Exportartikel?

Das Nildelta ist ein touristisch unerschlossenes Gebiet. Seinen Namen verdankt es den Griechen. Sie haben dieses vielarmige Mündungsgebiet nach dem vierten Buchstaben ihres Alphabets benannt, der drei fast gleich lange Striche zu einem Dreieck vereint. Später kam dieser Begriff auch für andere Flußmündungen mit mehreren Armen in Gebrauch.

Hier im flachen Schwemmland, in der windigen Steppenebene am Südufer des Menzalesees zwischen Tell el Dab'a und dem Dorf Qantir, graben europäische Archäologen seit den zwanziger Jahren. Der Franzose Auguste Mariette, der Engländer William Matthew Flinchers Petrie, dessen chronologischer Einteilung altägyptischer Geschichte wir noch heute weitgehend folgen, vor allem aber der Franzose Pierre Montet, der von 1929 bis zu seinem Tode 1966 bei Saîn el-Hagar gegraben hat. Er und seine Vorgänger glaubten, mit den imponierenden Resten der Stadt Tanis jene Residenzstadt von Pharao Ramses II. gefunden zu haben, die im Alten Testament Raamses und Ramses-Stadt genannt wird. Aber nicht die Klärung, ob die Bibel (auch damit) doch recht hat, stand im Vordergrund dieser Ausgrabungen, sondern durch diese Arbeiten sollte vor allem jene Hälfte altägyptischer Kultur ans Tageslicht gebracht werden, die sich im Nildelta entwickelt hatte und die lange als für alle Zeiten verloren galt.

So hatte Ramses II. zwar seinen größten Tempel in Oberägypten bei Abu Simbel erbaut, sein Regierungssitz aber war Tanis im Delta. Und Tanis behielt seine herausragende Position bis etwa 1000 v. Chr. Damals war Ägypten zweigeteilt, in Unterägypten mit Tanis und Oberägypten mit Theben als Hauptstadt.

Beide Teilstaaten boten, was Kultur und Kunst betraf, absolut

Ebenbürtiges. Oswald Spengler meinte sogar: »Wir würden das (nämlich die Verbindung der minoischen zur ägyptischen Kultur) besser wissen, wenn nicht der entscheidende Teil der ägyptischen Kunstschöpfungen, alles, was im Delta entstanden ist, der Feuchtigkeit des Bodens zum Opfer gefallen wäre. Wir kennen nur die ägyptische Kultur, soweit sie auf dem trockenen Boden des Südens blühte. Aber dort hat nicht der Schwerpunkt der Entwicklung gelegen.«

Spengler hat einen weiteren Zerstörfaktor nicht erwähnt. Nicht nur Moder und Fäulnis erschwerten die Ausgrabungsarbeiten, sondern auch die Veränderung der Landschaft durch die neuen Flußbetten, die sich die Nilarme im Laufe der Jahrtausende gesucht haben.

Trotzdem: Das Delta zieht immer wieder Archäologen an, es scheint für Überraschungen gut. Um mir vor Ort ein eigenes Bild zu machen, mietete ich einen Geländewagen und Kamil, einen Dolmetscher. Er riet zur Route, die von Kairo über Tanta nach Damiette führt. Von ihr aus sind Abstecher zu drei Grabungsfeldern möglich, auf denen deutsche, österreichische und französische Teams verschiedene Epochen altägyptischer Geschichte erforschen.

Mein Hinweis, ich hätte gelesen, die Einreise ins Ostdelta sei nur mit Sondergenehmigung möglich, tat Kamil ab: »Kaufen Sie sich einen neuen Reiseführer. Das war einmal. Seit Jahren ist dieses Verbot aufgehoben.«

Kamils Rat war gut gemeint, aber fehl am Platz. Mein Reiseführer war erst vor fünf Monaten erschienen. Angeblich. In Wahrheit war er wie viele »bearbeitete« Reiseführer unveränderter Nachdruck alter Ausgaben. Es ist schwierig, herauszufinden, welcher Reiseführer wirklich auf aktuellen Stand gebracht wurde. Ein paar Kontrollmöglichkeiten gibt es allerdings. Hier sind wenigstens drei:

1. Wenn behauptet wird, in Dendera könne der Pylon bestiegen werden, dann ist zumindest diese Stelle seit 1981 nicht bearbeitet worden. Seitdem ist das Betreten des Steinmassivs an den beiden Seiten des Tempeleingangs nicht mehr möglich.
2. Wenn der Reiseführer gar das vorzügliche Museum in Luxor nicht erwähnt, dann ist das Kapitel Luxor/Karnak seit mehr als

zehn Jahren nicht bearbeitet worden. 1977 wurde das Museum eröffnet.

3. Wenn unter Kairo der Hinweis auf das Pentahotel fehlt, dann ist die Unterkunftsliste seit 1982 nicht aktualisiert worden.

Als vierter Prüfstein kam nun die angeblich gesperrte Fahrt ins Ostdelta hinzu. Nach der Karte verspricht diese Fahrt wenig Aufregendes. Gröber gesagt: Die gut 400 Kilometer durch eine flache Landschaft dürften eher langweilig werden. Das Gegenteil ist der Fall! Als wir aus Kairo im Schrittempo herausfuhren - man kann in Kairo praktisch nur im Schrittempo fahren -, ahnte ich nicht, welch eine farbige Fahrt durch Ägyptens Kulturgeschichte dies werden würde. Sie führte von unserem zwanzigsten Jahrhundert über das »Neue Reich« (etwa 1500 v. Chr.) bis zu jener vorgeschichtlichen Kreuzung, an der Mythos und Wirklichkeit aufeinandertreffen.

Die Gegend blieb sich gleich: flaches Land, zeitloses, bäuerisches Ägypten. Auf den Feldern gehen Fellachen noch immer hinter hölzernen Pflügen, die von abgemagerten Ochsen gezogen werden. Betten stehen auf den flachen Dächern der einstöckigen Lehmhäuser. Gelegentlich - große Verhältnisse! - sogar eine Nähmaschine. Turmförmige Taubenhäuser überall. Kaum daß man stoppt, ist der Wagen von Kindern umringt, die alles betatschen und abzumontieren versuchen. Ich glaube, nicht aus Zerstörungswut oder Diebeslust, sondern weil sie auf diese handgreifliche Art hoffen, Anteil am technischen Fortschritt zu nehmen.

Am Rande einer Siedlung hielten wir, weil ich Wäscherinnen fotografieren wollte. Sie wuschen Männerkleidung. Das sieht man selten, denn die meisten armen Dorfbewohner haben nur eine einzige Galabeia. Hinter das Geheimnis, wann diese gewaschen wird, bin ich bis heute nicht gekommen. Kalim erzählte mir, was es mit dem Waschen von Männerkleidung auf sich hat: »Die Frauen waschen die Kleider eines gestern Verstorbenen. Das muß man tun, damit kein Stäubchen von ihm auf Erden zurückbleibt.« So hätten es schon Eltern und Großeltern gehalten.

In diesem Punkt irrte Kalim. Der Brauch ist viel, viel älter. Er stammt aus der Pharaonenzeit. An diesem Morgen am Rand einer Siedlung im Nildelta wurde mir klar, warum Isis und Nephthys, die beiden klassischen Klageweiber der ägyptischen Religion, die Beinamen »Wäscherinnen« hatten. Sie waren die Schutzgöttinnen aller Witwen, die damals bereits die Kleider ihrer verstorbenen Männer wuschen, damit nichts von ihnen auf Erden zurückblieb, wenn sie auf die große Reise gingen. Wie alt mochte der Brauch sein? Fünf, sechs, sieben Jahrtausende vielleicht? Daß um diese Zeit das Nildelta bevölkert war, ist sicher. Seit 1986 haben wir dafür nicht nur archäologische Beweisstücke, sondern sogar ein Stück, das etwas über die künstlerische Gestaltungskraft der Menschen in dieser schriftlosen Zeit aussagt.

Ich meine den ungefähr 11 Zentimeter hohen Kopf aus gebranntem Ton, rotgelb bemalt, den Dr. Josef Eiwanger vom Deutschen Archäologischen Institut/Kairo 1985 bei Merimbe-Benisalame am Westrand des Nildeltas ausgegraben hat. Der eiförmige Kopf wirkt totenschädelhaft und hat eine tiefe Bohrung an der Unterseite, so daß er auf einem Stock befestigt werden konnte. Als Zepter? Als Abwehrtalisman gegen böse Geister? Wir wissen viel zuwenig aus jener Zeit, als daß mehr als Vermutungen möglich sind.

Bei der Übergabe des Fundes an das Ägyptische Nationalmuseum in Kairo hat Dr. Eiwanger mit aller wissenschaftlichen Vorsicht seine Einschätzung über Alter und Bedeutung des Idolkopfes so formuliert: »Der Fund stammt aus der jüngsten von mehreren archäologischen Schichten, die sich im Verlaufe des 6. und 5. vorchristlichen Jahrtausends in Merimbe-Benisalame gebildet haben. Er steht somit ganz am Anfang der ägyptischen Kunstentwicklung und ist wohl die früheste größere Plastik in Menschenform des ganzen Kontinents. Seinen Zweck mag er bei der Ausübung eines Kultes erfüllt haben.«

»6. vorchristliches Jahrtausend« - demnach stammt der Fund aus jener Epoche, in der in Europa die Jungsteinzeit begann und erste zögernde Versuche in Ackerbau und Viehzucht unternommen wurden. Im Nildelta - so erzählen jedenfalls ägyptische Mythen - wurden zu jener Zeit bereits bedeutende geistige Leistungen vollbracht. Eine dieser Sagen will nicht nur den Ort im Delta kennen, in dem der ägyptische Kalender entwickelt worden ist, sondern auch das Jahr seiner Entstehung: 4240 v. Chr. Solche Angaben grenzen an Vermessenheit. Was jedoch die Qualität dieses Kalenders angeht, braucht man vor Superlativen nicht zurückzuschrecken. Er ist unserem gleichwertig, wenn nicht sogar überlegen.

Fachkenner bezeichnen ihn als den vernünftigsten Kalender, der in der Geschichte der Menschheit jemals existierte. Kopernikus hat ihn für seine Berechnungen benutzt. Sein Jahr begann mit der Nilüberschwemmung Mitte Juli und war ein Sonnenjahr zu 365 Tagen mit zwölf Monaten zu je dreißig Tagen und fünf Zusatztagen.

Je vier altägyptische Monate bildeten eine der drei Jahreszeiten »Überschwemmung«, »Winter« und »Sommer«. Zum Unterschied von unserem Kalender kannte der ägyptische weder Monate von ungleicher Länge noch Wochen, die über Monate und Jahre hinübergreifen. Wer weiß, vielleicht werden wir, wenn die Computerisierung sich weiter ausbreitet, auf ihn zurückgreifen. Für die Programmierung dieser Rechenzentren bietet er viele Vorteile.

Dies wäre dann eine weitere ägyptische Zeitberechnung, deren wir uns bedienen würden. Denn auch die Einteilung des Tages in vierundzwanzig Stunden haben wir von den Ägyptern übernommen, die den Tag in zwölf Tag- und zwölf Nachtstunden aufgeteilt hatten. Aufgeteilt, nicht halbiert! Die Stunden am Nil waren nicht gleich lang. (Die Einteilung der Stunden in sechzig Minuten haben erst die Griechen aufgebracht.) Die ägyptischen Stunden veränderten ihre Länge je nach Jahreszeit. Im Sommer waren die Tag-, im Winter die Nachtstunden länger. Eine Methode, die wir mit der »Sommerzeit« nachahmen.

Wie man sieht, kann das Nildelta zwar keine Pyramiden, aber eine ganze Reihe kulturhistorischer Pluspunkte vorweisen: die früheste Skulptur, die Erfindung des Kalenders und die Karriere des Gottes Horus, der vom Schutzgott für Unterägypten zum Himmelsherrscher von ganz Ägypten avancierte.

Seit einigen Jahren steuern Archäologen weitere Bausteine zum kulturellen Mosaik bei. Größere und kleinere. Der kleinste ist eine Steinplakette, die seit Jahrzehnten kaum beachtet in einem der Glaskästensäle des Ägyptischen Museums in Kairo neben vielen anderen ähnlichen liegt. Sie ist ein Dioritstein, auf dem Quadrate eingeritzt sind. In den Quadraten hat man Tiere abgebildet. Das Ganze wirkt wie das Muster zu einem Brettspiel. Darüber ist eine große Hacke eingraviert. Gefunden wurde der Stein bei einem Dorf im Nildelta.

Im Katalog ist dieses Stück als »Städtevernichtungsplakette« aufgeführt. Die Deutung ist leicht: Die Quadrate versinnbildlichen Bauten, die Tiere Leben - die Hacke zeigt, daß beides vernichtet wurde. Die Siegesplakette eines frühen Königs also. Kein großes, wertvolles Stück, kaum beachtet.

Wenn es aber nach Professor Dietrich Wildung, einem führenden deutschen Ägyptologen, geht, dann muß diese Bezeichnung geändert werden. »Eine Hacke«, so argumentiert er, »ist nie ein Zeichen für Zerstörung gewesen, sondern in der altägyptischen Symbolik bedeutet sie ›Aufbau‹.« Also, folgert er, bedeutet die Darstellung das Gegenteil: Ein früher König hat eine Stadt im Delta gegründet.

Daß dieses Gebiet stärker besiedelt war als bisher angenommen, ist durch Grabungen in den letzten Jahrzehnten bewiesen. So haben Professor Wildung und sein Team bei dem Dorf Minshat-Abu Omer den Friedhof einer Stadt freigelegt. Was ist das schon, werden Voreilige angesichts der spektakulären Funde, die gerade in Ägypten gemacht wurden, fragen. Die Antwort: Sehr viel, wenn es gilt, das Bild einer bis jetzt nur in Umrissen bekannten Welt zu ergänzen, gelegentlich auch zu verändern. So können die auf diesem Friedhof gefundenen Grabbeigaben Schlüsse über Kontakte der Toten zu Gebieten jenseits des »großen Grünen« - so nannten die Ägypter das Meer - erlauben.

Der letzte Absatz ist vorsichtig formuliert. Der Konjunktiv regiert. Verständlich, denn noch ist alles um Minshat-Abu Omer in den Anfängen. Zur Zeit ruhen die Ausgrabungen. Geldmangel.

Anders sieht es bei zwei Grabungsstellen aus, die nur 15 Kilometer von der Friedhofgrabung entfernt sind. Dort liegen bereits verifizierbare Belege vor. Die Rede ist von der zu Kapitelbeginn erwähnten Stadt Tanis nahe dem heutigen Ort Saîn el-Hagar. Bisher wurde nur ein kleiner Teil dieser Stadt ausgegraben. Schon aus diesem kleinen Stück konnten mehr Funde nach Kairo ins Museum geliefert werden als von irgendeiner anderen Grabungsstelle. Karnak ausgenommen.

Neuerdings gilt Tanis nicht nur als ertragreiche Fundstelle, sondern auch als Platz für Hypothesen und Spekulationen unter den verschiedenen Lagern der Ägyptologen. Anfangs fügte sich alles so schön zusammen: Zuerst stand an diesem Platz die Hyksosfestung Auaris, dann baute Ramses II. an gleicher Stelle seine Ramses-Stadt, die Pi-Ramses (Haus des Ramses) hieß. Die Israeliten leisteten dabei mit Lehmziegelfertigung zwangsweise Aufbauarbeit, wie wir aus dem Alten Testament wissen. Die Fülle der Funde, die Reste monumentaler Statuen, herumliegende Obelisken, Stelen und Pharaonengräber zeugen davon, daß dies die Stadt war, die die Bibel erwähnt.

Seit einigen Jahrzehnten soll das alles nicht mehr stimmen. Ägyptische, österreichische und deutsche Archäologen sagen: Tanis war nicht Ramses-Stadt. Diese lag 25 Kilometer weiter südlich bei Qantir. Dort graben Österreicher und Deutsche, während die Franzosen an der Tanis-Ramses-Theorie festhalten und in deren Trümmern nach Belegen suchen.

Die Franzosen scheinen im Vorteil. Die zahlreichen Fragmente und Mauerreste bieten ihnen eine reiche Auswahl interessanter Fundstücke, während Deutsche und Österreicher in Qantir nicht viel mehr vorzuzeigen haben als lückenhafte Grundmauern aus Lehmziegeln.

Genau das, sagen die Verfechter der »Qantir war Ramses-Stadt«-Theorie, ist der Beweis, daß wir an der richtigen Stelle suchen! Denn in Tanis, behaupten sie, gibt es nur so viele Funde, weil diese Stadt mit dem Baumaterial von Ramses-Stadt errichtet wurde. Nicht nur Mauergestein, auch Statuen, Obelisken und Stelen wurden die 25 Kilometer von Qantir nach Tanis transportiert. Deshalb findet man von der ehemaligen Ramses-Stadt kaum noch Reste. Was sie einst schmückte, wurde in Tanis verbaut.

Eine Behauptung, die zwei Fragen auslöst. Erstens: War das technisch möglich? Zweitens: Wozu diese Verlagerung?

Frage eins kann man klar bejahen. Die alten Ägypter haben an vielen Stellen bewiesen, wie gut sie sich auf den Transport schwerer und schwerster Lasten verstanden.

Die zweite Frage läßt sich nur mit Vermutungen beantworten. Vielleicht wurde Ramses-Stadt aufgegeben, weil der Nilarm, an dem sie lag und der ihre Lebensader war, seinen Lauf änderte oder versandete. Möglicherweise haben fremde Könige das Gebiet mit ihrem Fluch belegt. Wie auch immer, die Hypothese, daß Tanis mit Baumaterial aus Ramses-Stadt errichtet wurde, gewinnt immer mehr Anhänger. Deren stärkstes Argument ist die Tatsache, daß in Tanis an vielen Stellen ältere Bauteile ziemlich sinn- und planlos verbaut worden sind. Bei Statuen wurden die Inschriften verändert und einige Obelisken als Eckpfeiler für Mauern zweckentfremdet. Viel Wasser wird noch den Nil herunterfließen, bis geklärt werden kann, an welchem der beiden Plätze Ramses-Stadt wirklich lag.

Deshalb rate ich allen, die in den nächsten Jahren das Nildelta besuchen, nach Tanis zu fahren: auch wenn die Wahrscheinlichkeit groß ist, daß Ramses-Stadt bei Qantir lag. In Tanis bekommt man die möglicherweise falsche, aber bestimmt bessere Vorstellung von dem Platz, an dem die Israeliten unter der Knute ägyptischer Aufseher Sklavenarbeit verrichten mußten. Als wir den Dokumentarfilm »Und die Bibel hat doch recht« drehten, wählten wir ebenfalls Tanis, dessen Ruinenfeld einen stärkeren Eindruck von der Fronarbeit beim ägyptischen Städtebau gab. Die optische Ergiebigkeit war überzeugender als ein möglicher historischer Irrtum.

Während dieser Filmaufnahmen in Tanis betrachtete ich die herumliegenden Obelisken, deren Beschriftungen - sonst nur mit dem Fernglas in 20 Meter Höhe anzuschauen - nun mit bloßem Auge zu erkennen waren. Schon die Griechen fanden den Gedanken töricht, Schriftzeichen so hoch anzubringen, daß sie unlesbar waren, deshalb gaben sie den schlanken, zugespitzten Stelen den Namen »Bratspießchen«. Nichts anderes bedeutet das Wort Obelisk, auch wenn es uns noch so ägyptisch vorkommt.

Die ersten Obelisken sind wahrscheinlich in der Stadt On errichtet worden. Oder um auch sie mit ihrem griechischen Namen zu nennen: in Heliopolis. Sie waren die Symbole des Sonnengottes Ré (griechisch: Helios). Der Plural ist bewußt verwendet, Obelisken standen immer paarweise vor dem Tempeleingang, und zwar so, daß ihre vergoldeten Spitzen von den ersten Strahlen der aufgehenden Sonne getroffen wurden.

»Klassische« Obelisken waren aus einem einzigen Stein gearbeitet. Die besten kamen aus Assuan. Ramses II. ließ zwei aus rotem Assuangranit vor dem Amuntempel in Luxor aufstellen - jetzt steht nur noch einer da. Den zweiten umkreisen Tag für Tag Autos mit französischem Kennzeichen. Er steht auf der Place de la Concorde in Paris. Der »Bürgerkönig« Louis Philippe hat ihn dort aufstellen lassen. »Als Kriegsbeute« schreiben die einen. »Als Geschenk des ägyptischen Vizekönigs Muhammed Ali« schreiben die anderen. Wer hat recht? Die Uhr jedenfalls, die Louis Philippe dem ägyptischen König als Gegengeschenk dedizierte, steht und geht noch heute in der großen Moschee auf der Zitadelle von Kairo.

*

Nicht nur die Herstellung, auch der Transport dieser Riesenpfeiler verlangte höchstes technisches Können. Wie schwierig die Beförderung dieser Steinsäulen war, erlebten die Gelehrten Ende des 16. Jahrhunderts *nach* Christus, als Papst Sixtus V. den Obelisken, der einst in Heliopolis gestanden hatte, von der Konstantinsbasilika in Rom zum neuen Petersplatz versetzen lassen wollte. Entfernung: ein paar hundert Meter. Vor anderthalb Jahrtausenden hatte der 32 Meter hohe und 460 Tonnen schwere Obelisk ganz andere Entfernungen zurückgelegt, als er von Heliopolis nach Rom transportiert worden war. 1592 jedoch hielten Techniker den wesentlich kürzeren Transport für riskant oder - wie Michelangelo - für undurchführbar. Als er dann doch erfolgte, beließ es der Heilige Vater nicht nur bei Gebeten für ein gutes Gelingen, sondern verbot obendrein bei Todesstrafe allen Zuschauern zu husten, während der Pfeiler aufgerichtet wurde.

Obelisken stehen heute in vielen Weltstädten, fünfzehn insgesamt. In Ägypten jedoch stehen nur noch fünf an jenen Plätzen, für die sie angefertigt worden waren. Die meisten liegen im Sand oder sind zweckentfremdet in Mauern eingefügt worden wie in Tanis, das vielleicht jene Ramses-Stadt der Bibel war ...

In der Bibel wird noch eine zweite Stadt erwähnt, sogar *vor* Ramses: »Sie mußten für den Pharao die Städte Pithom und Ramses als Vorratslager bauen«, heißt es in Exodus 1,11. Was ist mit dieser Stadt Pithom? Wo lag sie, gibt es noch Ruinen von ihr? Ja, südöstlich von Tanis. Doch die Wegweiser zeigen nicht nach Pithom, sondern nach Tell el-Maskhuta (»Hügel der Idole«). Wahrscheinlich heißt der Ort wegen des Ruinenhügels so, der sich in seiner Nähe aus der Ebene erhebt. Ein Abstecher lohnt nicht. Was hier an Statuen, Stelen und Sphingen ausgegraben wurde, ist in Ismailia im »Garten der Stelen« zu besichtigen.

Unter den Pharaonen von der XIX. Dynastie an - also ab 1300 v. Chr. - war Pithom eine mächtige Festung. Grenz- und Zollstation mit einer starken Garnison. Das war notwendig, denn das Delta war das ideale Gebiet für den Einmarsch von Eroberern. Während an seinen anderen Grenzen die Wüste der beste Schutz Ägyptens war, bot sich das flache Küstenland geradezu als Einzugsgebiet an. Die Hyksos wußten es zu nutzen. Sie eroberten mit ihren Streitwagen zuerst das Delta, von da aus ganz Ägypten.

In diesem Satz stimmen drei Worte nicht: nämlich »mit ihren Streitwagen«. Auch wenn immer wieder zu lesen ist, die Hyksos hätten mit dieser neuen Kampfmaschine ihre Blitzsiege errungen, kann das kaum stimmen. Das Pferd wurde erst im Laufe des 17. Jahrhunderts v. Chr. in Vorderasien bekannt und kam erst gegen Ende dieses Jahrhunderts v. Chr. nach Ägypten. Jene Zeit aber war bereits die Endphase der Hyksosherrschaft.

Wahrscheinlich lernten die Ägypter die Pferde erst über die Kananäer kennen. Eine Vermutung, mehr nicht. Für die es aber zwei stichhaltige Belege gibt. Erstens verwendeten die Ägypter für »Pferd« das kananäische Wort »susimt«, und zweitens hat das Pferd keinen Platz im ägyptischen Tierkult, der doch sonst kaum ein Tier vom Skarabäus bis zum Elefanten ausläßt. Obwohl das Pferd nie in den ägyptischen Götterkreis kam, nahm es - kaum am Nil heimisch geworden - eine Vorrangstellung unter den Tieren ein. Es wurde »das Schöne« genannt, immer wieder dargestellt, und wer Pferde besaß, der hatte die oberste Stufe der Vornehmheit erreicht. Nur geritten, geritten wurde nicht! Pferde zogen leichte Wagen, Gespanne halfen bei der Jagd, und die Kavallerie, die Elitetruppe Ramses' II., bestand nicht aus Reitern, sondern Kampfwagen.

Und dies führt uns auf direktem Weg noch einmal nach Qantir ins Nildelta. Dort haben österreichische Archäologen seltsame Gegenstände gefunden, über vierzig Stück und alle gleich. Es handelt sich um durchbohrte Marmorstücke, etwa 20 Zentimeter lang und 10 Zentimeter hoch.

Das Rätselraten, wozu sie benutzt wurden, war rasch zu Ende, als man in den Magazinen des Ägyptischen Museums gleiche

Stücke von anderen Fundstellen fand. Deren Bestimmung war bekannt: Solche »Gelenke« benutzte man für die Verbindung von Deichsel, Pferdegespann und Streitwagen. Wieso aber gab es in Qantir davon gleich Dutzende? War hier eine Garnison von Ramses' II. »Kavallerie«?

Noch fehlen dafür Belege, erwiesen ist jedoch, daß sich in den grasreichen Gebieten am Rande des Deltas, besonders in der Gegend von Pithom, die besten ägyptischen Gestüte befanden.

*

Daß die Beschäftigung mit der Vergangenheit auch kommerzielle Vorteile bieten kann - dafür gibt es im Delta ein »berauschendes« Beispiel. Auf seiner Westseite, in der steinigen Gegend an der libyschen Küste, wird seit gut einem Jahrzehnt Wein angebaut. Kein modernes Experiment, sondern die Aktivierung historischen Wissens. Hier hatten bereits die Pharaonen ihre Weinfelder. Ein Schweizer, der sich sowohl mit dem Weinbau wie mit altägyptischer Trinkkultur auskannte, hat neue Rebstöcke in alten Boden gesetzt.

»Weine vom westlichen Nilarm« sind schon auf Dokumenten der XVIII. und XIX. Dynastie erwähnt, Griechen und Römer lobten den »mareotischen Weißen«, er kam aus der Gegend, die heute Mariut heißt.

Die Kulturhistoriker haben Altägypten lange Zeit als Weinbaugebiet nicht sonderlich hochgeschätzt. Wegen einer Fehlinterpretation. Als Taucher in der Nähe von Alexandria aus einem gesunkenen Schiff über 500 Weinamphoren mit der Herkunftsbezeichnung Rhodos bargen, leitete man daraus ab, daß in Rhodos besonders guter Wein gekeltert und nach Ägypten exportiert worden sei. Ein Irrtum. Inzwischen wissen wir, es war umgekehrt. Aus Rhodos kamen lediglich die leeren Amphoren, in denen ägyptischer Wein exportiert wurde.

Der neue ägyptische Wein hat keine Chance, außerhalb Ägyptens Freunde zu finden. In diesem islamischen, also alkoholfreien Land aber ist er Balsam auf den trockenen Zungen der Touristen. Die Auswahl unter den ägyptischen »domestic Wines« fällt leicht. Es gibt nur drei Sorten: weißen, roten und Rosé. Welch ein Rückschritt im Vergleich zur Weinkultur unter den Pharaonen!

Zu deren Zeit erhielt jeder Spitzenwein detaillierte Angaben, die auch heute noch jeden Weinkenner entzücken. Lesen Sie die folgenden, und Ihr Gaumen freut sich: »Jahr 4 des Pharaos XY, Qualität 3mal gut - syrischer Rebstock aus dem Weingut ›Nahrung Ägyptens‹ am westlichen Deltaarm, im Besitz des Tempels Ramses' II. in Theben, geerntet unter Leitung des Oberwinzers Sowieso.«

Zwischen dem heutigen Weinangebot und dieser liebevollen Beschreibung liegen nicht nur drei Jahrtausende, sondern Welten.

Tips für bestimmte Sorten sind im heutigen Ägypten unnötig, aber der folgende praktische Rat hat schon manchem Weintrinker genutzt: Achten Sie am Nil darauf, daß die Flasche vor Ihren Augen geöffnet wird. Zwar sind Sie dann auch nicht sicher, daß nicht vorher Reste zusammengeschüttet und die Flasche verkorkt wurde, aber Sie erschweren Panschern wenigstens das Handwerk. Der Kellner, der solches tut, ist sich keiner Schuld bewußt. Im Gegenteil, als strenggläubiger Moslem weiß er, daß der Prophet Alkohol verboten hat, also handelt er in dessen Sinn, wenn er Ungläubigen die Freude am Alkohol verdirbt.

Fazit unseres Kurzausflugs: Gut 900 Kilometer gefahren, Zeugnisse aus über fünf Jahrtausenden Geschichte gesehen - und das alles in fünf Tagen. Welch ein Land! Als ich in Kairo ins Hotel komme, fragt mich der Portier neugierig-höflich, wo ich gewesen sei. Da ich wußte, daß er aus Alexandria stammte und katholisch war, antwortete ich: »Im Land Gosen.« Sein Blick verriet, daß er mit diesem Namen nichts anzufangen wußte. Hätte ich »Dallas« oder »Denver« gesagt, wäre er nicht in Verlegenheit gekommen. Diese Orte kennt er aus den Dauerbrennerserien des Fernsehens.

III.

Minoische Miniaturen

»Alle Kreter sind Lügner.«
Das hat der Dichter Epimenides
gesagt. Und Paulus zitiert das
Wort in seinem Brief an Titus.
Nur: Epimenides war Kreter!
Also hat auch er gelogen ...

7. Europa war ein kesses Mädchen

Europa stammt aus Tyrus / Warum Zeus sich in einen Stier verwandelte / Europas Neugier / Zeus und Europa - ein Liebespaar? / Geschichte - durch eine Sage bestätigt.

»Vorsicht, nicht weitergehen. Hier können Tretminen liegen.« Jacco, mein Taxifahrer, rät dies und bleibt vorsichtshalber im Auto sitzen, während ich zum Strand gehe. Jacco ist es gleich, wer diese Gegend vermint haben könnte. Freund oder Feind - was zählt's, wenn man aus Versehen auf den Zünder tritt. Libanesischer Alltag seit Jahren.

Vorbei die Zeit, da Reiseprospekte Beirut als »Perle des Mittelmeeres« anpriesen und im Luxushotel »Phoenix« die Barhocker nie frei wurden, weil man von ihnen aus durch eine Panoramascheibe direkt ins Wasser des Swimmingpools blicken und bei einem Scotch wohlgewachsene Bikini-Beauties bewundern konnte.

Um Urlaub zu machen, kommt niemand mehr hierher. Schon gar nicht so dicht an die Grenze zu Israel. Ich bin in Sour. Keine 40 Kilometer entfernt liegt Accon, nach Haifa wichtigster israelitischer Hafen im Norden.

UNO-Freunde haben mir kopfschüttelnd die Fahrt nach Sour arrangiert. Das heutige Sour interessiert mich überhaupt nicht. 6000 Menschen leben in Hütten und alten Häusern hier und sind genauso arm dran wie alle Zivilisten in allen von Bürgerkriegen zerrissenen Ländern. Sie ertragen ihr Leid mit jener stoischen Gelassenheit, die ihnen ihr Glaube an Allah, dessen Wille alles bestimmt, schenkt.

Nicht Sour interessiert mich, sondern Tyrus. Eine blühende, große Stadt, 25 000 Menschen lebten in ihr. Vor fast dreitausend Jahren. Die gewaltigste Burgstadt der Menschheitsgeschichte. Ich mag keine Superlative, doch dieser stimmt.

Von ihr ist weniger geblieben, als ich erwartet hatte. Ein paar Säulen, Mauerreste, aus denen Sanddisteln wachsen, als suchten sie deren Schutz. Mehr ist hier nicht zu sehen. Seit Jahrzehnten haben hier keine archäologischen Feldarbeiten mehr stattgefunden. Die armseligen Trümmer geben der Phantasie Spielraum.

Am Strand von Sour sitze ich, und hinter dessen dürftigen Lehmbauten wächst das antike Tyrus mit seinem Glanz und seiner Größe in meinen Tagtraum.

Tyrus war Phöniziens wichtigster Hafen: »... dessen Kaufleute wie Fürsten auftraten und dessen Händler die vornehmsten Herren der Erde waren«, berichtet Jesaja.

Genaugenommen war Tyrus eine Inselfestung mit zwei Häfen, dem sidonischen im Norden und dem ägyptischen im Süden. Das wissen wir erst seit den fünfziger Jahren. Damals arbeiteten hier italienische Unterwasserarchäologen. Durch ihre Tauchaktionen stellten sie erstmals fest, daß der versunkene ägyptische Hafen von Menschenhand dem Meer abgerungen worden war. Kais, Wellenbrecher, Ladeschuppen und eine 750 Meter lange und fast 8 Meter breite Mole, das alles besaß Tyrus.

Viele wollten es erobern, nur Alexander dem Großen ist es geglückt. Und auch ihm erst durch Nachdenken. Jahrelang hatte er es von Land aus versucht, ohne Erfolg, dann entdeckte er die Schwachstelle dieser Handelsmetropole: Das Trinkwasser mußte über See herbeigeschafft werden. Mit seiner Flotte zwang Alexander Tyrus in die Knie. 332 v. Chr. war das. Der Prophet Hesekiel hatte es prophezeit: »Ach wie bist du gar so wüst geworden, du berühmte Stadt, die du am Meer lagst samt deinen Einwohnern. Ach, wer ist jemals auf dem Meer so still geworden wie du, Tyrus.«

Tyrus war groß, reich, mächtig. Aber berühmt? Ja, berühmt war die Stadt auch. Aber nur in der Sage. Ein Mädchen ist daran schuld, eine Prinzessin. »Im Lande von Tyrus und Sidon erwuchs die Jungfrau Europa, die Tochter des Königs Afenor«, mit diesen vierzehn Worten beginnt Gustav Schwab die Sage um Zeus und Europa. Wie immer erzählt er hausbacken, aber informativ. Mitunter auch falsch. Er läßt Europa mit ihren Freundinnen am Strand von Tyrus Blumen pflücken. Ich sitze - dem UNO Headquarter sei Dank - am Strand von Sour/Tyrus, doch hier wuchsen und wachsen keine Blumen. Ist ja auch nicht wichtig. So penibel sind Sagen nicht. Das Blumenpflücken ist nichts weiter als schmückendes, informierendes Beiwerk. Das edelste Mädchen pflückte die edelste Blume, will es sagen: Rosen für Europa.

Ich habe den alten Schwab dabei in einer Taschenbuchausgabe. Schön, am Tatort darin zu lesen. So mancher Satz bekommt mit einem Male neuen Glanz, wenn die Wellen des Mittelmeeres über die Füße laufen. Zum Beispiel der, daß Europa ein Gewand trug, das ihr Poseidon geschenkt hatte. Das Mädchen wurde also von einem Gott umworben. Respekt!

Die Jungmädchenidylle wird jäh unterbrochen.

Zeus taucht auf.

Aber nur wir wissen das. Die Mädchen sehen nichts als einen bildschönen Stier. In den hatte sich der Göttervater verwandelt.

Grund für das Versteckspiel war - wieder einmal - die Angst vor seiner Frau Hera. Auch griechische Götter waren in der Ehe offenbar Menschen. »Weil er aber den Zorn der eifersüchtigen Hera fürchtete, auch nicht hoffen durfte, den unschuldigen Sinn der Jungfrau zu betören, so sann der verschlagene Gott auf eine List. Er verwandelte seine Gestalt und wurde ein Stier. Aber welch ein Stier! ... Goldgelb war seine Leibfarbe ... sein funkelndes Auge flößte keine Furcht ein: Sein ganzes Aussehen war voll Sanftmut.«

Ungewöhnlich, sich einer geliebten Frau als Stier zu nähern. Bei Leda, der Königstochter, war Zeus wenigstens noch in das schneeweiße Gefieder eines Schwans geschlüpft. Das Schwanengeturtel hatte übrigens Folgen. Frau Leda legte ein Ei, aus dem dann die schöne Helena, die spätere Königin von Sparta, ausgebrütet wurde und deretwegen die Griechen gegen Troja zogen.

Bei Europa trabt er als Stier an. Lange hat man darin eine Anspielung auf seine Potenz gesehen, heute glaubt man eher an eine Anspielung auf den Stierkult der Hethiter, die wahrscheinlich die Vorfahren Europas waren.

Bleiben wir beim Mädchen Europa, folgen wir ihr weiter auf den Spuren Gustav Schwabs. Was tut das brave Kind? Während die anderen Mädchen verschreckt wegrennen, nähert sich Europa dem Stier. »Immer reizender kam der herrliche Stier der Jungfrau vor, ja, sie wagte es und drückte einen Kuß auf seine glänzende Stirne.«

Einen Kuß auf die Stirne eines Stiers! Dazu gehört Beherztheit, Kühnheit, Wagemut. Ist es zu abwegig, hinter dem, was sich am Strand von Tyrus tat - vielleicht keine zehn Meter von jener Stelle entfernt, an der ich sitze -, zum ersten Male leise, ganz leise jenen Akkord zu hören, aus dem später die Leitmelodie dieses Erdteils

Europa werden wird: Mut, mehr zu riskieren als andere. Die Namenspatronin unseres Kontinents zeigte ihn bereits am Strand von Tyrus. »Sie nahm ihren Gespielinnen die Kränze aus den Händen und behängte damit die gesenkten Hörner des Stieres; dann schwang sie sich lächelnd auf seinen Rücken, während ihre Freundinnen zaudernd und unschlüssig zusahen.« Nicht Zeus zwingt Europa zum Aufsitzen. Sie tut es von sich aus. Europas Mut zum Abenteuer bereits hier.

Kaum sitzt Europa auf dem Stierrücken, schon schwimmt der hinaus aufs Meer; bald sind nur Wellen und Himmel um die beiden. Von dieser Wassertour berichtet Gustav Schwab etwas, das doch eigentlich eine Selbstverständlichkeit ist. »Zeus«, schreibt er, »wußte so geschickt die Wellen zu durchschneiden, daß kein Tropfen seine geliebte Beute benetzte.« Wozu dieser Satz? Ist doch wohl logisch, daß der Göttervater auch als Stier ein guter Schwimmer ist. Stimmt, aber Zeus und seine Griechen wußten auch, daß Zeus' Bruder Poseidon Herrscher der Meere und der Erdbeben war, und von dem hatte Europa bereits ein Gewand geschenkt bekommen. Poseidon war ein Nebenbuhler! Erst der Satz, daß Europa nicht vom Wasser aus dem Reich Poseidons benetzt wurde, sagt: Sie gehört nur Zeus allein.

Zeus bringt Europa nach Kreta, der einzigen Insel im Schnittpunkt dreier Kontinente, von denen zwei - Asien und Afrika - bereits Namen hatten. Was auf der Insel geschieht, liest sich bei Gustav Schwab so: »In ihrer trostlosen Verlassenheit reichte Europa ihm die Hand als Zeichen der Einwilligung, und Zeus hatte das Ziel seiner Wünsche erreicht.« Zeus hat Europa also nicht vergewaltigt, nicht im Schlaf besessen wie viele Nymphen bei seinen zahlreichen Liebesabenteuern. Was sich zwischen diesen beiden ereignete, geschah mit beider Einverständnis. Europa war schon immer selbstbewußt.

Es kann auch nicht - folgen wir der Sage - bei diesem einen Beischlaf geblieben sein, denn Europa schenkte Zeus drei Söhne, Minos, Radamynthys und Sarpedon, und nirgendwo ist von Drillingen die Rede. Später heiratete sie Astherios, den König von Kreta, der ihre Kinder adoptierte. Aber das klingt schon sehr nach moralinsaurem Philologennachschlag, damit alles seine Ordnung hat. Die Griechen waren in Liebesdingen nicht so pingelig.

Am Strand von Tyrus, zwischen Säulenstümpfen und Sanddünen, tauchen in meiner Phantasie unversehens hinter dem Mädchen Europa die anderen Namen ihrer vielen Nachkommen auf. Namen wie: Sophokles, Plato, Cäsar, Dürer, Luther, Shakespeare, Napoleon, Goethe, Schweitzer, Hitler - um mit der dunkelsten Schattenseite zu enden.

Jacco hupt. Soll er hupen. Ein besserer Platz als dieser Küstenstreifen, von dem aus Europa entführt wurde, findet sich nicht, um über ihr weiteres Schicksal nachzudenken.

Als das Sagenmädchen Europa flügge wurde, entwickelte es sich zur historischen Realität. Und alles, was diese Europa in ihrer Mädchenblüte als schön empfand, das ist auch für uns, ihre Ururururururururenkel, noch schön. Jedesmal, wenn wir vor griechischen Tempeln, römischen Statuen und minoischen Fresken stehen, sind wir dem Mädchen Europa verbunden. So wie sie sich in den Werken europäischer Maler wiedererkennen würde . . .

Wer kam eigentlich auf die Idee, unseren Kontinent nach einem Mädchen zu benennen?

Ein Wissenschaftler?

Ein Politiker?

Nein, sie waren Namenspaten der anderen vier Kontinente. Unserer verdankt als einziger seinen Namen einem Dichter, dem größten, den die Menschheit besessen: Homer. Er singt in seiner Hymne an den pythischen Apoll in der 112. Zeile:

»Alle, die im Peloponnes, dem üppigen, hausen,
Die Europa bewohnen und rings umflossene Inseln,
Holen sich hier Orakel, und den untrüglichen Ratschluß
Werde ich allen hier in dem üppigen Tempel verkünden.«

Allerdings: Europa - das stand bei Homer nur für Minos und Mykene. Es war ein Wort ohne politischen Inhalt, aber schon ein Begriff von poetischer Kraft. Was wiegt mehr?

Die Griechen haben die Antwort gegeben. Sie machten Homers Poesie zur Realität. In weniger als eineinhalb Jahrhunderten - länger dauerte die Blütezeit des Hellenismus nicht! - wurde Griechenland zur Heimat mündiger Bürger und zum geistigen Domizil Europas.

Europa - dieser Mädchenname ist im Guten wie im Bösen immer mehr gewesen als der Name eines Kontinents. Das klingt wie ein Gemeinplatz aus einer Sonntagsrede. Ist es aber nicht. Europa, das hieß immer, sich auch dem Stärksten ebenbürtig zu fühlen. Schon in der Sage ist das nachzulesen.

Nachdem Zeus und Europa ihren Spaß miteinander gehabt haben, sagt Aphrodite, die die Liebe des Zeus zur phönizischen Königstochter angezettelt hatte, die seltsamen Worte: »Laß deinen Zorn und Hader, schönes Mädchen! Der verhaßte Stier wird kommen und dir die Hörner zum Zerbrechen reichen!«

Auch in diesem Satz steckt, was unser Europa ausmacht. Es braucht - genau wie die Prinzessin - die Konfrontation, die Möglichkeit, sich an einem anderen zu messen, und sei er tausendmal größer, stärker, sogar göttlicher als man selbst.

Europa - das ist der physische Mut des Kolumbus und der geistige des Galilei. »Die Erde dreht sich um die Sonne« - diesen Satz auszusprechen erforderte nicht weniger Mut als Europas Entschluß, den Stier auf die Stirn zu küssen.

Bis in die Welt der Sagen reichen die Wurzeln Europas. Der politische Begriff ist jünger. Knapp tausend Jahre alt ist das Dokument, in dem zum erstenmal Europa als Begriff einer politischen Einheit niedergeschrieben ist. Es liegt in Sevilla in einem der ältesten Archive der Welt. Doch Europa war nie nur ein geographischer oder politischer Begriff. Immer stand hinter diesem Namen eine Idee. In seinen besten Zeiten sogar eine Philosophie. Lange bevor das Wort schriftlich fixiert wurde, haben Menschen und Völker hier an den Küsten des Mittelmeeres europäisch gedacht und gehandelt. Europäisch zu handeln war für die Griechen bereits historische Realität, als jene Völker, die heute Europa präsentieren, noch im vorgeschichtlichen Dämmerschlaf lagen.

Jacco hupt erneut. Er hat ja recht. Ich habe versprochen, vor Einbruch der Dunkelheit wieder in Beirut zu sein, und dunkel wird es hier fast ohne Dämmerung.

Draußen kreuzen Einheiten der 6. US-Flotte. Sie ist die jüngste von vielen Flotten, aber sicher nicht die letzte, die im Mittelmeer die Macht und die Herrlichkeit ihrer Staaten künden.

Ich nehme eine Handvoll Sand. Er ist so feinkörnig, daß er durch die Finger läuft.

Wie die Zeit . . .

Jacco startet schon den Motor.

8. Wo Ariadne ihren Faden spann

Eine Sage, beim Wort genommen / Was war das Labyrinth, wer der Minotaurus? / Hat Dädalus gelebt? / Warum Ikarus den Fliegern Vorbild ist / Theseus ließ Ariadne auf Naxos - warum?

Kommt man im Omnibus von Heraklion die Arthur-Evans-Street in Richtung Knossos, liegt linker Hand eine gelbe Villa. Den wenigsten fällt sie auf, alle Blicke sind nach rechts gerichtet, zum Ausgrabungsfeld des Palastes von König Minos.

Daß er zum spektakulärsten Anziehungspunkt Kretas wurde, dafür kann sich das Touristikministerium bei jenem Mann bedanken, der die gelbe Villa für sich und sein Gelehrtenteam einrichten ließ: Arthur Evans. Entdecker, Ausgräber und Restaurator von Knossos. Er nannte sie »Villa Ariadne«. Generationen von englischen Archäologen hat sie als Domizil während der Grabungskampagnen gedient. Im Zweiten Weltkrieg war hier der deutsche Befehlshaber einquartiert. Als dessen Fallschirmjäger schließlich kapitulierten, bedankten sich die Engländer bei den Deutschen. Der Grund? Noch nie waren das Inventar und die Fundstücke in der Villa Ariadne so ordentlich aufgelistet worden wie während der deutschen Besetzung.

Möglicherweise hat Evans die Villa nach seiner Frau benannt, meinte mein Busnachbar. Er irrte. Evans' Frau hieß Margaret, und Ariadne ist ein Name mit Vergangenheit.

Diese Ariadne ist durch ein sehr weibliches Requisit unsterblich geworden: durch einen Wollknäuel, den sie dem Prinzen Theseus aus Athen zusteckte. Die Lovestory der beiden ist die bekannteste und schönste Sage von vielen, die auf Kreta spielen.

»Fruchtbar und anmutig« nennt Homer Kreta. Was damals stimmte, gilt auch noch heute. Mit 300 und mehr Sonnentagen im Jahr ist Kreta eine der sonnenreichsten Inseln des Mittelmeeres. Nordische Touristen wissen das zu schätzen - und Naturfreunde finden hier Wildpflanzen, die es nur noch auf dieser Insel gibt.

Wärme und seltene Pflanzen - ein Paradies für Bienen. Das ganze Jahr sammeln sie auf Kreta Nektar und produzieren Honig. Verständlich, daß bereits in minoischer Zeit die Biene als Symbol des Wohlstandes und der Fruchtbarkeit galt.

So gehört zu den wenigen Sätzen, die von der minoischen Schrift Linear B entziffert sind, die Weiheformel »Der Herrin des Labyrinths Honig«. Honig als Opfergabe für eine Göttin! Sie wird willkommen gewesen sein. Ambrosia war »die süße Nahrung der Götter«.

Diese Nachricht vom Honigopfer an eine minoische Göttin ist die früheste Niederschrift in altgriechischer Sprache. Keine andere Geistesgeschichte beginnt mit solch süßer Verehrung des Göttlichen.

Wie eng die Biene mit der minoischen Kultur verbunden war, beweisen die goldenen Anhänger in der Form zartgliedriger Bienen, wie sie im Museum in Heraklion zu bewundern und - falls eine Lupe zur Hand - auch zu erkennen sind.

Auch in späteren Jahrhunderten blieb die Biene mit Kreta verbunden. Honig war im frühen Mittelalter das edelste Süßmittel, Zucker war noch unbekannt. Der beste Honig aber kam aus Kreta. Von dort verschifften ihn die Venezianer, die von Bonifatius II., dem Markgrafen von Montferrat, Anfang des 13. Jahrhunderts die Insel für 10000 Silbermark gekauft hatten. Die Verladung erfolgte im heutigen Heraklion, das damals Candia hieß. Deshalb heißt heute im modernsten Supermarkt der braune Kristallzucker Candi(a)s-Zucker.

So führt vom frühesten griechischen Satz ein etymologischer Ariadnefaden durch die Jahrtausende bis in unsere Plastikwelt.

Da ist er wieder, der Name des Mädchens Ariadne! Was hat sie so Großes geleistet, daß es sie über Jahrtausende in unserem Sprachgebrauch gibt? Nichts Großes, wohl aber etwas Großartiges. Dies ist die Geschichte von Ariadne und Theseus, dem Sohn des - sagenhaften - Königs Ägeus von Athen, so wie sie uns von mehreren Autoren der Antike überliefert ist:

Auf Kreta regierte im Palast zu Knossos ein Herrscher namens Minos. Er war der erste jener drei Söhne, die Prinzessin Europa dem Zeus geboren hatte. Dieser Minos war offenbar bei den Göttern wohlgelitten, Poseidon schickte ihm einen weißen Stier, den er ihm opfern sollte.

Minos fand das Tier jedoch so schön, daß er es für sich behielt und ein anderes dem Poseidon opferte. So etwas blieb einem Gott natürlich nicht verborgen. Aus Ärger über diesen Täuschungsversuch sorgte Poseidon dafür, daß sich Pasiphae, die Frau des Minos, in dieses Prachtexemplar von Stier verliebte.

Damit diese Liebe auch vom Stier erwidert werden konnte, ließ sie von einem gewissen Dädalus ein Gerüst anfertigen, das täuschend echt einer Kuh ähnelte. Sie selbst - was tut man nicht alles aus Liebe - zwängte sich in das Gerüst und harrte des Stiers.

Der Trick gelang, der Stier bestieg die künstliche Kuh. Das Geschöpf, das bei diesem widernatürlichen Akt gezeugt wurde, war der Minotaurus, ein Ungeheuer mit Stierkopf und Menschenleib. Seine Leib- und Magenspeise waren Menschen. Um die Kreter gegen diesen ausgefallenen Appetit zu schützen, sperrte man den Minotaurus in einen Irrgarten aus vielen Gängen, den ebenfalls dieser Dädalus anlegen ließ. Er nannte ihn Labyrinth.

Seine Lieblingsspeise erhielt der Minotaurus trotzdem. Jedes Jahr wurden ihm sieben Jünglinge und sieben Jungfrauen aus Athen zum Fraße vorgeworfen. Die Opfer wurden durch Los bestimmt.

Als der dritte Transport von Athen aus in Richtung Kreta in See stach, übernahm Theseus, der Sohn des Königs Ägeus, den Platz eines der Jünglinge; entschlossen, diesem jährlichen Opfergang ein Ende zu machen.

Kleine Erzählpause. Denn bereits in diesen wenigen Sätzen steckt eine Fülle von Informationen. Zum Beispiel:

Warum schickte Poseidon ausgerechnet dem Minos einen Opferstier?

Weil Poseidon Herr der Meere war und König Minos mit seinen Schiffen das Meer beherrschte. »Der erste, von dem wir hören, daß er eine Flotte besaß, ist Minos. Er herrschte über den größten Teil des heute hellenischen Meeres . . .«, heißt es im Vorgeschichtskapitel der »Geschichte des Peloponnesischen Krieges« des griechischen Historikers Thukydides. Geschrieben im 5. vorchristlichen Jahrhundert. Noch beim Kampf um Troja stellte der kretische König Idomeneus - ja, er ist der Titelheld der gleichnamigen Mozart-Oper - das größte Flottenaufgebot. Glaubt man Homer, befehligte er achtzig Schiffe.

Zwischenbemerkung: Poseidon war zwar Herr der Meere, die aber hießen Okean - nach seinem Onkel Okeanos.

Weiter gefragt:

Wieso will ein Meeresgott ausgerechnet einen Stier geopfert haben? Warum nicht einen Delphin oder Meeresgetier?

Der Delphin durfte nicht geopfert werden, er war das Lieblingstier Apolls und genoß göttliche Ehren. Anders die Stiere. Der Kult um diese Bullen ist älter als jeder andere Kult. Mindestens 7000 Jahre alt. Er ist von Indien bis in den europäischen Norden hinauf verbreitet. Der Stier galt überall als das Symbol der Kraft. Auch das Goldene Kalb der Bibel ist nichts anderes als eine Art der Stierverehrung für den Gott Baal, die »heiligen Kühe« in Indien gehören ebenso in diese Vorstellungswelt wie die geschmückten Pfingstochsen unserer Bauern.

Auch Pasiphaes Lust am Stier ist so ungewöhnlich nicht. In allen frühen Kulturen zählen Geschöpfe, die Menschliches und Tierisches vereinen, zu verehrten Symbolen. Ägyptische Gottheiten mit Tierköpfen gehören ebenso dazu wie Sphingen mit Tierleibern und die geflügelten Pferde mit Menschenköpfen vor assyrischen Palästen. Auch die griechische Mythologie hat ihre Mensch-Tier-Geschöpfe: die Kentauren. Pferde mit Menschenköpfen. In Thessalien war ihre Heimat.

Sie waren für Kulturhistoriker hochinteressante Tiere, denn um 2000 v. Chr. war den Griechen das Pferd unbekannt. Man vermutet, daß der Anblick von reitenden Barbaren zu der Verschmelzung von Pferd und Reiter zu einem Wesen geführt hat.

Nächste Frage:

Konnte tatsächlich eine Frau von sich aus ein so intimes und aufwendiges Gerät wie das Modell einer Kuh bestellen?

In Kreta ja. Frauen hatten dort das Sagen. Viel mehr als in anderen antiken Kulturen. So hatten minoische Frauen - wie enttäuschte Reisende berichteten - das Recht, sich einem Hausgast zu verweigern. Anderenorts, wie wir aus dem Alten Testament wissen, hatten sie ihm widerspruchslos zu Willen zu sein. Nur die Kreter sprachen von ihrem Mutterland - die Mutter war für sie die Krönung der Frau.

Außerdem: Pasiphae war nicht nur Minos' Frau, sondern auch Tochter des Sonnengottes Helios, da hatten gewöhnliche Sterbliche wie Dädalus zu kuschen.

Bleibt die Frage: War Dädalus ein gewöhnlicher Sterblicher?

Wir wissen es nicht, wir können es nur vermuten, denn seine

Schöpfungen sind so genau überliefert, daß er mit mehr als einem halben Fuß bereits in der Realität steht. Sein Name ist von »daidallein« abgeleitet, was »kunstvoll arbeiten« bedeutet. Und ein Kunsthandwerker war er auf vielen Gebieten. Töpferscheibe, Säge, Axt, Bohrer und Leim soll er erfunden haben, und die von ihm geschaffenen Statuen sollen so lebensecht gewesen sein, daß Betrachter versuchten, sich mit ihnen zu unterhalten. Mit einem Wort: Dädalus war der Leonardo da Vinci der Antike.

Nach Kreta floh er wegen eines Mordes, der ihm angelastet wurde. Dort soll er den Palast von Knossos mit seinen 1300 Räumen erbaut haben, Homer preist ihn als Goldschmied, und Herodot, der weitgereiste, behauptet, das minoische Labyrinth habe Dädalus nach einem ägyptischen Vorbild gebaut, das während der 12. Dynastie, also etwa um 1800 v.Chr., bei Medinet el Faijum entstanden ist. Strabo, griechischer Geograph zur Zeit Christi, hat es noch gesehen.

Das Wort Labyrinth lebt fort bis in unsere Tage. In ihm steckt das minoische Wort »Labys«, das »Haus der Doppelaxt« bedeutet. Das Labyrinth dürfte also in Wahrheit ein Kultzentrum gewesen sein, denn die Doppelaxt - eine Schneide links, eine rechts vom Stiel - war das höchste Kultsymbol auf Kreta, vergleichbar dem christlichen Kreuz.

Keine Statue des Dädalus ist erhalten, sein Ruhm wird nur sichtbar in dem von Arthur Evans ausgegrabenen Gängegewirr in Knossos. Ob dies aber wirklich das Labyrinth war, das Gefängnis des Minotaurus, ist damit nicht bewiesen. Bei archäologischen Einzelgängern gilt ein natürlich entstandenes Labyrinth nahe der kretischen Stadt Gortris als das wahre Gefängnis des Minotaurus.

Im Vergleich zu dem von Menschenhand geschaffenen in Knossos hat das natürliche einen entscheidenden Nachteil: Es ist touristisch nicht zu erschließen. Nur unternehmungslustige Touristen mit Bergsteigererfahrung wagen eine Exkursion in dieses Labyrinth von Gängen, die in den weichen Kalkstein getrieben wurden. Sicherungen für den Rückweg sind notwendig, denn das Höhlensystem erstreckt sich über viele Kilometer und soll - behaupten die Bauern - noch nie ganz erforscht worden sein.

Wie lebensnah die Vorstellung vom Minotaurus und dem Labyrinth bis in die spätrömische Antike war, wurde 1897 deutlich. Bei den Ausgrabungen in Pompeji fand man eine Kritzelei an der Wand eines Kinderzimmers. Dort war von Kinderhand ein Labyrinth gezeichnet, und daneben stand: »Hier wohnt der Minotaurus.« Nicht wohnte! Nein, wohnt! So lebendig war das Ungeheuer noch bei den Römern.

Weiter gefragt: Warum wurden ausgerechnet Athener dem Minotaurus zum Fraße vorgeworfen?

Weil Kreta das Mittelmeer beherrschte. Athen war Knossos tributpflichtig, und da zur minoischen Religion Menschenopfer gehörten, bezog man diese vorzugsweise aus den unterworfenen Gebieten.

Freiwillig mischte sich Theseus unter diese Opfer. Von ihm erzählen antike Sagen fast so viele Heldentaten wie von Herakles, aber für diese auf Kreta brauchte er Hilfe.

Er findet sie auf schönste Weise: durch die Liebe. Ariadne, Tochter des Minos, Schwester der Phädra, himmelt ihn an. Sie gibt ihrem geliebten Theseus ein Garnknäuel, das er sich am Handgelenk befestigt und beim Weg durch das Labyrinth abspult, um so den Rückweg nicht zu verfehlen. Damit ging sie in die Geschichte ein, zumindest in jene der Sprichworte. Der Faden der Ariadne zieht sich noch heute durch unseren Alltag.

Dabei hätte er genauer »Faden des Dädalus« heißen müssen, denn von ihm erhielt Ariadne den Tip. Der Vater der Irrgänge verriet selbst, wie man das Verwirrspiel knacken konnte. Ein früher Vorfahr der Atomspione aus Gewissensnot.

Theseus tötet den Minotaurus, er flieht mit Ariadne. Minos will ihn verfolgen, da zerstört Poseidon durch ein Seebeben den Palast von Knossos. Die Verfolgung unterbleibt, doch Minos sperrt den Verräter Dädalus zusammen mit seinem Sohn Ikarus in das Labyrinth, dort fertigt Dädalus für sich und Ikarus Flügel aus Vogelgefieder und Wachs. Beide fliehen damit durch die Luft. Ikarus freilich nähert sich zu sehr der Sonne, das Wachs seiner Schwingen schmilzt, und er stürzt ins Meer. Dädalus findet auf Sizilien Zuflucht.

Doch nicht ihn, der sicher landete, wählten Flieger und Fluggesellschaften zu ihrem antiken Schutzpatron, sondern den ungestümen, leichtsinnigen Ikarus. Was beweist: Für den Nachruhm war es schon immer zuträglicher, sein Leben zu riskieren, selbst wenn man es dabei verliert. Anders formuliert: Mut siegt immer über Verstand.

Theseus und Ariadne aber konnten in Ruhe und Frieden am Hof zu Athen leben, und wenn sie nicht gestorben sind ...

Wer so denkt, kennt griechische Sagen nicht. Die geht nämlich so weiter:

Bei einem Zwischenstopp auf der Insel Naxos läßt Held Theseus seine schlafende Geliebte zurück und segelt ohne sie nach Athen.

Solche Treulosigkeit blieb auch bei den ollen Griechen nicht ungestraft. Theseus hatte mit seinem Vater vereinbart, daß er weiße Segel hissen werde, wenn sein Kommandounternehmen erfolgreich verlaufen war. Schwarze Segel dagegen bedeuteten: alles ist schiefgegangen. Theseus vergaß diese Abmachung. Als sein Vater das schwarze Segel sah, stürzte er sich ins Meer, das seitdem als »Ägäis« seinen Namen - Ägeus - trägt.

Ende der Sage. Die zweite Fragerunde ist eröffnet:

Theseus tötet den Minotauros - was soll das bedeuten?

Die Fachleute meinen: Es ist die personifizierte Tatsache, daß die unterjochten Völker sich von Kretas Vorherrschaft befreiten und nicht mehr tributpflichtig waren.

Wieso hilft Poseidon dem Theseus?

Auch dies ist die Personifizierung einer Tatsache: Kreta beherrschte nicht mehr die Meere. Mykene war jetzt mächtiger.

Was soll die Arabeske, daß Dädalus mit seinem Sohn von der Insel fliegt, wo die Flucht per Boot sicher leichter zu bewerkstelligen war?

Psychologen nehmen diese Erzählung als Beispiel, daß der Mensch die Furcht vor den Göttern, die über ihm im Himmel lebten, zu überwinden begann. Der Gedanke, sich den Göttern zu nähern, war nicht mehr absurd. Bis dahin hatte es eine psychologische Barriere gegen das Lösen von der Erde gegeben. Theoretisch hätten zum Beispiel bereits die Ägypter sich ihre Pyramiden von oben betrachten können. Papier, Hanf und Feuer waren ihnen bekannt, also wäre ein Heißluftballon technisch ohne weiteres möglich gewesen. Wenn nicht die Angst vor den Göttern sie davon abgehalten hätte ... Es lohnt, einen Moment bei dieser

Überlegung zu verharren. Wenn es stimmt, daß geistiges Aufbäumen gegen die Vorherrschaft überirdischer Mächte zu bisher nicht gewagten technischen Leistungen beflügelt, dann bietet die moderne Geschichte dafür ein verblüffendes Beispiel: Ausgerechnet in der Nachfolge der Französischen Revolution, die Gott abschaffen wollte, wurde zum erstenmal der Griff in den Himmel gewagt – mit einem Heißluftballon.

Doch zurück in die Sagenwelt der Antike. Warum tötet sich Ägeus bei der Heimkehr seines Sohnes Theseus?

Es sei, vermutet man, die Ablösung – vielleicht sogar der gewaltsame Wechsel – einer älteren Führungsschicht durch Jüngere.

Bleibt nur noch zu klären, warum Theseus seine Ariadne so treulos auf Naxos sitzenließ.

Nicht nur Richard Strauss hat sich damit beschäftigt, sondern von vielen Seiten gab es Deutungsversuche. Die einen meinten, dahinter könne sich der Hinweis auf die Gründung einer minoischen Kolonie auf dieser größten und fruchtbarsten Insel der Kykladen verstecken.

Mir scheint eine andere Erklärung, die dicht an den Fakten der Sage bleibt, plausibler: Theseus war ein zielstrebiger junger Mann, ihm mußte vor allem daran gelegen sein, Machtverhältnisse und Thronfolge in Athen zu regeln. Vielleicht war ihm dort bereits eine Frau vorbestimmt, und eine Prinzessin vom minoischen Erbfeind hätte vermutlich Ärger gebracht.

Wer sich in der griechischen Mythologie auskennt, wird keine dieser Theorien gelten lassen. Denn ihm ist bekannt, daß Dionysos ältere Rechte an Fräulein Ariadne hatte. Die war nämlich im Grunde eine Göttin, und ihr Name bedeutete »die vollkommen Reine«. Erst Homer hat sie zu einer Sterblichen gemacht, weil sie sich – Griechen liebten das Paradoxon – unsterblich in Theseus verliebte.

Dionysos, so erzählt eine andere Sage, entführte die Schlafende von Naxos mit seinem Wagen zum Himmel, wo heute noch der »Kranz der Ariadne« leuchtet.

Von allen Erklärungen ist dies die unwahrscheinlichste, aber auch die poetischste. Vergessen wir alle anderen. Halten wir uns an diese. Denn was bleibt, stiften die Dichter.

9. Knossos - eine Kulisse der Irrtümer

Schliemann war vor Evans in Knossos / Zuviel Geld für zuwenig Ölbäume / War Knossos ein Totentempel? / Warum die Entzifferung der Linear B so lange dauerte / Die Spur führt zu den Hethitern

Der Himmel über Kreta ist heute so wolkenlos und blau wie in den Touristik-Prospekten. Eurydice aber, 47 Jahre alt und resolut, hat einen roten Regenschirm unter den Arm geklemmt. Sie wird ihn heute mindestens dreimal gebrauchen. Nicht als Regen- oder Sonnenschutz, sondern als Erkennungszeichen. Eurydice ist eine der siebzehn konzessionierten Fremdenführerinnen auf Kreta.

Sie schwärmt von Melina Mercouri, die als Schauspielerin (»Sonntags nie«) begann und griechische Kulturministerin wurde. Seit sie auf dem Ministersessel sitzt, sind Frauen gleichberechtigt. Das ist ein großer Fortschritt in einem Land, in dem jeder Mann, der auf sich hält, die Frage nach seinen Nachkommen immer noch so beantwortet: »Ich habe drei (oder vier) Kinder und eine Tochter . . .«

Die Prüfungen für Fremdenführer sind schwer, Griechenland weiß, wieviel Devisen der Tourismus bringt. Die Prüfungskommissionen wissen aber auch, was die Touristen hören wollen. Vieles, was Fremdenführer erzählen, verbreiten sie wider besseres Wissen. Auf der ganzen Welt ist das so. Besonders aber auf Kreta. Daran ist das minoische Disney-Land schuld, das Arthur Evans mit seinen Rekonstruktionen errichtete. Der Traum von Harmonie und Schönheit, er ist nun mal beständiger als nackte Fakten nüchterner Forschung.

Ist ja auch gut so. Wer von seinen »schönsten Wochen des Jahres« ein paar Stunden abzweigt, um Kultur zu tanken, möchte lieber Schönes hören als Unangenehmes, wenn es auch noch so wahr ist.

Oder?

Meine Nachbarin am Frühstückstisch sucht die Wahrheit. Sie kommt aus Duisburg, und wenn sie Übergepäck gehabt haben sollte, dann durch die viele Fachliteratur, die sie mitgebracht hat. Sie gehört zu jenen Touristen, die statt in die Gegend lieber in Reiseführer schauen. Zwischen Joghurt und Frühstücksei hat sie mir schon zweieinhalb Löcher in den Bauch gefragt. Und so wird es weitergehen, denn heute steht Knossos auf dem Tagesprogramm.

Vor den verrosteten Eisenstreben des Haupteingangs haben wir zwanzig Pauschaltouristen uns um Eurydices hochgestreckten Regenschirm gruppiert, die gleich zum Thema kommt, was verständlich ist, denn sie hat heute mindestens noch zweimal zu erzählen (so weit wie in Israel, wo Reiseführer einfach ihre Erklärungen vom Tonband ablaufen lassen, ist man hier gottlob noch nicht): »Kreta«, versichert Eurydice mit einer Stimme, die keinen Widerspruch duldet, »Kreta ist die Geburtsstätte des Göttervaters Zeus. Er wurde in einer Höhle im 2500 Meter hohen Idagebirge geboren. (Zum Vergleich: die Zugspitze ist 2900 Meter hoch.) Aber nicht nur die Götter waren hier zu Hause, auch besondere Menschen. Die minoische Kultur ist nicht nur die früheste abendländische Kultur, sondern auch die erste, die Heiterkeit zum Lebensprinzip erhob. Mit ihr kam das Lächeln in die Welt.«

»Stimmt das?« fragt meine wissensdurstige Nachbarin, und schon falle ich in die Löwengrube der Besserwisserei. Statt zu nicken, reitet mich der Teufel oder einer seiner antiken Vorfahren, und ich sage: »Nein, Zeus ist nicht im kretischen Idagebirge geboren. Selbst wenn Fremdenführer gegen ein gutes Trinkgeld Touristen mit alpinen Gelüsten auf der Insel die Höhle zeigen, in der Rhea Zeus geboren haben soll – die Sage von seiner Geburt meint nicht das kretische Idagebirge, sondern den gleichnamigen kleinasiatischen Gebirgszug.«

»Aber das stimmt doch, daß mit der minoischen Kunst erstmals die Heiterkeit in die Welt kam? Ich hab' doch gestern im Museum in Heraklion die heitere ›Pariserin‹, die lebensfrohe, barbusige Schlangengöttin und all die anderen Fayencefiguren gesehen. Herrlich!« Ich kann die Begeisterung verstehen. Jedesmal, wenn ich vor diesen Figürchen stehe, geht es mir genauso. Es wäre zu schön, hielte dieser Zauber auch der wissenschaftlichen Prüfung stand.

Tut er aber nicht. Zum Leidwesen aller Verehrer weiblicher Schönheit. Denn das ganze Gesicht, beide Unterarme, der größte Teil des langen Reifrocks mit den siebenstufigen Volants der barbusigen Schlangengöttin sind Ergänzungen. Drei Viertel der Dame sind nicht echt. Und ob sie wirklich einen Löwen auf dem Kopfputz trägt, ist genauso zweifelhaft wie die beiden Schlangen in ihren Händen.

Allerdings spricht einiges für Schlangen als »Faustpfand«. Auf Kreta wurden sie als Haustiere gehalten, genau wie in Ägypten. Hier wie dort stieß man bei Ausgrabungen auf tönerne Röhren, die für Schlangen als »Körbchen« aufgestellt wurden. Schlangen galten als klug und heilig. Erst im Alten Testament wurde die Schlange zum Symbol der Verführung und Auflehnung gegen Gott.

Doch selbst wenn die meisten Ergänzungen an dieser Figur richtig sein sollten, bleibt es fraglich, ob diese barbusige Schlangengöttin ein Beispiel für die Sinnenfreude der Minoerinnen ist, wie immer wieder zu lesen ist.

Vieles spricht dafür, daß sie eher eine jener Frauen ist, von denen es in der Ilias nach Hektors Tod heißt: »Drüben jammert auch die Mutter mit fließenden Tränen - macht den Busen sich bloß und hob die Brust mit der Linken.« In der Antike und im Alten Testament entblößten Frauen ihre Brüste nicht als »Anmache«, sondern zum Zeichen verzweifelter Trauer.

Die Dame aus Duisburg hört das nicht gern. Sie möchte, genau wie die Legion der Schöngeister, Kreta als Heimat des ersten Lächelns am Morgen des Abendlandes erhalten. Diese Einstellung hat Tradition. Seit Jahrhunderten kommt schönheitstrunkenen Literaten für das antike Griechenland die Vokabel von der »stillen Einfalt und edlen Größe« flott von der Lippe, obgleich sie wissen, daß in Sagen, Gesängen und Dramen Brudermord, Geschwisterliebe, Blutschande und Blutrache Orgien der Brutalität feiern. Erst dieser blutige Urgrund schuf die Sehnsucht nach Schönheit, wie sie in griechischer Kunst sichtbar wird.

Eurydice schwenkt ihren Schirm, winkt uns, ihr zu folgen. Meine Pauschalreisebekanntschaft zögert: »Dürfte ich mit Ihnen allein gehen?« Eine Frage, die sich jeder Single auf Reisen erhofft. Natürlich sage ich ja. Wohl wissend, daß nicht ich, sondern die Hoffnung auf minoische Informationen der Anlaß zu dieser Frage war.

Eurydice ist froh, zwei Schäfchen weniger im Auge behalten zu müssen. Wir ziehen allein weiter. Vor einem übermannsgroßen

Pithos, einem Tongefäß mit schmalem Hals, erledigen wir die Vorstellung mit amerikanischer Lässigkeit - »ich heiße Manfred - ich Karen« - und deutschem Händeschütteln.

»Wissen Sie eigentlich, daß die Straße, die von Heraklion nach Knossos führt, um ein Haar nicht nach Arthur Evans, sondern nach einem anderen Archäologen benannt worden wäre?«

Karen zeigt sich auf der Höhe heutigen Schulbuchwissens: »Wer hätte mehr Verdienste um Knossos als er? Viele Jahre seines Lebens und ein Großteil seines Vermögens hat er geopfert, um die Palastanlage auszugraben und zu restaurieren!«

»Stimmt alles, aber beinahe wäre ihm einer zuvorgekommen, um ein gutes Jahrzehnt sogar. Daß es nicht geschah, war einer jener Zufälle, wie sie sich nur das Leben selbst leisten kann. Ein paar Olivenbäume waren schuld, daß diese Straße nicht nach Heinrich Schliemann benannt wurde. Der mecklenburgische Pastorensohn - sein Vater scheint mehr trink- als bibelfest gewesen zu sein - war lange vor Evans auf Kreta. Das wäre natürlich noch kein Grund, eine Straße nach ihm zu benennen, aber Schliemann war auf Kreta, um Knossos auszugraben.

Um es auszugraben, nicht, um es zu suchen! Er wußte bereits genau, unter welchen Hügeln er den Palast des Minos finden würde. Es existierte sogar ein Kaufvertrag mit dem Vormund der beiden Kinder, denen das Land gehörte. Schliemann, damals bereits hoch gefeiert, ging im Januar 1889 in Kreta an Land, um den Vertrag zu unterschreiben und unverzüglich mit den Grabungen zu beginnen.

Zu seiner Begleitung gehörte ein Gärtner, der seit Jahren in seinen Diensten stand. Dieser Gärtner ist schuld, daß es nicht zum Landkauf durch den Trojaentdecker kam. Er tat etwas Ungewöhnliches: Er zählte die Ölbäume auf dem Gelände. Laut Vertrag sollten es 2500 sein. Der Gärtner aber kam nur auf 889. Das verärgerte Schliemann, er brach alle Verhandlungen und seine Zelte auf Kreta ab.

Hübsche Geschichte, aber wie so oft in Schliemanns Leben erzählt sie nur die halbe Wahrheit. Nicht nur die wenigen Ölbäume hatten ihn verstimmt, sondern auch die griechische Regierung. Sie hatte ihn wissen lassen, daß sie keinesfalls - wie lange Zeit die türkische - bereit sei zuzusehen, wie der ebenso große Archäologe wie Geschäftsmann Schliemann seine Funde außer Landes brachte. Schliemann verzichtete. Die Olivenbäume waren ihm willkommener Vorwand. Erst elf Jahre später begannen Arthur Evans und seine Männer zu graben.

Knossos auszugraben mußte jeden reizen, der die Odyssee gelesen hatte. Dort, im 19. Gesang, erzählt Homer:

›*Ihrer Könige Stadt ist Knossos,*
wo Minos geherrscht hat.
Der neunjährig [richtiger: neun Jahre]
mit Zeus, dem großen Gotte, geredet.‹

Vor Schliemann hatte übrigens bereits 1877 ein Grieche namens Minos Kalokairinos Grabungen versucht, dessen Interesse an seinem berühmten Namensvetter jedoch erlosch, als er statt der erhofften Goldgefäße nur Tonscherben fand.

Als Evans das erstemal nach Kreta kam, interessierte er sich weder für Schätze noch für archäologische Feldarbeit. Sein Hobby war die Entzifferung alter Schriften. In Mykene hatte er zwei Siegel mit unbekannten Schriftzeichen erworben, deren kretische Herkunft als gesichert galt.

Grund genug für Evans, sich nach Heraklion einzuschiffen. Er hoffte, weitere Tafeln und Siegel mit diesen Schriftzeichen zu finden und mit einigem Glück zu entziffern. Für ihn stand fest, daß diese Zeichen mit ägyptischen Hieroglyphen verwandt waren.

Evans stammte aus vermögender Familie und lebte auf großem Fuß. So gehörten zum Ausgrabungsgepäck, das er von London nach Kreta verschiffen ließ, neben Grabungsgerätschaften auch Riechsalz, Nagelbürsten, seine Lieblingsseifen und seine Champagnermarke. Wer in diesem Hang zum angenehmen Leben ein Zeichen für Oberflächlichkeit zu sehen glaubt, irrt. Evans hatte eine profunde wissenschaftliche Ausbildung und umgab sich von Anfang an mit Fachleuten. Aber auch von ihnen ahnte keiner, daß sie dabei waren, die älteste Stadt auf europäischem Boden auszugraben. Sie feierten es als Erfolg, daß sie bereits 30 Zentimeter unter der Oberfläche auf Tontafeln und Vasenreste stießen. Doch schon nach wenigen Wochen war Evans klar: Aus seiner Suche nach beschrifteten Tontafeln war das archäologische Abenteuer der Entdeckung einer versunkenen Kultur geworden.

›Entdecken‹ ist nicht ganz korrekt ausgedrückt. Richtiger ist: Er machte einen Kulturkreis, der bis dahin nur in Sagen und Mythen existierte, zur historischen Realität. Dies aber bedeutete: Evans verlängerte die griechische Geschichte um ein volles Jahrtausend in die Vergangenheit. Er bewies mit seinen Ausgrabungen, daß die Griechen nicht in direkter Linie von Achilles und Apoll abstammten, sondern aus einem Kulturkreis kamen, dem Evans nach Minos, dem ersten sagenhaften Herrscher auf Kreta, den Namen minoisch gab.

Evans begann seine Grabung am Kefalahügel. Ein gewaltiges Areal. 25000 Quadratmeter waren abzutragen. Dieses weitläufige Arbeitsfeld war und ist die einzige archäologische Grabungsstätte auf der Welt, die einem Privatmann allein gehörte. Evans hatte das Gelände für 50000 Franc erworben. Er allein bezahlte die 150 Fachleute, Arbeiter und Geräte. Über 5 Millionen Goldmark hat Evans aus eigener Tasche in seinen kretischen Traum investiert.

Was in zweijähriger Arbeit freigelegt werden konnte, übertraf kühnste Erwartungen: Zimmer, Gänge, Innenhöfe, Terrassen und Säle der Palastanlage erstreckten sich über 10000 Quadratmeter. Bis zu fünf Stockwerke besaßen die in Fachwerkart errichteten Häuser, deren Fenster mit geöltem Pergament abgedichtet werden konnten.

Nach zwei Jahren waren 800 von den 1400 Räumen freigelegt, die dieser Palast gehabt haben soll. So jedenfalls schätzte Evans. Heute zweifelt man an dieser Zahl. Der Palast wäre dann größer gewesen als Buckingham Palace.

Stolz weisen heute Fremdenführer darauf hin, daß der steinerne Thron des Minos noch an der gleichen Stelle steht, an der Evans ihn fand. Er ist somit der älteste europäische Herrschersitz. Möglich, daß Evans ihn tatsächlich an dieser Stelle fand, nur der Raum um ihn, den Evans kühn ›kleinen Thronsaal‹ taufte – den hat er so nicht ausgegraben. Er ist eine Rekonstruktion, die Evans nach dem Grundriß eines Thronsaals auf dem griechischen Festland ausführen ließ. Verständlich, daß die Fremdenführer dieses Detail lieber verschlucken.

Evans war großzügig, nicht nur mit Geld, auch mit der Vergabe von Namen. Er taufte Räume nach seinem Gutdünken. So kam der Palast von Knossos zu seinem Thronsaal, zum Prozessionskorridor und zum Schlafzimmer der Königin. Hätte es Evans bei solchen vollmundigen Bezeichnungen belassen, die Archäologenzunft wäre mit einem Lächeln auch darüber hinweggegangen. Doch Evans begnügte sich nicht mit solchen Arabesken. Er hat, was er an Resten vorfand, so rasch und so nach seinem Geschmack ergänzt, daß die nächsten Archäologengenerationen Mühe hatten, sich durch die viktorianischen Wunschergänzungen einen Weg zu den echten minoischen Resten zu bahnen. Nicht selten war das schwieriger als die unmittelbare Grabung.

Was Archäologen verärgerte, entzückt Fotofans und Reinlichkeitsfanatiker. Höhepunkt jeder Touristenführung: ein dreieinhalb Jahrtausende altes Plumpsklo. Gutgläubige Touristen zweifeln nicht daran, daß minoische Prinzessinnen ihr tägliches Bad brauchten, so viele Badewannen gibt es im Knossos-Palast. Vorausgesetzt, es waren wirklich Badewannen. Archäologen sind da anderer Meinung. Die Tourismusverwaltung hat ihre liebe Not, solche fremdenverkehrsfeindlichen Theorien nicht zu publik werden zu lassen, reichen doch angeblich die Drachmen, die Tag für Tag Tausende von Besuchern an der Eintrittskasse zu diesem minoischen Wunderland zahlen, nicht einmal aus, um die Farben der Rekonstruktionen immer so aufzufrischen, daß kein Urlaubsfotograf enttäuscht wird. Wie sagte doch Epimenides?: ›Alle Kreter sind Lügner.‹

Knossos ist schön, Knossos ist beachtlich, aber so einmalig, wie oft zu lesen, ist es nicht.

Die vielbeschriebene Kanalisation mit Tonröhren zum Beispiel, die nicht nur konisch gearbeitet waren, sondern auch noch einen Flansch besaßen, damit sie nicht zu sehr ineinanderrutschten, sind nicht minoisches Patent, bereits in Babylon wurden sie benutzt.

Zu gern vergessen wir angesichts der perfekt, wenn auch falsch rekonstruierten Evans-Bauten, daß die Pyramiden bereits uralt waren, daß die Sumerer längst die Keilschrift erfunden hatten, als Kretas Glanz zu leuchten begann.

Vielleicht kommt diese Schwierigkeit der historischen Einordnung auch daher, daß für die minoische Kultur die Genealogie der Könige ebenso fehlt wie - gottlob - die Chronologie der Schlachten.

Wieso können dann Fachbücher wie Reiseführer mit Zahlenangaben aufwarten? Sie wurden - ungefähr - anhand ägyptischer

Keramik ermittelt, die man in Kreta ausgegraben hatte. Da man wußte, welche Muster unter welchem Pharao gang und gäbe waren, konnte man fixieren:

Ägypten	*Kreta*	*Unsere Zeitrechnung*
Altes Reich	Frühminoisch	2600–2200 v. Chr.
Mittleres Reich	Mittelminoisch	2200–1550 v. Chr.
Neues Reich	Spätminoisch	1550–1100 v. Chr.

Exakte Jahreszahlen aber sind das sowenig wie die Angaben der Regierungszeiten der einzelnen Pharaonen. Keine verbindlichen Jahreszahlen, willkürliche Rekonstruktionen – ja, was bleibt dann an Verbürgtem von diesem Palast, von dieser Kultur?«

Karen, die wissensbeladen nach Kreta gekommen war, um sich verzaubern zu lassen, schien entschlossen, wenn schon nicht das Schulgeld, so doch die Reisekosten zurückzufordern. Ich konnte sie beruhigen. Es gibt aus Kretas antiker Vergangenheit genug zu sehen, was auch durch die abwegigsten Restaurierungen nicht verändert werden konnte, was heute noch verbindliche Auskunft über das sagenhafte Reich des Minos gibt:

So zeigt ein Gang durch den Knossospalast, daß dieser – wie auch alle anderen minoischen Paläste – ohne Landschaftsbeziehung gebaut wurde. Von keinem der »königlichen« Fenster hat man den berühmten Panoramablick aufs Meer, ohne den ein Ferienhaus heute nur die Hälfte wert ist.

Auch bleibt das Intime als dominierendes Merkmal dieser antimonumentalen Architektur unverkennbar. Nicht Säle und hohe Räume prägen diese Bauten, sondern die langen Reihen der Lager und Magazine.

Um es knapp, aber leider mit Fremdworten zu sagen: Repräsentation durch Dimension entsprach nicht dem Regierungsstil minoischer Herrscher. Das läßt darauf schließen, daß – anders als beispielsweise in Mykene – das soziale Gefälle zwischen Herrscher und Volk nur unwesentlich war.

Karen beginnt, sich zu langweilen. Sie liebt mehr das Konkrete. Die rotbraunen Betonsäulen am Palasteingang interessieren sie mehr. Ihre Enttäuschung, daß sie aus Beton sind, ist grenzenlos. Evans verliert in diesem Augenblick eine Bewunderin. Zu Unrecht, denn bevor Sir Arthur sich zur Rekonstruktion aus Beton entschloß, hat er alles versucht und keine Kosten gescheut, um die Säulen so aus Holz anzufertigen, wie sie einmal waren. Doch die Zedern auf Kretas Bergen, die einst das Holz lieferten, sind längst abgeholzt, und die wenigen des Libanon standen schon zu seiner Zeit unter Naturschutz. Evans gab trotzdem nicht auf. Um ähnlich widerstandsfähiges Holz zu bekommen, ließ er in den österreichischen Alpen Kiefern fällen. Doch nach zehn Jahren war auch deren Holz morsch.

»Aber die Form, oben breiter als unten - das ist doch pure Phantasie!« Karen ist jetzt auf dem kritischen Trip, nichts will sie mehr gelten lassen. Das ist nicht weniger falsch als uneingeschränkte Bewunderung. Vorsichtig beginne ich: »Nein, dieses Oben-breit, Unten-schlank, das ist zwar gegen unser ästhetisches Gefühl, aber falsch ist es nicht. Die Säulen waren so, und sie entsprachen damit einem physikalischen Grundgesetz, nach dem dort, wo die größte Last liegt, auch die breiteste Stütze sein muß.

Nach einer anderen Theorie wurden die Säulen nach unten zugespitzt, weil man das Holz noch nicht zu imprägnieren verstand. Deshalb wurden ihre Kapitelle so breit und ausladend ausgelegt, damit das Regenwasser nicht die Schäfte herablief. Klingt für mich plausibler.«

Karen nickt zustimmend. Evans hat bei ihr wieder ein paar Punkte aufgeholt. Damit ihre Bewunderung nicht zu hoch ins Kraut schießt, erzähle ich ihr von seinem größten Mißgriff: »Bereits in der zweiten Ausgrabungswoche stieß er auf Teile eines Freskos. Er sortierte sie und ließ sie von einem holländischen Maler ergänzen. Stolz präsentierte Monate später Sir Arthur dem staunenden Publikum das Fresko eines blumenpflückenden Knaben. Mit englischem Understatement registrierte er das Fresko in der ›findinglist‹ als ›kleiner blauer Knabe‹. Reproduktionen gingen um den Globus. Die Welt war entzückt, etwas so Anmutiges kannte man noch nicht aus dieser frühen Antike. Und außerdem deckte es sich mit dem Jugendstil, von dem damals jeder schwärmte, der sich auf seinen Kunstverstand etwas zugute hielt.

Evans ging zur Tagesordnung über und grub weiter. Er fand weitere Stücke, die zweifelsfrei zum gleichen Bild gehörten. Als man sie anstelle der sehr großzügigen Ergänzungen einsetzte, blieb zwar die Anmut des Bildes, die Bezeichnung ›Knabe‹ jedoch mußte korrigiert werden. Eines der neuen Freskostücke zeigte einen Schwanz. Aus dem pflückenden Knaben wurde ein sich duckender Affe.«

Es fehlt nicht viel, und Karen läßt mich allein im Labyrinth von Knossos, so herb ist ihre Enttäuschung. Zum Glück weiß ich Tröstliches. Ich kann ihr versichern, daß die minoische Freskenmalerei einer der ganz großen Entwicklungsschritte in der abendländischen Kunst war. Sie ist zwar ägyptisch beeinflußt und übernimmt deren Farbsymbolik, aber sie löst sich schon früh von der statuarischen Steifheit, dem formellen Gestenfundus ägyptischer Figuren. Zum erstenmal kommt durch die minoischen Fresken ein individueller Zug in die Malerei. Sie wird anmutig, heiter, lebendig - lassen Sie mich sagen: europäisch. Dieser Schritt vom statuarisch Typisierten zum Persönlichen ist uns so selbstverständlich, so wesensverwandt, daß wir seine Kühnheit kaum noch erkennen.

Karen war beeindruckt. Dann aber tat ich etwas - Zeus möge mir verzeihen -, was auf Kreta als Sakrileg gilt. Ich führte sie ein paar Meter östlich von jenem Gebäude, das Arthur Evans »Kleinen Palast« getauft hat. Dort gibt es eine eingezäunte Grabungsstätte. Völlig unattraktiv, keinem Touristen ist sie einen Fotoklick wert. In ihr stießen englische Archäologen auf Fundstücke, die heute zum bestgehüteten Geheimnis kretischer Tourismusmanager zählen. An dieser Stelle hat 1980 Professor P. M. Warren von der Universität Bristol gegraben. Er fand weder Gold noch Schrifttafeln noch Gefäße. Er stieß auf einen großen Berg menschlicher Gebeine, die durch ihre Anordnung und durch Messerspuren an den Knochen mehr als nur vermuten lassen, daß es sich um Reste eines kannibalischen Opfermahls handelte. Es war nicht der erste Fund, aber der größte, der die schon wiederholt publizierten Theorien vom Kannibalismus auf Kreta bestätigte. Professor Warren veröffentlichte seinen Fund und die daraus abzuleitenden Fakten. Doch Kannibalismus - und sei er auch »nur« aus rituellen Gründen praktiziert worden - paßt so gar nicht zum Kulturtourismus unter mediterranem Himmel. Schweigen über diese Entdeckung wurde deshalb Gold für kretische Fremdenführer.

Nach dieser Enthüllung ist Karens Interesse an minoischer Kultur bedient. Für heute jedenfalls. Sie will an den Strand und die

Vorstellung menschenfressender Minoer beim Schwimmen wegspülen.

Diesmal bitte ich, sie begleiten zu dürfen. Ich darf und miete einen dieser offenen Inselbuggys.

»Wohin fahren wir?«

»Nach Gurnia!«

Karen sucht es vergeblich auf der Karte. Gurnia gibt es nicht mehr. Es war eine minoische Industriestadt in der Bucht von Mirabello, die heute vom Touristenzentrum Agios Nikolàos beherrscht wird. Gurnia ist touristisch uninteressant, archäologisch aber aufschlußreich. Vor gut einem Jahrzehnt ist hier die amerikanische Archäologin Harriet Boyd bei ihren Grabungen auf Töpferscheiben gestoßen, die auf den Zentimeter jenen entsprechen, die heute die Töpfer in Silamos unweit von Knossos noch benutzen.

Karen hört es mit Interesse: »Jetzt aber bitte zum Strand!«

Ich lenke den Wagen in eine Bucht, die noch nicht in den Touristenstrudel geraten ist. Bunte Fischerboote liegen am Strand, daneben Netze mit Tonkrügen als Bojen.

»Fällt Ihnen was auf?«

Karen verneint.

»Genau solche Tonkrüge haben Sie gestern gesehen - im Museum von Heraklion. Seit über 3000 Jahren hat sich ihre Form nicht verändert.«

»Was mögen diese Minoer für Menschen gewesen sein?« Die Frage beweist, daß Karen sich von der Hollywoodkulisse Knossos zu lösen beginnt.

Beim Strandspaziergang nach dem Schwimmen erzähle ich, was man über diese Menschen weiß. Es ist widersprüchlich genug.

Klein müssen sie gewesen sein, vorausgesetzt, das, was uns als Tonbadewannen gezeigt wird, waren wirklich Badewannen.

Groß müssen sie gewesen sein, wenn die übermannshohen Pitoi in Knossos und Phaistos wirklich Vorratsbehälter waren.

Die minoischen Frauen waren möglicherweise die ersten Damen. Modische Attribute wie Handschuhe, Stöckelabsätze auf Vasenreliefs sprechen dafür.

Die Frauen waren offenbar mehr gleichberechtigt als in anderen Kulturen. Auf Tonscheiben sind Artistinnen beim Salto über einen Stier dargestellt. Ganz gleich, ob diese Stierspiele Zirkusunterhaltung oder Gottesdienst waren – Frauen durften daran teilnehmen. Als gut tausend Jahre später im aufgeklärten Griechenland die Olympischen Spiele eingeführt wurden, waren verheiratete Frauen nicht einmal als Zuschauerinnen zugelassen.

Von den kretischen Männern vermutet man, daß sie sich rasierten, jedenfalls fand man bronzene Schabmesser als Grabbeigaben. Verbürgt ist, daß sie als Architekten und Offiziere gefragte Exportartikel waren. Das erstere geht aus ägyptischen Hieroglyphentexten hervor, das zweite steht in der Bibel. Die Leibwache Davids, heißt es, bestand aus »Keretern und Peletern«. Unser »Kreti und Pleti« ist davon abgeleitet, und gemeint sind Kreter und Philister.

Diese Informationen und viel mehr hat Arthur Evans in jahrzehntelangen Grabungen, Deutungen und Spekulationen zusammengetragen. Als Krönung seines Lebenswerks veröffentlichte er 1936 seine sechs Bände »The Palace of Minos«. Diese Publikation war in zweifacher Hinsicht typisch für ihn. Es war das stillschweigende Eingeständnis, daß er sein eigentliches Ziel, die Entzifferung der minoischen Schrift, nicht erreicht hatte, und er zeigte bei seinem Werk die gleiche Großzügigkeit, die er bei seinen Grabungen bewiesen hatte: Die Kosten für seine zahlreichen Korrekturen waren höher als die Druckkosten. Trotzdem gab es noch genug Druckfehler, von denen »erotisch« statt »exotisch« noch am ehesten zu erkennen war.

Im Zweiten Weltkrieg kam Kreta wieder in die Schlagzeilen. Sie waren mit Blut geschrieben. Deutsche Fallschirmjäger hatten in einem mörderischen Bravourstück die Insel erobert. Der Gedanke, daß die Insel, von der die ersten Menschen in die Luft gestartet sind, auch die erste Insel war, die aus der Luft erobert wurde, mag dabei eine für jene Zeit typische Rolle gespielt haben.

1952 machte die Insel mit einer friedlichen Sensation wieder von sich reden. Dem Engländer Michael Ventris, gelernter Architekt und ein Sprachgenie ähnlich wie Schliemann, war es endlich gelungen, jene Schrift zu entziffern, die Evans auf gut 3000 Tontafeln im Palast von Knossos gefunden hatte.

Evans hatte ihr die Bezeichnung Linear B gegeben zum Unterschied von der Linear A, einer älteren Schrift, die im 17. Jahrhundert v. Chr. benutzt worden war, von der man jedoch nur etwa 300 Tafeln mit Schriftzeichen gefunden hatte.

Die Bezeichnung »Linear« hat nichts mit Linien in unseren Schulschreibheften zu tun, sondern Evans wählte sie, weil in beiden Schriften anstelle der ursprünglichen Bildsymbole stilisierte Striche verwendet wurden, ähnlich jenen Kürzeln, wie wir sie heute bei der Computerschrift verwenden.

Diese Stilisierung führte zu einer Verringerung der Zeichen. Grob überschlagen: Ägyptische Hieroglyphen benutzten 350 Zeichen, Linear B, die im 14. Jahrhundert v. Chr. geschrieben wurde, kam mit 80 Silbenzeichen aus.

Die Entzifferung dieser Schrift ist eine philologische Glanzleistung, gleichzeitig aber auch ein wenig rühmliches Zeugnis für Sir Arthur Evans und für die Museumsverwaltung in Heraklion.

Es war ja nicht so, wie immer wieder zu lesen ist, daß Ventris viele Jahrzehnte an der Entzifferung gearbeitet hätte, sondern nachdem ihm die Schrifttafeln vorlagen, gelang sie ihm relativ schnell. Die Tafeln aber erhielt er erst Jahre nach Evans' Tod, er starb 1941. Der neunzigjährige Evans hatte verfügt, daß die Unterlagen für eine Entzifferung auch nach seinem Tod nicht freigegeben werden durften. So tief saß die Verbitterung, daß es ihm nicht gelungen war, die Schrift zu entziffern.

Zu Evans' Anordnung kam die Schlamperei im Museum zu Heraklion, in dem bis 1945 weitere 1800 Tafeln unbeachtet lagen, die aus den Grabungskampagnen von Evans stammten. Evans' Blockade wie kretische Unaufmerksamkeit wurden durch neue Funde weggewischt. Der amerikanische Archäologe Carl Blegen hatte bereits 1959 mit der Veröffentlichung von 600 (später wurden es sogar 1000) Tafeln mit der Linear-B-Schrift für Aufregung unter den Fachgelehrten gesorgt. Die Tafeln hatte er nicht auf Kreta, sondern im mykenischen Pylos gefunden.

Anhand dieser zahlreichen Tafeln machte sich Ventris an die Arbeit. Dabei ging dieser Dechiffrierspezialist der Royal Air Force den umgekehrten Weg, den Sprachforscher sonst einschlagen.

Bei der Erforschung einer unbekannten Sprache fragt man normalerweise: Wo kam sie her? In welcher Sprache finden sich Vorformen dieser zu entziffernden Sprache? Bei Linear A und B hieß dies: Parallelen bei den ägyptischen Hieroglyphen zu suchen. Dieser Weg hatte bereits Evans in eine Sackgasse geführt.

Ventris forschte in umgekehrter Richtung. Welche bekannte

Sprache, fragte er sich, hat Zeichen, die denen der Linear B ähnlich sind. Er entdeckte, daß 88 minoische Schriftzeichen griechischen ähnelten. Dieser Blickwechsel vom Zurück ins Voraus war eine kopernikanische Idee. Ventris fand immer mehr Belege für seine epochale Behauptung, die Linearschriften seien frühes Griechisch.

Als er auf einer der Pylostafeln die Zeichnung eines Dreifußes mit den Zeichen für ti-ri-po-de fand, akzeptierte die Fachwelt ohne Einspruch seine Behauptung, daß bereits sechs Jahrhunderte vor Homer auf Kreta Griechisch gesprochen wurde, denn das griechische Wort für Dreifuß lautet »tripod«. Die Insel war einmal mehr die Wiege des Abendlandes geworden.

Eine Großtat, die Ventris einen sicheren Platz in dieser Disziplin garantiert. Eine Erkenntnis aber auch, hinter der Tragik steckt: Ausgerechnet Arthur Evans, der so unendlich viel und vergebliche Mühe auf die Entzifferung verwandt hatte, schrieb bereits im März 1910 die prophetischen Sätze: »Wenn sich die Sprache, in der sie [die Tafeln] abgefaßt sind, als primitive Vorform des Griechischen herausstellen sollte, was sehr wohl der Fall sein kann, brauchen wir uns um die Entzifferung dieser Archive aus Knossos nicht zu sorgen . . .«

»Und was steht in den Texten?« Meine Begleiterin Karen, Kind unseres sachlichen Jahrhunderts, bleibt unbeeindruckt von Evans' Forschertragik.

»Nichts. Keine Zeile über Religion, Kunst und Dichtung jener Zeit. Listen und Register sind's über Nahrungsmittellieferungen und Ölreserven, die lediglich beweisen, daß auch im Reich des Minos der Amtsschimmel kräftig wieherte. Ein Trost für Bürokraten, für Altphilologen eine Enttäuschung.«

»Keine Hoffnung, daß sich das ändert?«

»Doch! Den Zipfel des Schleiers, der über Kultur und Religion der Minoer liegt, haben wir schon in der Hand. Er ist aus Ton, und Replikate sind in jedem Souvenirkiosk zu haben.«

Ich stoppte am nächsten und kaufte Karen eine Tonscheibe mit Zeichen, den »Diskos von Phaestos«. Karen dreht sie hin und her, will mehr über diese Scheibe von 18 Zentimeter Durchmesser wissen. Also erzähle ich vom minoischen Palast von Phaestos, der ebenfalls ausgegraben und zum Glück nicht restauriert ist. Dort fand man diese Tonscheibe, auf deren Vorder- und Rückseite spiralförmig Zeichen eingedruckt sind, die zu einer dritten minoischen Sprache gehören, die älter ist als Linear A. Die Scheibe dürfte ca. 1600 v. Chr. angefertigt worden sein.

Karens Finger folgt den Zeichen der Spirale. Sie sucht vergeblich den Anfang.

»Dabei ist er ganz einfach zu finden. Ohne jede Vorkenntnisse. Gesunder Menschenverstand genügt!«

Karen will nicht. »Ich bin im Urlaub. Ich rate lieber: Im Außenrand beginnt die Schrift.«

»Falsch. Aber trösten Sie sich, auch Evans war dieser Ansicht.«

»Wieso sind Sie so sicher, daß der Anfang in der Scheibenmitte ist?«

»Weil alle Figurenzeichen mit den Füßen von der Mitte weg eingeprägt sind. Nur so war es möglich, den vorgesehenen Text voll auf die Scheibe zu bringen. Hätte man von außen begonnen, wäre er zu kurz oder zu lang geworden. Übrigens: Eingeprägt ist richtig! Denn diese Zeichen wurden mit Hilfe von Stempeln eingedrückt. Auch das ist ohne Fachkenntnisse zu ermitteln: Bei einigen Zeichen kam es zu unbeabsichtigten Überschneidungen, die aber entstehen nur, wenn mit Stempeln oder Lettern gearbeitet wird.

Irgendwann wird auch dieser Schriftenstein sein Geheimnis preisgeben.

Kreta ist immer wieder für eine Überraschung gut. Für die vorläufig letzte sorgte der deutsche Außenseiter Hans Wunderlich. In seinem Buch ›Wohin der Stier Europa trug‹ entwickelte er eine Theorie, die die Laien faszinierte, ihm von den Fachgelehrten aber lautstarkes Protestgeschrei einbrachte.

Wunderlich behauptete, Knossos und die anderen kretischen Paläste waren weder Wohnstätten noch Verwaltungsbauten noch Paläste, sondern Totentempel, aufwendige Grabstätten, die als Heiligtümer galten.

Dies waren seine Hauptargumente:

- Boden und Treppen waren – einst! – aus Alabaster. Diese Gipsart aber ist zu weich, als daß täglich Hunderte darüberlaufen konnten, ohne sie in kurzer Zeit abzunutzen.
- Der Haupteingang des Knossospalastes lag im Westen, dort

aber lag das Reich der Toten. Jedenfalls im ägyptischen Glauben, zu dem Wunderlich immer wieder Parallelen zog. So, wenn er behauptete:

- Die Räume waren fensterlos. Sie bekamen nur durch Luftschächte Licht. Wie beim ägyptischen Totenkult.
- Es gab zwar Magazine, aber keine Küche.
- In der Nähe der ›Paläste‹ gibt es nur wenige Quellen.
- Die sogenannten Badewannen waren Särge – genau wie die zwei Meter hohen Pitoi, in denen Knochen gesammelt wurden.

Wunderlichs Gegner schrieben gegen ihn, er schrieb gegen die, die dagegen waren, die schrieben gegen jene, die dafür waren ... Und keinem fiel beim hitzigen Hin und Her der Argumente auf, daß bereits einmal ein Außenseiter mit einer sehr ähnlichen Theorie die Archäologen verstört hatte. Auch er war ein Deutscher, der für Sturm im akademischen Wasserglas sorgte. Der Artilleriehauptmann a. D. Ernst Boetticher behauptete damals, Schliemann habe nicht die Festung Troja ausgegraben, sondern eine Totenstadt. Genau wie Wunderlich ein Jahrhundert später.

Nur war Schliemanns Reaktion wesentlich eleganter als die der Archäologen unserer Zeit. Schliemann lud auf seine Kosten Boetticher nach Troja ein, damit dieser sich vor Ort von seinem Irrtum überzeugen konnte. Boetticher kam und unterschrieb eine Erklärung, daß er sich geirrt habe. Der Streit war beigelegt.

Im Jahre 1983 ging es nicht so großzügig zu. Die Gegner befetzten sich, bis es selbst dem geduldigsten Papier offenbar zuviel wurde. Der Streit verlief sich im Sand der Zeit. Doch ganz ohne Nachwehen blieben Wunderlichs aufmüpfige Theorien nicht. So fand seine Frage, wieso ausgerechnet in einem Palast Kinderskelette unter Schlafstätten gefunden worden waren, eine überraschende Antwort bei den jüngsten Grabungen in Kleinasien, im Reich der Hethiter. Dort war es Brauch, die Toten unter der Bettstatt zu begraben!

Es blieb nicht bei dieser einen Übereinstimmung. Als sich Indizien und Ähnlichkeiten zwischen hethitischem und minoischem Brauchtum häuften, begann die Wissenschaft, die Frage ernsthaft zu erörtern, ob nicht Hethiter die ersten Siedler auf Kreta waren. Dann wäre die griechische Geschichte um weitere tausend Jahre älter ...

Zu früh, um mehr als Spekulationen darüber zu berichten. Erst in einigen Jahrzehnten werden die Ausgrabungen in der Türkei und im Palast von Zakros an der Ostküste Kretas Funde liefern, aus denen Befunde abgeleitet werden können.«

»Schade«, sagt Karen, »eigentlich wollte ich meinen nächsten Urlaub in der Türkei verbringen. Nun warte ich lieber ein, zwei Jahrzehnte. Wo soll ich statt dessen hinfahren?«

Die Antwort fällt leicht: »120 Kilometer von Kreta entfernt, auf die Insel Santorin.«

»Warum?«

»Weil Sie doch sicher wissen möchten, wodurch die minoische Kultur untergegangen ist. Die Antwort finden Sie auf Santorin. Aber das wissen wir auch erst seit Ende der fünfziger Jahre . . .«

10. War Santorin Atlantis?

Akrotiri – eine Stadt ohne Palast / Lava zerstört, Lava konserviert / Fresken erzählen aus dem Leben vor 3500 Jahren / Neue Mutmaßungen über Atlantis

Der Pilot des Inselhüpfers, einer Fokker Friendship, hat mich beim Anflug auf Santorin ins Cockpit gewinkt.

Aus der Luft erinnert die südlichste Kykladeninsel mit ihrer Hörnchenform an Sylt. Urlaubsinseln sind beide. Doch niemand käme auf die Idee, die langgestreckte Insel Sylt als »rund« zu bezeichnen. Genau das aber taten die Griechen bei jener Insel, die heute Santorin heißt, allerdings erst seit 1204. Damals erwarben für etliche Tausende Golddukaten die Venezianer die Insel und nannten sie nach ihrer Inselheiligen Santa Irene. Daraus wurde Santorini und schließlich Santorin.

In der Antike hatte die Insel mehrere Namen: Thera, die »Schönste«, hieß sie, dann taufte man sie Strongyle, die »Runde«. Ein solcher Name wird nicht von ungefähr verliehen. Schon gar nicht von Griechen, die nie ohne Grund einer Sache oder einem Ort einen bestimmten Namen gaben. Auch bei Thera nicht. Die Insel war wirklich rund, bevor ihr gesamtes Mittelteil durch einen Vulkanausbruch ins Meer gerissen wurde. 2000 Meter tief.

Bevor der Pilot, ein Grieche, zur Landung ansetzt, dreht er eine Schleife über Akrotiri. Er weiß, daß ich zu diesem Ausgrabungsfeld will, das bei Griechen hohes Ansehen genießt. Hier stehen die Ausgrabungen unter griechischer Leitung. Ich habe dem modernen Ikarus erzählt, daß hier unter den Mauerresten möglicherweise die Erklärung liegt, wie die minoische Kultur untergegangen ist, ja vielleicht sogar die Antwort auf Atlantis, den versunkenen Erdteil.

Auf dem Flugplatz herrscht die übliche Ameisenbetriebsamkeit aller Touristik-Endstationen. Omnibusse schaufeln die Pauschalpulks zu ihren Ferienzielen. Urlauber scheint als Wort nur noch im Plural zu existieren. Als Einzelreisender ist man ein Anachronismus. Am besten wartet man, bis der Ansturm abebbt. Warten und sich erinnern, wer bereits alles auf der Insel war. Die ersten, von denen wir wissen, kamen witzigerweise auch bereits als Gruppe, wenn auch nicht ganz so freiwillig wie die heutigen Reisegruppen: Jason und seine Argonauten warfen auf ihrer Rückfahrt von der Suche nach dem Goldenen Vlies hier Anker. Die Insel Kalliste - so hieß Santorin zu seiner Zeit - lag zwar weitab vom Kurs Kolchos, dem Ort des Goldenen Vlieses, und dem Heimathafen der Argonauten auf dem Peloponnes. Stürme hatten sie hierher verschlagen.

Die Argonauten waren in Libyen gestrandet, dort wären sie in der Wüste umgekommen, hätte ihnen nicht Triton, der Sohn Poseidons, den Weg zur Küste gewiesen. Er kassierte dafür einen goldenen Schemel aus dem Luxusorakelort Delphi. Sein Gegengeschenk: ein Klumpen Erde. Über dieses schäbige Gegengeschenk wäre kein Wort zu verlieren, wenn Euphemos, einer der Argonauten, den Klumpen nicht nördlich von Kreta ins Meer geworfen hätte. Wie das Göttergeschenke so an sich haben, wurde daraus eine Insel, eben jene, die sie Kalliste nannten.

Wer dann bis etwa 1400 - vor Christus wohlgemerkt! - die Insel besuchte, wissen wir nicht. Darüber erhofft man sich von den Ausgrabungen Auskunft. Aber was 1400 v. Chr. geschah, das haben Gelehrte aller naturwissenschaftlichen Disziplinen genau erforschen können. Lassen wir zuerst die Geologen zu Wort kommen: Eine Hunderte von Metern tiefe Verwerfungsspalte öffnete sich und zog das Meer donnernd in sich hinein, direkt in die flüssigen

Magmaströme des Erdinnern. Wasser und Glut - das konnte nicht gutgehen. Es kam zu einer ungeheuren Dampfexplosion. Mit keiner Zeile wurde dieser Vulkanausbruch bis 1938 in der wissenschaftlichen Literatur erwähnt. Der Grund für dieses Schweigen ist verblüffend: Dieser Vulkanausbruch auf Thera war um so viel gewaltiger und größer als alle ähnlichen Naturkatastrophen, daß er sich menschlicher Vorstellungskraft entzog.

Bis in unser Jahrhundert galt als größter Vulkanausbruch jener, der 1883 die Insel Krakatau vernichtete. Um wieviel gewaltiger der auf Thera war, verdeutlichen zwei Vergleiche:

Krakatau:	Kraterdurchmesser 5 Kilometer.
Thera:	Kraterdurchmesser 11 Kilometer.
Krakatau:	Ascheschicht bis zu 40 Zentimeter.
Thera:	Ascheschicht bis zu 60 Meter.

Auf Thera flogen die Lava- und Gesteinsmassen 2300 Meter hoch. Im Sog der Explosionskette entwickelte sich eine 30 Meter hohe Flutwelle. Höher als ein vierstöckiges Mietshaus. Geologen sind überzeugt, daß sie noch in Syrien und Spanien zu Überschwemmungen geführt hat. Nie wieder hat es einen derartig gewaltigen Vulkanausbruch gegeben.

Nachdem alle Lava herausgeschleudert worden war, stürzte der Mittelteil der Insel in die leergeblasene Höhle, die einen Umfang von 30 Kilometern hat. Noch heute begrenzen kleine Inseln dieses Gebiet.

Was heute Inseln sind, waren einst Gipfel des versunkenen Vulkanbergs. In diesen »See«, von Inseln begrenzt, fahren immer noch die Fischer von Santorin. Das Wasser dort ist so schwefelhaltig, daß allein durch das Hinundherfahren die Boote von allen Schmutz- und Muschelansätzen gereinigt werden.

Ganz ruhig ist der Vulkan auf Santorin bis heute nicht. 1956 rührte er sich zum - vorläufig - letztenmal.

Der französische Unterwasserprofessor Jacques Cousteau erkundete 1976 mit seinem Mini-U-Boot das Meer um Santorin und bestätigte, »daß es dort nichts zu finden gibt, da alles unter Lava bedeckt liegt«. Damit trennte er überdeutlich diesen Teil der Ägäis von den anderen griechischen Gewässern, die, ebenfalls nach seinen Worten, so »voller Schätze sind, daß ein Menschenleben nicht ausreicht, alles zu erkunden«.

Eines konnte Cousteau nicht beantworten: Wann dieser Vulkan so gewaltig gespuckt hatte. Das aber war für die Archäologen eine entscheidende Frage. Die Physiker halfen, sie zu beantworten. Messungen nach der C-14-Methode an verkohlten Fischresten ergaben, daß der Vulkanausbruch etwa um 1400 v. Chr. stattgefunden haben muß. Das aber ist genau jene Epoche, in der die minoische Kultur auf Kreta unterging. Kreta ist von dem Vulkan, durch dessen Ausbruch die »runde« Insel in eine Halbmondsichel verwandelt wurde, nur 112 Kilometer entfernt.

Als dieses Datum feststand, gab es für die überwiegende Mehrheit der Geologen und Archäologen keinen Zweifel mehr: Die Paläste von Knossos und Phaestos wie alle anderen minoischen Siedlungen auf Kreta wurden im Glutregen der Lava und den folgenden Flutwellen zerstört.

Damit gab der Satz des Propheten Zephania im Alten Testament keine Rätsel mehr auf: »Wehe euch, die ihr das Gebiet am Meer bewohnt, ihr Volk der K[e]reter! Das K[e]reterland wird zum Weideland der Hirten, es gibt nur noch Pferche für Schafe und Ziegen.«

Eine Gruppe von Gelehrten sieht in der Flutkatastrophe sogar das Ereignis, durch das die Sintflut in christliche Bibeln kam. Wer diesen Schritt scheut, dem bietet die griechische Sage von der deukalionischen Flut die poetische Ausdeutung dieser Naturkatastrophe. In ihr wird erzählt, wie Zeus versuchte, die schrecklichen Titanen durch eine Flut zu beseitigen. Als die Titanen vor den Wassermassen flohen, riß er den Mittelteil einer Insel heraus und schleuderte ihn den fliehenden Titanen nach. Paßt doch genau zu den Ereignissen auf Strongyle, der runden Insel!

Doch Mythos und Sagen sind vage Belege. Archäologen verlangen Greifbares. Auf Kreta wurden jedoch keine entsprechenden Hinweise gefunden. Kein Wunder, denn als dort Ausgrabungen stattfanden, hatte niemand von der Zerstörung durch Asche, Lava und Flut etwas geahnt und verständlicherweise nicht auf Spuren dieser Vernichtung geachtet. Auch die ersten Archäologen, die Mitte des vorigen Jahrhunderts auf Santorin, das damals noch italienisch war, nach antiken Schätzen und Kunstwerken suchten, ahnten nichts von einer Zerstörung durch eine Naturkatastrophe.

Zu den ersten Forschern, die auf Santorin gruben, gehörte der

Engländer Ludwig Ross. Daß er aus der Anonymität herausgerissen wurde, verdankt er einem Irrtum. Er erwarb auf Santorin die Statue des »Apolls von Thera«. Sie ist bis heute die bedeutendste antike Plastik, die auf der Insel gefunden wurde. Dem Bildhauer Auguste Rodin gefiel sie so, daß er sich einen Abguß für sein Atelier anfertigen ließ. In Wahrheit ist dieser »Apoll« die Grabstatue eines unbekannten Jünglings. Doch nichts ist in der Archäologie so beständig wie Irrtümer. Als »Apoll von Thera« steht sie heute noch im Nationalmuseum in Athen, links vom Eingang. Auch Ludwig Ross suchte vor allem wertvolle Einzelstücke. Als er diese nicht fand, kehrte er nach England zurück. Santorin wurde wieder archäologisches Niemandsland.

Nicht lange. Als 1854 mit dem Bau des Suezkanals begonnen wurde, baute man auf Santorin mächtige Lager von Vulkanasche ab und verarbeitete sie zu Zement. Dabei wurden antike Funde freigelegt, die ähnlich gut erhalten waren wie jene von Pompeji. Hier wie dort hatte der Asche- und Bimssteinstaub des Vulkanausbruchs Gebäude, Gerät und Gemälde perfekt konserviert, denn die chemisch fast neutrale Vulkanasche dringt genau wie Schnee in jede Ritze und füllt alles aus.

Doch weder das Ausmaß der Katastrophe noch der Wert der Fundstätten wurden in den fünfziger Jahren des vorigen Jahrhunderts erkannt. Alle Ausgräber hatten nur ein Ziel: Schätze zu finden. Das lag nicht nur an den Beteiligten, sondern auch an den damaligen Methoden. Man war auf besondere Einzelstückfunde erpicht und nicht an einem Puzzlespiel, das über Scherbenmosaiken zu einem Gesamtbild führt. Um die Jahrhundertwende wurden die Grabungen eingestellt. Die Finanziers investierten ihr Geld in - wie sie meinten - erfolgversprechendere Grabungen.

Seit 1967 wird auf Santorin, genauer in Akrotiri, systematisch gegraben. Die ersten Spatenstiche erfolgten mit staatlicher Unterstützung und unter Leitung des griechischen Archäologen Spyridon Marinatos. Von Anfang an waren sie ein Musterbeispiel für einen modernen, generalstabsmäßig geplanten archäologischen Feldzug.

Wie es sich für einen Feldzug gehört, fehlte es auch bei diesem nicht an Überraschungen. Die verbündeten amerikanischen und griechischen Archäologentrupps zerstritten sich und behinderten sich gegenseitig bei der Arbeit. Die Amerikaner zogen ab und mit ihnen das große Geld. Doch Marinatos konnte Athen für die Finanzierung gewinnen. Was er anzubieten hatte, war vielversprechend: Er versprach, eine minoische Palastanlage freizulegen.

Wie so oft in der Archäologie kam alles anders.

Marinatos und seine Mitarbeiter fanden keinen Palast, sondern eine ganze Stadt. Eine Stadt mit gepflasterten Straßen, mit mehrstöckigen Häusern, in deren erstaunlich breiten Fensteröffnungen es offenbar schon Blumenkästen gegeben hatte. Die minoische Kultur hatte ihr Pompeji.

Noch heute wird die Stadt ausgegraben, und jeder Tourist kann sehen, wie ernüchternd mühselig heutige Grabungsarbeit ist.

Ich kam mit meinem Reisesack an einem normalen Archäologenarbeitstag an. Unter Eternitdächern saßen vier junge Archäologinnen an roh zusammengenagelten Holztischen, neben sich Thermosflaschen mit Eistee. Sie bürsteten fünfmarkstückgroße Keramikscherben ab, numerierten und registrierten sie. Tag für Tag, während der sechswöchigen Grabungskampagne. Irgendwann wird in einem Institut versucht werden, aus den einzelnen Scherben wieder Gefäße zusammenzusetzen. Es gehört eine ziemliche Portion Idealismus dazu, bei Temperaturen, die für einen Badeurlaub, aber nicht zum Arbeiten ideal sind, und bei einer miserablen Bezahlung nichts anderes zu tun, als Scherben zu sortieren, ohne zu ahnen, ob einmal für die Wissenschaft daraus Erkenntnisse gewonnen werden können oder ob die numerierten Tonscherben in Magazinen verstauben, als wären sie nie gefunden worden.

Wieviel Menschen mögen einst in Akrotiri gelebt haben? Nach zwanzigjähriger Grabungsarbeit ist man noch immer auf Schätzungen angewiesen, sie liegen bei einer Einwohnerzahl von ca. 30 000. Dann wäre Akrotiri ungefähr so groß wie heute Bad Nauheim gewesen.

Am nächsten Tag führte mich einer der jungen Archäologen durch die freigelegten Straßen, vorbei an Häuserfassaden aus sorgfältig zusammengefügten Steinen. Eine übersichtliche Stadtanlage. Allerdings: Touristenattraktiv wie die freigelegten und rekonstruierten Gebäude in Knossos sind diese Ausgrabungen nicht. Wer die blumigen Bezeichnungen mag, die Arthur Evans den von ihm rekonstruierten Räumen gab, wird in Akrotiri - nein, nicht enttäuscht, sondern eines Besseren belehrt. Hier gibt es kein »Schlafzimmer der Königin«, keinen »Thronsaal« - Namen, die doch nur Spekulationen sind, sondern was ausgegraben wurde, ist mit nüchternen Zahlen und Buchstaben gekennzeichnet ähnlich dem Straßennetz in Mannheim.

Auf alles mögliche stieß man in Akrotiri, aber einen Palast oder einen Tempel fand man nicht. Mein Begleiter schmunzelte, als er erklärte: »Übereifrige Demokraten folgern daraus, in jener minoischen Siedlung habe bereits eine demokratische Staatsform gegolten!« Das erinnert an den Studentenulk, wonach die Tatsache, daß in keinem der Pharaonengräber Draht gefunden wurde, vermuten läßt, die Ägypter hätten bereits die drahtlose Telegraphie gekannt.

Man fand auch keine Reste von Lebewesen, die von der Lavasche überrascht wurden, wie wir sie aus Pompeji und Herculaneum kennen. Wahrscheinlich hat die gewaltige Flutwelle alles weggerissen. Doch einzelne Gerätschaften blieben erhalten. In einem Haus wurde eine in den Boden eingelassene Steinschale in Nierenform freigelegt, so wie sie bei uns in den fünfziger Jahren wieder Mode war. Es ist eben alles schon einmal dagewesen.

In einem anderen Haus stand ein Bett. Richtiger: die Idee eines Bettes, denn das Holzgestell, das einmal das Bett bildete, war zerfallen, aber die Vulkanasche hatte sich wie eine Art Gipsform um dieses Bett gelegt, und dort, wo einst das Gestell war, gab es nun Hohlräume. So konnte man feststellen, daß die Balken bereits durch Zapfen mit Querschnittverstärkungen zusammengehalten wurden, was hohes handwerkliches Können verrät. Es ist das erste moderne Bett der Antike. Nirgendwo sonst hatte man etwas Ähnliches gefunden.

Für das Archäologenteam am Grabungsfeld ist dieses Bett »ein alter Hut«. Sein Abdruck und eine Rekonstruktion stehen längst im Obergeschoß des griechischen Nationalmuseums in Athen. Es zu besichtigen lohnt nicht nur für Tischler.

Am meisten verblüffte die Ausgräber, daß sie bei ihren Ausschachtungen immer wieder auf Bleireste stießen. Nirgendwo in der Ägäis ist so viel Blei gefunden worden wie in den Trümmern des antiken Akrotiri. Bleifunde im Mittelmeer sprechen immer für Handelsbeziehungen nach Zypern und Kleinasien.

Wäre dies jedoch alles, was nach zwanzig Jahren der Lavaasche entrissen werden konnte, es lohnte des Papiers nicht, um darüber zu berichten.

Doch da gab es Funde, die in dreifacher Hinsicht sensationell genannt werden dürfen: Wandfresken, deren Farben durch die dichte Bimsschicht über drei Jahrtausende konserviert worden waren. Spyridon Marinatos erlebte noch den großen Augenblick, als die ersten Motive nach Jahrtausenden wieder vom Sonnenlicht beschienen wurden, kurz darauf wurde er unter einer einstürzenden Mauer begraben.

Die Wandgemälde aus Akrotiri begeisterten Kunsthistoriker und Archäologen gleichermaßen. Sie sind künstlerisch erstrangig, sie zeugen von handwerklichen Fertigungstechniken, wie man sie bis dahin für jene Zeit nicht für möglich gehalten hatte, und archäologisch stellen sie nicht nur die ersten vollständigen Zeugnisse minoischer Kunst dar, sondern sie sind auch die ersten Gemälde aus Privathäusern. Sie waren an die Wände von Kaufmanns-, Seefahrer- und Fischerhäusern gemalt und nicht an Palastmauern.

Eine der Archäologiestudentinnen mit dem Nebenfach Kunstgeschichte machte mich darauf aufmerksam, daß genaugenommen die Bezeichnung Fresken für diese Gemälde falsch ist. Al-fresco-Bilder dieser Größe und Qualität hat nicht einmal der große Leonardo geschaffen. Bei einem Al-fresco-Gemälde müssen die Farben auf nassem Grund aufgetragen werden, trocknet er, bevor er bemalt werden kann, sieht man später die Ansatzstelle. Die Maler bedienten sich deshalb in Akrotiri der ägyptischen Methode und malten auf eine trockene, glatte Gipsschicht. Ein doppeltes Glück für uns, denn erstens sind solche Gemälde widerstandsfähiger als Fresken, außerdem beweist diese Technik einmal mehr den starken ägyptischen Einfluß auf die minoische Malerei. Gemalt wurde übrigens mit Erd- und Pflanzenfarben, genau wie in Ägypten.

Wichtiger noch sind für Kunsthistoriker die Inhalte dieser Gemälde. Das Glanzstück unter ihnen ist der »Miniaturfries«. So genannt, weil er nur 30 Zentimeter hoch ist. Dafür war er einst etwa 16 Meter lang. Nur 7 Meter davon konnten konserviert werden.

Diese 7 Meter Fries erzählen mehr, als es siebzig Inschriften könnten. Auf dem Fries sind die Abenteuer einer Flotte wie auf einem Filmstreifen dargestellt. Das Auslaufen der Schiffe, Frauen stehen auf Häuserdächern, winken den Männern auf den schlanken Booten mit den hochgezogenen Bugen ein Lebewohl, die Flotte kommt in Not. Ein Gefecht? Ein Sturm? Wir wissen es nicht, aber Schiffbrüchige treiben im Wasser. Die Schiffe nehmen Kurs auf tropische Küsten, rudern an befestigten Städten vorbei.

Die Form der Schiffe gleicht den ägyptischen, doch waren die minoischen größer, 35 bis 40 Meter lang. Mit vierzig Ruderplätzen hatten sie zehn mehr als die der Pharaonen.

Jedes dieser Wandbilder ist mit mehr Könnerschaft und künstlerisch reifer ausgeführt als ähnliche Bilder auf Kreta.

Erstaunlich lebendig und stilsicher werden fliehende blaugrüne Affen, eine Berglandschaft mit Krokusblumen, Fische und Delphine dargestellt. Wiederholt dienen in der Abschlußleiste spiralenförmig ineinandergreifende Wellen als Verbund.

Kulturgeschichtler, Biologen und Zoologen lesen in diesem gemalten Epos - ähnlich dem Teppich von Bayeux - wie in einem Lehrbuch jener frühen Tage. Es beweist Sinn für kulturelle Kontinuität, daß die griechische Post eine Sonderbriefmarkenserie mit diesen Wandbildern herausgab.

Das künstlerisch eindrucksvollste ist fraglos jenes, auf dem zwei Knaben beim Boxkampf gezeigt werden. Beide tragen minoische Haartracht: die eine Kopfseite kahl geschoren, aber blau gefärbt, auf der anderen das lange Haar zu einem Knoten gebunden. Jeder der Kämpfer hat nur einen ungepolsterten Fausthandschuh, der fast bis zum Ellbogen reicht. Offenbar haben die Regeln nur erlaubt, Schlag oder Stoß mit der rechten Hand auszuführen.

Nicht nur der erste Boxhandschuh wurde auf dieser Insel dargestellt, auch die ersten Weintraubengehänge. Auf einem Weinkrug ist diese früheste Traubendarstellung in der ägäischen Kunst zu bestaunen.

Allerdings nicht auf Santorin, sondern in Athen im Nationalmuseum. Auf Santorin bedauert man diese »Verschleppung« ins Exil der Hauptstadt, teils aus Lokalpatriotismus, teils wegen der Touristenspekulation. Der Ausgrabungsleiter sieht das anders: »Athen hat einen Anspruch auf diese Funde. Nicht nur weil sie in der

Hauptstadt von mehr Menschen betrachtet werden können, sondern weil Athener Restauratoren diese Bilder so hervorragend erhalten haben«, und schmunzelnd fügt er hinzu, »dabei waren diese Restauratoren gar nicht auf die Kunst der Ägäis spezialisiert, sondern auf byzantinische Fresken.«

Was Ausgräber und Restauratoren an minoischem Alltag und Kunst wieder vergegenwärtigen, ist so eindrucksvoll, daß unter Archäologen die Frage diskutiert wird, ob Santorin als minoische Siedlung nicht bedeutender war als Kreta.

»Zu früh, darüber zu urteilen. Solange wir keine lesbaren Schriftfunde haben, gibt es nur Spekulationen.« So der streng akademische Standpunkt aus der Sicht der Archäologie unserer Tage.

Müssen wir also im ungewissen warten, bis eines Tages Fakten vorliegen? Auch für die große Zeit der Insel Thera gilt: Überall dort, wo in der Antike das Geröll der Jahrtausende weggeräumt wird, wo aus Mythos Geschichte wird, da taucht sogleich hinter den freigelegten Mauern und Kunstwerken eine neue Sage auf. Was beweist: Die Vorstellung, den Griechen habe an nichts mehr gelegen als an der Wahrheit, wird durch ständige Wiederholung nicht richtiger. Die Spekulation, die Möglichkeiten der Phantasie waren ihnen viel wichtiger.

Das gilt auch für Thera/Santorin. Kaum schienen die Gelehrten den rätselhaften Untergang der minoischen Kultur durch den Vulkanausbruch auf Thera naturwissenschaftlich erklären zu können, da meldeten sich die Wanderer durch die griechische Sagenwelt. Für sie sind alle Funde und Belege nur Beweise, daß durch sie endlich die spektakulärste aller antiken Sagen lokalisiert werden kann.

Was aber ist die spektakulärste aller Sagen? Die von Atlantis, dem versunkenen Erdteil. Keine andere Sage macht ihr die Spitzenstellung streitig.

Tausende von Theorien sind in mehr als 20000 Büchern über Atlantis festgehalten. Durch den Untergang Santorins in Feuer- und Wasserstürmen wurde die Sage einmal mehr für viele zum Tatsachenbericht. Die Wissenschaftler jedoch halten sich weiterhin bedeckt.

Atlantis, die versunkene Insel, Heimat aller menschlichen Zivilisation, haben Gelehrte, Laien und Abenteurer aller Jahrhunderte gesucht. 1638 vermutete es Francis Bacon in Brasilien, knapp dreißig Jahre später der Jesuitenpater Athanasius Kircher bei den Azoren. Der Schwede Rudbeck 1675 und der Italiener Bartoli 1764 hätten Atlantis gern in ihren heimatlichen Bereichen gewußt. Und in unseren Jahrzehnten behauptete Pastor Jürgen Spanuth aus Bodelum: »Atlantis war eine Insel in der Nordsee.« Die (vorläufig) letzten beiden Theorien stammen von dem Österreicher Otto H. Muck, der nicht nur naturwissenschaftlich belegen zu können glaubt, daß Atlantis bei den Azoren lag, sondern auch exakt das Datum des Unterganges nennt: Die Insel, aus Sagen geboren, versank - meint er - am 8. Juni 8498 v. Chr. um 13 Uhr.

Die zweite moderne Theorie entwickelte der Amerikaner Charles Berlitz, der Atlantis im Bermudadreieck geortet haben will.

Der Urvater all dieser Spekulationen ist Plato. Der hatte in seinem Altersdialog zwischen Tiamios und Kritias Atlantis als insularen Idealstaat geschildert, doch »an einem einzigen Tag und in einer Nacht voller Schrecken verschwand die Insel Atlantis in der Tiefe des Meeres«. Schutzgott und Schirmherr von Atlantis war Poseidon. Mit Kleito, einem sterblichen Mädchen, zeugte er zehn Söhne. Fünf Zwillinge. Der älteste hieß Atlas.

Ach bitte, korrigieren Sie doch überall, wo behauptet wird, dieser Atlas habe die Erdkugel getragen. Nicht unsere Erde, das ganze Weltall hatte der arme Kerl auf seinen Schultern!

Zurück zu Platos Atlantisschilderung. Interessant in diesen Darstellungen ist, daß auf einem größeren Hügel der Wohnsitz der Mutter der zehn Söhne Poseidons war. Und dieser Berg wurde zur Inselhauptstadt Basilea. Hinter ihren mit Kupfer, Zinn und rotem Gold plattierten Mauern standen Tempel und Paläste, waren Kanäle, Häfen und Schiffsarsenale angelegt. Auch Theras Mittelpunkt war ein Berg!

In Atlantis herrschte der Mutterkult, und Schlangen wurden verehrt. Stiere waren bereits in Atlantis eine Götterspeise. Bevor der König Recht sprechen durfte, hatte er dem Poseidon einen Stier zu opfern, den er selbst - nur mit Stäben und Schlingen ausgerüstet - gejagt haben mußte.

Doch die Entstehungsgeschichte dieses Berichtes hat ihre Haken und Ösen. Um diese zu erkennen, muß ich Sie mit ein paar Jahreszahlen belästigen. Plato schrieb seinen Dialog etwa 350 v. Chr. Allerdings nicht aus eigener Erfindung. Er berichtet, daß er von Solon stamme, einem der Sieben Weisen Griechenlands. Solon aber lebte gut 200 Jahre vor Plato. Er kann ihn also nicht direkt an Plato weitergegeben haben. Die Sache ist noch komplizierter. Auch Solon ist nicht der Urheber des Atlantisberichtes, sondern er lernte ihn bei einer Nilreise im Tempel zu Sais (Sie erinnern sich an Schillers Gedicht »Das verschleierte Bild zu Sais«?) durch einen Priester kennen, der selbstverständlich zuerst darauf hinwies, dies sei eine sehr, sehr alte Überlieferung.

Solon erzählte die Geschichte Tropides, einem Verwandten, der gab sie an seinen Sohn Kritias den Älteren weiter. Als dieser dann wirklich alt, nämlich neunzig Jahre war, berichtete er die aufregende Story seinem Enkel, der ebenfalls Kritias hieß, aber mit dem Zusatz »der Jüngere«. Der erzählte Plato die sehr, sehr alte Geschichte. Was aber hieß damals »sehr, sehr alt«? Tausend Jahre? Fünftausend Jahre? Spätestens an diesem Punkt der Nachforschungen beginnen die Spekulationen. Es gibt nicht nur geographische, sondern auch zeitliche Grenzen, die zu überschreiten an Vermessenheit grenzt.

Wo also lag Atlantis? Die Wahrscheinlichkeit ist gering, daß es im westlichen Ozean, der seit Herodot »Atlantik« heißt, gelegen hat. Unser heutiger Wissensstand um den Meeresgrund und die Entstehung der Kontinente schließt diese Möglichkeit aus.

Und ›Die Welt‹ – das war damals der Mittelmeerraum. Die Bibel beweist es. In der Apostelgeschichte beginnt das Kapitel über die Pfingstpredigt des Petrus mit den Worten: »In Jerusalem aber wohnten Juden und fromme Männer aus allen Völkern unter dem Himmel . . .«. Wenn es Atlantis gab, dann doch hier.

Möglich, daß es Atlantis gegeben hat. Möglich auch, daß die Katastrophe von Thera der Anstoß für diese Sage war. Griechischer jedoch scheint es mir, wenn Plato, dieser Philosoph mit dem ironischen Augenzwinkern, Atlantis als Musterstaat, als theoretisches Modell der perfekten Zivilisation erfunden hat und alle Einzelheiten nur der literarischen Glaubwürdigkeit dienten.

Atlantis bleibt ein Rätsel. Wie schön. Denn: Ist ein gelöstes Rätsel wirklich das bessere Rätsel?

IV.

Griechenland - unser aller Ursprung und Ziel

»Die Tugend überdauert das Laster schon deshalb, weil sie weniger in Anspruch genommen wird.«
Graffito an einer Tempelsäule. Weder der Name des Verfassers noch wann er lebte, ist bekannt. So zeitlos ist diese Erkenntnis.

11. Troja - das Ilion Homers?

Zehn Jahre Krieg um eine Frau? / War Homer Augenzeuge? / Gab es das hölzerne Pferd? / Schliemann - ein Betrüger? / Dörpfelds Verdienst / Um welches der neun Trojas wurde gekämpft? / Was die Archäologie Schliemann verdankt.

»Sehr geehrte Damen und Herren, an der Backbordseite sehen Sie jetzt jene Stelle, an der einst Troja stand.«

Die Information kam vom Cruise-Director über alle Bordlautsprecher. Das Kreuzfahrtschiff passierte die Durchfahrt vom Marmarameer in die Ägäis. An der schmalsten Stelle der Meerenge trennen nur 1,3 Kilometer Europa von Asien. Mit bloßem Auge kann man von Küste zu Küste, von Kontinent zu Kontinent sehen. Ein solcher Platz ist eine Schlüsselposition für Händler und Militär. Wir sprechen bei dieser Meerenge von den Dardanellen, die Alten nannten sie Hellespont, das »Meer der Helle«. Womit nicht die Lichtverhältnisse gemeint waren, sondern Helle, die Tochter Athamas, die hier auf der Flucht vor ihrer Stiefmutter Ino ertrunken sein soll.

Der Cruise-Director erzählt die Sage über die Außenlautsprecher. Alle drängen sich an der Backbordreling. Feldstecher und Videokameras im Anschlag. Enttäuschung macht sich breit: »Was, dieser Hügel, knapp 30 Meter hoch, der am Horizont aus der Küstenebene ragt, dieser läppische Trümmerberg, das soll einmal Troja gewesen sein?« »Man müßte anlegen, einen Ausflug organisieren!« Am liebsten hätte der pensionierte Studienrat stehenden Fußes dem Kapitän auf der Brücke seinen Vorschlag unterbreitet. Troja im Blickfeld und keine Chance, durch seine Mauern zu schreiten . . . Deutsche Bildungstragik auf Kreuzfahrten.

Wie gut, daß Kreuzfahrtschiffe Troja meist nur passieren. Es ist das ödeste, trostloseste, uninteressanteste Grabungsfeld, das ich kenne. Zugewachsen die Erdhügel, wieder aufgefüllt die Gräben, die Schliemann mit viel Geld, viel Energie und vielen Arbeitern hatte ausheben lassen. Als Touristenattraktion hat man ein primitives Holzpferd aufgestellt. Disney-World in Troja.

Wer heute in dieser Gegend eine archäologische Fundstelle besichtigen möchte, der sollte zur Besikbucht fahren oder - noch besser - segeln. Sie liegt - fast versandet - 8 Kilometer Luftlinie von Troja entfernt. Seit 1982 sind hier vom Deutschen Archäologischen Institut und mit Finanzhilfe der Deutschen Forschungsgemeinschaft Grabungen wiederaufgenommen worden, die bereits 1924 unter deutscher Leitung begannen. Damals ohne den erhofften Erfolg.

Diesmal aber trafen die Archäologen bereits nach zwei Jahren »den Nagel auf den Kopf«, wie es der Grabungsleiter, der Tübinger Professor Dr. Manfred Korfmann, vor einem Symposium in Pennsylvanien angenehm burschikos formulierte. Die Ausgräber stießen unter dem Strandsand der Bucht auf ein Gräberfeld voller Bestattungsspuren. Nach erster vorläufiger Datierung anhand von Keramiken stammen diese Gräber aus jener Zeitspanne des späten Trojas VI oder VII, zu der - wenn überhaupt - der Trojanische Krieg stattgefunden haben muß.

Für Grabungen an dieser Stelle hatte wieder einmal Homer den Anstoß gegeben. Er berichtet in der Ilias, daß für Achilles und Patroklos Grabhügel errichtet wurden, und zwei solche Hügel glaubten die deutschen Archäologen unter der Rasendecke gefunden zu haben. Schliemanns Homer-Vertrauen als Erbe für deutsche Archäologen der neuen Generation. Die neuen Männer sind jedoch vorsichtiger in ihren Deutungen als der mecklenburgische Pfarrersohn Schliemann.

Sie sprachen in ihren ersten Berichten nur davon, daß die Gebeine, die sie fanden, möglicherweise darauf schließen lassen, hier könne vielleicht der Friedhof der Belagerer von Troja gewesen sein. Gegen diese Vermutung wurden Zweifel laut, als in einer der wenigen guterhaltenen Urnen nicht die Gebeine mykenischer Krieger, sondern die zweier Kinder gefunden wurden. Doch wo der Zweifel am größten, ist Homer am nächsten! Heißt es doch bei ihm: »Der Frauen viele teilten als Beute das Lager der Männer.« Und die Belagerung zog sich über ein Jahrzehnt hin! Da wird schon bald ein Kinderspielplatz neben dem Heerlager der Achäer (so nennt Homer die Mykener) notwendig gewesen sein.

Noch sind dies alles Vermutungen, noch fehlen die Beweise, aber vielleicht liegt in der Besikbucht ein neuer Ansatz zur Lösung des Rätsels Troja?

Denn ein Rätsel ist Troja noch immer. Ja, wird es von Jahrzehnt zu Jahrzehnt immer mehr. Seit den siebziger Jahren unseres Jahrhunderts glaubt eine Gruppe ernst zu nehmender Wissenschaftler gute Gründe anführen zu können, daß es Homers Troja nie gegeben, der Trojanische Krieg nie stattgefunden hat. Im Verfolg dieser Hypothese zerren Bilderstürmer Heinrich Schliemann von seinem Denkmal und werfen ihm, der sich nicht mehr wehren kann, vor, er habe »nicht einen einzigen Satz in Altgriechisch richtig schreiben können«. So der amerikanische Philologe W. M. Carter III., heftigster Gegner des Autodidakten Schliemann, dem er Manipulationen, Betrügereien und Unwahrheiten vorwirft.

Was soll man davon halten? Verspätete Rache der Schularchäologie, mit der Schliemann schon zu Lebzeiten seinen Ärger hatte? Oder notwendige Richtigstellung? Um diese und ähnliche Fragen ging es im Gespräch mit dem Cruise-Director. Wir beide hatten uns, bewaffnet mit einer Korbflasche Rezina, dem griechischen Harzwein, nach dem Abendessen auf dem Achterdeck in eine Ecke zurückgezogen. Der Wein beflügelte unsere Phantasie, metallische Geräusche aus dem Schiffsrumpf wehten wie fernes Schwerterklirren zu uns. »Natürlich«, sagte der Cruise-Director, »kenne ich das Hin und Her um die Leistungen Schliemanns, aber soll ich, nachdem die Passagiere ohnehin enttäuscht über das wenige sind, was von Troja zu sehen ist, ihnen auch noch den Mythos Schliemann zerstören? Sie haben eine Kreuzfahrt gebucht, kein Seminar der Altertumswissenschaft. Also begnüge ich mich mit gängigen Erklärungen wie jener, daß die Ilias Ilias heißt, weil Troja bei den Griechen Ilion hieß.«

Der Mann hat recht, finde ich. Unter dem sternenklaren ägäischen Himmel mit Blick auf silberglänzende Wellen erzählten wir uns stolz wie zwei Schulbuben, was jeder von uns zu diesem Thema wußte. Zwei Männer, durch Homer und Schliemann verbunden.

Wir begannen mit dem Schulbuchsatz: Schliemann hat anhand der Angaben in Homers Ilias Troja ausgegraben. Eine Behauptung, so prägnant wie falsch.

In der Ilias schildert Homer nicht die Eroberung Trojas, die reicht er erst in der Odyssee nach. In 27 000 reimlosen, rhythmischen Zeilen. Hexametern. Was Homer schildert, ist auch nicht der

Bericht eines Augenzeugen. Das sagt er selbst in der 484. Zeile des zweiten Buchs. Dort heißt es, von Heinrich Voß wacker übersetzt: »Unser Wissen ist nichts, wir horchen allein dem Gerüchte ...« Schliemann muß das überlesen oder falsch gedeutet haben, er glaubte, Homer sei eine Art Frontberichterstatter des Trojanischen Krieges gewesen, hätte alles, was er schilderte, selbst miterlebt! Aber nein, er »horchte allein dem Gerüchte«.

Homer lebte viel später, etwa 850 Jahre nach den Ereignissen in Troja. Zum leichter Merken: Der Trojanische Krieg war Bronze-, Homer Eisenzeit. Sein Bericht hat also die gleiche Authentizität, wie sie ein Roman von Siegfried Lenz über die Kreuzzüge hätte.

Wie fern und fremd für Homer die einzelnen Begebenheiten des Kampfes um Troja gewesen sind, dafür gibt es Beispiele zuhauf. Hier wenigstens zwei: Da zu seinen Lebzeiten Pferde vor allem Reittiere waren, konnte Homer sich nicht vorstellen, daß die Helden von Troja nicht ritten, sondern sich ihre Zweikämpfe aus zweirädrigen Streitwagen lieferten. Er machte deshalb diese Kampfwagen zu einer Art Taxi, mit dem die Helden zum Kampfplatz fuhren, dort abstiegen und zu Fuß kämpften.

Oder Homers Schwierigkeit mit den sogenannten »Turmschilden«! Er wußte nicht, was damit gemeint war, denn zu seiner Zeit kannte man diese mannshohen Schilde, die die Form einer Acht hatten, nicht mehr, sondern kämpfte hinter kleinen Rundschilden. Diese Unkenntnis führte dazu, daß Homer eine artistische Glanznummer Achills, die er offenbar von einem fahrenden Sänger aufgeschnappt, aber nicht begriffen hatte, unter Preis verkaufte. Homer berichtet lediglich, Achill habe seinen Speer »durch die Acht werfen können«, erklärt aber nicht, was damit gemeint war. Auch wir wissen das erst, seit mykenische Fresken und Vasen gefunden wurden, auf denen solche »Achter«-Schilde abgebildet sind. Achills Scharfschützenkunststück bestand darin, daß er seinen Speer genau in den Raum der »Taille«, der sich in der Mitte der beiden Rundungen der Turmschilde bildete, zu schleudern verstand.

Der Cruise-Director prostete mir zu: »Wobei Sie bei Ihren Deutungen davon ausgehen, daß ein Mann namens Homer wirklich gelebt hat! Ich glaube es auch, aber schon die Römer bezweifelten, daß Homer existiert hat, und zu Schliemanns Zeit leugneten ernsthafte Gelehrte, daß Ilias und Odyssee von einem einzelnen verfaßt worden sind. ›Homer‹, meinten sie, sei ein Allgemeinbegriff für ›Dichter‹. Wir kennen solche Philologenzweifel aus dem Streit um Shakespeare. Ich halte es bei Homer so, wie es Mark Twain im Streit um Shakespeares Autorenschaft formulierte: ›Homers Werke sind nicht von ihm, sondern von einem unbekannten Dichter gleichen Namens.‹«

Auf einen so guten Satz mußten wir einen kräftigen Schluck nehmen. Wir taten es.

Heute gilt als sicher, daß die beiden Homer-Epen im 6. vorchristlichen Jahrhundert schriftlich fixiert wurden. Also zu einer Zeit, in der alle Welt zu schreiben begann. Es ist kein Zufall, daß damals auch mit der Niederschrift der ersten Texte des Alten Testaments in Palästina begonnen wurde. Die Ilias wie große Teile des Alten Testaments sind Niederschriften von bis dahin mündlich überlieferten Sagen, Lebensregeln und Geschichtswissen.

Daß Homer gelebt hat, gilt als sicher. Wo er geboren, wann und wo er gestorben ist, bleibt unbekannt. Schon in der Antike meldeten sieben Städte ihren Anspruch an, der Geburtsort Homers zu sein. Ausgerechnet sieben! Möglicherweise ist diese Zahlenangabe eine jener symbolischen Formulierungen, die die Griechen so liebten. Schließlich war die Sieben die Zahl der Vollkommenheit. Vielleicht wollten sie mit sieben Geburtsorten ausdrücken, daß Homer der vollkommene Dichter war - womit sie nicht unrecht gehabt hätten.

Heute nimmt die Insel Chios als möglicher Geburtsort Homers den ersten Rang vor den übrigen sechs anderen ein. Die »Insel der Seefahrer« liegt auf der Höhe von Samos und Lesbos. Massentourismus ist auf der »klippenreichen«, wie sie Homer genannt hat, noch unbekannt. Als Beweis, Homers Heimat zu sein, zeigen die Chioten einen auffallend geformten (oder behauenen) Felsblock bei Vrontados. Sie nennen ihn »Daskalopetra«, »Stein des Lehrers«. Als Beweismittel ist dieses schwere Trumm von Stein eher schwach, genau wie die Belege, durch die bewiesen werden soll, das Homer auf der Insel Jos gestorben sei. In der Nordostecke dieser Insel, in Plakatos, wird sogar seine Grabstätte gezeigt. Ein Platz, von dem aus der Blick nach Osten, nach Asien und zu den fernen Ebenen von Troja geht. Die Archäologen jedoch haben den

»Stein des Lehrers« und die Grabstätte entzaubert. Sie sind, stellten sie fest, zu jung, um des Dichters Geburtsort und letzter Ruheplatz zu sein.

»Schliemann«, meinte der Cruise-Director und füllte unsere Gläser neu, »Schliemann sammelt bei unserem Gespräch ganz schön Pluspunkte. Er glaubte an Homers Existenz, als Wissenschaftler noch daran zweifelten, er glaubte auch an die Existenz Trojas, als viele es für eine Fiktion hielten. Das alles spricht doch für ihn und wiegt seine kleinen Irrtümer auf!«

»Stimmt, vor allem, wenn man bedenkt, daß sich die damaligen ›Päpste‹ der Archäologie Adolf Furtwängler und Ernst Curtius ebenfalls ganz gewaltig irrten, was die Lage Trojas betraf. Es klingt unglaublich, aber es stimmt: Um zu beweisen, daß seine Lokalisierung von Troja die richtige war, mußte Schliemann zuerst einmal dort graben, wo er wußte, daß es nicht gelegen haben konnte, wo es aber Ernst Curtius vermutete. Er ließ nicht nur bei dem Hügel Bunarbaschi dreißig Schächte ausheben, um zu beweisen, daß es dort nichts zu finden gab, sondern er tat ein übriges. Etwas völlig Unwissenschaftliches, aber typisch Schliemannsches: Er versuchte an jenem Platz, den Curtius für Troja hielt, jene Schilderung nachzuvollziehen, in der Homer erzählt, wie Achilles Hektor um die Mauern Trojas jagte, bis dieser sich zum Kampf stellte, der ihm den Tod brachte. Schliemann mußte passen. Der Lauf war hier nicht möglich. Die Bodenformationen ließen es nicht zu. Damit war für ihn der Beweis erbracht, daß Troja keinesfalls an dieser Stelle gestanden haben konnte.«

»Damit war aber nicht geklärt, wo sich Troja einst befand. Wie ist er eigentlich auf den Hügel Hisarlik (auch Asarlik) als Grabungsplatz gekommen?«

»Das ist einer der ungeklärten Punkte in Schliemanns Biographie. Wahrscheinlich hat ihn der amerikanische Weltenbummler Frank Calvert, der als Konsularagent in Istanbul lebte, auf diesen Platz aufmerksam gemacht. Calvert hatte dort Jahre zuvor gegraben, jedoch ohne Erfolg. Auffallend jedenfalls, daß Schliemann weder in Briefen noch Tagebüchern den Hisarlikhügel als Trojaplatz *vor* seinem Treffen mit Calvert erwähnt.«

»Einspruch: Könnte er nicht von selbst darauf gekommen sein? Schließlich hat Helmuth von Moltke – als Generalstäbler so bedeutend wie als Archäologe schwach - bereits 1837 während seines Türkeiaufenthalts den Platz des antiken Trojas bis auf wenige Kilometer geortet, weil ›wir uns einfach von einem militärischen Instinkt an den Ort leiten ließen, wo man sich anbauen würde, wenn es gälte, eine unersteigbare Burg zu gründen . . .‹. Und schließlich wollte an Schliemanns Grabungsstelle bereits Cäsar die Hauptstadt des Oströmischen Reiches errichten. Die geographische und strategische Lage dieses Platzes ist nun mal mit Abstand die beste weit und breit.«

Ich stimmte zu: »Das ist ein Streit um des alten Nestors Bart - heute heißt die Frage nicht mehr: Wo lag Homers Troja, sondern: Welches der neun Trojas, die im Laufe von Jahrhunderten auf Schliemanns Hisarlikhügel errichtet wurden, ist jenes, das Homer beschrieb?«

In den folgenden Nachtstunden haben Peter und ich - der Rezina hatte uns das Du gebracht - aufgezählt, wie viele Bebauungsschichten Schliemann seit 1870 hatte abtragen lassen. Keine Angst, ich werde Sie damit nicht langweilen. Nur soviel: Schon nach den ersten Spatenstichen war klar, daß der ganze Hügel aus dem Schutt alter Städte bestand, deren jüngste aus der Römerzeit war. Insgesamt 46 Besiedlungsschichten! Sie sind heute in neun Hauptperioden aufgeteilt (Troja I bis Troja IX). Von der römischen Zeit (Troja IX) und von der letzten griechischen Zeit (Troja VII), die bis ca. 300 v. Chr. reichte, sind kaum Reste erhalten. Immerhin beeindruckte dieses »junge« Ilion den Perserkönig Xerxes noch so, daß er tausend Rinder im dortigen Athene-Tempel opfern ließ. Was aus jener Zeit unter der Erde lag, hat Schliemann wegräumen lassen, ungeprüft und ungestüm, wie nun mal sein Drang zu *seinem* Troja war.

Bis zu 150 Arbeiter trugen mit primitivem Gerät Meter um Meter Erdreich ab, ohne zu prüfen, was an aufschlußreichen Keramiken darin enthalten sein könnte. Endlich wurden Grundmauern freigelegt. Reste von einer durch Brand zerstörten Stadt. Sie mußte das Troja sein, um das zehn Jahre gekämpft worden war! Alles stimmte mit Homers Angaben überein. Weil Schliemann wollte, daß es übereinstimmen mußte. Schliemanns Grabungen waren in jene Schicht vorgestoßen, die heute als Troja II bezeichnet wird und die Zeit von 2600 bis 2300 v. Chr. umfaßt.

Eine beachtliche Stadt, aber keine imponierende. Nur 8000 Quadratmeter. Doch von einer starken Mauer umschlossen. Sie hatte drei Tore, eines führte mit breiter Rampe aus der Stadt. Für Schliemann stand fest: Das konnte nur das Skäische Tor sein, das Homer so oft erwähnt hat. Jenes Tor, auf dessen Bogen des Volkes Älteste saßen und beim Anblick Helenas flüsterten: »Nicht zu verdenken ist's den Troern wie den Achäern, daß sie um solch ein Weib sich so lang schon Leiden bereitet« (Ilias III, 146). An diesem Tor stellte sich Hektor dem Achill, während seine Landsleute vor den Griechen in die Stadt flüchteten. »Draußen indes ... am Skäischen Tore standzuhalten bewog den Hektor böse Verhängnis« (Ilias XXII, 3). Von hier aus trieb schließlich Achill Hektor dreimal um die Mauern bis zum tödlichen Kampf. Nun war es Wirklichkeit geworden, dieses vielbesungene Tor. Für Schliemann gab es keinen Zweifel. Weder bei diesen noch bei anderen Ruinen.

Als die Grundmauern eines Gebäudes freigelegt wurden, waren sie für Schliemann die des »Palastes des Priamos«. Alles fügte sich wie ein Puzzlespiel zum Homerschen Troja. Im Jahre 1872 glaubte er den »großen Turm« gefunden zu haben, von dem es im IV. Iliasgesang heißt: »Sondern den Turm erstieg sie [Andromache] von Ilios, weil sie gehört, daß der Achäer Macht siegreich die Troer bestürme.«

Am 15. Juni 1873 gelingt Schliemann der Fund, der rund um den Globus Schlagzeilen macht: Er entdeckt den »Schatz des Priamos«. Silberne Diademe und Vasen, goldene Ohr- und Fingerringe, Armbänder und fast 9000 Goldschmuckteile. Mit seinem Sinn für Publicity legt er seiner wesentlich jüngeren (zweiten) Frau den Kopfschmuck an und verschickt das Foto an alle wichtigen Persönlichkeiten. Nicht ohne seiner Frau vorher zu versichern: »Jetzt bist du meine Helena.« Denn daß dies der Schmuck der schönen Helena gewesen war, daran gab es für ihn keinen Zweifel.

Er schmuggelte den Schatz, einen der kostbarsten Funde, die je gemacht wurden, aus der Türkei heraus und vermachte ihn der deutschen Regierung. Er war eines der Glanzstücke des »Museums für Vor- und Frühgeschichte« in Berlin. War! Seit 1945, nach der Eroberung Berlins durch die Sowjettruppen, ist er spurlos verschwunden. Im Frühjahr 1991 machte eine Agenturmeldung Schlagzeilen: Der Dozent für Kunstgeschichte an einer – nicht namentlich genannten - Universität in Moskau Alexey Rastorgujew behauptete, der Schatz befinde sich im Staatlichen Puschkin-Museum der Hauptstadt. Bis zum Druckbeginn dieser Ausgabe war weder eine Bestätigung noch ein Dementi zu erhalten.

Mit mehr als 60 000 Briefen und Hunderten von Zeitungsartikeln sorgte Schliemann selbst für die richtige Würdigung seiner Leistung. Ein Zeitgenosse notierte: »Überall im Hause und auf der Straße, im Postwagen und auf der Eisenbahn wurde von Troja geredet.«

Seine Erfolge und sein Publicityrummel spalteten die akademischen Archäologen in zwei Lager. Ernst Curtius, einst sein Gegner, schlug sich auf seine Seite. Rudolf Virchow, der große Arzt, war wochenlang in Troja. Ihm ist es auch zu verdanken, daß Schliemann, der mit 42 Jahren Bürger der USA geworden war, seine Deutschlandmüdigkeit überwand und bereit war, die Fundstücke nach Berlin zu geben. Dafür wurde er mit Orden und Ehrungen überhäuft. Die meisten forderte er, bevor man Zeit fand, sie ihm anzutragen.

Die Amerikaner haben in ihm immer einen der Ihren gesehen. An Schliemanns Grab würdigte der Botschafter der Vereinigten Staaten den »amerikanischen Staatsbürger Schliemann« als beispielhaft für den amerikanischen Pioniergeist. Was gar nicht so abwegig war, wenn man bedenkt, wie viele Deutsche zu den amerikanischen Pionieren zählten . . .

Erst kurz vor seinem Tode kamen Schliemann Zweifel, ob er wirklich Homers Troja ausgegraben hatte. Wahrscheinlich hat Wilhelm Dörpfeld, ein hervorragender Archäologe, den Schliemann für sich gewonnen hatte, den Amateur vorsichtig auf seine Irrtümer hingewiesen. Dazu gehörten so gravierende wie die Erkenntnis, daß jene Mauern, die Schliemann als die des Palastes des Priamos erkannt zu haben glaubte, eher für die »Größe eines Schweinestalls« paßten, wie ein Gegner schrieb, als daß sie die Wände für fünfzig »Schlafräume, Hallen und Höfe« gewesen sein könnten, die der Palast nach Homer besaß. Auch »der große Turm«, auf dessen Entdeckung Schliemann sich soviel zugute gehalten hatte, erwies sich bei genauer Untersuchung als zwei parallel nebeneinanderlaufende Mauern. Und auch »sein« Skäisches Tor war nicht jenes von Homer. Und so weiter, und so weiter

– bei immer mehr kühlköpfigen Vergleichen paßte Homers Text nicht zu den Deutungen, die Schliemann vielen Funden gegeben hatte.

»Hör auf, hör auf!« Peter fiel mir ins Wort, er fand, daß ich Schliemann zu sehr demontierte, und setzte dagegen: »Aber der Schatz des Priamos, den er in der Schicht Troja II fand. Den hat es doch nun wirklich gegeben. Ist das nicht Beweis genug?«

Meine Antwort traf ihn voll: »Ja, vorausgesetzt, es war der Schatz des Priamos! Daran aber melden ernst zu nehmende Fachleute ihre Bedenken an. In der angesehenen britischen Fachzeitschrift ›Antiquity‹ behauptet 1984 der schottische Archäologe Traile: ›Der Schatz des Priamos hat nie existiert.‹ Schliemann habe die einzelnen Stücke gekauft. Reich genug war er. Mit dieser ungeheuerlichen Anschuldigung steht Traile allerdings allein, aber andere Forscher halten es durchaus für möglich, Schliemann habe einzelne Stücke in verschiedenen Schichten gefunden und sie aus Effekthascherei zu einem einzigen Schatz vereint.«

Der Cruise-Director konnte nur entgegnen: »Aber wenn das stimmen sollte, dann käme doch die Einteilung der mykenischen Zeit ins Wackeln, deren Epochen sind auf der Altersbestimmung der Schmuckstücke aufgebaut.«

Meinen »Trost« empfand er als Ironie: »Wie gut, daß der ›Schatz des Priamos‹ noch immer verschwunden ist, so bleibt unserer Generation ein Umlernen erspart.«

Vergessen wir die bewußten oder unbewußten Falschdatierungen einiger Fundstücke durch Heinrich Schliemann. Die eigentliche Tragik dieses genialen Amateurarchäologen ist bitterer: Er hat zwar genau an der richtigen Stelle gegraben, aber viel zu tief. Gut ein Jahrtausend zu weit ist er in die Vergangenheit vorgedrungen. Bis zu den Ururahnen von Hektor und den Trojakämpfern. Dabei hat er die Reste des richtigen, des Homerschen Troja zerstört.

Erst nach Schliemanns Tod konnte Wilhelm Dörpfeld die Grundmauern einer Stadt freilegen, die jener entsprach, die in der Ilias geschildert wird. Sie muß zwischen 2300 und 1900 v. Chr. ihre Blütezeit gehabt haben. Ihre Kyklopenmauer war 540 Meter lang, quadratische Wehrtürme verstärkten sie. Keramikscherben und Waffen bestätigten, daß die Kultur dieses Trojas direkte Verbindungen zur mykenischen gehabt hat. Gipfel des archäologischen Glücks: Die Ausgrabungen bestätigten, diese Stadt und ihre Mauer wurden zerstört, wie es in der Ilias beschrieben ist. Doch die Seismologen schütteten Essig in den Wein der Freude. Sie stellten bündig fest: Dieses Troja wurde nicht durch Krieger, sondern durch ein Erdbeben vernichtet.

Die Archäologen warfen gottlob ihre Spaten nicht enttäuscht in die Ecke, sondern buddelten und siebten weiter an jenen Stellen, die durch Schliemanns Stichgräben nicht zerstört worden waren. In einer Schicht, die heute Troja VII a heißt, wurden sie fündig. Sie stießen auf eine Stadt, die etwa 1200 v. Chr. durch Feindeinwirkung zerstört und gebrandschatzt worden war.

Damit konnte Dörpfeld Schliemanns Glauben an die Zuverlässigkeit des Kronzeugen Homer im nachhinein bestätigen. Zur Zeit, da dieses Buch geschrieben wird, hat die Theorie, Troja VII a sei *das* Troja, die meisten Anhänger unter den Altertumsforschern. Vor allem eine Entdeckung gab dafür den Ausschlag: Bei den Ausgrabungen konnte ein Mauerstück freigelegt werden, das dünner und verfallener war als die übrigen Mauerreste. Genau von einer solchen Schwachstelle ist bei Homer die Rede: Die Achäer nutzten sie bei der Erstürmung Trojas. Späte Rechtfertigung Schliemanns.

Jetzt aber war es Peter, der Einwände gegen ihn erhob: »Was hätten die Fachgelehrten nicht alles an Zerstörungen durch unsachgemäße Grabungen verhindern können, wenn sie ihr hohes Roß verlassen und mit Schliemann zusammengearbeitet hätten!«

Ich kannte diese Vorwürfe, die seit Jahrzehnten immer wieder erhoben werden, und fragte betont naiv: »Was hat er denn im einzelnen zerstört?«

Peter antwortete prompt: »Das kann man doch in jedem Antikenbuch nachlesen! Dadurch, daß er einen breiten, den gesamten Hisarlikhügel von Norden nach Süden durchschneidenden Graben ziehen ließ, wurde alles, was unter diesen Erdschichten lag, zerstört. Fundstücke, die ihm unwichtig schienen, ließ er mit dem Schutt wegkarren, dadurch war der Zusammenhang der Einzelstücke mit ihrer Umgebung nicht mehr festzustellen, die Schichttiefe der Funde ist nicht notiert worden, zusammenhängende Stücke haben unerfahrene Arbeiter auseinandergerissen. Ich denke, das reicht, um zu zeigen, wie dilettantisch er vorgegangen ist. Die Wissenschaft . . .«

»Stopp«, fiel ich ihm ins Wort, heftiger, als ich wollte (der Wein!), »ich kann diese Vorwürfe nicht mehr hören. Gegen die Praktiken des Geschäftsmanns Schliemann kann man gewiß allerlei sagen. Möglicherweise hat Schliemann auch gelegentlich manipuliert, was er aber bei der reinen archäologischen Feldarbeit geleistet hat, war besser als das, was an anderen Plätzen zu seiner Zeit üblich war.«

Der Vorwurf, er habe mit seinen rigorosen Grabungsmethoden viel zerstört, ist eine Behauptung, die auch durch ständiges Nachplappern nicht richtiger wird. Wir vergessen, daß man so bedeutende Altertumsforscher wie Adolf Furtwängler und Ernst Curtius nicht mit Archäologen unserer Zeit vergleichen darf. Sie waren – ausgezeichnete – Schreibtischtäter. An Ausgrabungen in unserem heutigen Sinne haben beide nicht teilgenommen. Sie gab es zu ihrer Zeit nicht. Diese wurden erst von Außenseitern wie Schliemann und Evans als archäologische Beweisaufnahme eingeführt.

Es ist Dörpfelds großes Verdienst, seinen »Chef« Schliemann zur Systematik bei den Grabungen angehalten zu haben. Seit er die Feldarbeit leitete, wurde das Grabungsgebiet durch Stichgräben erkundet, die bis zum »gewachsenen Untergrund« in die Tiefe getrieben wurden. Als Schliemann bis zu jener Trojaschicht vorgestoßen war, die er für die Homersche hielt, ließ er jede Keramikscheibe registrieren und benutzte sie als Datierungsmarken. Wer ihm Dilettantismus vorwirft, vergißt, daß das, was wir Altertumsforschung nennen, noch gar nicht existierte, als er zu graben begann.

Nochmals: Man kann gegen den Geschäftsmann Schliemann einige Argumente vorbringen, als Archäologe aber war er, wenn schon nicht der Begründer, so doch der Schrittmacher wissenschaftlicher Altertumsforschung. Als er 1875 seiner Frau und Mitarbeiterin Sophia den Satz diktierte: »Kein Tor, keine Befestigung kann älter sein als die ältesten Tonscherben in dem umgebenden Areal«, war das eine neue Erkenntnis. Zugegeben, er hat, ohne es zu merken, am Homerschen Troja vorbeigegraben, aber er stieß dadurch auf eine unbekannte prähistorische Epoche, auf die ägäische Kultur der frühen Bronzezeit in Nordwestanatolien. Er hat damit mehr für die Archäologie geleistet, als wenn er nur Troja ausgegraben hätte. Sein Satz: »Ich habe den Archäologen eine neue Welt erschlossen«, zeugt von nicht geringer Selbsteinschätzung, aber er stimmt. Peter mußte die Korbflasche sehr tief kippen, um unsere Gläser ein letztes Mal zu füllen: »Troja, Schliemann - Stunden haben wir darüber gesprochen, aber kein Wort über eines der berühmtesten Requisiten der Weltgeschichte!«

»Das hölzerne Pferd! Bekannt wie der Gordische Knoten Alexanders des Großen und das Ei des Kolumbus.«

Was hatte es mit diesem Riesenschaukelpferd auf sich? Sein Zweck ist aus der Sage bekannt: Die Achäer versteckten sich in seinem Inneren und schoben es vor Trojas Tor. Die Trojaner glaubten, dies sei ein Weihgeschenk der Götter, rollten das Holzpferd in die Stadt - damit war deren Fall besiegelt. Steckt auch in dieser Sage ein historischer Kern? Was sagen die Altphilologen?

»Sie sind wie meist bei solchen Interpretationen in mehrere Lager gespalten. Die große Gruppe sieht keinen historischen Kern in diesem hölzernen Pferd, andere meinen, es sei der Name für einen gewaltigen Rammbock gewesen, mit dessen Hilfe die Belagerer eine Bresche in die Stadtmauer gebrochen haben. Noch eine Außenseiter-Deutung: Das Pferd war das Tier Poseidons, und der war für Erdbeben zuständig. Die Sage könnte also die verklausulierte Information sein, daß Trojas Mauern nicht von den Achäern, sondern von einem Erdbeben zerstört worden sind, wie es ja die Funde in der Schicht Troja II bewiesen haben. Sollte das stimmen, müßten alle Zeitangaben wieder einmal geändert werden. Ein Beispiel mehr, auf wie wackeligen Füßen wir uns in der frühen Antike bei Datierungen bewegen. Auch scheint mir die Vorstellung, daß die Achäer locker über die durch Erdbeben zerstörten Mauern nach Troja spazierten, ein reichlich schwacher Schluß für zehnjährige Heldenkämpfe. Nehmen wir das hölzerne Pferd lieber nicht an die Kandare der Wissenschaft, soll es sich doch auch im nächsten Jahrtausend auf dem weiten Feld der Phantasie tummeln.«

Wir prosteten uns mit dem letzten Glas zu: »Trinken wir auf Heinrich Schliemann.«

»Du auf ihn, ich auf eine Dame, ohne die Troja vielleicht heute noch unter dem Erdboden läge, trinken wir auf die schöne Helena, deretwegen die Achäer Troja zehn Jahre belagerten!«

Wir hoben unsere Gläser nach Osten, wo »rosenfingrig« hinter dem grüngelbroten Horizont die Sonne auftauchte. Kalimära! »Ob es diese Helena wirklich gegeben hat?«

12. Mykene und Tiryns - Schliemanns achaische Burgen

Mykenischer Nachrichtendienst - von Aischylos bestätigt / Das Geheimnis der zwei Löwen am Burgtor / Warum Schliemann fand, was andere vergeblich gesucht hatten / Fünf oder sechs Schachtgräber? / Woher stammte das Gold der Toten? / Die Wahrheit über den Becher des Nestor / Homers Schiffskatalog - Fakten oder Phantasie? / Tiryns - Platz der Krieger und der Liebe

Wir ankerten im Golf von Nauplia. Schon in der Antike hießen Bucht und Hafen so.

Der Tender brauchte zwanzig Minuten bis zur Mole. Warum müssen Kreuzfahrtschiffe so weit draußen auf Reede Anker werfen? Vielleicht ist der Hafen versandet?

»I wo!« Der grauhaarige Recke neben mir wußte es besser: »Hier lag 1940 die Versorgungsflotte der Engländer für Kreta. Alle Schiffe wurden versenkt, jetzt liegen sie auf dem Hafengrund, deshalb kann kein größeres Schiff mehr in den Hafen.«

Ich muß kein allzu überzeugtes Gesicht gemacht haben, denn er ergänzte: »Nein, keine Vermutung, bittere Wahrheit, ich lag mit meiner Stukastaffel in der Argolisebene unterhalb der Burg Mykene.«

Seltsam, daß fast jeder, der Mykene kennt, von der »Burg« spricht, nicht von Palast oder gar Schloß. Nein, Burg und Festung sind die gemäßen Vokabeln für diese massiven Mauern.

»Stünde Agamemnon auf den Mauern - er könnte uns sehen, lange bevor wir ihn entdeckten«, sagte ich mehr zu mir selber, als Mykenes Burg in der Ferne auftauchte.

Mein grauhaariger Reisegefährte setzte diese Bemerkung sofort ins Militärische um: »Die Lage ist strategisch ideal, nur noch mit der Sperrfunktion Trojas zu vergleichen. Von drei Seiten schützen Berge die Burg, nur von der vierten blickt man über die Argolisebene bis zum Meer. Fast 20 Kilometer liegen zwischen Küste und Burg – Angreifer konnten rechtzeitig signalisiert werden.«

»Die Herren von Mykene wurden von viel weiter entfernten Plätzen mit Nachrichten versorgt! Auf dem Berg hinter der Burg, der dem heiligen Elias geweiht ist, befand sich in mykenischer Zeit ein Signalturm, von dem durch Feuer- oder Rauchzeichen Nachrichten übermittelt wurden.« Jetzt zweifelte mein Begleiter: »Woher wissen Sie das?«

»Auch heute spähe ich nach den Flammenzeichen aus,
Dem Lichtschein, der aus Troja Kunde bringen soll . . .
Möcht' heute doch das Ende kommen meiner Not
*Und frohe Flammenbotschaft leuchten durch die Nacht.«**

So beginnt Aischylos sein Drama »Agamemnon«. Es sind die ersten Verse des Wächters, der den Fall Trojas Klytämnestra nach Mykene melden soll.

»Schau an, wozu die ollen Dramatiker gut sind.«

Wir schwiegen und schauten aus dem gemeinsam gemieteten Taxi in die Landschaft. Diese Ebene ist der Taten und des Ruhmes voll. Was hier geschah im Morgengrauen zwischen Mythos und Geschichte, waren erste europäische Handlungen.

Im Ort Mykene trennte ich mich von meinem Begleiter. Er wollte Kriegserinnerungen nachgehen, ich wesentlich ältere Krieger besuchen. Ich war Gast bei »Agamemnon«. So hieß das »erste Haus am Platze«, 16 Betten, Kategorie C. Zuviel gibt es zu sehen in der Argolis, als daß es in ein paar Stunden abzugehen ist. Außerdem wollte ich endlich einmal Mykene in der Dämmerung erleben und bei Morgengrauen den Weg abschreiten, den einst Atreus mit seinen Streitwagen durch die Landschaft genommen hat. Jener König Atreus, der am Anfang der erschreckenden Orestie stand, an der die Geister sich scheiden, seit sie die Sänger verkünden. Ich legte mir die »Orestie« des Aischylos unters Kopfkissen. Zum Lesen war ich zu müde. Der Tag war lang, der Wein schwer gewesen.

Gleich nach Sonnenaufgang stieg ich zur Burg. So entging ich den Touristenkarawanen, die ab neun von bunten Sightseeingbus-

* In der Übersetzung von Ludwig Wolde.

sen ausgespuckt werden. Der Weg war eingerahmt von Oleanderbüschen, und zur Linken schlängelte sich in einer steinernen Kluft das Flüßchen mit dem alarmierenden Namen Chaos. Es floß bereits durch diese Steine, als Agamemnon von hier wegritt, um Troja zu erobern.

Mykene war - anders als Troja - nie verschüttet. Über zweieinhalb Jahrtausende war es bekannt. Als Schliemann 1876 hierherkam, folgte er nicht Homer, sondern paßte seine Reiseroute der des Pausanias an, jenes griechischen Urahnen unseres Karl Baedeker, der im 2. Jahrhundert zehn Bände Reisebeschreibungen verfaßte. Band zwei schildert besser als mancher moderne Reisebericht die Argolis und Korinth.

Pausanias berichtet, daß Perseus Mykene gegründet und ihm diesen Namen gegeben habe, weil hier sein Schwert zerbrach und dessen Knauf - griechisch mykes - zu Boden fiel. Die Archäologen sind anderer Ansicht. Sie glauben beweisen zu können, daß Mykene etwa um 3000 v. Chr. besiedelt gewesen ist. Also während des Übergangs von der Stein- zur Bronzezeit.

Jetzt, am frühen Morgen, liegt noch leichter Dunst über der Landschaft, und die Silhouette der massigen Mauern ist düster, zeugt sowohl vom Mißtrauen wie von der Macht ihrer Erbauer. 17 Meter sollen die Mauern hoch gewesen sein, das mag stimmen, denn 3 bis 8 Meter sind einige Steinblöcke dick, die einst ohne Mörtel aufeinandergetürmt worden sind. Eine frühe Ingenieursleistung, die Bewunderung verdient.

Warum waren die Mauern so dick, so hoch? Als Schutz hätte die Hälfte der Höhe und Stärke genügt. Diese Mauern waren nicht nur Schutz - Macht und Stolz verkörperten sie. 900 Meter war die Mauer lang - doppelt so lang wie jene von Troja.

Das Löwentor, Symbol der mykenischen Epoche, wirkt, sieht man es zum erstenmal, eher klein, eng, fast zierlich, weil es von Steinquadern eingeschlossen ist. Es war ja nicht als repräsentatives Eingangsportal konzipiert, sondern als Teil der Verteidigungsanlage. Hinter den bronzebeschlagenen Holzbohlen der massiven Türflügel konnten sich Frauen, konnte sich Klytämnestra sicher fühlen. Auch wenn Agamemnon und seine Kämpen mit ihren Streitwagen unterwegs waren.

Über den Torflügeln in der Mitte der Steinquader, die das Tor nach oben abschließen, sind auf einem dreieckigen Stein die berühmten Löwen abgebildet. Zwei aufrechtstehende, die ihre Vorderpranken auf eine schmucklose Säule legen. Sie wirken majestätisch und energiegeladen, obgleich ihnen die Köpfe fehlen. Sie sollen aus Bronze gewesen sein. Ihr Blick war auf jeden gerichtet, der sich dem Tor näherte. Das ist an der Muskelspannung ihrer Körper zu erkennen.

Kein Antikenbuch kommt ohne eine Abbildung von ihnen aus. Jeder griechische Souvenirkiosk bietet sie auf Ansichtskarten an. Aber nur wenige haben entdeckt, daß beide Löwen an den Vorderpranken dicke Ringe trugen. Die beiden Löwen sind gefangen und gefesselt! Als Zeichen, daß die Männer von Mykene mehr Kraft und Mut als Löwen haben. Löwen hat es tatsächlich in dieser Gegend gegeben. Seine erste Tat, die Erlegung des Nemeischen Löwen, vollbrachte Herakles hier bei dem Ort Nemea, den es noch heute gibt.

Warum kam Schliemann 1876 nach Mykene? Eine der vielen Fragen, die seine Biographie unbeantwortet läßt. Damals galt das 30000 Quadratmeter große Burggelände als erforscht, ohne daß Bemerkenswertes gefunden worden wäre. Vor allem die Gräber des Agamemnon und seiner Gefährten waren vergeblich gesucht worden. Nicht Schlendrian oder Oberflächlichkeiten waren schuld, daß die Grabstätten den Archäologen vor Schliemann verborgen geblieben waren, sondern zu wortwörtliche Auslegung einer Textstelle bei Pausanias. Bei ihm heißt es, die Helden seien »innerhalb der Mauern« beerdigt worden. Also suchte man innerhalb der Mauern der ersten, kleineren Burg. Vergeblich und verständlich. Erst Schliemann erkannte, daß Pausanias bei seiner Beschreibung nicht die Mauern der alten Burg gemeint haben konnte, sondern »einzig und allein die Mauern der (späteren) Zitadelle im Auge hatte«, denn nur diese waren nämlich in jenen Jahren, in denen Pausanias Mykene besucht hatte, noch zu erkennen gewesen. Nach dieser Überlegung ließ Schliemann außerhalb der alten Mauern aus dem 16. Jahrhundert, aber innerhalb der neuen Mauern aus dem 13. Jahrhundert (jene mit dem Löwentor) graben. Der Erfolg ist bekannt: Schliemann fand die fünf Schachtgräber, die Pausanias erwähnt hatte. Sie waren durch einen doppelten Ring aus Steinplatten vom übrigen Burggelände abgetrennt. Er ist heute noch zu sehen.

In manchen Büchern ist zu lesen, Schliemann habe sechs Gräber freigelegt. Das stimmt nicht. Er grub »nur« fünf aus, das sechste fand bei einer späteren Grabung der griechische Archäologe Stamakades. In diesem Grab lagen die Skelette zweier prächtig geschmückter mykenischer Prinzen. Schliemann fand das sechste Grab nicht, weil er Pausanias wortwörtlich folgte. Dieser hatte nur von fünf Gräbern berichtet, also suchte Schliemann auch nur fünf.

In den Schachtgräbern lagen die mumifizierten Körper und Skelette von 19 Toten. Männer, Frauen und Kinder. Sie waren mit ihrem Schmuck und ihren kostbaren Waffen beigesetzt worden. Die Gesichter der Männer deckten Masken, jede individuell aus Goldblech getrieben.

Schliemanns Mykenefunde waren die Topsensation dieses an archäologischen Wiederentdeckungen reichgesegneten Jahrzehnts. »Diese Schätze allein genügen, ein großes Museum zu füllen, das das wunderbarste der Welt sein und in künftigen Jahrhunderten Tausende von Fremden aus aller Welt anziehen wird«, hatte Schliemann dem griechischen König telegrafiert und damit nicht übertrieben. Heute füllen diese Stücke einen ganzen Saal des griechischen Nationalmuseums in Athen. Er allein schon lohnt den Besuch.

Die Angaben über das Goldgewicht dieser Funde schwanken zwischen 12 und 25 Kilo. Ob diese oder jene Zahl - alle bleiben lächerliche Krämerrechnungen, die unter den Tisch fallen, stellt man ihnen die Schönheit dieser Stücke aus einer bis dahin nur in Versen existierenden Welt gegenüber. Wer die Verzierungen der Dolche, die goldenen Becher, die filigranen Fibeln sah, kann die mykenischen Recken nicht mehr als antike Haudegen abtun. Kunstsinn und Kunstfertigkeit waren hinter den Steinquadern von Mykene und Tiryns ebenso zu Hause wie das Waffenhandwerk.

Ungeklärt ist bis heute, woher das viele Gold nach Mykene kam. Die einen meinen, aus Ägypten als Söldnerlohn für die Mykener, die die Hyksos vertreiben halfen. (Zeitlich paßte dies, denn die Gräber stammen aus der Zeit um 1600 v. Chr., das aber bedeutet, daß die Toten in den Schachtgräbern Zeitgenossen der Pharaonen der XVIII. Dynastie waren.)

Als Bezahlung für Pferde aus eigener Zucht, meinen andere. (Könnte stimmen, Homer schwärmt von der »rossenährenden Argolis«.)

Als Tausch gegen Kupfer. (Stimmt ebenfalls, in der Nähe der Burg gab es Kupferbergwerke.)

Als Beute von Raubzügen. (Zuzutrauen wäre es den Burschen.)

Aus Handelsbeziehungen. (Daran glauben die wenigsten. Auf den Handel hatten damals die Minoer fast ein Monopol.)

Von allen Funden machte besonders einer über die Jahrhunderte Furore: die Goldmaske Agamemnons. Sie war in den zwanziger Jahren unseres Jahrhunderts in vielen bürgerlichen Wohnungen ein Pendant zur Totenmaske der »Unbekannten aus der Seine«. Die hintergründige Kraft und Strenge dieses Mannes in den Vierzigern, mehr Krieger als König, bringt die Phantasie in Schwingungen. Das ist einer, der gerecht ist, aber auch unberechenbar. Gut zu verstehen, daß sich hartnäckig die Vorstellung hielt, dies sei die Totenmaske des Agamemnon gewesen. Als Schliemann die Erdschicht abgetragen hatte und ihm die goldenen Züge entgegenleuchteten, soll er so ergriffen gewesen sein, daß er telegrafierte: »Ich habe Agamemnon ins Auge geschaut.« Doch schon an wen er diesen schönen Satz durchgab, ist ungewiß. Die einen meinen an den griechischen König, die anderen an den deutschen Kaiser. Weder für das eine wie für das andere fand ich eine Bestätigung.

Vielmehr scheint es so, daß Schliemann sehr bald nach dem Fund (1876) ahnte, daß dies nicht das Grab Agamemnons sei. Er hat die Maske so beschrieben: »Dieselbe stellt durchaus rein hellenische Gesichtszüge dar, und ich mache besonders aufmerksam auf die lange dünne Nase, die in gerader Linie von der nur kleinen Stirn herabläuft; die geschlossenen Augen sind groß und durch die Augenbrauen gut bezeichnet; sehr charakteristisch ist auch der große Mund mit seinen verhältnismäßigen, schön dargestellten Lippen.«

Kein Wort von Agamemnon! Aber selbst wenn Schliemann geglaubt haben sollte, Agamemnons Grab gefunden zu haben, war sein Irrtum kleiner als der des Archäologiepapstes Ernst Curtius. Der schrieb eine Zeitlang die mykenischen Schätze dem byzantinischen Kulturkreis zu und hielt die »Maske Agamemnons« für ein

Christusbild. Heute steht fest: Die Maske ist weder ein Christusbild noch die Agamemnons. Schliemann war in Mykene das gleiche passiert wie in Troja. Er hatte an »seiner« Epoche vorbeigegraben. Er hielt auch hier eine ältere Siedlungsschicht für jene aus der Zeit des Trojanischen Krieges.

Inzwischen wissen die Archäologen, daß Agamemnon, wenn er denn in Mykene gelebt hat, in einem jener Kuppelgräber beigesetzt worden sein muß, die ab 1500 v. Chr. die Schachtgräber verdrängt hatten.

Zu einem Prachtexemplar solchen Kuppelgrabs führt in Mykene ein kurzer Weg von der Burg über die Straße. Für diesen Bau hält sich seit Jahrhunderten die Bezeichnung »Schatzhaus des Atreus«. Nein, es war kein Schatzhaus, sondern ein imponierendes Grabmal. Ein Mausoleum, wenn es das Wort damals schon gegeben hätte. Die meisten Touristen fühlen sich verloren in diesem runden, 14,5 Meter breiten, 13,2 Meter hohen steinernen Bienenkorb. Statiker haben berechnet, daß die Druckbelastung 120 Tonnen beträgt. Die üblichen Blitzgeräte sind zu schwach, um brauchbare Fotos zu ermöglichen, und die nackten Steinschichten sagen wenig. Man kann sie aber zum Sprechen bringen, wenn man genauer hinschaut. Die Kuppel ist eine Scheinkuppel, das heißt, ihre Wölbung wird durch 33 übereinandergelagerte Steinschichten erreicht, von denen jeweils die obere etwas mehr zur Mitte hervorragt, so daß die Ringe immer kleiner werden, bis zuletzt ein einziger mächtiger Stein in der Mitte das Gewölbe abschließt. Kunstgeschichtler sprechen von einer gekargten Kuppel.

Sie war nicht immer so steinern nackt. Beim Schein einer Taschenlampe waren bis vor 1930 noch Bronzenägel zu erkennen. An ihnen waren Bronze- oder Marmorplatten als Verkleidung der Mauer befestigt. Die Nägel sind gestohlen, jetzt sieht man nur noch die Löcher, in denen sie einst steckten. Die meisten hatte bereits Lord Elgin herausgezogen, er hat als letzter dieses Grab ausgeraubt. Größere Beute machten vor ihm »richtige« Räuber, als die Antike noch Gegenwart war. »Habgier kam vor Neugier«, schrieb Peter Bamm und traf damit den Bronzenagel auf den Kopf.

Das »Schatzhaus des Atreus« ist eine jener antiken Ruinen, für die ein Rundblick genügt, ein Schnappschuß aus aufgeschlossenen Augen, um Größe und Großartigkeit dieses Bauwerks auf sich wirken zu lassen. Welchen Schöpfergeist muß ein Volk besessen haben, das seinen Toten solche Stätten schuf. Ruhe- und Ruhmesstätten, würdig des mächtigen Agamemnon ...

Wie unscheinbar wirken dagegen die Schachtgräber, in denen Jahrhunderte zuvor Mykenes Fürsten beigesetzt worden waren. Nicht Agamemnon, aber seine Ururahnen. Wir kennen ihre Namen nicht, kein Gesang kündet von ihren Taten, und trotzdem glaubte Schliemann, im Grab IV dieser fünf Gräber den »Becher des Nestor« gefunden zu haben, den Homer im elften Gesang der Ilias beschrieb. Wie war das möglich? Die Erklärung ist einfach und verblüffend: Homers Beschreibung paßt auf viele Becher jener Zeit und bedingt auch auf jenen, den Schliemann gefunden hat. So beschreibt ihn Homer:

»Auch ein stattlicher Kelch, den der Greis mitbrachte von Pylos,
Welchen goldene Buckeln umschimmerten, aber der Henkel
Waren vier und umher zwei pickende Tauben an jedem,
Schön aus Golde geformt; zwei waren auch unter dem Boden.«

Soweit Homer. Zum Vergleich die Fakten zu dem in Mykene gefundenen Becher:

- Er hat nur zwei statt der vier Henkel, von denen Homer spricht.
- Auf den vier Henkeln sitzt laut Homer je ein Taubenpärchen. Beim gefundenen Becher sitzt auf jedem Henkel ein Vogel. Möglicherweise eine Taube.
- Homers Hinweis »zwei [Tauben] waren auch unter dem Boden« trifft auf den Mykenebecher ebensowenig zu wie das immense Gewicht, das Homer seinem Becher nachrühmt: »Mühsam hob ein anderer den schweren Kelch von der Tafel, war er voll; nur Nestor der Greis erhob ihn spielend leicht.«

Schliemann hat nirgendwo behauptet, daß dies der Becher Nestors war, sondern nur erwähnt, daß dieser Becher an die Beschreibung erinnert, die Homer von Nestors Becher gibt. Aber Homer und Schliemann, diese beiden Namen klangen so harmonisch zusammen, daß dieser Hinweis ausreichte, daraus die Behauptung abzuleiten, Schliemann habe Nestors Becher gefunden.

Die Wahrheit ist: Schliemann hat zwar durch seine Funde in

Mykene einen neuen Kulturkreis erschlossen, der vor ihm unbekannt war und der unter der Bezeichnung »mykenisch« zum wissenschaftlichen Begriff geworden ist. Genauso wahr ist jedoch auch, daß Heinrich Schliemann keinerlei Beweis für die Existenz eines Homerschen Helden liefern konnte.

Er nicht und keiner nach ihm.

Mykene ist auch heute noch historisches Niemandsland. Seine Mauern im frühen Abenddunkel, wenn Gewitterwolken vorbeijagen, sind von jener drohenden Düsternis, die Schauer und Bewunderung weckt, wie sie auch die Sagen jener Epoche über alle Zeiten in uns erregt haben und erregen.

Das Schicksal hat den Bewohnern Mykenes Furchtbares auferlegt. Söhne töteten ihre Väter, Ehefrauen ihre Männer, Blutschande, Kindesraub, Vergewaltigung, Kannibalismus - das alles hat sich hinter jenen Kyklopenmauern abgespielt. In der Orestie werden diese Untaten geschildert. Warum lesen wir sie noch immer? Weil die Mykener das Schiller-Wort »Groß ist, wer das Furchtbare überwindet« gelebt haben. Sie haben das Furchtbare überwunden. Das hat sie groß gemacht. In Mykene wurde die klassische Tragödie gelebt.

*

Am nächsten Morgen in aller Frühe nach Tiryns. Bereits in mykenischer Zeit führte eine gepflasterte Straße von der Burg Agamemnons zu jener seines Bruders Menelaos in Tiryns. Dessen Burg liegt im Schatten Mykenes, touristisch gesehen. Nicht halb so viele Besucher kommen zu dieser Burgruine auf einem Kalksteinfelsen, höchstens 15 Meter hoch.

Schade. Ich empfehle jedem diese 16-Kilometer-Fahrt von Mykene nach Tiryns. Pausanias stellte die Burg, keine anderthalb Kilometer von der Küste entfernt, gleich nach Ägyptens Pyramiden. Das mag übertrieben gewesen sein, aber sehenswert sind die Ruinen allemal. Nach der Wagner-Musik, die zu Mykene paßt, wäre hier Liszt mit »Les Préludes« angebracht, klänge dies nicht so fatal nach Sondermeldungsfanfaren aus dem Zweiten Weltkrieg. Trompeten und Fanfaren auf alle Fälle. Sie sind für Feste wie für Schlachtmusik zu gebrauchen. Beides spielt sich in und um Tiryns ab.

Wieder einmal war es Schliemann, der hier zusammen mit Dörpfeld als erster grub. Wieder verließ er sich auf zwei Gewährsleute: Homer und Pausanias. Wieder war er damit gut beraten. Vor allem das, was Homer im zweiten Gesang der Ilias aufzählte, führte ihn hierher. Ich meine jenes Protokoll des achäischen Hauptquartiers, das als »Schiffskatalog« bezeichnet wird. Homer nennt in dieser Aufstellung 164 Orte, aus denen die Truppen und Schiffe der Achäer (Mykener) kamen, die nach Troja segelten. Einige der Orte haben Namen und Glanz über die Jahrtausende gerettet. Mykene ist als Burg Agamemnons, Ithaka als Heimat des Odysseus und Sparta als die des Menelaos bekannt, aber mehr als die Hälfte der Orte waren geographisch nicht mehr zu bestimmen. Schon hieß es, Homer habe »auch hierbei« nur phantasiert. Inzwischen sind diese Homer-Zweifler eines besseren belehrt: Bis 1987 waren fast alle Ortsnamen des »Schiffskatalogs« gefunden. Darunter so kleine wie das »taubenumflatterte« Tisbe - heute ein Dorf, das kein Reiseführer erwähnt.

Tiryns, das der Sage nach von Proitos regiert wurde, war nach Mykene einer der ersten »Katalog«-Orte, den Schliemann 1876 lokalisierte. Erst gut fünfzig Jahre später - 1939 - entdeckte der amerikanische Archäologe Carl William Blegen Pylos, aus dem Nestor stammte, »der weiseste der Helden, der immer klugen Rat bereithielt«.

Schliemanns Bericht über das von ihm wiederentdeckte Tiryns beginnt euphorisch: »Hoch lebe Pallas Athene, unter deren Schutz ich hier einen die ganze obere Burg einnehmenden, mit unzähligen dorischen Säulen geschmückten, vorhistorischen Palast aufgedeckt habe . . .«

Heute ist nur noch wenig von dem Palast, von »der bunten Pracht der Wandgemälde, der reichverzierten Säulen, dem schimmernden Teppich des bemalten Fußbodens« zu sehen. Alles Dinge, die Georg Karo noch 1915 pries. Er hatte zusammen mit Wilhelm Dörpfeld ab 1905 die Ausgrabungsarbeiten Schliemanns fortgeführt. Seit 1962 gräbt das Deutsche Archäologische Institut in Tiryns. Jetzt allerdings nicht mehr auf dem Burggelände, sondern unten in der Ebene in antiken Siedlungen. Besucher merken indirekt davon - die Erklärungstafeln in der Burgruine sind ausführlich und in einwandfreiem Deutsch abgefaßt.

Wer nach Tiryns kommt, besichtigt die Burg. Sie beeindruckt auch eingefleischte Pazifisten. Sie wurde mit militärischem Verteidigungsraffinement angelegt, jeder Meter ist durchdacht, geplant, zum Schutz gebaut. Nicht Wehrgänge, sondern überdachte Galerien sicherten die Festung. Steinquader - die größten bis zu 13 Tonnen schwer - sind so aufeinandergetürmt, daß sie sich als spitzbögiges Dach berühren und Schutz gegen Pfeile und Brandschleudern boten. Touristen staunen beim Durchgehen, wie blank geputzt die Steine bis zu etwa einem Meter Höhe sind. Nicht Restauratoren waren hier am Werk, sondern Schafherden, die über Jahrhunderte in diesen Galerien Schutz gegen Sturm und Regen gesucht und gefunden haben. Ihre Wolle hat die Steinwände blank poliert.

Einige Durchgänge zu den verwinkelten Schutzwällen sind so schmal, daß nie mehr als ein Angreifer hindurchkam. So waren Eindringlinge leicht abzufangen. An einer Stelle des Burgweges waren über eine Fallgrube Holzbohlen gelegt, die ausgeklinkt werden konnten; wer auf ihnen stand, stürzte 7 Meter in die Tiefe.

Genützt hat keine dieser Sicherungen. Zuerst zerstörte ein Erdbeben - etwa 1200 v. Chr. - die Burg, wiederaufgebaut bestand sie bis 468 v. Chr. Dann aber stürmten Truppen aus dem neidischen Argos die breite Rampe zum Haupttor und drangen in die Burg ein. Tiryns und Mykene fielen im gleichen Jahr.

Ich bin gern in Tiryns. Nicht weil Perseus hier gelebt und Herakles hier geboren sein soll. Helden gibt es überall. Auch nicht, weil in diesen Mauern Königin Stheneboia den keuschen Bellerophon verführt haben soll. Ähnliches ist in der Bibel bei Joseph und Frau Potiphar besser nachzulesen. Nein, Tiryns mag ich, weil hier die Liebe zweier Menschen von Zeus auf die Probe gestellt wurde. Irdische Liebe erwies sich stärker als göttliche Verführungskünste. Amphitryon, der Feldherr, hat hier gelebt zusammen mit Alkmene. Sie muß sehr schön gewesen sein, denn Zeus hat nichts unversucht gelassen, sie zu verführen. Vergeblich. Erst als der Göttervater die Gestalt Amphitryons, ihres Ehegemahls, annimmt, gelingt es dem Gott, Alkmene zu täuschen. Sie schläft mit ihm, aber nur weil sie ihn für ihren Ehemann hält. Frucht dieses unbewußten Seitensprungs war Herakles.

Was war dieses Tête-à-tête mit einem Gott in Menschengestalt? Eine Tragödie? Eine Komödie? Sowohl als auch. Schon in der Antike haben alle großen Dramatiker diesen Stoff als Vorlage benutzt. Mal tragisch, mal heiter. Tiefer als Griechen, Römer, Spanier, Portugiesen, Italiener und Franzosen hat ein Deutscher die Tragikomik dieser Verwirrung der Gefühle ausgelotet: Heinrich von Kleist. Bei ihm kapituliert Gott Jupiter vor seinem eigenen Geschöpf, und Alkmenes »Ach« am Schluß des Stückes gibt jeder Philologengeneration neue Rätsel auf.

Tiryns - ein Platz, an dem neben Ginster, Oleander und Unkraut auch literarischer Lorbeer wächst.

13. Delphi - Apolls Orakel und Treffpunkt der Sieben Weisen

Delphi - der Nabel der Welt? / Der heilige Hain - heute schöner als früher? / Pythia war austauschbar / Lieferten Brieftauben Vorausinformationen? / Neben dunklen Orakelsprüchen leuchtete hier die Klarheit der Klügsten / Wieviel Philosophen gehörten zu den »Sieben Weisen«? / Thales - nicht nur ein mathematisches Genie / Warum man das Museum in Delphi besuchen sollte / Ein antiker Unfallort.

Als ich im September 1986 nach Delphi kam, hingen düstere Wolken über Apolls Hauptheiligtum.

Gewitterwolken sind nicht selten in der Landschaft Phokis am Fuße der rotsteinigen Phädriaden (was »die Brummenden« heißt). So schnell wie die Wolken kommen, ziehen sie auch weiter.

Die Gewitterwolken, die sich diesmal über Delphi zusammengebraut hatten, waren jedoch von anderer und langlebigerer Art. »Die in Athen« hatten einem Projekt zugestimmt, das Archäologen und Umweltschützer - die sonst durchaus nicht immer an einem Strang ziehen - zusammenführte: 11 Kilometer von den Ruinen der berühmtesten Orakelstätte der Antike plante die Regierung zusammen mit der Sowjetunion ein Werk für Aluminiumoxid. Ein 1,1-Milliarden-DM-Unternehmen, das 5000 Arbeitsplätze schaffen sollte. Doch Umweltschützer und Altertumsforscher fürchteten, daß durch dieses Vorhaben die Umwelt zerstört und die antiken Säulen und Skulpturen von giftigen Industrieabgasen zerfressen werden könnten. Es war eine neue Bedrohung, aber keinesfalls die erste für die Gegend um Delphi. Schon Apoll hatte, als er aus der Bucht von Itea heraufkam, zuerst den Drachen Pytho töten und ihn - das vermerkt Homer ausdrücklich in seinem Hymnus auf Apoll - *verwesen* lassen müssen, damit er, der lichtbringende Apoll, über das verwesende Dunkel herrschen konnte. Naturschützer und Altertumsverwaltung waren guten Muts, mit Apoll an ihrer Seite auch den modernen Drachen der Industrialisierung bändigen zu können.

Delphi war für die Griechen ein besonderer Ort. In Vorzeiten war die Erdgöttin Ge hier zu Hause. Später wurde es, weil es genau in der Mitte von Hellas lag, über alle anderen Plätze gestellt. Mehr noch: Delphi galt als Nabel der Welt. Zeus selbst hatte ihn festgelegt, indem er gleichzeitig einen Adler bei Sonnenauf- und einen bei Sonnenuntergang hatte losfliegen lassen. Über Delphi stießen die beiden Vögel zusammen und stürzten ab. Dort, wo sie aufschlugen, war der Nabel der Welt. Er wurde mit einem Stein, dem Omphalos (Nabel), markiert. Der echte ging verloren, aber in Delphi wurden zwei Kopien gefunden. Nach diesen zu urteilen, hatte der Nabelstein die Form einer Mammutananas.

Der Omphalos war natürlich kein gewöhnlicher Stein, sondern hatte eine bewegte Sagenvergangenheit, in der die wichtigsten Götter Rollen spielten. Kronos zum Beispiel, einer jener Titanen, die vor den Göttern die Welt beherrschten, als diese noch zeitlos war (daher unser Wort Chronometer). Er lebte ständig in der Furcht, seine Kinder könnten ihn töten, deshalb beschloß er, sie aufzufressen. Vier hatte er schon geschluckt, beim fünften erbarmte sich Mutter Rheia, und statt des Neugeborenen wickelte sie einen Stein in Windeln, Kronos bemerkte den Tausch nicht, schluckte den Stein im Glauben, es sei sein Sohn. Der Stein lag ihm so schwer im Magen, daß er ihn ausspuckte. Dieser Stein war der Omphalos. Das gerettete Kind aber wurde der Göttervater Zeus, dessen erste Amtshandlung darin bestand, die vom Papa geschluckten Geschwister Hades, Hera, Demeter und Hestia wieder zum Leben zu erwecken. Soweit die alte Sage. Eine von vielen, die um das Heiligtum des Apoll gewoben werden. Bitte, merken Sie sich das Wort Omphalos (Nabelstein).

Auch an diesem regnerischen Septembertag 1986 wirkte Delphis Zauber wieder auf mich. Er braucht keinen Sonnenschein und keinen blauen Himmel, er kommt aus der Verschmelzung von Natur und Kunst. An diesem Platz, am Ende eines Tales, das in das Halbrund eines natürlichen Amphitheaters mündet, verbinden sich nicht nur diese beiden Gegensätze, sie steigern sich. An einigen Stellen heute wahrscheinlich sogar mehr als im 7. und 6. Jahrhundert, der Blütezeit Delphis. Damals hatte keiner der 5000 Zuschauer, die während der Pythischen Spiele (seit 582) auf den Rängen des kleinen Amphitheaters saßen, einen Ausblick ins Tal. Der imponierende Apollotempel verstellte ihnen die Sicht. Er stand wie ein Ausrufungszeichen des Glaubens in der Landschaft. Die leuchtende Farbe seiner Säulen hob sich kräftig vom satten Grün der Olivenbäume ab.

Noch etwas anderes spricht dafür, daß die Harmonie von Natur und Kunst heute stärker wirkt. Wenn es nämlich stimmt, was Pausanias behauptet, daß an die dreitausend Statuen die heilige Straße säumten, Bronze, Marmor, Sandstein gemischt, wie es der Zufall ergab, dann dürfte das eine das andere erdrückt haben, während die karge Strenge des wenigen, was erhalten blieb, heute stärker beeindruckt.

Antike Delphibesucher schritten durch ein Spalier von Statuen, die dicht bei dicht die Straße säumten, heute erinnern nur noch einzelne Sockel an diese ursprüngliche »Puppengalerie«. Von den zwanzig Schatzhäusern, die hier einst standen, ist einzig das Athens wieder aufgebaut worden. Die Freilegung und der Wiederaufbau sind das Verdienst der »Ecole Française«, deren Archäologen seit 1882 hier graben. Damit dies geschehen konnte, mußte ein ganzes Dorf abgerissen und an anderer Stelle wiederaufgebaut werden. Wenn Ihre Straßenkarte das Dorf Kastri verzeichnet, dann ist es jenes, das einst auf den Trümmern von Apolls Heiligtum stand.

Der heilige Bezirk des Apoll! Was stellt man sich nicht alles an vollkommener Harmonie für diesen schönsten aller griechischen Götter vor? Einen Park voller Bäume und Bauten, Quellen, Bäche, Wege mit Brücken und Ruheplätzen. Ebenmaß und stille Größe, so weit das Auge reicht. Geht Ihre Phantasie in diese Richtung? Dann sehen Sie sich einmal eine Rekonstruktionszeichnung des heiligen Bezirks von Delphi an. Mehr als zwei Dutzend Tempel, Gebäude und Monumente standen hier dicht an dicht. Wie dicht, wird erst richtig deutlich, wenn man den verschämt in einer Ecke angebrachten Maßstab zu Hilfe nimmt. Die Anhäufung von Marmor und Sandstein war auf einem Gebiet von nicht mehr als 190 mal 135 Meter aufgestellt. Zum Vergleich: Ein Fußballfeld mißt 105 mal 70 Meter. Konnten auf dieser Fläche mehr als 24 Gebäude harmonisch angeordnet werden? Ich kann's mir nicht vorstellen.

Mittelpunkt und Glanzstück des heiligen Hains war der Tempel Apolls. Sein Hauptheiligtum auf griechischem Festland. Fünfmal wurde dieser Tempel zerstört, fünfmal wiederaufgebaut, bis jener letzte im Jahre 350 v. Chr. errichtet wurde, von dessen Größe heute sechs wiederaufgerichtete Säulen zeugen. Wenn Sie irgendwo lesen, es habe nur vier Apollotempel in Delphi gegeben, dann ist das nicht falsch, denn dieser letzte fünfte war die zentimetergenaue Rekonstruktion des vierten, der 373 durch ein Erdbeben zerstört worden war. Was beweist: Auch die alten Griechen hatten einen restaurativen Zug zum Althergebrachten.

In diesem Tempel des Apoll war das Orakel von Delphi zu Hause, das berühmteste des Altertums. Was hier prophezeit wurde, kam von Apoll selbst, der durch den Mund seiner Priesterin Pythia sprach. Sie verkündete ihre Sprüche zwar immer per »Ich«, doch mit diesem »Ich« war Apoll gemeint. Sie war sein »offener Mund«, nichts anderes heißt »Ora-Kel«.

Orakelsprüche waren für die alten Völker keine Scharlatanerien, wie es für uns Horoskope oder Hellseherprophezeiungen sind, sondern göttliche Informationen. Deshalb hatten die Orakelstätten und deren Priester so starken Einfluß. Vor allem aber Delphi, das in seinen Glanzzeiten mit seinen Orakeln über Krieg und Frieden, Wohl und Wehe ganzer Völker entscheiden konnte.

Doch weder von Delphi noch von anderen Orakelstätten wissen wir Verbindliches über die eigentliche Orakelprozedur. Und das, obwohl Plutarch, Biograph und Philosoph von hohen Graden, von seinem fünfzigsten Lebensjahr an Oberpriester des Apoll in Delphi war. Aber auch für Plutarch galt, was für alle Priester des Apoll selbstverständlich war: kein Wort verlauten zu lassen über das, was im Hause seines Gottes geschah.

Äußerlichkeiten, die Präluminarien, hat er allerdings überliefert. Demnach galten bei der Orakelbefragung in Delphi folgende Spielregeln: Bevor ein Orakelbefrager zugelassen wurde, hatte er ein Opfer zu bringen. Dessen Wert richtete sich nach Ansehen und Vermögen des Bittstellers. Meist wurden Tiere gespendet.

In der Hochblüte des Orakels verzichtete man darauf, sie für den Gott zu opfern, sondern prüfte lediglich, ob ihr Zustand ausreichte, den Spender zum Orakel zuzulassen. Plutarch berichtet darüber: »Eine Orakelbefragung wurde abgelehnt, wenn das Opfertier bei der rituellen Prüfung durch den Priester *nicht* zitterte. Es reichte nicht aus, daß es den Kopf bewegte; es mußte am ganzen Körper beben. Tat es dies nicht, so bedeutete dies, daß es nicht rein war. Nur die Ziegen wurden mit kaltem Wasser geprüft. Den Stieren gab man Mehl, den Wildschweinen Kichererbsen. Fraßen die Tiere nicht davon, so hielt man sie für krank.« Selbstverständlich gingen auch diese Opfertiere in den Besitz des Gottes, also der Priester, über.

Auch wenn die Zeichen günstig waren, konnte der Spender noch lange nicht zu Pythia stürmen und ihr seine Frage ins Ohr flüstern. Er durfte überhaupt nicht mit ihr sprechen, sondern mußte seine Frage auf ein Bleitäfelchen schreiben, das ihr ausgehändigt wurde, wenn er den Orakelraum, das Adyton, betrat. Beileibe nicht allein, sondern nur in Begleitung eines Proxenos durften die Antwortsuchenden zu Pythia. So ein Proxenos hatte in Delphi eine einträgliche Schlüsselposition. Proxenia ist das griechische Wort für Gastrecht, und ein Proxenos (Mehrzahl Proxenoi) war der ständige Vertreter einer Stadt. Aus welcher Stadt auch ein Grieche nach Delphi kam, er mußte sich bei seinem Proxenos melden. Sie waren die V-Männer zwischen Priesterschaft und Klientel. Eine hübsche Pfründe.

Von seinem Landesvertreter geleitet, betrat der Antwortsuchende den Orakelraum. Wir aber warten mit diesem entscheidenden Schritt noch ein wenig und schauen uns an, wie Pythia sich auf das Treffen vorbereitet. Der Name Pythia ist übrigens von jenem Drachen Python abgeleitet, den Apoll in grauer Vorzeit erschlug, als er in die Gegend kam.

In der Anfangszeit des Orakels weissagte Pythia nur einmal im Jahr. Als ihre Prophezeiungen »ankamen«, ihre Fan-Gemeinde wuchs, orakelte sie an jedem siebenten Tag im Monat; die drei Wintermonate ausgenommen, da hielt es Apoll nicht im kalten, nassen Delphi. Er war der erste Winterflüchtling und erweiterte dadurch das Jagdrevier für seine amourösen Abenteuer.

Nicht nur die Zahl der Orakeltage erhöhte sich im Laufe der Zeit, sondern auch die der Orakeldamen und deren Alter. Anfangs gab es nur eine Pythia. Sie wurde unter den Jungfrauen von Delphi ausgesucht. Als Apolls Braut durfte sie keinem Sterblichen gehören. Im 4. Jahrhundert hielt sich ein Jüngling nicht an dieses ungeschriebene Gesetz und vergewaltigte die amtierende Pythia. Um solches Vergehen künftig weniger attraktiv zu machen, erhöhte man das Mindestalter der Pythia auf fünfzig Jahre. Auch für diese reifen Damen blieb Jungfräulichkeit Bedingung. Ebenso der Minirock, den die ersten Pythien bereits getragen hatten. Kniefrei, aber mit einem purpurfarbenen Schleier über dem Gesicht orakelten an Hochbetriebstagen drei Pythien im Schichtdienst.

Die Nacht vor dem Orakeltag schlief die Pythia auf einem Lager aus Lorbeerblättern, weil der Lorbeerbaum dem Apoll heilig war. Am Morgen des Orakeltages wusch sich die Pythia in der heiligen Quelle Kastalia, »ihr Wasser ist auch zum Trinken lieblich«, schrieb Pausanias. Nach diesen rituellen Waschungen führte sie der Oberpriester in den Orakelraum des Tempels, dort stieg sie - lorbeerblattkauend - auf einen Dreifuß, nahm in die linke Hand einen Lorbeerzweig, und in der rechten hielt sie einen Wollfaden, der sie mit dem - Achtung, jetzt kommt das Wort, das zu merken ich Sie bat! - Omphalos verband. Um den Nabelstein war der restliche Wollfaden wie ein Knäuel gewickelt. Das Ganze war keine Werbung für strickende Hausfrauen, sondern von urzeitlicher Symbolik: Die Begabung der Pythia konnte nur geweckt werden, wenn sie über den Nabelstein mit den verborgenen Kräften der Erde verbunden war. Wie billig nehmen sich gegen solche orphischen Vorstellungen die Glaskugeln und der Kaffeesatz moderner Hellseherinnen aus . . .

Pythia hockte auf ihrem Dreifuß wie auf einem Barhocker. Er stand über einem Erdspalt, aus dem Dämpfe oder Qualm oder Gas oder Duftschwaden stiegen. Was es genau war, ist nicht mehr festzustellen. Plutarch gebraucht dafür das Wort »Pneuma«, und das ist praktisch unübersetzbar, weil es viele Bedeutungen haben kann. »Gas«, aber auch »Stimmung« kann damit gemeint sein.

Wodurch auch immer: Pythia verfiel in Trance. In diesem Zustand wurde ihr Körper so geschüttelt, daß Priester sie festhalten mußten, damit sie nicht vom Hocker fiel. Sicher war diese Ekstase oft nur simuliert, aber Plutarch berichtet auch, daß während seiner Priesterzeit eine Pythia in Trance gestorben ist.

Erst der ekstatischen Pythia durften Fragen gestellt werden. Aber nicht etwa direkt von dem Besucher, der begierig auf Antwort wartete, sondern auch dafür gab es eine spezielle Berufsgruppe, die Theopropoi, die Orakelbefrager. Sie lasen die Fragen vom Bleitäfelchen der Pythia vor, die daraufhin Wortfetzen und gutturale Laute ausstieß. Keine Chance für den von weit her angereisten Fragesteller, daraus einen Sinn herauszuhören. Das war beabsichtigt, denn schon waren orakelerfahrene Priester zur Stelle, die gegen ein entsprechendes Opfer das Gestammel des »rasenden Mundes« (so wurde Pythia genannt) in Hexameter, die ebenso wohlklingend wie nichtssagend waren, umformulierten.

Doch damit war die Geldschneiderei in Delphi, der prominentesten Orakelstätte, noch nicht zu Ende. Da die meisten Fragesteller mit den priesterlichen Antworten in Hexametern nichts anzufangen wußten, boten weltliche Orakeldeuter ihre Dienste an. Sie brachten das Gestammel der Pythia in etwas verständlichere Prosa. Für diese Übersetzungen war kein Opfer zu bringen. Diese gewerbsmäßigen Interpreten hatten ihre Stände gleich neben dem Tempel aufgeschlagen und arbeiteten nach festen Honorarsätzen, die handfester waren als ihre Deutungen.

Die Fragen, die in Delphi gestellt wurden, unterscheiden sich nicht von denen, die zu allen Zeiten Wahrsagern gestellt werden:

Bin ich wirklich der Vater des Kindes, wie Chloe behauptet?

Warum schenkt meine Frau mir keine Kinder?

Ein Schäfer fragt nach dem günstigsten Zeitpunkt und dem besten Markt für den Verkauf seiner Herde.

Eine gewisse Agis, offenbar ein ziemlich verhuschtes Mädchen, will wissen, ob ihr Bettzeug gestohlen wurde oder ob sie es verlor.

Leichtes Spiel für die Priester und Interpreten, Fragen dieser Art zu beantworten. Ihre Schwierigkeiten wuchsen mit der Prominenz der Pythiabesucher. Deren Fragen galt es so zu beantworten, daß der Ruf des Orakelplatzes gewahrt, ja möglichst noch gesteigert wurde, denn die Antworten der Pythia auf allgemein interessierende Fragen verbreiteten sich wie Lauffeuer in Griechenlands Städten. Das berühmteste dieser Prominentenorakel ist die Antwort auf die Frage des Königs Krösus, »ob er gegen die Perser zu Felde ziehen solle?«. Pythia antwortete: »Wenn du den Grenzfluß Halys überschreitest, wirst du ein großes Reich zerstören.« Daraufhin begann Krösus einen Krieg gegen die Perser, der mit der Zerstörung seines eigenen Reiches endete. Der geschlagene Krösus stellte die Priester von Delphi zur Rede, doch die wiesen achselzuckend darauf hin, daß Pythia nicht gesagt hatte, welches Reich zerstört werden würde . . .

Eine Orakelbefragung in Delphi war eine kostspielige Sache. Wie kostspielig, zeigt der folgende Reisekostenvoranschlag, in dem nur die allernotwendigsten Positionen aufgeführt sind:

Kosten der An- und Abreise,
Aufenthaltskosten,
Opfertiere,
Bleitafel,
Proxenos, der Begleiter zum Orakel,
Theopropos, der Orakelbefrager,
sprüchedeutende Priester,
weltliche Orakeldeuter.

Wo die Zukunft zur Handelsware wird, sind Manipulationen nah. Nicht nur seitens der Orakeldeuter. Auch manchen Fragern lag daran, vom Orakel jene Antwort zu erhalten, die für ihre Zwecke von Vorteil war. Themistokles, Herrscher von Athen, lieferte dafür ein Musterbeispiel. Weil er als einziger erkannt hatte, daß die Perser in einer Landschlacht nicht zu besiegen waren, wollte er seine Athener dazu bringen, eine Flotte zu bauen; doch die Athener wollten nicht. Da ließ er die Pythia befragen, wie sich die Athener den Persern gegenüber verhalten sollten? Pythia verkündete - sicher nach einem besonders großzügigen Opfer -, die Athener sollten ihre Stadt verlassen und sich hinter hölzernen Wänden gegen die Perser verteidigen. Der Sinn des Spruches war klar: Baut eine Flotte hölzerner Schiffe. Was Vernunft nicht erreicht hatte, schaffte der Orakelspruch. Die Athener bauten ihre

Flotte und schlugen die Perser 480 v.Chr. vernichtend in der Seeschlacht von Salamis.

Wieso waren eigentlich die Menschen der Antike so orakelsüchtig und orakelgläubig? Nicht Aberglaube, sondern der Glaube an die Macht der Götter war daran schuld. Meinten jedenfalls die Stoiker, die Anhänger jener Lehre, die empfahl, alles mit Gelassenheit zu ertragen. Sie folgerten: »Wenn es Götter gibt und sie den Menschen das Zukünftige nicht vorhersagen, so lieben sie entweder die Menschen nicht, oder sie wissen selbst nicht, was sich ereignen wird. Aber da die Götter uns lieben, sagen sie uns das Zukünftige voraus.«

Eine erfreuliche Logik: Die Götter sind allwissend, die Götter lieben uns, wir müssen sie also nur fragen, um unsere Zukunft kennenzulernen. Das nenn' ich Göttervertrauen. Euripides hatte noch eine zweite, nicht ganz so optimistische Erklärung, warum Orakel trotz aller falscher Prophezeiungen beliebt waren: »Nur die zutreffenden Vorhersagen bleiben in Erinnerung, die falschen geraten von selbst in Vergessenheit.«

Doch die Quote zufällig richtiger Prophezeiungen wäre zu klein für einen so frequentierten Platz wie Delphi. Es mußte nachgeholfen werden. Aber wie sich die richtigen Antworten beschaffen? Für Skeptiker gibt es darauf nur eine Antwort: Als Delphi zur Orakelfabrik geworden war, mußten Informationen über die Frager beschafft werden, noch bevor diese in Delphi eintrafen. Beweise für diese Behauptung fehlen, aber es gilt als sicher, daß Delphi wie jeder Orakelort von einiger Reputation über ein engmaschiges Agentennetz verfügte. Offen ist nur die Frage, auf welchen Wegen dies geschah. Eine verblüffende Theorie fand ich bei dem englischen Orakelforscher Robert K. G. Temple. In seinem 1982 erschienenen Buch geht er davon aus, daß Brieftauben eingesetzt wurden, um die Priester der Orakelstätten bereits vor der Ankunft der Antwortsuchenden über die zu erwartenden Fragen und deren zweckmäßigste Antworten zu informieren.

Ich kenne zwar keine Stelle bei antiken Schriftstellern, die dies bestätigt, aber auf Abbildungen werden auffallend oft die Orakelpriesterinnen mit Vögeln dargestellt, und daß Brieftauben die Namen der Sieger von Olympia in deren Heimatstädte flogen, ist verbürgt. Und Noahs Taube kennen nicht nur Bibelfeste.

Ärgerlicherweise wurde in Delphi kein Fitzelchen von Orakelrequisiten gefunden, weder eine der Bleitafeln, auf denen die Fragen notiert werden mußten, noch der Erdspalt oder Riß im Tempelfundament, aus dem die zukunftsschwangeren Dämpfe kamen. Aber zu viele Autoren haben dieses Orakel erwähnt, als daß alles ins Reich der Fabel geschoben werden könnte, nur weil Belege fehlen. Wohin die Bleitafeln mit den Fragen verschwanden, wissen wir bis heute nicht. Dabei hat Plutarch berichtet, daß diese von den Priestern gesammelt wurden, um notfalls nachsehen zu können, wie man sich in ähnlichem Fall aus der Affäre gezogen hatte.

Anders steht es um den Erdspalt, auf dem die Pythia saß. Zwar hat man auch ihn noch nicht gefunden, für diese vergebliche Suche aber gleich mehrere Erklärungen.

Erklärung eins: Bei der Erderschütterung und dem dadurch ausgelösten gewaltigen Felsabbruch im Jahre 373 v. Chr. wurde der Sitz der Pythia im Tempel Apolls total verschüttet und später an anderer - unbekannter - Stelle wiederaufgebaut.

Erklärung zwei: Das Orakel war nie im Tempel, sondern irgendwo in der Nähe bei einem Felsspalt, den man noch nicht gefunden hat. Bitter für die Verfechter dieser Theorie, daß die Geologen meinen, die Gesteinsschichten dieser Gegend seien weder höhlen- noch spaltträchtig.

Lösungsvorschlag Nummer drei fand ich am überzeugendsten bei Philipp Vandenberg in seinem Buch »Das Geheimnis der Orakel«. Er zweifelt, ob »Erdspalt« die richtige Übersetzung ist, und schlägt vor, statt dessen Strabos Begriff einer »senkrecht gegrabenen Höhle, aus der ein Hauch ausströmt, der in Begeisterung versetzt«, zu verwenden. Nun, Strabo ist ein verläßlicher Berichterstatter, und die Idee, daß unter dem Dreifußsitz der Pythia kein Erdspalt klaffte, sondern in einer künstlichen Vertiefung ein Feuerchen schwelte, in dem Nieswurz, Bilsenkraut (das Plinius der Jüngere witzigerweise Apollinaris nennt) und andere narkotisierende Kräuter verbrannt wurden, hat viel für sich. So »umnebelt«, konnte Pythia leicht in einen rauschhaft somnambulen Zustand versetzt werden.

Das Ende der delphischen Orakelei - wie aller Orakel - kam, als sich das Christentum durchsetzte. Was gestern noch göttliche

Weisheit war, wurde zu Teufelswerk und Scharlatanerie. Kaiser Julian - antiken Religionen mehr zugetan als dem jungen Christentum - versuchte, Delphis alten Glanz noch einmal aufzupolieren. Er schickte 362 n. Chr. einen Gesandten zu den Priestern des Apollotempels, um zu erkunden, was zur Wiederbelebung des Apollokults und des Orakels getan werden könne. Die Antwort der Pythia, die der Abgesandte versiegelt, wie es die Vorschrift verlangte, zum Kaiser nach Rom brachte, war zwar in Versen wie einst die Orakel, aber es war keine Prophezeiung, sondern ein Nachruf: »Melde dem Cäsar, das schöngefügte Haus ist verfallen. Phoibos Apollon besitzt keine Zuflucht mehr, der heilige Lorbeer ist verwelkt. Seine Quellen schweigen für immer, verstummt ist das Murmeln ihres Wassers.«

Doch auch als der Ort Apolls nicht mehr der Platz mythischen Geraunes war, lebte Delphi weiter - als Heimstatt für die großen Köpfe des griechischen Geistes. Nirgendwo in Griechenland war die Polarität von Geheimnis und Klarsicht so dicht benachbart wie im Apollotempel zu Delphi. In dessen Adyton kamen aus der Pythia Mund dunkle Worte, an die Wände des Pronaos aber, der Vorhalle der Cella, hatten die Sieben Weisen ihre knapp, klar und präzis formulierten Lebensmaximen geschrieben. Welch ein Kontrast! Nein, welch eine Wesensvielfalt bei diesem Volk! Unklare Prophezeiungen und hellsichtige Erkenntnisse in einem Tempel vereint.

Was von diesen Weisen in den Jahren zwischen 750 bis 550 v. Chr. an Graffiti dort an die Wände gekritzelt wurde, sind Erkenntnisse, die für alle Zeiten tragende Säulen jeder menschenbezogenen Philosophie bleiben werden. »Erkenne dich selbst«, schrieb einer von ihnen (wahrscheinlich Chiton). »Die meisten sind schlecht«, erkannte Bias von Priene (er mußte es wissen, er war Anwalt). »Erkenne den rechten Augenblick«, »Alles ist Übung«, »Bürgschaft bringt Unheil«, lauteten andere. Pittakos von Mytilene, Tyrann auf Lesbos, setzte seine Erkenntnis »Gleiches haben ist mehr als mehr haben« in die Tat um und schenkte jedem Untertanen ein Stück Land. Eine antike Bodenreform. Der griechischste dieser Sprüche soll von Kleobulos von Lindos stammen: »Das [rechte] Maß ist das beste.«

Ob diese Sieben sich wirklich als Diskutierclub in Delphi trafen, etwa so wie heute die Herren des »Club of Rome«, ist ungewiß, denn wir können nicht einmal mit Sicherheit sagen, wer alles zu diesen Weisen gehörte. Fest steht: Es waren mehr als sieben. Auch bei dieser Gruppe war die Magie der Zahl Sieben stärker als die Bereitschaft, den Kreis zu erweitern. Bis zu siebzehn Namen standen auf der Warteliste und hofften, in den harten Kern der »Sieben Weisen« aufgenommen zu werden. Fraglos der Primus inter pares, der Erste unter Gleichen, war Thales von Milet. Seine Lehrsätze haben ihren festen Platz in Mathematikbüchern, die Anekdoten um ihn beleben jedes Geschichtswerk. Wenigstens zwei gehören auch in dieses Buch: Als Thales anhand von Gestirnkonstellationen und Wetterbeobachtungen eine überdurchschnittliche Olivenernte voraussagte und keiner ihm glaubte, kaufte er für sein gesamtes Vermögen Ölpressen. Als seine Voraussage sich bestätigte, vermietete er sie zu Überpreisen. Angeblich nur, um zu beweisen, daß auch Philosophen ernst genommen werden sollen.

Als er die beiden Fragen »Wie berechne ich den Durchmesser eines Kreises?« und »Wie bestimme ich dessen Mittelpunkt?« mit einem einzigen Satz beantworten konnte, stiftete er Zeus einen Ochsen. (Seitdem sollen alle Ochsen eine Scheu vor Mathematik haben.) Die Antwort lautete: »Indem ich den Kreis halbiere und die so gefundene Linie ebenfalls halbiere.« Doch das sind lediglich hübsche Farbtupfer, das bahnbrechend Große leistete nicht der Mathematiker, sondern der Philosoph Thales. Er entpersonifizierte die Götter. Anders ausgedrückt: Das Stirb und Werde der Natur erklärte er, ohne die Götter zu bemühen, als natürlichen Vorgang. Mit Recht gilt er deshalb als Begründer der Naturwissenschaft, wenn er auch daneben so zeitbezogene Ansichten vertrat wie: Die Erde schwimmt als Scheibe auf dem Wasser, dessen Wellenschlag die Erdbeben auslöst.

Delphi hat seinen festen Platz in jedem touristischen Rundreiseprogramm. Entsprechend groß sind die Besucherscharen. Für Sie füge ich einen Rat an: Auch wenn der Andrang groß ist und Sie die wichtigsten Stücke bereits von Abbildungen und aus Büchern kennen - nehmen Sie sich die Zeit, gehen Sie ins Museum von Delphi. Der Gang durch die Ruinen schenkt die Impression, der Besuch des Museums vermittelt Kenntnis. Außerdem: Allein die Bronzestatue des Wagenlenkers sehen zu können lohnt den Eintritt. Daß es sich um einen Wagenlenker handelt, verrät sowohl die Haltung seiner Arme wie sein Gewand, ein knöchellanger Chiton. Nur bei den Wettkämpfen im Hippodrom wurde er getragen. In Delphi fanden seit 586 v. Chr. Wettspiele statt. Nach der Pythia hießen sie Pythische Wettkämpfe, und die Teilnehmer maßen nur - wie es Apoll zukam - ihre musikalischen und gesanglichen Qualitäten, später kamen auch sportliche Disziplinen hinzu. Als Preis winkte dem Sieger jener Lorbeerkranz, den viele Autoren fälschlicherweise den olympischen Siegern auf die Stirn drücken.

Wahrscheinlich verrät Ihr Reiseführer (der gedruckte wie der zweibeinige) sogar, daß dieser Jüngling mit seinem Vierergespann während der Wettkämpfe 478 und/oder 474 v. Chr. siegte. (Für einen Doppelsieg spricht, daß die ältere Inschrift durch eine neuere überdeckt wurde.) Diese Angaben galten jahrzehntelang als Orientierungsfixpunkte in der antiken Kunstgeschichte. Heute wissen wir: Sie gehören zu den vielen, die auf wackeligen Hypothesen stehen. Weder hat der penible Pausanias noch ein anderer antiker Schriftsteller die Figur erwähnt. (Sie war bereits verschüttet, als Pausanias nach Delphi kam.) Noch gibt es Siegerlisten aus den Jahren 478 und 474 v. Chr. Ob der Sockel mit den Inschriften zu dem Wagenlenker gehört, ob die Bronzefragmente, die daneben ausgegraben wurden, sich zu einem Vierergespann überzeugend ergänzen lassen - das alles steckt so voller Spekulationen, daß nur eines sicher ist: Diese Bronzestatue ist die schönste, die aus dem 5. vorchristlichen Jahrhundert erhalten blieb.

Weder wissen wir, wer sie schuf, noch wen sie darstellt noch was der Anlaß ihrer Aufstellung war. Darin liegt, meine ich, ein Vorteil. Wir treten ihr unbelastet von kunstgeschichtlichen Scheuklappen gegenüber. Nichts verstellt uns den Blick für ihre Vollkommenheit. Sie ist steif, aber nicht starr, sie steht aufrecht, aber nicht arrogant. Die leichte Drehung der Körperachse belebt die dezent stilisierte Figur. Die Augen des Jünglings folgen dem Betrachter. Keine noch so gute Fotografie kann diesen Effekt einfangen. Dieser Blickwechsel über drei Jahrtausende ist einer der großen Momente im Leben eines Menschen. Nur im Museum zu Delphi können Sie ihn haben.

Es ist Abend geworden in Delphi. Die Souvenirhändler haben ihre Stände abgebaut, längst sind die Touristenbusse mit ihrer babylonisch schnatternden Fracht abgefahren. Es ist still, nur Vogelgezwitscher in der Luft, die wieder nach Pinien duftet und nicht nach Diesel. Ich hätte nicht übel Lust, über Nacht hierzubleiben. Vielleicht, daß die französischen Archäologen in ihrem Haus ein Bett frei haben . . . Schön müßte es sein, durch die Pinien zu gehen, wenn das Mondlicht auf den Säulen ruht . . .

Doch Joanna Konstantinou, die frühere Direktorin des Museums, drängt zum Aufbruch. Ich versprach, sie mit nach Athen zu nehmen. Dort will sie eine Petition gegen das Aluwerk abgeben. (Diese und viele andere Eingaben hatten inzwischen Erfolg, der Bau des Aluwerks ist an anderer Stelle, weg von Delphi, begonnen worden.) Der Alltag hat mich wieder.

Nicht ganz. Auf der Heimfahrt zeigt Joanna auf eine Wegkreuzung und bittet anzuhalten. »Dort, an dieser Weggabelung, ist das Unglück passiert!« Ich begriff nicht, was Joanna damit sagen wollte. Ein Autounfall, in den Bekannte oder Verwandte verwickelt waren? »Dort hat sich erfüllt, was das Orakel von Delphi dem Ödipus prophezeite - hier hat er unwissentlich seinen Vater erschlagen!«

1986 sagte Joanna das so, als seit es gestern passiert. Das ist's, was Griechenland unsterblich macht.

14. Olympia - Stadt des Götter- und Körperkults

Seit 1875 fest in deutscher Archäologenhand / Unbekanntes von den Olympischen Spielen / So löste man in der Antike Datierungsprobleme / Wie es zum »Aus« für die Spiele kam / Was die modernen Olympischen Spiele - leider - nicht übernahmen . . .

Der Entschluß, mal wieder nach Olympia zu fahren, wurde am Abend beim Wein im Micro Limani geboren. Dieser kleine Yachthafen Athens hieß einst Limani Turco. Aber alles, was »türkisch« heißt, will man nicht mehr hören. Deshalb: Bestellen Sie nie einen Café turco, sondern einen Café greco, dann bekommen Sie einen türkischen Kaffee. In den vielen Restaurants des Hafenrunds sind schon verrücktere Ideen ausgeheckt worden als unser Blitzbesuch in Olympia ohne rechten Grund. Aber Olympia allein ist Grund genug.

Meine griechischen Freunde wählten die Straße, die an der Küste von Achaia über Patras und Prygos führt. Von dort fährt man durch das fruchtbare Tal des Flusses Alpheios. Keine 20 Kilometer von der Küste entfernt.

Es war ein heißer Tag, wir fünf fanden, er sei nur durch ein Bad im Meer zu ertragen. Es blieb nicht beim Schwimmen, es wurde ein Picknick am Strand. Griechen lassen keine Gelegenheit für ein Essen im Freien aus. Mir war die Unterbrechung lieb, so konnte ich noch einmal in jene Bücher schauen, die ich rasch als Gastgeschenke für die jungen Archäologen eingepackt hatte, die in Olympia graben.

Es sind Deutsche. Seit 1875 Ernst Curtius hier mit der Feldarbeit begann, ist Olympia deutsches Archäologengebiet. Curtius war 1838 zum erstenmal hier. Nicht als Archäologe, sondern als Hauslehrer adliger Söhne. Sein Buch, das vergriffen ist, hatte ich im Gepäck. Weil ich meinte, es müsse für Archäologen der dritten Generation nach Curtius erheiternd sein, Sätze zu lesen wie: »Von den bedeutsamen Städten der alten Hellas ist keine dermaßen bis zur Unauffindbarkeit verschwunden wie Olympia. In einer öden Flußniederung, in stickigem ungesundem Klima, von Ungeziefer geplagt, das hier in den Sümpfen nistet, begreift man die Verzweiflung eher, die jedermann befällt, der in Forscherabsicht herkommt . . .« Die meisten des Teams kannten jedoch das Curtius-Buch, statt dessen amüsierte sie die Abschrift eines Briefes, den der französische Benediktinermönch Bernard le Montfaucon 1723 an den Bischof von Korfu geschrieben hatte, weil er bereits damals überzeugt war, daß in Olympia »ungeheure Kunstschätze liegen, die mit Genehmigung der türkischen Regierung zu heben« sich lohne.

Der fromme Mann irrte genau wie anderthalb Jahrhunderte später die Spekulanten und Geschäftemacher, die Grabungen finanzierten, weil sie auf Gold und Silber hofften. Als ihre Erwartungen sich nicht erfüllten, stellten sie die Zahlungen ein. Auch Curtius wurden ein halbes Jahrhundert später rigoros die Zahlungen gestrichen. Als seine beispielhaften Grabungsarbeiten in sechs

Jahren die hohe Summe von 600 000 Goldmark gekostet hatten und es darum ging, die Grabungen aus Mitteln des Deutschen Reichs weiterzufinanzieren, lehnte der Reichstag ab, denn »für diesen Betrag« - Achtung, jetzt kommt's knallhart! - »ließen sich immerhin Kasernen für ein ganzes Grenadierregiment erbauen!«. Friedrich Wilhelm, der Kaiser, hat es schließlich bezahlt. Aus seiner Privatschatulle.

Unter Ernst Curtius waren alle führenden deutschen Archäologen an den Grabungen in Olympia beteiligt. Stopp, »alle« nicht. Einer fehlte: Heinrich Schliemann. Er war trotz aller Erfolge den Fachgelehrten noch immer suspekt. Als ich die jungen Archäologen fragte, ob sie einen Amateur, auch wenn er nicht so genial wie Schliemann sei, bei ihren Grabungen zulassen würden, gingen auch deren Meinungen auseinander. Die einen verwiesen auf die Österreicher, die bei einigen ihrer Ausgrabungsplätze Hobbyarchäologen mitarbeiten lassen, wenige lehnten ganz ab, die meisten waren sich einig: Anhören solle man auch die Ansichten von Außenseitern.

Das deutsche Team, das jetzt in Olympia arbeitet, erhält finanzielle Unterstützung von der Stiftung Volkswagenwerk, von der öffentlichen Hand und von privater Seite. Große Grabungskampagnen können davon nicht finanziert werden, aber immerhin, in den letzten anderthalb Jahrzehnten haben sie an die hundert Helme ausgegraben. Die Menge verblüfft. War Olympia Garnisonstadt?

Nein, aber ein Heiligtum, der Siegesgöttin Nike geweiht. Vor ihrem Altar im heiligen Hain wurden Helme und Schwerter als Weihgaben deponiert.

Möglicherweise sind, wenn Sie nach Olympia kommen, einige dieser Helme inzwischen Ausstellungsstücke im Museum. Einer von ihnen hat einen Ehrenplatz verdient: der Helm des Miltiades, Befehlshaber der Athener Armee in der Schlacht bei Marathon, die den Krieg gegen die Perser für Athen entschied. Ein Krieger brachte die Siegesbotschaft nach Athen. Er lief in voller Rüstung über das Drilessosgebirge, am Fuß des Hymettosflusses entlang, 42 Kilometer! Wir wissen nicht, wie lange er brauchte, auch sein Name ist nicht überliefert, lediglich sein Satz »Athener, wir haben gesiegt«, bevor er tot zusammenbrach. Heute wird die Strecke in weniger als zweieinhalb Stunden bei den Olympischen Spielen gelaufen. Ohne Rüstung und Waffen.

In der Antike war Olympia Weihestätte und Reiseziel für Zehntausende. Das ist es auch heute. Den Besucher aus dem organisierten Norden Europas beeindrucken die ordentlichen Parkplätze mehr als die antiken Reste. An die hundert Omnibusse haben unter Pinien Platz. Und so viele stehen auch da. Tag für Tag. Damit unterscheidet sich das heutige Olympia vom antiken: Jetzt ist hier immer Betrieb, von 776 v. Chr. bis 393 v. Chr. herrschte hier nur alle vier Jahre das große Gedränge. Gott und die Welt strömten zu den olympischen Wettkämpfen. Kein Wunder, der Eintritt war frei.

Aber auch in den Olympiaden - das ist die vierjährige Zeitspanne zwischen den Spielen - lag Olympia nicht im Dornröschenschlaf. Erstens gab es den noch nicht, und zweitens hatte Olympia auch ohne Spiele einiges zu bieten. Zum Beispiel ein vielgepriesenes Orakel und ein Weltwunder: die Zeusstatue des Pheidias aus Gold und Elfenbein, siebenmal größer als ein Mensch. Außer diesem Hauptaltar existierten 69 andere Altäre, auf denen nach bestimmter Reihenfolge jeden Tag Opfer dargebracht wurden. Los war also immer etwas! Aber der Massenansturm mit gut und gern 50000 Menschen, der setzte nur alle vier Jahre ein. Immer in den Vollmondperioden des Juli und August (nach unserer Monatsbezeichnung). Weil da nämlich die Feldarbeit ruhte.

Es wird in Olympia nicht anders gewesen sein als beispielsweise in München: Touristen sind immer da, aber so wie in München die Besucherzahlen im September zum Oktoberfest explodieren, so war es auch zu den Spielen in Olympia. Der Ort selbst war damals das, was er auch heute ist: ein Provinznest mit bestenfalls tausend Einwohnern. Mindestens die Hälfte von ihnen lebt heute vom Souvenirhandel. Ihre Geschäfte florieren, denn viel mehr als herumzuschlendern durch eine Art von Kurpark mit malerisch verstreuten Säulenresten bleibt Besuchern nicht zu tun übrig.

Hier sind drei Vorschläge, dem olympischen Tag eine eigene Note zu geben:

Gehen Sie im Stadion - 45000 Zuschauer hatten auf den aufgeschütteten Erdwällen Platz - zur Ostseite. Dort stand einst der Brandopferaltar für Zeus, und dort liegt heute noch (oder wieder?) jene Steinschwelle im Boden, die als Startlinie für die Läufer galt. Sogar die Kerben sind auf ihr noch zu erkennen, die den Raum begrenzten, der jedem Läufer zur Verfügung stand. Gehen Sie in Startposition und dann »Achtung, fertig, los!« – spurten Sie ein Stadion (192,27 Meter) lang, dann haben Sie eine der antiken Disziplinen erfüllt. Wer es genau wie die antiken Läufer machen will, der muß nackt sein von der Sohle bis zum Scheitel.

Nackt war natürlich. Niemand fand es shocking. Man hatte – den Göttern sei Dank – ein unverstelltes Verhältnis zum Körper. Von einem bestimmten Jahr an trugen auch die Trainer und die Kampfrichter oben und unten ohne. Warum auch sie? Auch hierfür wie für alles, was im nachhinein nicht mehr genau zu begründen ist, erfanden die alten Griechen sofort eine hübsche Geschichte zur Erklärung, eine Anekdote. (Was übrigens bestes Griechisch ist und von »anekdotos«, »noch nicht aus dem Haus gegeben, noch nicht bekanntgemacht«, abgeleitet ist.)

Durch eine Anekdote wurde also auch die Nacktheit der Trainer erklärt. Sicher stimmt kein Wort davon, aber hübsch ist sie allemal: Die Mutter eines Olympiateilnehmers wollte unbedingt zuschauen, wenn ihr Sohn an den Start ging. Da sie als verheiratete Frau nicht ins Stadion durfte, zog sie sich den Chiton eines Trainers an und überlistete so die Kontrolleure. Alles verlief nach Plan, doch als ihr Sohn siegte, kletterte die begeisterte Mutter über das Geländer in die Kampfbahn. Dabei blieb sie mit dem ungewohnten Chiton hängen und stand, wie es so schön heißt, total im Freien. Auspeitschen, die Strafe für unerlaubtes Betreten der Kampfbahn durch Frauen, blieb ihr erspart, weil sich herausstellte, daß sie nicht nur die Tochter des rhodischen Olympiasiegers Diagora war, sondern ihre drei Brüder, ihr Neffe und nun auch noch ihr Sohn zu den Olympiasiegern zählten. So viele Olympioniken – so hießen Sieger in den Wettbewerben – in einer Familie – das reichte zur Begnadigung. Übrigens: Rhodos stellte neben Sparta und Athen die meisten Olympioniken.

Auch ohne Stadionlauf kann man sich in Olympia heute als Sieger fühlen. Wem so ist, der kann – Vorschlag Nummer zwei – auf eines der Marmorpodeste klettern, die zuhauf herumstehen, um sich in Siegerpose fotografieren zu lassen. Vielleicht mit einem

Olivenzweig in der Hand. Bitte, keinen Lorbeerkranz! Das ist eine jener offenbar unausrottbaren Behauptungen. Nein, Olympiasieger bekamen einen Ölzweig, sonst nichts. Also, auf das »sonst nichts« möchte ich keinen Eid ablegen müssen, sondern . . . aber davon später. Der Siegerölzweig wurde nicht von irgendeinem Olivenbaum geknickt, sondern mußte von einem bestimmten Olivenbaum abgeschnitten werden, der unmittelbar neben dem Zeustempel stand und den angeblich Herakles eigenhändig gepflanzt hatte. Den Baum gibt es nicht mehr, und noch ist kein Touristenmogul - aus Pietät oder Einfallslosigkeit? - auf die Idee gekommen, einen anderen dafür auszugeben.

Den Zweig für den Sieger konnte auch nicht irgendein x-beliebiger Bursche von dem Olivenbaum abschneiden, sondern das mußte ein auserwählter Jüngling mit goldenem Messer tun. Vorbedingung war: Der Messerschneider mußte noch »doppelt umblüht« sein, was die hübsche Umschreibung dafür war, daß Vater und Mutter noch lebten (und den Juroren bekannt waren!). Sie brauchen keine Skrupel zu haben, sich als Olympiasieger fotografieren zu lassen - schon zu Solons Zeiten gab es Sportler, die ihre eigene Siegesstatue bereits bei der Anreise im Gepäck hatten. Diese Siegesstatuen mußten überlebensgroß, durften aber keinesfalls ähnlich sein. Erst nach drei Olympiasiegen - also acht Jahre nach dem ersten Sieg - war Ähnlichkeit nicht nur erlaubt, sondern gefordert. Da Frauen (und Sklaven) die Teilnahme an den Wettspielen verboten war, können Leserinnen von dem Tip, sich in Siegerpose ablichten zu lassen, leider nicht profitieren.

Verheiratete Frauen durften nicht einmal zuschauen, unverheiratete schon eher. Auf alle Fälle jene aus dem Ort Elis, 50 Kilometer von Olympia entfernt. Seine Einwohner stellten die Wächter und Verwalter für Olympias Heiligtum und waren das »Olympische Komitee«.

Der dritte Vorschlag, den Tag in Olympia individuell zu gestalten, ist banal oder ungewöhnlich: Besuchen Sie das Museum. Wozu, denken Sie vielleicht, schließlich haben Sie in Athen das Nationalmuseum durchwandert und dort die Glanzstücke griechischer Kunst gesehen. Irrtum. Das eine schließt das andere nicht aus. Olympias kleines Museum hat drei Stücke, die ihresgleichen nirgendwo sonst haben.

Das erste ist die »Hermes mit Dionys«-Statue des Praxiteles. Das einzige seiner Kunstwerke, das uns überliefert ist und eines seiner besten obendrein. Woher wir das wissen? Weil römische Kopien seiner anderen Standbilder im Louvre und in Rom stehen.

»Hermes und Dionys« wurde in Olympia gefunden und blieb hier trotz vieler und finanziell verlockender Angebote aus aller Welt. Das zweite Stück ist der Torso der Nike, der Siegesgöttin, die hier am Platz der sportlichen Kämpfe und Siege ihre Heimstatt hatte. Paionios aus Thrakien hat sie geschaffen. Zum erstenmal in der griechischen Plastik sind bei seiner Nike die Falten ihres Gewandes fest an den Körper geschmiegt. Für die Griechen um 420 v. Chr. muß das ähnlich aufregend gewesen sein wie 1508 n. Chr., als Dürer nach seinem Italienaufenthalt seine Figuren mit fließendem Faltenwurf malte.

Das dritte Prachtstück schließlich hat unmittelbar mit dem Genius loci zu tun. Es sind die Reste des Ostgiebels vom Zeustempel. Auf ihm ist die Sage dargestellt, die zur Gründung der Spiele geführt haben soll: König Pelops – nach ihm ist der Peloponnes benannt – ist zum Wagenrennen gegen König Oinomaos angetreten. Siegt Pelops, gehört ihm des Königs Tochter. Viele haben das vor ihm schon versucht, keinem ist es gelungen. Pelos gewinnt, weil er die Metallbolzen am Wagen des Königs durch solche aus Wachs austauschen ließ. Damit beim Betrachter kein Zweifel aufkommt, daß er wirklich die Tochter bekommt, steht sie auf dem Friesrelief bereits neben ihm im Wagen.

Offenbar fanden schon die Griechen, daß eine Story, die einen Sieg durch Manipulation preist, nicht gerade das Beste für eine hehre Gründungssage abgibt, jedenfalls schoben sie flugs eine zweite nach, in der das As unter den griechischen Leistungssportlern die Hauptrolle spielt: Herakles. Er erfand, behauptet die Sage, die Wettspiele zu Ehren des Zeus, dem zu opfern er nach Olympia gekommen war. Er war es auch, der verkündete: Es soll nur um die Ehre des Sieges, nicht um wirtschaftlichen Vorteil gekämpft werden. Vielleicht hatte er das wirklich im Sinn gehabt, doch es kam wieder einmal anders. Die Menschen sind eben nicht so edel wie Götter, nicht mal so wie Halbgott Herakles.

Es stimmt zwar, daß dem Sieger in Olympia nur ein Zweig aus Olivenzweigen winkte, doch der Ton liegt auf »in Olympia«. Zu

Hause sah es dann ganz anders aus. Solon ließ an jeden Athener, der als Sieger aus Olympia zurückkehrte, 500 Drachmen zahlen. Zum Vergleich: Ein Ochse kostete 5 Drachmen. Andere Städte rissen ein Stück Stadtmauer ein, um ihrem Olympiasieger Platz für einen großen Triumphzug zu schaffen. Fast alle Olympioniken erhielten eine Rente und durften ihr Leben lang am täglichen kostenlosen Mittagsmahl ihrer Heimatstadt teilnehmen. Doch das war erst der Anfang! Neben den Wettkämpfen in Olympia veranstaltete eine ganze Reihe anderer griechischer Städte Wettspiele. Viele fanden sogar alle zwei Jahre statt. Da diese Wettkämpfe immer im Schatten von Olympia standen, ließen es sich diese Städte einiges kosten, Olympiasieger am Start zu haben. Das füllte die Ränge. Es war damals nicht anders als heute: Spitzensportler waren immer auf Achse. Von einem Turnier zum anderen. Gegen Bares.

Also Schluß mit der Mär vom edlen Wettkampf der Amateure nur der Ehre wegen. Für sie war auf den Sandbahnen zur Blütezeit der Olympischen Spiele im 5. Jahrhundert v. Chr. kein Platz. Spezialisierte Profis waren gefragt, die ein ganzes Jahr mit Trainer, Masseur, Arzt und Koch auf den Wettkampf vorbereitet wurden. Zehn Monate trainierte man zu Hause, einen in Olympia unter Aufsicht der Hellanodiken, die später auch als Kampfrichter fungierten. Bereits während dieser Vorbereitungszeit wurden Bewerber ausgeschieden, die in einem Formtief steckten.

Den antiken Klatschreportern haben wir es zu verdanken, daß uns einiges über die Trainings- und Ernährungsgewohnheiten der Sportler überliefert wurde. Die alten Griechen interessierten sich für die Privatstorys der Olympioniken genauso wie Otto Schultze und Lieschen Müller heute für die von Steffi Graf oder einem Fußballer. So soll ein gewisser Milon aus Krotos, der bei mehreren Olympischen Spielen in der Disziplin »Ringen« siegte, jeden Tag an die 9 Kilo (20 Minen) Stierfleisch und ebensoviel Brot verzehrt haben.

Bybons, ein anderer »starker Mann«, soll einen Stein von 149 Kilo mit einer Hand über seinen Kopf gehoben haben. Die Bezeichnung »stark« bezieht sich bei diesen Sportlern nicht nur auf ihre Muskelkraft. Da es beim Ringen keine Einteilung in Gewichtsklassen gab, mästeten sich die Athleten zu Fleischgebirgen.

Überall, wo es um Geld geht, ist bald auch Bestechung, Doping und Betrug im (olympischen) Spiel. Gleich drei Paragraphen - auch dies ein Wort griechischer Herkunft - des olympischen Reglements beschäftigten sich mit diesen Delikten:

§ 8 - Es ist verboten, seinen Gegner zu stoßen oder irgendwelche unlauteren Mittel und Tricks anzuwenden.

§ 9 - Verboten ist es, seinen Gegner einzuschüchtern oder ihm Geld anzubieten, damit er sich besiegen lasse.

§ 10 - Wer seine Richter zu bestechen versucht, wird mit Ruten gepeitscht.

Praktisch, wie die Griechen in öffentlichen Angelegenheiten waren, verstanden sie es bei diesen Verboten, das Moralische mit dem Nützlichen zu verbinden. Sie führten »Bußstatuen« ein. Diese »Zanes« waren bronzene Zeusstatuen, die aus den Strafgeldern der ertappten Sportler angefertigt wurden. Paragraphenbrecher als Kunstmäzene - statt »roter Karte« ein Bild bei einem modernen Maler -, das wäre doch noch eine Variante für die Bundesliga.

Für die Sportler war jede Statue ein winkender Zaunpfahl. Wer ins Stadion wollte, mußte an ihnen vorbei. Heutige Olympiabesucher sehen nur noch die Sockel und können nur hoffen, ihr Fremdenführer erklärt ihnen, wozu sie einst dienten. Schriftliche Hinweise fehlen leider.

Wie wenig schon damals Bußgelder nutzten, verrät ein Bericht, nach dem Athen bei den 112. Olympischen Spielen mit sechs Zeusstatuen büßen mußte, weil der Athener Kallipos seinen Gegner im Fünfkampf zu bestechen versucht hatte.

Beim Lesen der letzten Seiten fällt mir auf, daß ich schon mitten in die Praktiken der Spiele gerutscht bin, ohne über den Wert, den diese Spiele für die Griechen hatten, ein paar Sätze gesagt zu haben. Sie waren weit über das Sportliche hinaus eine wichtige Institution des politischen Lebens. Beispielsweise war auf Seite 173 zu lesen, daß die Wettkämpfe in Olympia seit 776 stattfanden. So steht es auch in fast allen Geschichtsbüchern. Es ist trotzdem nicht ganz korrekt. Richtig ist, daß ab 776 die Sieger aufgezeichnet wurden. Nach ihnen wurden dann die jeweiligen Spiele genannt. Das heißt aber nicht, daß nicht schon vorher welche stattgefunden haben. Für jene, die es ganz genau wissen wollen: Koroibos aus Elis (Stadionlauf) ist der erste, der Armenier Varazdat (Faustkampf) der letzte auf der über tausendjährigen Siegerliste.

Alles, was sich vor 776 ereignete, hieß »vor den Olympischen Spielen«. Allzu leicht huschen wir heute über Jahreszahlen aus antiker Zeit hinweg, überlegen nicht, welch ein gewaltiger Schritt es war, zum erstenmal den Begriff Vergangenheit überschaubar zu machen. Bevor es zur Datierung nach Jahreszahlen kam, orientierte man sich an der Generationenfolge »Sohn des . . .« oder an Naturereignissen wie »vor der großen Trockenheit«, »nach dem Jahr der Überschwemmung«. Unser Datierungssystem mit »vor oder nach Christus« ist allerdings nicht nur das jüngste, sondern auch eines der ungenauesten, weil es mit einem Jahr Null arbeitet, das es aber logischerweise nicht gegeben haben kann. Der Mönch Dyolisis Exigorus hat die Methode 532 erstmals angewandt; in Urkunden taucht die Bezeichnung »vor« oder »nach Christi Geburt« sogar erst im 8. Jahrhundert auf.

So ist unser Kalender ein Beispiel mehr, wieviel Verwirrung eine Null anrichten kann . . . Die Griechen hatten es da einfacher. Für sie war unser Jahr 694 v. Chr. das vierte Jahr der zwanzigsten Olympiade. Zur Vollmondzeit Juli/August werden also die 21. Olympischen Spiele beginnen.

Bereits im Frühling dieses Jahres sind Boten ausgeschwärmt, um bis in die entlegensten Orte Griechenlands den genauen Beginn der Spiele bekanntzugeben. Bis ans Schwarze Meer, ja bis nach Ägypten sind einige Delegationen gereist. Immer waren nur griechische Siedlungen ihre Ziele. Nur freie Griechen durften an den Wettkämpfen teilnehmen. Jedenfalls bis zum Jahr 338. Von da an erweiterte sich der Teilnehmerkreis. Noch heute erinnern auf dem Olympiagelände die Stümpfe von achtzehn ionischen Säulen gleich hinter dem Heratempel an diese Erweiterung des Teilnehmerkreises. Diese Säulen sind die kümmerlichen Reste eines Rundbaus, den der Makedonierkönig Philipp II. 338 begann und den sein Sohn Alexander der Große fertigstellen ließ – zum Dank dafür, daß seine Landsleute zu den Olympischen Spielen zugelassen und dadurch als gleichberechtigt mit den übrigen Griechen anerkannt worden waren. Zu jener Zeit war das eine große Ehre.

Später ging die Exklusivität flöten, Kreti und Pleti konnten sich im Stadion tummeln. Sogar Nero.

Nicht nur die Teilnahmezahl, auch die Form und der zeitliche Ablauf der Spiele haben sich während der 1150 Jahre geändert, in denen fast dreihundert Wettkämpfe stattfanden. Die frühen Olympischen Spiele dauerten einen Tag, in der Glanzzeit waren sie erst nach fünf Tagen zu Ende. Bis zu den 14. Spielen stand nur eine einzige Disziplin auf dem Programm: »einfacher Lauf«, zu dem zwanzig Olympioniken starten durften. Fünfmal je vier Läufer. Die Sieger der einzelnen Läufe traten im Finale gegeneinander an. Gewinnen konnte nur einer. Zweite und dritte Sieger gab es nicht. Von den 18. Olympischen Spielen an wurde der Pentathlon, der »Fünfkampf«, als neue Disziplin aufgenommen. Ein kombinierter Wettbewerb aus Lauf, Weitsprung, Diskuswurf, Speerwurf und zum Abschluß Ringkampf. Er stand höher im Kurs als alle anderen Wettbewerbe. »Der Fünfkampf macht den Körper schön«, hieß es, und wenn ein Fünfkämpfer zum Sprung ansetzte, wurde die Flöte gespielt.

Krönung des Fünfkampfes war das Ringen. Bei ihm hatte gesiegt, wer den Gegner dreimal aufs Kreuz zu legen verstand. Diese Ringkämpfe waren das Brutalste, was man sich als Sport vorstellen kann. Alles war erlaubt, Beißen ausgenommen. Catch-as-catch-can ist ein Konfirmandenvergnügen dagegen. Die antiken Kämpfer konnten im Ring - den es noch nicht gab - nicht schauspielern wie heute die Catcher, und bevor die Kampfrichter mit ihren Gabelstöcken die Kontrahenten trennten, mußten schon grobe Fouls begangen worden sein.

Zwar trugen die Kämpfer einen Gesichtsschutz aus Bronze, ihre Fäuste jedoch waren mit Lederriemen umschnürt, in denen Metallnägel steckten. So manche edle griechische Nase - Stirn und Nasenrücken in einer Linie - war nach dem Kampf alles andere als gradlinig. Meist blieb einer der Kämpfer entstellt, blutüberströmt und verstümmelt liegen. Oft auch beide. Wer nicht rechtzeitig aufgab, wurde totgeschlagen. Unter den Anfeuerungsrufen der 45 000 Zuschauer, die rechtzeitig Wetten auf einen der beiden abgeschlossen hatten. Mit »stiller Einfalt und edler Größe« hatte das wenig zu tun. Woher auch? Die alten Griechen waren Menschen wie wir.

Im 5. Jahrhundert wurde eine weitere Sportart ins olympische Programm aufgenommen: Pferderennen. Richtiger: Wagenrennen. Im Jahr 416 gewann der schöne Alkibiades in dieser Disziplin sowohl den ersten, zweiten und vierten Preis. Zwischenruf: Wieso? Es gab doch nur einen Sieger, steht auf Seite 180. Antwort: Stimmt, im Hippodrom aber gab es mehrere. Weitere Ausnahme: Die Wagenlenker waren nicht nackt wie die anderen Olympioniken, sie trugen - wie die berühmte Bronzestatue in Delphi beweist - den Chiton.

Wie aber konnte Alkibiades bei einem Rennen gleich dreimal siegen? Weil der Preis nicht dem Wagenlenker, sondern dem Besitzer der Pferde zuerkannt wurde. Um des Sieges sicher zu sein, hatte der schöne und eitle Alkibiades gleich sieben von insgesamt zwölf Vierergespannen ins Rennen geschickt. Nach seinem Dreifachsieg gab er ein Festmahl für alle Zuschauer.

Pferdenarren, die heute Olympia besuchen, fragen vergeblich nach Resten des Hippodroms. Nicht ein Stein existiert mehr. Der Fluß Alpheros hat alles weggespült. Anders steht es mit dem antiken Swimmingpool. Er ist erstaunlich gut erhalten. Um so seltsamer, daß kein Bericht diese Schwimmwettbewerbe erwähnt. Gab es bereits Crawl? Butterfly? Oder nur Brust- und Rückenschwimmen? Weder noch! Es gab überhaupt keine Schwimmwettbewerbe. Das große Becken diente der Erfrischung. Allerdings nur für die Sportler, ihre Betreuer und - sicher war das auch schon damals so - für die Funktionäre.

Abkühlung war dringend vonnöten. Es muß im Hochsommer entsetzlich heiß gewesen sein. Dazu die Ausdünstung und die Abfälle von 45 000 Menschen. Wir wissen, wie unsere Stadien nach einem Europacupspiel aussehen. Zu Hitze und Gestank kam damals noch die Plage durch die Fliegen. Nicht den Sportlern, meinte ein kritischer Zeitgenosse, sondern den Zuschauern gebühre ein Preis, weil sie dies alles ertrügen, und Diogenes, der alte Spötter, meinte, wenn er einen widerborstigen Sklaven zu bestrafen hätte, »schickte ich ihn nicht Mühlsteine wälzen, sondern ließ ihn bei den Olympischen Spielen schmoren«.

Im letzten vorchristlichen Jahrhundert verloren die Spiele mehr und mehr an Attraktivität. Die Römer versuchten, ihnen neuen Glanz zu geben, doch unter Nero wurden sie endgültig zur Farce.

So ließ er 67 n. Chr. die Spiele zwei Jahre früher beginnen, nur damit er daran teilnehmen konnte. (Diese Spiele werden bei der allgemeinen Rechnung nicht berücksichtigt.) Damit sich seine Teilnahme auch lohnte, bestimmte Nero, daß ihm sämtliche Siegerkränze verliehen wurden, auch der jenes Wagenrennens, bei dem er aus seinem Wagen gefallen war.

Das endgültige »Aus« für die Spiele besorgten zwei Gruppen: Goten und christliche Fanatiker, denen alles Heidnische ein Greuel war.

Wie sie wieder entstanden, ist bekannt: Der französische Baron Pierre de Coubertin konnte nach mühseligen Verhandlungen 1896 die Jugend der Welt zu den ersten Olympischen Spielen neuer Zeitrechnung in Athen begrüßen. Das Stadion liegt mitten in der Stadt, mindestens einmal am Tag kommt jeder Besucher daran vorbei. Nur wenige wissen, daß es genau an jener Stelle errichtet wurde, an der sich das Stadion des klassischen Athens befunden hat.

Coubertins große Tat wurde 1936 um eine Neuerung bereichert, die es in der Antike nicht gegeben hat. Damals wurde auf deutsche Anregung zum erstenmal das in Olympia entzündete Feuer von Läuferstafetten vieler Nationen nach Berlin gebracht. Seitdem ist zur Eröffnung Olympischer Spiele diese Fackelstafette von Olympia aus Tradition geworden.

Dort steht auch der Gedenkstein für Pierre de Coubertin, in dem seit 1938 auch sein einbalsamiertes Herz ruht. Eine große Geste seiner Witwe und eine berechtigte dazu, denn wäre es nach dem Baron gegangen, dann hätten die modernen Olympischen Spiele nicht nur die antiken Wettkämpfe und deren Geist übernommen, sondern auch das, was diese Spiele über die aller anderen griechischen Städte erhob, die Ekecheiria - den allgemeinen heiligen Frieden zwischen den griechischen Staaten während der Olympischen Spiele. Es war dies eine der größten von vielen politischen Taten dieses Volkes, dessen Städte sich zwar in »Froschkriegen« bekämpften, die aber alle diesen Friedensvertrag respektierten. Er erklärte die Gegend um Elis und Olympia für heilig. Das bedeutete, daß zu keiner Zeit militärische Einheiten durchmarschieren durften. Während der Spiele aber hatte Frieden in ganz Hellas zu herrschen. Dreihundertmal ruhten während der Olympischen

Spiele die Waffen! Und nun schauen Sie sich die 24 neuen Olympischen Spiele an. Wie oft mußten sie ausfallen, weil die Völker sich bekriegten, wie oft störten politische, rassische oder religiöse Feindschaften diesen »friedlichen Wettstreit der Jugend aller Völker«, wie oft wurden die Spiele in diesen lächerlichen zweiundneunzig Jahren mißbraucht, sei es zur Propaganda, sei es »nur« zur Reklame.

Vielleicht sollte ich zurücknehmen, was ich ein paar Seiten vorher geschrieben habe, vielleicht waren die alten Griechen doch besser als wir. Sie schlugen sich zwar beim Ringkampf die Köpfe ein, aber wenn abgesprochen war, daß die Waffen schweigen, dann hielten sie sich daran. Vielleicht ist es auch diese Mischung aus ungezügelter Brutalität und Einhaltung von Absprachen, daß unsere Herzen und Köpfe immer wieder Heimweh nach Hellas haben, zu einem Volk, das politische Ideale nicht nur predigte, sondern auch einhielt. Ein Symbol dafür ist der kleine Ort Olympia.

15. Korinth - Alltag, Liebe und Handel in Griechenland

Luxus war dieser Stadt wichtiger als politische Macht / Wie sahen antike Handelsschiffe aus? / Diogenes in der Tonne hatte eine Verehrerin unter den leichten Mädchen / Warum die Schildkröte das Symbol für die Hausfrau war / Liebe - tragisch: Um Korinth erzählen drei Sagen davon

Von Athen nach Korinth, das ist heute ein Katzensprung. Eine Autobahn verbindet beide Städte. Soll man diesen kurzen Abstecher in seinem Reiseprogramm einplanen? Ich bin nicht das griechische Touristikamt, das selbstverständlich »ja« sagt, deshalb nehme ich mir die Freiheit und sage: Wer auf Säulen, Bauten, Kunst und Erhabenheit erpicht ist, soll den Tag lieber am Strand verbringen. Außer den sieben Säulenstümpfen des Apollotempels ist nichts Bemerkenswertes vom achaischen Korinth erhalten. Das meiste, was zu sehen ist, stammt aus römischer Zeit und ist zweitrangig. Wer jedoch nicht den Thambos, den heiligen Schauer, erwartet, der uns an Plätzen befällt, an denen noch der Hauch der

Götter zu spüren ist, dem kann ein Ausflug nach Korinth eine neue Welt des antiken Griechenlands erschließen. In diese Stadt rief kein Gott, sondern lockten leichte Mädchen. Im alten Korinth war immer »viel los«. Vor allem während seiner Blütezeit im 6. Jahrhundert v. Chr. Damals galt Korinth als eine der reichsten Städte der Welt.

Und genau das ist es, was mich an diesem alten Korinth so ärgert. Was hätten kluge Staatsmänner aus einer Stadt mit dieser wirtschaftlich wie strategisch so günstigen Lage machen können! Aus einer Stadt, in der mehr Quellen sprudelten als in irgendeiner anderen griechischen Stadt. Aus einer Stadt mit zwei Häfen. Einer zum Saronischen, einer zum Korinthischen Golf. (Heute liegen beide unter dem Meeresspiegel.)

Einer solchen Stadt hätte eine politische Führungsrolle zugestanden, eine solche Stadt hätte *die* Wirtschaftsmetropole werden können. Nichts davon, Korinth war nur eine reiche Stadt. Um die Jahrhundertwende erwähnte man es mit Augenzwinkern als »Paris der Antike«. Nicht einmal der Gedanke, den Isthmus zu durchstechen und dadurch die Schiffahrtswege wesentlich zu verkürzen, stammt von den Bürgern Korinths, Nero hatte ihn. Allerdings fehlte es an Geld, Energie und technischen Mitteln, ihn zu realisieren. Das gelang erst 1893. Nach Christus.

An die »Isthmischen Spiele«, die alle zwei Jahre in Korinth abgehalten wurden und bei denen es als Siegespreis einen Fichtenzweig gab, erinnern wir uns nur, weil wir in der Schule Schillers »Kraniche des Ibykus« lernten und dessen erste vier Zeilen nie mehr aus dem Kopf bekommen:

»Zum Kampf der Wagen und Gesänge,
Der auf Korinthus' Landesenge
Der Griechen Stämme froh vereint,
Zog Ibykus, der Götterfreund.«

Das klingt sehr edel, in Wahrheit haben ganz andere Lockungen »der Griechen Stämme« in Korinth »froh vereint«. Es ist auch sehr die Frage, ob die korinthischen Säulen (die mit dem Blattschmuck im Kapitell) wirklich zum erstenmal in Korinth aus dem Stein gemeißelt wurden. Vor gut einem Jahrzehnt wurden an anderen Plätzen solche »korinthischen« Säulen ausgegraben, die einwandfrei älter sind als jene am Isthmus.

Woran lag es, daß Korinth, das doch »fähig gewesen wäre, gleich Rom oder Karthago das Gewicht der Weltherrschaft zu tragen . . .«, wie es der deutsche Altertumsforscher Johann Jakob Backofen Mitte des vorigen Jahrhunderts formulierte, nie auch nur den Versuch unternommen hat, im politischen Konzert der Antike die erste Geige zu spielen? Die Antwort ist erschreckend einfach: Den Korinthern ging es zu gut. Sie waren zu satt, um ihr Leben und das ihrer Stadt einer Idee unterzuordnen. Luxus, Bequemlichkeit waren hier zu Hause, geistiger Gehalt, künstlerische Interessen – Fehlanzeige. Lebensgenuß statt Lebensart waren angesagt.

Warum soll man dann für einen Vormittag nach Korinth fahren? Die Antwort: eben deshalb! Auf diesem Gelände mit seinen kümmerlichen Ruinen ist es leichter, sich in den Alltag der alten Griechen zu versetzen als in den Säulengängen eines Tempels, wo man jeden Augenblick meint, Iphigenie müsse in wallendem Gewand hinter einer der Säulen hervortreten.

Die Vorstellung, daß die klassischen Griechen so würdevoll und langsam fürbaß schritten wie unsere Schauspieler, wenn sie in einer griechischen Tragödie auftreten, ist ein holder Wahn. Wer einmal Griechen in einer Dorftaverne bei einer Fußballübertragung im Fernsehen erlebt hat, weiß, wie gewaltig dieser Irrtum ist. Griechen sind temperamentvoll, warum sollten es die alten Griechen nicht auch gewesen sein?

Schon auf der Fahrt nach Korinth kommt man an einer Stelle vorbei, die viel über altgriechischen Alltag erzählt. Ich hab' noch keinen Fremdenführer getroffen, der sie seiner Gruppe zeigt. Vielleicht, weil sie etwas schwierig zu erreichen ist. Um die Stelle zu finden, müßten Sie bei der Kanalbrücke stoppen. Das tun Sie sowieso, um zu fotografieren. Danach jedoch müssen sie von der Brücke aus die Böschung am Kanal herunterkraxeln. Ganz gleich, ob auf der rechten oder linken Seite.

Nach ein paar hundert Metern stolpern Sie über Steine. Das ist nichts Besonderes. Aber diese Steine haben Mulden, und diese Mulden sind Schleifspuren aus dem 6. und 5. Jahrhundert v. Chr. Hier verlief die Diolkos, die steinerne Schleifbahn, über die Schiffe von der einen Seeseite zur anderen gezogen wurden, als es noch keinen Kanal gab. Gegen Gebühr, aber die war immer noch niedriger, als eine Umseglung des Peloponnes gekostet hätte.

Dreitausendjährige Schleifspuren vom Überlandtransport antiker Handelsschiffe - was waren das eigentlich für Schiffe, die aus ihrem Element gehoben werden konnten? Unsere Kenntnis über sie ist relativ jung. Erst die neuere Unterwasserarchäologie hat durch Wrackforschung bündige Aufschlüsse über Größe und Ausrüstung dieser Lastschiffe geliefert. Zwar hatte man durch Abbildungen eine ungefähre Vorstellung, wie diese Schiffe beschaffen waren, und auch die Bezeichnung »Gaulos« für Lastschiff gab Aufschluß, denn das Wort bedeutete ursprünglich Melkeimer. Kleinere Boote nannte man Skaphos - Topf. Seit 1967 aber können die Archäologen mit exakten Schiffsangaben aufwarten. In diesem Jahr bargen amerikanische Marinearchäologen die »Kyrenia« vor Zypern. Dieser Frachter war etwa 300 v. Chr. von Piraten versenkt worden oder in einem Sturm gesunken. Das Wrack der »Kyrenia« ist in der Festung von Kyrenia, im türkisch besetzten Teil von Zypern, ausgestellt. Nach über 2500 Jahren kam sie wieder in ihren Heimathafen. Seitdem wissen wir, daß diese Kantharoi (Frachtschiffe) 18 Meter lang und genauso viele Tonnen schwer waren. Sie hatten Segel, aber es konnte nur bei Rückenwind gesegelt werden. Kreuzen war nicht möglich, wie denn überhaupt im Mittelmeer Küstenschiffahrt betrieben wurde. Nachts suchte man sich eine Bucht zum Ankern.

So plumpe, unbeholfene Schiffe waren entsprechend langsam. Wenn sie 3 bis 4 Knoten schafften, war der Steuermann zufrieden. Steuermann heißt auf griechisch Kybernetes. Nach ihm hat unser kybernetisches Zeitalter seinen Namen.

Schiffskompaß oder Sextant waren unbekannt. Jedes Schiff hatte vier bis sechs Mann Besatzung. Die Ladung, ob flüssig oder körnig, wurde in Amphoren verstaut. Diese Tonkrüge waren die Container jener Zeit. Es liegen so viele auf dem Grund des Mittelmeers, daß die meisten Hafenorte froh sind, wenn Hobbytaucher ein paar Dutzend als Urlaubsspaß bergen.

Wer Urlaub auf einer griechischen Insel macht, muß nicht fürchten, ihn narre eine Halluzination oder er habe zu lange in der Sonne gelegen, wenn die »Kyrenia« mit vollen Segeln am Horizont auftaucht. Was er sieht, ist die »Kyrenia II«, die von 1982 bis 1986 auf einer Werft in Piräus ihrem antiken Vorbild nachgebaut wurde. Bis aufs I-Tüpfelchen genau. Kein Nagel wurde in ihr Holz gehämmert, die Planken sind mit Holzdübeln verbunden. Das Schiff hat ein großes viereckiges Segel und neun Mann Besatzung. Materialien und Schiffsbautechnik entsprechen denen der Antike.

Geht die »Kyrenia II« in einem Hafen vor Anker, kommt zu unserem Respekt vor dem Können der alten Schiffszimmermänner die Hochachtung vor den Seeleuten, die mit solchen Nußschalen für den Handel an den Gestaden der Götter sorgten. Und nicht nur für den Handel. Auch der Austausch von Kunst, Wissen und Kultur lief über die Seeleute. Homer hat sie besungen:

». . . die sie mit Botschaft
Zu den Völkern der Welt hinwandelten (wie sich so häufig
Menschen über das Meer in Schiffen einander besuchen)«
(Odyssee, IX. Gesang 127–129).

Korinth war die Heimat der griechischen Seeleute. Es war das Hamburg Griechenlands. Die Stadt der Liebeswonne, Lebemänner und losen Sitten. Aber es war auch die Stadt des Diogenes und des Paulus, der hier zu den Bürgern sprach und sie in mehreren Briefen wegen ihrer Sittenlosigkeit tadelte. Vor allem aber war Korinth die Stadt Aphrodites, deren Tempel auf dem Hügel von Akrokorinth stand. Er war nicht nur ihr Heiligtum, sondern gleichzeitig eine hohe Schule des Hetärentums. Schließlich war Aphrodite nicht nur die Göttin der Schönheit, sondern auch der Liebe. Und zwar der sinnlichen Liebe. (Erst später wurde sie zur Aphrodite Mania, der Göttin der geistigen, der idealen Liebe.)

In Korinth pilgerte man zur Aphrodite peribaso. Das klingt zwar edel, bedeutet aber nichts anderes als »Aphrodite, die auf den Strich Gehende«. Pausanias schreibt, ihr Tempel sei so reich gewesen, daß über tausend Hierodulen dort ihrem horizontalen Göttinnendienst oblagen. Selbst der zurückhaltende Pindar kommt ins Schwärmen und besingt »die vielbesuchten Mädchen von Korinth, die Lohnarbeiterinnen der bettfrohen Aphrodite, die liebeswarmen Fohlen der Peitho«. So hieß die Göttin der Überredungskunst.

Viel Überredung dürfte es nicht bedurft haben. Das horizontale Gewerbe, sei es als Tempeldienst, sei es als profaner Erwerbszweig, war in Korinth so perfekt organisiert, wie die Seeleute dies in einer Stadt mit zwei Häfen erwarten durften. Lief ein Schiff in den Hafen ein, standen die »Schlepper« bereit, um die Seeleute in die einschlägigen Etablissements und Massagesalons zu lotsen. Gunstgewerblerinnen der gehobeneren Klasse schickten ihre eigenen Dienerinnen auf Kundenfang. Andere sparten sich diese Werbekosten und besorgten das Anschaffen selbst. Von einer zumindest wissen wir, daß sie auf den Sohlen ihrer Schuhe die Buchstaben »Akoloyti« befestigt hatte. Die drückten sich beim Gehen im Straßensand ab, und so lasen denn die Seeleute, die des Griechischen mächtig waren, »Folge mir«, wenn sie dem hüftwackelnd flanierenden Mädchen nachschauten. Wer es nicht glaubt, kann eine Abbildung dieser Anschafferschuhe in dem »Dictionaire des Antiquités Greeques et Romaines« von Charles Darenburg und E. Saglio betrachten.

Die Damen scheinen ebenso teuer wie potent gewesen zu sein, jedenfalls kursierte damals am Mittelmeer der Stammtischspruch: »Nicht jeder hat genug im Beutel, um nach Korinth zu fahren«, was durchaus doppeldeutig gemeint war. Aber es gab auch Ausnahmen! Von einem Mann ist überliefert, daß er die schöne (und teure) Lais zum Nulltarif lieben durfte: Diogenes.

Der Stammvater der Hippies und Aussteiger stammte aus Sinope am Schwarzen Meer, in Korinth aber bezog er sein Eigenheim, ein Faß, das dann Modell für die Nissenhütten wurde. Was Sie bitte nicht ernst nehmen, denn die Tonne - falls er in einer lebte - war ein Pithos, ein tönernes Vorratsgefäß, wie sie zu Dutzenden in Knossos stehen.

Seine Zeitgenossen nannten ihn Diogenes den »Hund«. Das war nichts Ehrenrühriges, sondern bezog sich auf die philosophische Schule, der er angehörte und die absolute Bedürfnislosigkeit predigte. Wer ihrer Devise »Besitz belastet« anhing, war ein Kyniker, ein »Hündischer«, weil er sich mit einem Knochen zufriedengab. Als Musteranekdote für die Bedürfnislosigkeit des Diogenes ist seine Begegnung mit Alexander dem Großen überliefert. Alexander wollte den Sonderling kennenlernen, doch der weigerte sich, dem prominenten Besucher als Unikum vorgeführt zu werden. Das scheint Alexander so imponiert zu haben, daß er zu Diogenes ging. Als er ihn fragte, ob er ihm eine Gnade erweisen könne, sagte Diogenes: »Ja, geh mir aus der Sonne.« Was verblüffend ist, denn in der Gegend von Korinth brennt die Sonne erbarmungslos, und alle Welt sucht den Schatten. Alexander soll so beeindruckt gewesen sein, daß er erklärte: »Wenn ich nicht Alexander wäre, möchte ich Diogenes sein.« Hätte er doch getauscht! Alexander starb mit dreiunddreißig Jahren, Diogenes wurde neunzig, und auch historisch Uninteressierte kennen seinen Namen, seit Wilhelm Busch in seiner Bildergeschichte »Diogenes und die bösen Buben von Korinth« reimte: ». . . Diogenes schaut aus dem Faß und spricht: ›Ei, ei, was soll denn das?‹«

Die Dame Lais, die Diogenes kostenlos ihre Gunst schenkte, war eine der Hetairai, der Hetären, von denen immer gleich die Rede ist, wenn das Stichwort Antike und Athen fällt. Ihre Zahl wird weit überschätzt. Viel häufiger brachten die Pornai, die Wortstammütter unseres Begriffes »Pornographie«, die Ehen durcheinander. Pornai, also Prostituierte, waren Sklavinnen, Ausländerinnen. Der kluge Solon, dem Athen die Demokratie verdankt, hatte sie importiert. Wörtlich nachzulesen bei Philemon: »Solon hat Weiber gekauft und sie an Orten angesiedelt, wo für alles, was sie brauchen, gesorgt wurde. Diese Weiber mußten allen, die danach verlangten, zu Willen sein.« Staatlich konzessionierte und kontrollierte Prostitution also.

Für die Pornai waren Kleider in grellen Farben vorgeschrieben, außerdem schminkten sie sich und strichen fingerdick Bleiweiß aufs Gesicht, um Runzeln und Falten zu verdecken. Weil sie sich schminkten, war es für ehrbare Griechinnen unfein, sich Farbe ins Gesicht zu schmieren.

Solon, der Sparsame, war von diesem Einsparnebeneffekt seiner aus moralischen Gründen eingerichteten Staatsprostitution sehr angetan. Verständlich, daß er zu den »Sieben Weisen« gerechnet wurde.

Viele Bücher sind über die käuflichen Damen geschrieben worden, aber so viele Homos, Lesben und Hetären, wie nach dem Willen einiger Sachbuchautoren angeblich in Korinths Straßen flanierten, hat es in der ganzen Ägäis nicht gegeben. Höchste Zeit, etwas für das Ansehen der »normalen« Griechin zu tun. Allerdings muß gleich eine Einschränkung gemacht werden: »die Griechin« hat es so wenig gegeben wie »den Griechen«. Griechenland, das war ein Schmelztiegel von Rassen und Charakteren.

Der Platz der Hausfrau war hinter dem Kochtopf. Auf den

Markt, zum Grünkohl kaufen, gingen die Männer. Was sich draußen auf der Straße abspielte, konnten die Hausfrauen nur durch kleine Gucklöcher beobachten, die aber, wenn es angebracht schien, durch hölzerne Fensterläden verschlossen werden konnten. Das Kennzeichen einer verheirateten Frau war die Schildkröte. Verrückt, eine Schildkröte! Das macht doch keinen Sinn! O doch, sogar einen hübschen. Eine Hausfrau, wird damit ausgedrückt, soll sich nie allzu weit von Haus, Küche und Herd entfernen - so wie eine Schildkröte ja auch keine großen Entfernungen zurücklegt. Pheidias hat eine seiner Aphroditen so modelliert, daß sie ihren rechten Fuß auf eine Schildkröte setzt. Und natürlich war auch diese Aphrodite so schön wie jede Figur, die Pheidias geschaffen hat.

Waren die Griechinnen wirklich so hübsch, so ebenmäßig gewachsen, wie wir sie von den Statuen her kennen? Klare Antwort: Nein! Statuen waren Kunstfiguren, Puzzles, aus vielen Vorbildern zusammengesetzt. Von diesem Mädchen die Beine, von jenem die Arme, den Kopf von einer anderen und so weiter. Eigentlich beruhigend: Makellose Schönheit - auch in der Antike eine Seltenheit. Mauerblümchen waren die Griechinnen aber auch nicht. Sie kannten bereits tausend kleine und große Tricks, um der Natur an jenen Stellen nachzuhelfen, wo sie des Guten zuwenig oder zuviel getan hatte. Waren die Beine zu kurz, halfen zentimeterdicke Korksohlen, fehlte der rechte Hüftschwung, polsterte man sich mit Tüchern aus, und das Strophion, ein Brustband, das als eine Art Büstenhalter benutzt wurde, konnte zur Vortäuschung eines Busens dienen, der von Korsettieren aus Wachs und Kapok hergestellt wurde. Doch dürfte deren Geschäft nicht besonders geblüht haben, denn der Busen war damals nicht der modische Blickfang Nummer eins, sondern die schlanken Oberschenkel.

Aristophanes schilderte die Frauen seiner Zeit als sehr elegant, mit Schmuck und Blumen im Haar, die auch zu Hause kostbare Kleider trugen wie beispielsweise jene Baumwollgewänder von der Insel Kos. Sie sollen so durchsichtig und zart gewebt gewesen sein, daß sie als »Seide aus Kos« bezeichnet wurden. Sie ließen - hieß es - die Trägerinnen nackter als nackt erscheinen. Das Hauptproblem der Damen dürfte dem in unserem Aerobic-Zeitalter sehr ähnlich gewesen sein: Wie nehme ich ab? Es gab nämlich damals bereits

Loukoumia. Das sind übersüße Würfel aus Zucker, Mehl, Eiern und Aromastoffen. Kalorienbomben. Noch heute in Griechenland und der Türkei an jedem Kiosk zu haben.

Als ich in einem Text von Strepsiades (einem Schüler des Sokrates) den Hinweis fand, seine Frau »dufte ständig nach Safran«, notierte ich mir dies mit einem großen Fragezeichen. Ich konnte nichts mit dem Safranhinweis anfangen, bis ein Zufall mir auf die Sprünge half. Von griechischen Freunden war ich zum Fischessen eingeladen, und die Hausfrau hatte bei der Einladung gefragt, ob ich etwas gegen Safran und Knoblauch hätte. »Aber nein! Knoblauch und vor allem Safran!« Das Ehepaar schmunzelte über diese Antwort, und der Hausherr verriet mir den Grund für die Heiterkeit. Safran gilt in Griechenland wie überhaupt auf dem Balkan als starkes Aphrodisiakum. Bis vor einigen Jahren war Safran sogar nur auf Rezept in Apotheken erhältlich. Nun war mir klar, was es bedeutete, wenn in der Antike eine Frau »ständig nach Safran duftet«.

Bitte, schieben Sie eine kleine Lesepause ein. Ich muß Sie leider aus dem Bericht über Lebenslust, Heiterkeit und Sinnenfreude herausreißen. Es stimmt schon, dies alles war in Korinth zu Hause, aber Korinth wäre keine griechische Stadt, hätte in ihr nicht auch die tragische Schattenseite der Liebe ein Domizil.

In und um Korinth sind drei Sagen angesiedelt, in denen Eifersucht, Haß und Rache aus verschmähter Liebe dominieren. Sie nicht zu erwähnen hieße den tragischen Urgrund verleugnen, durch den die heiteren amourösen Techtelmechtel erst ins richtige Licht rücken.

Die erste Sage ist heute noch in Korinth lebendig. Möglicherweise zeigt Ihnen Ihr Fremdenführer die Quelle der Peirene. Tun Sie so, als glaubten Sie dem Mann, wenn er Ihnen die rührende Geschichte der Peirene erzählt. Peirene war eine junge Mutter, deren Sohn von Artemis irrtümlich getötet worden war. Die tiefe Trauer der Mutter rührte das Herz der Göttin, und sie verwandelte sie in eine Quelle. Welch schönes Symbol für den ständigen Tränenfluß der Peirene, fand ich, bis ich entdeckte, daß noch mehr hinter dieser Metamorphose steckte: Für die Griechen bedeutete die Verwandlung in eine Quelle, in einen Baum oder in eine Pflanze den Schritt zur Unsterblichkeit. Peirene wurde als Quelle so unsterblich, daß heute noch von ihr gesprochen wird, wenn auch die Quelle - die Tränen der Mutter - längst versiegt ist.

Die zweite Sage, die Korinth zum Schauplatz hat, ist eine der am stärksten in Haß und Blut getränkten griechischen Sagen. Auch ihre Hauptfigur ist eine Frau: Medea. (Medeia.) Sie hatte sich mit Jason nach dessen Argonautenfahrt in Korinth niedergelassen. Als Jason sie wegen einer anderen namens Glauke verließ, schlug Medeas Liebe in Haß um. Sie schickte der Nebenbuhlerin ein präpariertes Gewand. Kaum hatte sie es übergezogen, entflammte es, und Glauke verbrannte. Medeas Rache war damit nicht befriedigt, auch die beiden Söhne, die Glauke Jason geboren hatte, tötete sie. Die Medeasage zeigt, wie Heldinnen aus zerstörter Liebe das Gefühl für das rechte Maß verlieren und den Satz von der stillen Einfalt und edlen Größe Lügen strafen.

Die dritte »korinthische« Sage um Liebesglück und Leid hat einen verwirrenden Anfang, aber ein versöhnliches Ende. Wieder geht es um die Rivalität zweier Frauen. Die eine ist diesmal sogar Hera, die Frau des Zeus. Hera war neidisch auf Ino, eine andere, unbedeutende Göttin. Als Ino sich des Sohnes ihrer verstorbenen Schwester annahm und ihn pflegte, war Hera darüber so wütend (warum, wird nicht gesagt), daß sie Ino umnachtete. Die wahnsinnige Ino stürzte sich bei Korinth mit ihrem eigenen Sohn Palaimon von den Klippen ins Meer. Mutter und Kind sind sofort tot. Aus? Nein, ein Delphin erbarmt sich des toten Kindes und bringt es an Land. Dort, wo der Knabe Palaimon an die Küste gespült wurde, errichtete man ihm einen Tempel. Gleich neben dem des Poseidon, dem der gesamte Isthmus geweiht war.

Von keinem der beiden Tempel gibt es Reste. Lediglich die Fundamente des Poseidontempels haben amerikanische Archäologen 1956 freigelegt. Wozu also hab' ich die Geschichte erzählt? Weil zwischen dem Delphin und den Griechen schon seit minoischer Zeit eine besondere Beziehung bestand. Delphine genossen hohes Ansehen. »Hohes Ansehen« ist zuwenig: Geliebt haben sie diese lustigen Schiffsbegleiter. Apollo und seine Schwester Aphrodite konnten Delphingestalt annehmen, so angesehen war er. Und die Sage vom hilfsbereiten Delphin will denn auch andeuten, daß es möglicherweise kein Delphin war, der Palaimon dem Meer entriß, sondern Aphrodite selbst, die ja in Korinth zu Hause war.

Auf unzähligen korinthischen Münzen ist der Knabe auf dem Delphin abgebildet. Doch ausgerechnet auf einer großen Bronzeskulptur reitet der Knabe Palaimon nicht auf einem Delphin, sondern auf einem Pferd. Burschikose Museumsbeamte haben ihn auf den Pferderücken gehoben. Ohne Sattel und ohne Sagenbezug. Und nicht etwa in Korinth, an dessen Küste Palaimon von einem Delphin abgesetzt wurde, sondern in Athen im Nationalmuseum, gleich nach dem Eingang rechts.

Damit triumphiert der Stadtrivale Athen nach 2500 Jahren ein weiteres Mal über Korinth. Auch auf einem anderen Gebiet hat Athen Korinth den Rang abgelaufen: In Athens Altstadt, der Plaka, spielt sich jetzt abends das ab, was einst liebeshungrige Besucher nach Korinth lockte.

16. Epidauros – Heimstatt der Medizin und des Theaters

Die Schlange um den Stab des Asklepios / Das Rätsel der Tholos – ungelöst / Heilung durch Träume? / Warum die griechische Medizin herzlos war / Hippokrates hat seinen Eid nicht geschworen / Goethe im Amphitheater / Wer war Thespis? / Frauen spielten keine Rolle – auf der Bühne.

»Nach Epidauros wollen Sie! Dann müssen Sie unbedingt den Weg über Ligurio nehmen und bei der mykenischen Wegfestung Kasarma anhalten!«

»Aber die kenn' ich . . .«

Professor Nikolaos Papachatzis ließ sich nicht beirren. Er markierte auf der Straßenkarte eine Stelle, an der ich halten und einem Feldweg folgen sollte, der links von der Hauptstraße abzweigt.

»Sie werden etwas Überraschendes entdecken«, Papachatzis freute sich wie ein Kind, daß er mir diesen Tip geben konnte. Kein Zweifel, ein Mann wie er, dessen zehnbändige Pausaniasausgabe ihm europäische Anerkennung verschafft hat, konnte mit »Überraschung« nicht jenes mykenische Kuppelgrab meinen, das vor fünf, zehn Jahren unterhalb von Kasarma freigelegt worden war.

Weder das Grab noch die Wegfestung hatten neue Erkenntnisse gebracht.

Ich tat, wie mir geraten, und parkte den Miet-VW am Straßenrand bei der angekreuzten Stelle, dann schlenderte ich den Nebenweg entlang. Ein Feldweg, wie es viele in Griechenland gibt. Ginster blüht, Majoran duftet, irgendwo scheint auch Lavendel zu wachsen - nichts Besonderes weit und breit. Nach gut hundert Metern führt der Weg über eine schmale Senke. Zur Regenzeit wird hier ein Bach fließen.

Moment, was hatte ich da eben gedacht!? Zur Regenzeit wird hier ein Bach fließen - dann mußte dieser Bach doch einen Durchfluß unter dem Weg haben. Ich kletterte in die Senke. Und nun war mir mit einem Blick klar, was mein griechischer Bekannter gemeint hatte. Es war in der Tat etwas Besonderes: Die Brücke, über die der Weg weiterlief, bestand aus Steinblöcken. Sie waren aufeinandergetürmt wie jene der Galerien von Tiryns. Auch sie schoben sich zu einem Spitzbogen zusammen. Kein Zweifel, dieser einfache Feldweg führte über eine Brücke aus mykenischer Zeit. Vielleicht ging einst der junge Orest, als er aus der Fremde heimkehrte, um seinen Vater zu rächen, über diese Brücke ... Vielleicht trieb auf dieser Brücke Amphitryon seine erschöpften Pferde an, weil er es nicht erwarten konnte, Alkmene umarmen zu können ... Herakles kann unter diesem Brückenbogen Löwen aufgelauert haben ...

Dank, Professor, für diesen Tip! Nur wenige Bauwerke in der ganzen Welt können für sich in Anspruch nehmen, über 3500 Jahre zum gleichen Zweck benutzt zu werden wie diese kleine Brücke in der Argolis. Nicht in den Museen, an solchen Plätzen lebt die Antike.

Eine halbe Stunde später war ich in Epidauros. Dieses Heiligtum des Gottes Asklepios hatte seine Blütezeit im 4. Jahrhundert v. Chr. Zwischen der kleinen Brücke aus mykenischer Zeit und den Wallfahrten zum Asklepios von Epidauros liegen die Perserkriege und das Goldene Zeitalter unter Perikles. Fast ein Jahrtausend. In Geschichtszahlen der Neuzeit ausgedrückt: von der Krönung Ludwigs des Franken zum König von Frankreich (986) bis zu Gorbatschows Perestroika-Versuch (1987) in der Sowjetunion.

Den Heilgott Asklepios kennen wir besser unter seinem römischen Namen Aesculap (Äskulap). Sein Wahrzeichen, ein Stab, um den sich eine Schlange kringelt, fehlt heute auf keiner Kräuterpackung. Dieser Gott ist in Epidauros geboren. Daran gab es für Griechen keinen Zweifel. Das Orakel von Delphi hatte es bestätigt. Allerdings auch erst im 4. vorchristlichen Jahrhundert. Pausanias, der zuverlässige Berichterstatter, läßt uns auch bei Asklepios nicht im Stich. Er berichtet, daß an 63 Orten die Priester des Asklepios - die Asklepiaden - Heilstätten errichtet hatten, sogar in Rom. Alle 63 waren jedoch nur Kultfilialen des Asklepieions von Epidauros.

Wie jeder echte griechische Gott hatte auch Asklepios eine Gespielin. Ihren Namen kennen wir alle: Hygenia. Schwieriger ist es schon, ihre Beziehung zu diesem Gott zu klären. Sie sei seine Tochter, sagen die einen, seine Frau die anderen. Griechischen Göttern ist sexuell einiges zuzutrauen.

Daß die Schlange des Asklepios Wappentier war, hat mehrere Gründe. Alle zeugen von subtiler Kenntnis sowohl des Wesens der Schlangen wie der Aufgaben des Arztes.

Schlangen sind der Erde und den dort waltenden Naturgeistern nah. Schlangen schlüpfen jedes Jahr aus ihrer Haut - von keinem anderen Tier ist ein so sichtbares Zeichen der Verjüngung bekannt. Nur Schlangen können mit ihrem Körper einen Kreis bilden, die vollkommenste aller Formen. Alles gute Gründe, sie dem Gott der Heilkunst zur Seite zu geben. Er war der einzige Gott, der sich nicht damit begnügte, daß ihm Opfer gebracht wurden. Er verlangte außerdem, sich von ihm durch seine Priester behandeln zu lassen. Am heilkräftigsten war er in seinem Hauptheiligtum in Epidauros. Deshalb kamen Hunderttausende dorthin. »Kommen« ist die falsche Vokabel, man wallfahrte zum gebenedeiten Hain mit seinen verschiedenen Gebäuden. Am besten stellen Sie sich Epidauros als eine Mischung aus Bad Wörishofen und Lourdes vor. Naturheilbad und Wallfahrtsort. Heiligtum und Heilstätte. Heil suchen und geheilt werden gehörten zusammen, so wie für die Griechen Leben und Tod zusammengehörten. Keines konnte ohne das andere gedacht werden.

Die Wirkung, die das Asklepieion Epidauros einst auf die Hilfesuchenden vom ersten Schritt durch das Tor an ausstrahlte, ist heute nur mit viel Phantasie nachzuvollziehen. Man betritt das antike Gebäude durch die Hintertür. Der Eindruck der Gesamtkonzeption geht verloren. Ein Jammer! Der neue Eingang verkürzt zwar den Weg zum Theater, dem imposantesten Bau, zerstört aber das, was für die Kranken, Lahmen und Halbblinden beim Betreten durch den richtigen Eingang schon ein Teil der Therapie war. In der Antike kamen die Pilger von der Nordseite zu ihrem Gott, durch das monumentale Propylon. Von diesem Eingangsbau sind nur noch die Fundamente erhalten. Der Weg führte dann die »heilige Straße« entlang, vorbei an Säulenhallen, Badeanlagen und Tempelchen bis zum Asklepiostempel.

Vielleicht wirkt der Zauber von Epidauros auch heute noch, wenn man von der »falschen« Seite die baumumstandenen Wege entlangschlendert, an Säulenstümpfen vorbei, die so wirken, als seien sie hier gewachsen. Aufgeschlossene Besucher spüren dort jetzt noch, weshalb sich vor mehr als zweieinhalbtausend Jahren in diesem idyllischen Tal das größte und berühmteste Asklepiosheiligtum und Sanatorium entwickelt hat. Architektur und Landschaft sind hier zu einem Gesamtkunstwerk geworden. Außerdem suchen Klima und Quellwasser ihresgleichen in der gesamten Mittelmeerwelt.

Von einem Bauwerk, von dem nur ein paar Grundmauern erhalten geblieben sind, machen die Fremdenführer viel Wesens. Ich meine den Tholos, jenen Rundbau, von dem nur noch drei kümmerliche Mauern zeugen. Hier seien - behaupten die Führer - die heiligen Schlangen gehalten worden. Ein Schmarrn, um es gut bayerisch zu sagen. Für diese Behauptung gibt es keinerlei Beleg, und die paar Steine, die von diesem Gebäude übriggeblieben sind, lassen jede Deutung zu - bis hin zu einer antiken Bedürfnisanstalt. Das mußte ich mir mal von der Seele schreiben.

Epidauros war und ist groß, reich und unübersichtlich. Deshalb folgen Sie mir bitte unter eine dieser mächtigen Eichen. Ein guter, schattiger Platz, um sich darüber zu unterhalten, was die alten Griechen unter Heilkunst verstanden. Die Praktiken der Asklepiospriester sind uns wohl vertraut. Nicht nur als historische Fakten, auch als heute noch übliche Methoden. Von denen moderner Sauerkrautapostel unterscheiden sie sich nur dadurch, daß früher außer Baden, Schlafen, Fasten, Singen auch noch Beten dazugehörte. Heute wird das Gebet durch die Beichte beim Psychotherapeuten ersetzt.

Bevor der Kranke den Gott in seinem Tempel konsultieren konnte, mußte er sich priesterlichen Anwendungen unterziehen, die zum Teil, wie zum Beispiel das Fasten, die Waschungen und die Bäder, nur der Hygiene dienten. Nachdem er mit der Xystra, einer Art Bimsstein aus Terrakotta, abgeschrubbt und in leichte Gewänder gehüllt worden war, wurde er im Enkoimetrion, der Schlaf- und Liegehalle, durch Räucherwerk, Gesänge und gelegentlich auch Wein in den Schlaf gelullt. Wie groß der Andrang ins Modebad Epidauros war, erkennt man daran, daß diese Schlafhalle ständig vergrößert werden mußte. In der Glanzzeit des Ortes war sie 160 Meter lang.

Umsonst war auch damals keine Heilung zu erlangen. Bevor man in diese Halle durfte, mußte man den Priestern ein saftiges Opfer darbringen. Meist ein Schaf, auf dessen Fell man schlafen mußte.

Während seines Schlafs erschien dem Heilsuchenden der Gott im Traum und nannte ihm die Mittel, die ihn heilen sollten. Am Morgen berichtete der Patient, was er geträumt hatte, den Priestern, die seine Visionen deuteten und so taten, als würden sie jene Behandlung anwenden, die der Gott vorgeschrieben hatte. So jedenfalls berichtet es Pausanias.

Wer partout nicht träumte und bei wem auch die Massensuggestion, auf die sich die Priester offensichtlich hervorragend verstanden, nicht anschlug, der brauchte noch lange nicht ungetröstet aus Epidauros abzureisen. Derart schwierige Fälle konnten für sich träumen lassen. Das besorgten - gegen Extrahonorar, versteht sich - die Priester. Daß die Griechen realistisch genug waren, nicht jedes Brimborium der geträumten Heilmethoden zu glauben, dafür zeugt der Spitzname, den sie den Epidaurospriestern gaben: Traumhändler.

In Epidauros wurde bereits mit Schocktherapie gearbeitet. Schlafenden wurden Schlangen ins Bett gelegt, andere sperrte man mit verbundenen Augen in feuchte Gruben voller Getier. Alle Mittel waren recht, wenn sie nur Erlösung von der Krankheit brachten.

Mit modernen christlichen Wallfahrtsorten hat Epidauros auch die genaue Registrierung seiner Heilerfolge gemein. An einem

Regentag habe ich mir im Museum von Epidauros die Zeit damit vertrieben, die Jamata zu zählen, die dort aufgestellt sind. Jamata sind antike Votivtafeln, auf denen für Wunderheilungen gedankt wird. Bei 74 hörte der Regen und ich mit Zählen auf. Auf diesen Tafeln steht nicht viel anderes als das, was auf denen von Lourdes, Fatima oder Altötting steht. Nur eben in Griechisch.

Was griechische Mediziner allerdings über den Menschen und die Krankheiten schrieben, unterscheidet sich wesentlich von dem, was die heutige Medizin dazu zu sagen hat. Die griechische Vorstellung vom Inneren des Menschen war herzlos. Nicht das Herz, sondern das Zwerchfell galt Homer und seinen Zeitgenossen als Zentrum menschlichen Fühlens, Denkens und Wollens. Wenn wir von *fren*etischem Beifall sprechen, dann folgen wir dieser griechischen Auffassung, denn »phren« hieß auf griechisch das Zwerchfell. (Übrigens noch heute.)

Später kam das Zwerchfell als Mittelpunkt unseres Seins aus der Mode - auch in der Antike waren medizinische Erkenntnisse Moden unterworfen -, doch das Herz rückte noch lange nicht an die erste Stelle, sondern die Leber. So wichtig wurde sie genommen, daß Zukunftsdeutungen nach der Beschaffenheit der Leber des Opfertieres erfolgten. Damit sind wir allerdings weit über die Blütezeit von Epidauros hinausgeschossen bis zu den römischen Auspicia, die aus der Leber der Opfertiere die Zukunft deuteten.

In Epidauros wie in den übrigen Asklepien wurden die Kranken nicht nach Diagnosen behandelt, sondern aus priesterlicher Inspiration. Der Glaube, daß diese besser ist als menschliche Sorgfalt, war der Magnet, der Jahr für Jahr Zehntausende nach Epidauros lockte, so wie er heute Jahr für Jahr Hunderttausende zu den katholischen Wallfahrtsorten pilgern läßt.

Doch anders als bei christlichen Pilgern stand griechischen Hilfesuchenden der Sinn nicht allein auf Heilung. Für sie war der von Gott für richtig befundene Tod auch eine Form der Befreiung von ihren Leiden. Für die Griechen war der Tod kein knöcherner Sensenmann, sondern er wurde auf Gräbern als Jüngling dargestellt, der seine Fackel auf dem Boden ausdrückt. Wie eng Leben und Tod zusammengehörten, zeigen die Zeilen einer frühen Ode, in der ein Gott gebeten wird: »Komm, Seliger, Helfer, dem Leben spende ein edles Ende.«

Das Ende für Epidauros und die Methoden aller Asklepiosbehandlungsstätten kam durch einen Mann, der selbst Priester des Asklepios gewesen war: Hippokrates.

Er soll von 460 bis 375 v. Chr. auf der Insel Kos gelebt haben. Obwohl Kollegen wie Patienten von diesem großen Diagnostiker begeistert waren, hat offenbar keiner von ihnen eine Porträtbüste dieses Arztes in Auftrag gegeben - jedenfalls ist bis heute keine bekannt, die eindeutig ihn darstellt. Auch jene, die Anfang der sechziger Jahre in Ostia gefunden wurde, heißt zwar noch Hippokratesbüste, aber das glauben nicht mal mehr die Kustoden des Ostiamuseums. Reiseführer versäumen nicht, auf Kos die Platane zu zeigen, unter der Hippokrates praktiziert hat. Mit ihr ist es genauso bestellt wie mit der Büste und seinem Eid, der in vielen Wartezimmern unter Glas hängt. Die Platane, haben mir Botaniker versichert, ist höchstens achthundert Jahre alt, und auch der Eid stammt nicht von dem Arzt auf Kos, er ist viel jünger. Neue Forschungen halten ihn für eine Art Manifest ärztlicher Familiengilden aus dem 1. Jahrhundert *nach* Christus. Für diese Datierung sprechen gute Gründe.

Von diesem Eid ist zwar immer als ethisches Leitbild für den Arzt die Rede, kaum einer kann aber genau sagen, was da eigentlich geschworen wird, deshalb sind hier die wichtigsten Passagen zusammengestellt:

○ »Ich will diätische Maßnahmen zum Vorteil der Kranken anwenden nach meinem Können und Urteil; ich will sie vor Schaden und Unrecht bewahren.

○ Ich will weder irgend jemandem ein tödliches Medikament geben, auch wenn ich darum gebeten werde, noch will ich in dieser Hinsicht einen Rat erteilen. Ebenso will ich keiner Frau ein abtreibendes Mittel geben.

○ Ich will das Messer nicht gebrauchen, nicht einmal bei Steinleidenden, sondern will davon absehen zugunsten jener, die sich mit dieser Arbeit befassen.

○ In alle Häuser, die ich besuche, will ich nur zum Vorteil der Kranken kommen. Alles vorsätzliche Unrecht und alle Schädigung will ich vermeiden. Insbesondere will ich mich freihalten von geschlechtlichen Beziehungen sowohl mit weiblichen wie mit männlichen Personen, seien sie frei oder Sklaven.

○ Wenn ich im Laufe oder auch außerhalb der Behandlung etwas sehe oder höre über das Leben von Menschen, was nicht verbreitet werden darf, will ich es für mich behalten in der Überzeugung, daß es schändlich ist, über solche Dinge zu sprechen.«

Dies also sind die hauptsächlichsten Grundsätze des Eides, und sie sind eher christlich als antik, denn ...

... der Freitod war in der Antike ein Weg, den viele wählten, um ständigen Schmerzen zu entfliehen;

... die Abtreibung wurde von den meisten Philosophen sogar empfohlen. Platon und Aristoteles sehen sie in ihren Staatsentwürfen als ein Mittel staatlicher Geburtenkontrolle;

... die Behandlung von Steinkrankheiten durch Operation war in der griechischen Medizin ein altbewährtes Verfahren. Wahrscheinlich soll durch diesen Satz ausdrücklich die operative Chirurgie abgelehnt werden, die nicht einmal bei einer Krankheit angewendet werden soll, die mehr als jede andere in der Antike Menschen zum Selbstmord getrieben hat.

Soviel zum Eid, der gut und richtig, aber nicht von Hippokrates ist. Was aber ist dann von ihm? Dies: Er war einer der ersten, der entdeckte, daß Krankheiten Ursachen haben. Anstelle der Therapie kraft göttlicher Inspiration praktizierte Hippokrates rationale Methoden. Er beobachtete den Patienten und nicht nur den, sondern auch - so wie es noch unsere alten Hausärzte taten - dessen Umgebung.

In seinen Schriften hat Hippokrates immer wieder darauf hingewiesen, wie sorgfältig das Umfeld des Patienten beobachtet werden soll. Hier ein paar Zitate:

»Wir diagnostizieren die Krankheiten nach der Natur aller Dinge und besonders nach der Natur jedes einzelnen ...;

... nach den Dingen, die ihm widerfahren sind, nach den allgemeinen Klimaverhältnissen und nach den speziellen Verhältnissen jeder Gegend;

... nach der Lebensform, nach der Art der Tätigkeiten, dem Alter, der Sprache, dem Temperament, der Lebenseinstellung, nach dem Schlaf und der Schlaflosigkeit, der körperlichen Konstitution und der Aussage der Träume, dem Juckreiz, den Tränen, den Anfällen, dem Stuhlgang, dem Harn, dem Speichel, dem Erbrechen. Man muß außerdem achten auf den Schweiß, die Kälte, das Zittern, den Husten, das Niesen, den Schluckauf, die Atmung, das Aufstoßen, die Blähungen, die Blutergüsse, die Hämorrhoiden; man muß prüfen, auf welche Krankheit diese Symptome schließen lassen.«

Von Hippokrates stammt außerdem ein Satz, der besser als sein Eid im Wartezimmer mancher Ärzte hängen sollte: »Auch gar nichts zu verschreiben ist zuweilen eine vortreffliche Arznei.«

Hippokrates war der erste »westliche« Arzt moderner Prägung. Diesen Satz liest man oft. Eine Feststellung, die erst interessant wird, wenn sie die Frage auslöst, warum ausgerechnet in jener Zeit ein Mann sich lossagte von der Zaubermedizin der Götter. Wer dieser Frage nachgeht, stößt irgendwann auf den Namen Xenophanes. Dieser griechische Philosoph ist schuld, daß die Götter an Macht einbüßten, ja daß das Verhältnis der Menschen zu den Göttern umgekrempelt wurde. Damals konnten Philosophen tatsächlich noch so einschneidende Änderungen erreichen. Auf einer seiner vielen Reisen predigte Xenophanes eine wahrhaft revolutionäre Erkenntnis: Götter sind nichts anderes als Projektionen der menschlichen Natur.

Da haben wir's! Die Existenz von Göttern setzt die Existenz von Menschen voraus. Oder noch forscher formuliert: »Die Menschen schufen die Götter nach ihrem Bilde.« Eine ungeheuer kühne Behauptung, vergleichbar mit der Galileis, die Erde bewege sich um die Sonne. Anders als bei Galilei zwang niemand den Xenophanes, dieser Feststellung abzuschwören. Im Gegenteil, diese Erkenntnis hatte Konsequenzen. In der Medizin, in der Wissenschaft, vor allem aber in der Literatur.

Oder glauben Sie, es sei purer Zufall, daß nie wieder in einer so kurzen Zeitspanne so viele Dramatiker mit so großen Werken vor das Publikum getreten sind wie in den siebzig Jahren zwischen 472 bis 403 v. Chr.? Aischylos, Sophokles, Euripides, Aristophanes – jeder Name steht für Werke von Ewigkeitswert. Damals waren sie keine Klassiker, sondern Gegenwartsliteratur. In ihren Dramen wurden die Götter geehrt, aber auch verspottet, sie setzten die Lehre des Xenophanes in Szene, das die Griechen »skene« schrieben, aber bereits dasselbe meinten wie wir: die Bühne. Die Werke dieser Dramatiker füllten so gewaltige Amphitheater wie jenes in Epidauros. Mit seinen 15 000 Sitzplätzen ist es das besterhaltene antike Theater Griechenlands. Das heißt viel bei den gut 200, die es dort gibt.

Ursprünglich bot es nur Platz für 6200 Zuschauer, die auf 34 Sitzringen um die 120 Meter breite Bühne saßen. Später hat man 21 weitere Sitzringe aufgestockt und bis zum Kamm der Nordflanke des Kynortions hochgezogen.

In der Mitte der Bühnenfläche ist ein Stein in den Boden eingelassen. Auf den müssen Sie sich unbedingt stellen und dann flüstern - ja, flüstern!: »Bedecke deinen Himmel, Zeus, mit Wolkendunst . . .« Oder, wenn Ihnen gerade nicht goethisch zumute ist, zünden Sie ein Streichholz an. Ganz oben, in der 55. Sitzreihe, also auf dem »Olymp« des Theaters, wird man Ihre Worte verstehen oder das Reiben auf der Zündfläche hören. »The best acoustics in the world«, heißt es im Griechenlandprospekt der »Greece National Tourist Organization«, und dieser Superlativ stimmt ausnahmsweise.

Beim Theater in Epidauros gelang ein Wunder an akustischer Berechnung. »Ach was, Berechnung, Zufall wird es gewesen sein!« höre ich da die modernen Akustiktechniker rufen, die ihre liebe Not haben, bei Theaterneubauten die akustischen Löcher mit Glaswollisolierung zu stopfen. Nein, meine Herren Techniker, es war Berechnung! Das läßt sich nämlich beweisen. Um eine bessere Akustik zu erreichen, sind die Zuschauertribünen nicht genau kreisförmig gebaut, sondern je höher die Reihen liegen, desto mehr öffnen sie sich zum einstigen Bühnengebäude hin. Das Auge bemerkt den kleinen Schwindel nicht, für das Ohr aber bringt er Gewinn.

Die Schauspieler spielen gern in diesem Theater, weil sie ihre Stimmbänder schonen können. Das Präsens steht zu Recht, diese Bühne wird Jahr für Jahr von Juli bis Mitte August bespielt. Dieses Festival knüpft an die antiken »Asklepieia« an. Das waren musische Wettkämpfe und Theateraufführungen, die hier alle vier Jahre stattfanden. Ein Unterschied zu damals: Frauen dürfen jetzt bei allen Vorstellungen zuschauen. In der Antike waren sie nur bei Komödien zugelassen. Mitspielen durften sie in keinem Stück. Frauenrollen wurden von Männern gespielt.

Damit die Darsteller auch von den Hinterbänklern gesehen werden konnten, stolzierten sie in dicksohligen Schuhen, Kothurne genannt, über die Skene und trugen ausgestopfte Kostüme und aufgebauschte Perücken, um größer zu wirken. Wer einen König oder eine Königin darzustellen hatte, trug eine Tunika mit Ärmeln, die bis zu den Füßen reichte. Bei den glücklichen Personen des Stücks hatte die Tunika Streifen in lebhaften Farben, bei den unglücklichen und verfolgten herrschten graue, grüne oder blaue vor. Trauernde trugen schwarze Kleider.

Was Wirkung versprach, wurde benutzt. Man stopfte sich Bauch oder Hinterteil übertrieben aus, und ein Satyr ohne erigierten Phallus von gigantischem Ausmaß war undenkbar. Hochsohlige Schuhe, aufgetürmte Perücken, wulstige Kostüme - dergleichen führte leicht zu Gleichgewichtsstörungen. Um sie zu beheben, stützten sich die Schauspieler auf einen Stab. Jeder Sprecher hielt sich außerdem eine Maske vors Gesicht und sprach den Text durch eine Öffnung in Mundhöhe. Diese Masken soll ein gewisser Thespis erfunden haben. Wir wissen wenig von ihm, und das Wenige ist widersprüchlich. So behauptet Horaz, dieser Thespis hätte nicht nur seine Stücke selbst geschrieben, sondern sie auch selbst gespielt. Und zwar sämtliche Rollen. Autor, Alleinunterhalter und Verwandlungskünstler in einer Person. Verständlich, daß er zur rascheren Veränderung sich verschiedener Masken bediente.

Eine andere Erfindung von ihm ist im Bühnenjargon bis heute erhalten geblieben: der Thespiskarren, aus dem später der »grüne Wagen« der Wanderbühnen wurde. Thespis soll mit seinem Karren voller Kostüme, Requisiten und Masken von Ort zu Ort gezogen sein. Urahne unserer Tourneetheater.

An den Gedanken, daß psychisch labile Patienten in Epidauros die blutigen Tragödien um Vatermord und Vergewaltigung vorgesetzt bekamen, habe ich mich nur schwer gewöhnen können. Im August 1987 erschien jedoch der Bericht eines Psychologenteams der Bochumer Universität, und - siehe da! - die Asklepiospriester bekamen mit 2500jähriger Verspätung akademischen Beifall für ihre theatralische Therapie mit Blut- und Mordspektakel. Die modernen Psychologen bestätigten, daß zum Beispiel die Orestie des Aischylos sogar bei uns hartgesottenen Videosehern geeignet ist, Aggressionen abzubauen. Na bitte.

Und auch die Frage sei erlaubt: Könnte es nicht sein, daß die

»Iphigenie« des Euripides in Epidauros die innere Läuterung der Kurgäste stärker förderte als Lehárs »Lustige Witwe« in Bad Orb?

17. Sparta - eine Stadt, anders als die anderen

Lakonisch, spartanisch - zwei Adjektive, die hier entstanden / Gab es Lykurgos, den Gesetzgeber Spartas, wirklich? / Wie war das mit dem Zweikönigssystem? / Jeder wollte »schwarze Suppe« löffeln / Mussolinis schiefer Vergleich / Spartanerinnen gingen textilfrei - den Griechen mißfiel das! / Spartaner - Helden auf Befehl.

Daß Sparta nicht von der Landkarte verschwunden ist, verdankt es einem Bayern. Otto aus dem Hause Wittelsbach, der erste König der Griechen, befahl - bei Sparta ist dieser militärische Ausdruck angebracht - 1834 die Neugründung der Stadt.

Unter uns: Die Fahrt in das Eurotastal im südlichen Peloponnes lohnt weder wegen des neuen Orts - eine verschlafene Kleinstadt - noch wegen der Reste des alten Spartas. Obgleich das Britische Archäologische Institut seit 1900 dort immer wieder gegraben hat, kam nichts Bemerkens- oder Besuchenswertes ans Tageslicht. Keine Ruinen jedenfalls, die Homers Begeisterung über »die Stadt der breiten Straßen, in der herrliche Frauen leben«, begreiflich machten. Homers Lob galt jenem Sparta, in dem der Palast des Königs Menelaos stand, den er sehr geschätzt haben muß.

Menelaos, jüngerer Bruder Agamemnons, ist schuld am Trojanischen Krieg. Die schöne Helena, die Paris raubte und nach Troja entführte, war seine Frau. Wer je um sie geworben hatte, war durch Eid verpflichtet, dem beizustehen, dessen Frau sie geworden war. Menelaos erinnerte seine einstigen Nebenbuhler an diesen Schwur. So kam es, daß die Achäer nach Troja segelten, wo Helena, wie unter vorgehaltener Hand kolportiert wurde, sich gar nicht so ungern von Paris verwöhnen ließ.

Fraglos hatte Paris, was Schönheit, Charme und Verführungskunst anbetraf, mehr zu bieten als der eher biedere, laut Homer »rothaarige« Menelaos. Dessen Welt war das Schlachtfeld. Obgleich er Paris im Zweikampf besiegte und dadurch zum Kriegsverlängerer wurde, fehlten ihm alle Voraussetzungen zum strahlenden

Helden. Selbst in der Oper reichte es nicht zum Tenor. In Offenbachs »Schöner Helena« ist der Menelaos die Baritonpartie, den Paris schmettert der Heldentenor.

Weder von König Menelaos noch von seinem Palast wurde bis heute auch nur ein Stein gefunden. Prächtig kann der Palast auch nicht gewesen sein, Sparta war weder wirtschaftlich noch militärisch günstig gelegen. Karger Boden, kalte Winde. Eine der wenigen griechischen Städte ohne unmittelbaren Zugang zum Meer. Die Götter mögen wissen, warum eine Gruppe Dorer etwa im neunten Jahrhundert sich hier niedergelassen hat.

Das ungewöhnlichste aber war, daß Sparta jahrhundertelang keine Stadtmauer wie andere Städte besaß. Ein Besucher, der mit seiner Verwunderung darüber nicht hinter dem Berg hielt, bekam von seinem spartanischen Gastgeber eine Antwort, die aus vier Worten und einer Geste bestand. »Dies sind unsere Mauern«, sagte der Spartaner und zeigte auf eine Gruppe Jünglinge. In ihrer Kürze war dies eine lakonische, vom Inhalt her eine spartanische Antwort.

Lakonisch und spartanisch - da haben wir die beiden Worte, die auch heute noch für eine knappe Formulierung und für Verzicht auf Genuß stehen. Beide gehören zusammen. Auch geographisch: Die Stadt Sparta lag in der Landschaft Lakonien am Fuße des Taygetosgebirges. Was mögen das für Menschen gewesen sein, deren Heimatnamen zu Adjektiven für »kurz, knapp« und »entbehrungsreich« wurden? Nicht erst seit unserer Zeit. Diese Bedeutungen hatten »lakonisch« und »spartanisch« schon in der Antike. Wie denn schon damals Sparta auf die übrigen Städte eine eigene Faszination ausübte. Fasziniert hat Sparta viele, aber Freunde, richtige Freunde hatte es keine. Freundschaft mit Sparta, das war auch schwierig und vor allem strapaziös. Die Städte hielten lieber zu Athen und seinem Savoir vivre. Wer aber für Athen war, konnte unmöglich für Sparta sein. Schließlich führten die beiden Städte immer wieder Krieg gegeneinander. Die Athener haben angefangen, sagten die Spartaner. Die Spartaner waren es, sagten die Athener. Man kennt das ja.

Ausgerechnet ein Schriftsteller aus Athen ist schuld, daß Spartas Name in aller Munde war: Plutarch hieß der Mann, etwa von 45 bis 125 hat er gelebt. 227 Bücher soll er geschrieben haben, darunter mindestens fünfzig Biographien berühmter Politiker. Eine befaßt sich mit Lykurgos, jenem Mann, der die Verfassung Spartas entwarf. Oder, vorsichtiger formuliert: haben soll. Das Buch geriet Plutarch unversehens zu einem Hymnus auf Sparta und dessen Sitten, die so ganz anders waren als die im restlichen Griechenland.

Ob es diesen Lykurgos wirklich gegeben hat, ist ungewiß. Er ist ein ähnlicher Fall wie Abraham bei den Juden. Bei beiden wissen wir nichts über ihre Existenz außer dem, was an Gesetzen auf beide zurückgeführt wird. Wahrscheinlich trifft für Lykurgos ebenfalls zu, was für Abraham erwiesen ist: Er war eine so dominierende Respektsperson, daß vieles, was als Gebot verkündet werden sollte, ihm nachträglich in den Mund gelegt wurde, damit es mehr Gewicht erhielt.

Genau wie bei Abraham wurden auch bei Lykurgos die fehlenden Lebensfakten durch Erzählungen ersetzt. Um sein Ende wurde eine hintergründige Fabel gesponnen: Als Lykurgos, alt geworden, wieder einmal Sparta verließ, um das Orakel in Delphi zu befragen, ließ er sich von der Ratsversammlung, den Ephoren, schwören, daß bis zu seiner Rückkehr nichts an seiner Verfassung geändert werden würde. Die Männer hoben die Schwurhand, Lykurgos war's zufrieden, ging und kehrte – nie zurück. Auf immer zu verschwinden hatte er von Anfang an vorgehabt, denn solange er nicht in Sparta war, durfte ja nichts an seinen Gesetzen geändert werden. Eine hübsche Geschichte, aber irgend etwas an ihr ist faul. Nicht nur etwas, sondern gleich mehreres.

Erstens: Sie ist zu gut, als daß sie aus Sparta stammen könnte. Dort stand die Poesie nicht hoch im Kurs. In der Schule genügte es, wenn die Jungen die Verse von Tyrtaios mitsingen konnten. Es waren Marschliedertexte im Stile von »Wir werden weiter marschieren, wenn alles in Scherben fällt . . .«.

Zweitens: Lykurg kannte seine Spartaner zu gut, als daß er ihren Schwüren Glauben geschenkt hätte. Lief doch in Sparta das geflügelte Wort um: »Knaben beschwindelt man beim Würfeln, Männer betrügt man mit Eiden.«

Wohlwollende Historiker schreiben, Lykurg – oder wer auch immer – habe die Verfassung Spartas auf drei Beine gestellt. Auf ein demokratisches, ein aristokratisches und ein monarchistisches.

Wenn wir für einen Moment bei diesem Bild, das schon in der Antike gebraucht wurde, bleiben, dann lahmte das demokratische Bein ganz erheblich, und das aristokratische beschäftigte sich hauptsächlich damit, dem monarchistischen Bein in die Waden zu treten.

Lassen Sie es mich gröber formulieren: Lykurgs - wenn es ihn denn gab - politische Leistung läßt sich in einem Satz und einem Zusatz zusammenfassen. Der Satz: Er »erfand« das Zweikönigssystem, in dem der eine König für die militärischen, der andere für die religiösen Belange zuständig war. Der Zusatz: Lykurg begründete damit eine Militärdiktatur.

Sie funktionierte erstaunlich lange. Nicht weil sie so gut war, sondern weil sie mit brutalsten Methoden Angst und Schrecken verbreitete. Dafür ein Beispiel, das dazu angetan ist, Spartabewunderer das Fürchten zu lehren.

Als nach einer verlorenen Schlacht die Elite der spartanischen Herrenmenschen so dezimiert worden war, daß befürchtet wurde, die Staatssklaven, die Heloten, könnten einen Aufstand riskieren, da befahl der Oberbefehlshaber, jene Heloten sollten vortreten, die sich im Kampf besonders tapfer geschlagen hatten. Heloten wurde nämlich nur ein einziges Recht zugestanden: für Sparta mit in den Krieg zu ziehen. (Ab 1942 nannte man bei der deutschen Wehrmacht die modernen Heloten »Hiwis«, Hilfswillige.) 2000 Heloten meldeten sich, hoffend, für ihre Tapferkeit belohnt zu werden, vielleicht sogar die Freiheit zu erhalten. Alle 2000 Heloten wurden von den Spartanern niedergemetzelt. Alle! Weil »wer tapfer ist, auch am ehesten einen Aufstand wagt«.

Obgleich zahlreiche solcher hinterhältigen Brutalitäten in Athen bekannt waren, galt dort »spartanisch« als »in«. Wer mit der Mode ging, trug den rauhen, kratzigen Fetzen, den alle Spartaner sommers wie winters sich umhängen mußten. Wer jetzt an das Jeansabendkleid mit Brillantapplikationen denkt, liegt vielleicht gar nicht so schief.

Wurde eine Dame der Athener Gesellschaft Mutter, mußte eine Amme aus Sparta das Kind stillen. Bei uns mußte es bis 1945 eine aus dem Spreewald sein.

Auch bei den verwöhntesten Athener Partygängern erzielte einen Aha-Effekt, wer die »schwarze Suppe« aus Sparta, einen

Blutsuppeneintopf, servierte. Dabei soll sie so gräßlich geschmeckt haben, daß Zyniker behaupteten, die Spartaner seien nur so rasch bereit gewesen, im Kampf zu sterben, weil sie dadurch der täglichen »schwarzen Suppe« entgingen.

Was aus Sparta kam, galt als chic, super, nachahmenswert. Nur eine spartanische Sitte störte die anderen Griechen. Es störte sie, daß die Mädchen dort nackt herumhüpften, zumindest die Tempeltänzerinnen. Tatsächlich, das störte sie! Auch sonst trugen die jungen Spartanerinnen lediglich eine ärmellose, kniefreie Tunika, die an den Seiten offen war und erstaunliche Einblicke gewährte. Deshalb hießen Spartas Mädchen in ganz Griechenland die »Schenkelzeigerinnen«.

Die Entrüstung der Griechen gegen soviel Zurschaustellung der »primären und sekundären Geschlechtsmerkmale«, wie dies im Juristendeutsch heißt, hatte beileibe keine moralischen Gründe. Kein griechischer Stamm hat körperliche Nacktheit für unsittlich gehalten, das kam erst im Gefolge des Christentums. Nein, die Griechen störte, daß Frauen durch das Prunken mit Formen und Reizen wie sie eben nur Frauen vorzuweisen haben, ihre Gleichberechtigung betonen konnten. Das störte die Rangordnung, wie sie in ganz Griechenland herrschte. Die Frauen waren dem Mann untergeordnet. (Wie sehr, lesen Sie am krassesten bei Paulus in seinem ersten Brief an die Korinther nach.) Anders in Sparta. Dort waren die Frauen tatsächlich gleichberechtigt, wenn nicht sogar den Männern übergeordnet. Plutarch beschreibt das so: »Daher sollen sie denn auch sehr dreist und gegen ihre Männer selbst männlich und gebieterisch gewesen sein, indem sie nicht nur im Hause unumschränkt herrschten, sondern auch in den wichtigsten Angelegenheiten des Staates ihre Meinung mit aller Freiheit sagen durften.«

Solange eine Spartanerin unverheiratet war, durfte sie so ziemlich alles. Hatte sie sich aber einen Mann geangelt, mußte sie verschleiert gehen. Diese Textilauflage nach der Heirat wurde so begründet: »Keinen Schleier für das Mädchen, weil sie Männer finden muß. Schleier für die Ehefrau, weil sie den ihren behalten soll.« Sind Sie bei diesem Satz über den Plural »Männer« bei »Mädchen« gestolpert? Das ist kein Lapsus, sondern Absicht. Voreheliche Geschlechtsverkehr war in Sparta erwünscht, auch konnten die Mädchen schlafen, mit wem sie wollten, vorausgesetzt, er war »würdig«. Würdig aber war in Sparta nur ein Mann, der tapfer war. So einfach lagen damals die Dinge.

War Sparta also ein Paradies für liebestolle, gutgewachsene Mädchen? Nicht ganz, sie mußten auch deshalb so freizügig mit ihren Reizen locken, weil sie sich gegen starke Konkurrenz zu behaupten hatten: gegen jene Männer, die Jünglinge liebten. Denen die jungen Bettpartner wegzuschnappen war gar nicht so einfach, denn in Sparta gehörte die Homosexualität zur Erziehungsmethode. Der Lehrer (paidonomoi), so meinten die Herren in Sparta, könne sein Wissen und seine Tugend (in Sparta kannte man nur eine: Tapferkeit) nur durch sein Sperma an den Schüler weitergeben.

Lassen Sie mich etwas richtigstellen: Homosexualität war keine spartanische Spezialität. In ganz Griechenland wurde sie praktiziert, Plato hat sie besungen. Den Griechen machte es offenbar keine Schwierigkeiten, mal Knaben, mal Mädchen zu lieben. Ohne Schuldgefühl und ohne Potenzprobleme. Das galt für alle Städte, in Sparta jedoch war Homosexualität halb gesetzlich. Lykurg hatte bereits verkündet: »Niemand kann ein tüchtiger Bürger sein, der nicht einen Freund bei sich im Bett hat.«

Verständlich, daß bei derartigem Heimvorteil der Männerliebe die Mädchen alle ihre Waffen im Kampf der Geschlechter einsetzen mußten.

»Kampf« ist übrigens wörtlich gemeint. Am Hochzeitstag balgten sich Braut und Bräutigam öffentlich. Die Spartaner meinten, durch diesen Ringkampf käme zusätzliche Hitze ins Ehebett.

Genug der Details. Bei Sparta scheiden sich auch heute noch die Geister. Die einen haben - reden sie von Sparta - den Schaum der Begeisterung vorm Mund, die anderen den des Zorns.

Als Mussolini 1937 - bitte machen Sie diesen kühnen Zeitsprung mit - im Berliner Olympiastadion in Deutsch rief, »Deutschland ist das neue Sparta«, da schrien Zehntausende »Heil«, und die Presse war des Lobes voll für diesen ehrenvollen Vergleich. Tatsächlich war es ein Vergleich, der weniger hinkte als die meisten, aber ehrenvoll ...? Urteilen Sie selbst über den Vergleich spartanischer mit nationalsozialistischen Gesetzen und Verordnungen:

Ein spartanisches Gesetz verlangte, daß alle Neugeborenen einer Kommission vorgeführt werden mußten. Fanden diese Herren das Kind zu schwächlich, mußte es getötet werden.

Das »großdeutsche« Gegenstück: 1938 wurde in Deutschland das sogenannte Euthanasiegesetz erlassen, das die Vernichtung »unwerten Lebens« sanktionierte.

In Sparta wurden alle Jungen nach dem siebenten Lebensjahr der Obhut ihrer Mütter entzogen (Elternhaus gab es nicht, die Väter lebten in Kasernen und durften nur gelegentlich aus bevölkerungspolitischen Gründen ins Eheschlafzimmer schauen). Die Jungen kamen in Lager, wo sie zu Furchtlosigkeit und dem Ertragen von Hunger erzogen wurden.

Das »großdeutsche« Gegenstück: 1938 gab es bereits 14 Napolas (Nationalpolitische Erziehungsanstalten). In diesen Internaten wurden Jungen vom vierzehnten Lebensjahr an kaserniert. Der Schriftwechsel der »Jungmannen« unterlag der Anstaltszensur. Auch der mit dem Elternhaus.

Noch ein paar Parallelen? Bitte, Plutarch berichtet: »Keinem stand es in Sparta frei, zu leben, wie er wollte, sondern sie lebten in der Stadt wie in einem Feldlager nach strengen Vorschriften, und überhaupt glaubten sie nicht sich, sondern dem Vaterland zu gehören.«

Bei uns hieß das ab 1933: »Du bist nichts, dein Volk ist alles.«

In Sparta waren uneheliche Kinder und eheliche absolut gleichgestellt, wenn die Väter nur »würdig« waren.

Bei den Nationalsozialisten hießen die Heime für uneheliche Kinder »Lebensborn«.

Ehelosigkeit wurde bestraft. Ein unverheirateter Mann wurde dem Gespött der Menge ausgeliefert und war von öffentlichen Veranstaltungen ausgeschlossen.

Die Nationalsozialisten gingen den umgekehrten Weg, sie gaben Ehestandsdarlehen und belohnten Kinderreichtum durch Steuernachlaß und Mutterkreuze.

Das Geld Spartas bestand aus Eisenstangen, deren Transport so mühselig war, daß es sich nicht lohnte, viel davon zu besitzen.

Die Nationalsozialisten sperrten den Geldtransfer über ihre Devisengesetzgebung.

In Sparta war der Genuß von Leckereien verboten.

Für die Nationalsozialisten erklärte ausgerechnet der fette Göring unverblümt: »Kanonen statt Butter.«

Als ein spartanischer Feldherr mit den Feinden einen siebentägigen Waffenstillstand vereinbart hatte, brach er ihn in der dritten Nacht und überfiel die schlafenden Gegner. Den Vorwurf, eine Vereinbarung gebrochen zu haben, wischte der Spartaner mit der Entgegnung vom Tisch, er habe von sieben *Tagen* Waffenruhe gesprochen, von den *Nächten* sei keine Rede gewesen.

Ähnlich zynisch setzte sich die Wehrmacht über Neutralitätsabkommen im Zweiten Weltkrieg hinweg.

Genug der Beispiele zu Mussolinis Vergleich. In einem Punkt stimmte er übrigens ganz und gar nicht: Sparta gewann seinen »Schicksalskampf«, den Peloponnesischen Krieg, während Großdeutschland . . . aber das ist hinlänglich bekannt.

Kein Gedicht von überzeitlichem Wert, kein Bild, dessen Farben heute noch leuchten, blieb aus Sparta erhalten. Bramarbasiereien und Landsknechtspointen sind das einzige, was blieb.

Selbst sinnvolle Heldentaten wie des Spartaners Leonidas Todeskampf an den Thermopylen wurden in Sparta von Landserprahlereien begleitet. Als man Leonidas sagte, die Speere der Perser seien so zahlreich, daß sie die Sonne verdeckten, legte man ihm die Antwort in den Mund: »Wie angenehm, so können wir im Schatten kämpfen«, und am letzten Tag der Thermopylenschlacht soll Leonidas den Tagesbefehl ausgegeben haben: »Frühstückt gut, Abendessen gibt es erst jenseits des Styx.« (Also in der Unterwelt.)

In der Gegend von Stalingrad hieß das 1943: »Die Lage ist hoffnungslos, aber nicht uninteressant.«

Noch ein letztes Beispiel für spartanische Überheblichkeit: Als Alexander der Große von den Spartanern durch Ratsbeschluß seine Göttlichkeit bestätigt haben wollte, reagierten die Ephoren (Aufseher des Staates) so: »Wenn ihm soviel daran gelegen ist, dann gestatten wir diesem Alexander, sich Gott zu nennen.«

Jahrzehntelang hat Sparta Krieg geführt, Generationen seiner Männer standen ihr Leben lang im Feld – was aber blieb an spartanischen Namen im Bewußtsein der Völker? Keine außer Leonidas und Lykurg, von dem aber weiß man nicht einmal genau, ob es ihn gegeben hat.

Fast dreißig Jahre haben sich Athen und Sparta bekämpft, gesiegt hat keiner von beiden. Ihre Siege waren von der Art, wie König Pyrrhos 280 v. Chr. einen bei Herakleia gegen Rom errang. Er hatte dabei so hohe Verluste, daß er rief: »Noch so ein Sieg, und wir sind verloren!«

Alexander von Humboldt hat es so formuliert: »Der einzige Sieger des Peloponnesischen Kriegs war kein Soldat, sondern ein Gelehrter: Thukydides.« Er war der Vater objektiver Geschichtsschreibung, sein Griffel war stärker als alle Schwerter. Thukydides war der erste, der historische Ereignisse als das Ergebnis menschlichen Handelns und nicht als Launen der Götter wertete.

Welch faszinierende Idee, daß von allen Greuel- und Heldentaten, die Spartaner und Athener in einem dreißigjährigen Krieg begingen, nichts über die Zeiten blieb als der Name eines Mannes des Wortes.

Sparta - das ist heute nicht viel mehr als ein Schlagwort voller Widersprüche. Und in seinen Ruinen weiden Schafe ...

18. Athen - Bummel auf der Akropolis und durch die Zeit

Die fünf Bedrohungen der Akropolis / Warum die Propyläen so hohe Stufen hatten / Die Tricks beim Parthenon / Warum keine Ziegen beim Erechtheion weiden durften / Was ist eigentlich noch echt? / Warum die Nike in Athen keine Flügel hat / Auf der Agora gab es frischen Fisch und neue Ideen.

»Mit einem einzigen Satz kann ich euch sagen, was Athen ist: die hohe Schule Griechenlands. Ich sage euch, und ich sage es nicht aus Schmeichelei: Diese Stadt wird alles überragen, wird alte Sagen zur Wirklichkeit werden lassen. Wir brauchen keinen Homer, der unsere Taten besingt, oder irgendeinen, der mit Worten dem Ergötzen des Tages dient. Denn unsere Taten werden seine Darstellung der Ereignisse zuschanden machen.«

Diese Sätze stammen nicht aus einem Prospekt des griechischen Touristikamts. Sie sind über zweitausend Jahre alt. Perikles hat sie in seiner großen, ewig gültigen Rede über die attische Demokratie ausgesprochen. Für Geld sind solche Sätze nicht zu haben. Auch dieser nicht: »Diese Bauten, in kurzer Frist für die Ewigkeit errichtet, tragen den Hauch einer nie alternden Seele in sich.« Plutarch hat ihn auf Pergament geschrieben. Im 4. Jahrhundert nach Christi. Auch er meinte Athen.

Woran liegt's, daß diese in Smog, Lärm, Geschäftigkeit, Verkehr und Menschenmassen erstickende Stadt heute noch Besucher für sich einnimmt? Trotz Mammutkränen, Bauruinen und Neonreklame spüren wir: Hier hat alles begonnen. Keine andere Stadt hat in ihrer »klassischen« Jugend einen so hohen Rang im geistigen, musischen und politischen Leben eingenommen wie Athen, und keine andere hat sich die Erinnerung daran so bewahrt wie Athen.

Falsch! Über Jahrhunderte hatte die Welt Athen vergessen, wie das Schreiben eines Missionars an seinen Oberen in Köln aus dem Jahre 1620 beweist. Darin findet sich die erstaunte Feststellung: »Die Stadt Athen, über die in der Antike soviel geredet wurde, existiert tatsächlich noch.«

Das Argument überzeugt nicht. Mag sein, daß die Stadt Athen eine Spanne Zeit in Vergessenheit geriet, aber die Kontinuität im Geistigen - und nur die zählt - war nie unterbrochen. So gibt es im Neugriechischen gleich ein paar Dutzend Worte und Redewendungen, die sich seit der Antike nicht geändert haben.

Noch heute begrüßen sich Griechen mit »Ti nea« (Was gibt's Neues?), mit den gleichen Worten sprach bereits Sokrates die Passanten an. Der Tourist, der ein Glas Wasser möchte, ruft so wie Diogenes nach »Nero«. Über Athens Rathaus steht heute wie zu des Perikles Zeiten »Buleuterion«, und das Oberste Gericht heißt noch immer »Areopagos«. Wer beim Weggehen in einer griechischen Taverne ein höfliches »Chärete« (Gesundheit) in die Runde ruft, wird auch von Griechen ohne humanistische Bildung verstanden. Solches Weiterleben von Worten zählt, wenn es um die Bewahrung jenes antiken Geistes geht, für den Athen das Symbol war und ist.

Die Stadt selbst? Schön ordentlich. (Hab' ich »schön« geschrieben?) Gradlinig die Straßen, klar gegliedert die Häuserblocks ohne den Charme verwinkelter Viertel. Plätze wie mit dem Lineal gezogen. Schuld daran ist Leo von Klenze.

Diesen begabten Architekten hatte Otto, zweiter Sohn des Bayernkönigs Ludwig I., seit 1832 König der Griechen - daher das bayerische Weißblau für die griechischen Landesfarben -, nach Athen kommen lassen. Er sollte die Stadt wiederaufbauen. Das war dringend notwendig, denn während der türkischen Besatzungszeit, die immerhin von 1456 bis 1832 dauerte, waren die meisten Häuser zerstört und die Bevölkerung dezimiert worden. Eine Aufgabe, wie geschaffen für Leo von Klenze, der bereits mit griechischen Bauten München zum Isar-Athen zu machen versucht hatte und nun seinen klassisch-akademischen Stil am Ursprungsplatz verwirklichen durfte.

Das Schlimmste, was Athen architektonisch hätte passieren können, verhinderte die Revolution von 1862. Otto I. hatte sich in den Kopf gesetzt, sich seinen Königspalast von Klenze auf der Akropolis errichten zu lassen.

Dieser königliche Spleen war bereits die dritte der insgesamt fünf Gefährdungen, denen die Akropolis in der Neuzeit ausgesetzt gewesen ist.

Die erste war von den Türken ausgegangen, die 1662 im Parthenon auf der Akropolis eine Moschee errichtet hatten. Kein Grund, sie deshalb zu beschimpfen, schließlich hatte vorher am gleichen Platz eine christliche Kirche gestanden. Als sich jedoch 1687 ein christliches Söldnerheer Athen näherte, um die Stadt von Krummsäbeln und Halbmond zu befreien, da hatten die Türken keine Skrupel, ihre Parthenon-Moschee in ein Pulvermagazin zu verwandeln.

Das löste Bedrohung Nummer zwei aus, und die ging auf unser deutsches Schuldkonto, teilweise jedenfalls. Nach achtjähriger Belagerung gelang einem Leutnant aus Lüneburg, Richtkanonier unter Graf Königsmark, der entscheidende Schuß: Das Munitionsdepot der Türken flog in die Luft und mit ihm der »für die Ewigkeit bestimmte Tempel der Göttin Athene«. Klingt aus diesem Zitat aus einem zeitgenössischen Brief nicht eine gewisse stolze Genugtuung in der Art von »zwei mit einem Schuß« - oder höre ich da patriotische Flöhe husten?

Die Reaktion war schon damals nicht anders wie bei ähnlichen Vorgehen in modernen Kriegen: Der Lüneburger erhielt als Belohnung eine Sonderration Rum, die Söldner jubelten in allen Sprachen Europas, Graf Königsmark, immerhin Rektor Magnus der

Universität Jena, bedauerte den Vorfall. »Außerordentlich«, versteht sich. Der italienische Oberbefehlshaber wurde zum Dogen ernannt.

Die Militärschriftsteller der folgenden Jahrhunderte füllten Wälzer mit Antworten auf die Frage, wie eigentlich die Kugel - ballistisch gesehen - ins Parthenon einschlagen konnte, und am 26. September 1987 feierten Athens Kulturbehörden die 300jährige Wiederkehr dieses Schußtages mit einer Ausstellung und öffentlichen Veranstaltungen. Alles nach dem Motto: Unwichtig, was man feiert, Hauptsache, daß man feiert.

Die vierte Bedrohung der Akropolis ging mitten im Frieden von einem einzelnen aus. Sie war deshalb nicht weniger gefährlich. Angeklagt ist diesmal ein Engländer: Lord Elgin. Ein kunstsinniger Mann, der den Botschafterposten in Konstantinopel nur angenommen hatte, um die Genehmigung für den Erwerb antiker Kunstwerke vom Sultan zu erhalten. Elgin bekam einen solchen Ferman, einen handschriftlichen Erlaß, wie ihn Herrscher islamischer Staaten als Gunstbeweis heute noch überreichen können. Auf welche Weise er ihn erhielt - darüber schweigen Elgins Biographen elegant. Dieser Sultansbeschluß besagte, daß »niemand Elgin am Fortschaffen einiger mit Inschriften oder Figuren versehener Steine von der Akropolis hindern dürfe«.

Elgin legte dieses »einiger« äußerst großzügig aus. Er ließ alle Wohnhäuser, die auf der Akropolis errichtet worden waren, abreißen, er demontierte den Dachfries des Parthenons und verschiffte schließlich mehr als 200 Kisten. Dem Entrüstungssturm in der englischen Presse hielt er die Behauptung entgegen, er habe die Kunstwerke lediglich vor »der drohenden Vernichtung durch türkische Barbaren gerettet«. Was Lord Byron jedoch nicht hinderte, den wohlgeborenen Elgin öffentlich einen Dieb zu nennen.

Napoleon war so wütend über den archäologischen Handstreich des britischen Einzelkämpfers, daß er Elgin verhaften ließ. Gleichzeitig versprach er ihm die sofortige Freilassung, wenn er die Kunstwerke nicht dem Britischen Museum in London, sondern dem Louvre in Paris vermachen würde. Auch nicht gerade die feine Art. Lord Elgin tat, was seine schottische Herkunft und seine zerrütteten finanziellen Verhältnisse von ihm verlangten. Wer den originalen Fries des Parthenons, wer eine echte Karyatide des

Erechtheions sehen will, muß nach London in die Great Russell Street ins Britische Museum fahren, zu dessen größten Sehenswürdigkeiten die »Elgin Marbles« gehören. »Noch immer gehören«, muß es heißen, denn die streitbare griechische Kultusministerin Melina Mercouri wird nicht müde, die Rückführung dieser Stücke zu fordern.

Aber vielleicht hat der adlige »Dieb« Elgin die Kunstwerke tatsächlich vor dem Untergang bewahrt. Denn noch ist die fünfte und permanenteste Bedrohung der Akropolis nicht gebannt: der Smog, der Ruß, die Schadstoffe und die Touristenmassen. In Athen muß öfter Smogalarm gegeben werden als in irgendeiner anderen Großstadt. An Smogtagen sterben in der Dreieinhalbmillionenstadt 10 Prozent mehr Menschen als sonst. Jedes Jahr versucht man, mit drastischen Fahrverboten eine Entlastung zu schaffen. An solchen Tagen muß jeweils die Hälfte der Privatautos und der 12000 Taxen von sieben Uhr morgens bis zwanzig Uhr stehenbleiben - wechselweise die geraden oder ungeraden Autonummern. Das letzte Smogfahrverbot wurde im Januar 1988 erlassen. Es bringt Erleichterung für Stunden - ein Wandel jedoch ist nicht abzusehen.

Längst ist die Akropolis zu einer Experimentierstätte der Chemiker geworden, die mit Spezialmixturen versuchen, an den Bauwerken jene Zerstörungen zu stoppen, die die Chemie unserer Zeit ihnen zugefügt hat. Die Akropolis ohne Baugerüste? Eine Fata Morgana. Den letzten gerüstfreien Tag erlebte ich auf Athens Renommierberg 1953. Wahrscheinlich streikten damals die Bauarbeiter ...

Die Arbeit der Chemiker und Archäologen geht Hand in Hand, leider spielt der Dritte im Bunde nicht immer mit: das Touristikamt. Im Bestreben, den Touristenansturm auf die Akropolis zu lenken, fand es immer neue Wege. Das Wort »Wege« ist wörtlich gemeint. Jahrtausende gab es nur einen Zugang zu dieser Stadtburg - nichts anderes heißt ja Akropolis -, nämlich den über die Propyläen. Doch in unserem Jahrhundert ist der König Tourist (und seine Devisen) stärker als der Demokrat Perikles, dem wir diesen Bau verdanken; jetzt kann man außerdem von der Seite, auf der das römische Amphitheater ist, durch einen zweiten Eingang leichtfüßig auf die Akropolis gelangen.

Im Kaufpreis für das Buch ist mein Rat eingeschlossen: Benutzen Sie ihn nicht! Betreten Sie die Akropolis von Athen so, wie sie im 6. Jahrhundert die Athener betreten haben: über beziehungsweise durch die Propyläen. Nicht nur aus Pietät, sondern weil dieser Eingang nicht nur zufällig dort und in dieser Form angelegt worden war. Dahinter steckte - schließlich haben Griechen ihn erbaut! - eine Idee, über die noch zu reden sein wird.

Jede griechische Stadt, die auf sich hielt und die es sich geographisch einrichten konnte, hatte eine Akropolis, eine Art Zitadelle. Niemand kann verbindlich sagen, wie viele es insgesamt gegeben hat. Unter allen Akropoli war jene von Athen der Star. Eben *die* Akropolis, so wie man *die* Garbo sagt.

Was wir heute an Athens Akropolis bewundern, was uns anspricht, ohne daß wir genau sagen können, warum, ist das Werk mehrerer Männer und aller Bewohner Athens. Perikles plante, Pheidos gestaltete, Bildhauer schmückten, Handwerker bauten, die Bevölkerung finanzierte, und wissen Sie, was das schönste war? - alle bewunderten diesen Baukomplex, der anstatt der alten klobigen Stadtburg entstanden war. Alle fanden ihn gelungen, alle! Was das heißt, wissen wir, die ständig bangen müssen, Neubauten könnten Städte ein zweites Mal zerstören. In Athen aber fielen Planen, Bauen und Bewundern in ein und dieselbe Zeitspanne.

Was die Finanzierung betrifft, ist eine kleine Einschränkung angebracht, Perikles holte sich das Geld nicht nur von den Athenern, sondern nahm es zum guten Teil aus der Kasse des delisch-attischen Seebundes. Immerhin betrug der durchschnittliche Kassenbestand dieser Bundeskasse 460 Talente, was etwa 7000 Kilo Feingold entsprach.

Amerikanische Touristen »schaffen« die Akropolis in knapp zehn Minuten. Deutsche Wissenschaftler haben die Bauten zigmal zentimetergenau vermessen, im Guinness-Buch der Rekorde steht sicher, aus wieviel Steinen die Gebäude zusammengefügt sind - was haben wir davon, wenn wir das wissen? Nichts haben wir davon! Deshalb mache ich Ihnen auf dem Weg zu den Propyläen einen Vorschlag: Vergessen Sie alles, was uns auf der Schulbank an kunsthistorischen Fakten eingebleut wurde. Wenigstens für die ersten zehn Minuten. Unbefangen, mit offenen Augen, aber verschlossenen Ohren gegenüber dem babylonischen Sprachgemisch soll man die Propyläen betreten. Exakter: Durch sie hindurchgehen, »to propylon« heißt nämlich »das vor der Tür gebaute«, mit einem Wort »das Torgebäude«.

Weil Goethe Griechisch konnte und um die Bedeutung von »Propyläen« wußte, gab er einer von ihm gegründeten Zeitschrift diesen Namen. Im ersten Heft hat er klar und knapp erklärt, was Propyläen sind, nämlich »der Raum zwischen dem Heiligen und dem Gemeinen«. Mit dieser Erklärung im Kopf begreift man, wieso die Griechen in den Propyläen fünf ungewöhnlich hohe Stufen einbauten, die nur langsam und mit Verschnaufen erklommen werden konnten. Das Verschnaufen war der Sinn dieser unbequemen Treppe! Sie zwang die Menschen, den Schritt zu verlangsamen, sich von der »gemeinen« Hetze des Alltags zu lösen, dem »Heiligen« zuzuwenden. Ein geistiger Effekt, architektonisch realisiert. Bei den gotischen Domen, deren Säulen den Blick nach oben ziehen, finden wir ähnliches wieder.

Niemand verlangt von Ihnen, daß Sie über diese hohen Stufen steigen, Holztreppen und Rampen erleichtern heute diesen Weg. Sie beten ja auch nicht zu Pallas Athene, der Schutzgöttin Athens. Ich muß es mir verkneifen, an dieser Stelle die vielen Geschichten um diese Tochter des Zeus - in voller Rüstung aus seinem Kopf entsprungen! - zu erzählen. Zu viele widersprechen sich. Für die Athener war sie die Göttin des Friedens und der Weisheit. Ihr Lieblingsvogel war die Eule, also sorgte man dafür, daß möglichst viele Eulen um ihr Heiligtum nisteten. Schließlich waren es so viele, daß es sich erübrigte, »Eulen nach Athen zu tragen«.

Wenn Sie durch die Propyläen gegangen sind, schauen Sie bitte noch einmal zurück. Erst aus diesem erhöhten Blickwinkel - der Weg geht ja bergauf - kann man erkennen, daß die dorischen Propyläensäulen asymmetrisch angeordnet sind. Dieser architektonische Einfall wurde hier zum erstenmal in der griechischen Baugeschichte praktiziert. Die Propyläen waren überdacht, und ihre Deckengemälde waren weithin berühmt. Viele Kunstgeschichten und Reiseführer verschweigen, daß dieser Bau nie fertiggestellt wurde. Aber auch unfertig war er bereits so berühmt, daß in der Volksversammlung die Redner auf ihn zeigten, wenn sie Größe, Macht und Herrlichkeit Athens unterstreichen wollten.

Die Akropolis wird vom Parthenon beherrscht, dem Tempel der Athene. Parthenon klingt sehr feierlich, heißt aber nichts weiter als »Kammer der Jungfrauen«. Parthenos ist die Jungfrau, und eine solche blieb Athene ihr ganzes Götterleben lang.

Der Parthenon steht auf einer künstlich aufgeschütteten Terrasse mit 10 Meter tiefen Fundamenten. Sein Grundriß: 69,5 mal 30,9 Meter. 46 dorische Säulen von 10,4 Meter Höhe trugen sein Dach. An der Vorder- und Hinterfront erhoben sie sich in zwei Reihen hintereinander. Solche Informationen liefert Ihnen auch jedes Lexikon. Weniger bekannt ist, daß beim Bau nur ein Viertel der Arbeiter Sklaven sein durfte. Alle anderen waren freie Bürger Athens. Die mathematisch Gebildeten unter den Bürgern werden sich nicht wenig gewundert haben, was der künstlerische Oberleiter Pheidias und seine beiden Architekten Iktinos und Kallikrates sich an Unregelmäßigkeiten bei den einzelnen Teilen leisteten. Die Stufen, die in den Tempel führten, verlaufen nicht gleichmäßig horizontal, sondern sind in der Mitte leicht nach oben geschwungen.

Alle Säulen stehen nicht senkrecht, sondern sind so nach innen geneigt, daß sie in 2000 Meter Höhe zusammenstoßen würden.

Der Zwischenraum zwischen den Säulen ist unterschiedlich.

Die Ecksäulen haben größere Durchmesser und sind höher als die anderen.

Alle Säulen verjüngen sich nicht gleichmäßig von unten nach oben, sondern in den unteren zwei Dritteln weniger als in den oberen. Kunsthistoriker nennen diesen Kniff Eutasis.

Spielereien von Architekten?

Aber doch nicht bei den Griechen!

Alles war genau berechnet, um den optischen Eindruck des Tempels größer und gewaltiger erscheinen zu lassen. Wenn Sie mir das alberne Wortspiel verzeihen: Durch diese kleinen Korrekturen werden unsere Augen an der Nase herumgeführt. Die perspektivische Verzeichnung, durch welche die Säulenfronten sich nach hinten verjüngen, wird durch die schräge Säulenstellung und die unterschiedlichen Höhen aufgefangen. Erfolg: Der Tempel erscheint größer, als er ist.

Zu Recht feiern Kunstgeschichtler aller Jahrhunderte den Parthenon als das vollkommenste griechische Bauwerk – gute Gelegenheit, an dieser Stelle unsere Kenntnisse der drei großen Stilformen griechischer Säulen aufzufrischen:

Die dorischen Säulen sind die ältesten. Einfach, streng, herb. Ohne Basis wuchsen sie aus dem Boden. In jede Säule waren vertikal 16 bis 20 scharfkantige Einkerbungen eingeschnitten, sogenannte Kanneluren. Da die Säulen nach oben schlanker wurden, mußte sich auch der Durchmesser jeder Einkerbung verkleinern. Ab welcher Höhe um wieviel, das verlangte mathematisches Wissen und handwerkliche Könnerschaft. Das Kapitell der dorischen Säulen war eine gradlinige Scheibe. Ohne Schnörkel, lediglich durch diese Platte, breiter als die Säule, wurde der Übergang von der Säule zum Dach geschaffen.

Die ionische Säule ist die Stütze des klassischen Griechenlands. Schlanker als die dorische, steht sie auf einem Fuß, der breiter ist als die Säule, meist mit Querrinnen verziert. Ihre Kanneluren stoßen nicht mehr scharfkantig aneinander, und ihr Kapitell ist so weich geschwungen mit querlaufenden Spiralen, daß es wie ein Kissen wirkt, durch das die Last der Decke auf der Säule gemildert wird.

Die korinthischen Säulen sind die verspieltesten. Wie Palmen laufen sie auf ihr Kapitell zu, das sich in Blattformen an die Decke schmiegt. Nicht die edelste Säulenform, aber die erfolgreichste. Der Schlager über alle Zeiten.

Diese Unterscheidung der drei Säulenformen kann man in jedem Lexikon nachlesen. Wie aber die einzelnen Säulenstücke miteinander verankert wurden, das verrät kaum ein Nachschlagewerk. Dabei hatten die sonst nicht sonderlich technisch begabten Griechen dafür eine pfiffige Idee! Sie verbanden die einzelnen Säulenteile - meist waren es vier - durch Eisenstifte, die sie im Säulenmittelpunkt einsetzten.

Was aber ist daran so Besonderes? Zwei Stücke durch einen Splint zu verbinden ist eine der ersten technischen Leistungen bei allen Kulturen. Stimmt, aber die Griechen begnügten sich nicht damit, Löcher in den Marmor zu bohren und Eisenstifte einzufügen, sondern sie bohrten die Löcher bewußt größer, um zwischen Stift und Lochrand flüssiges Blei gießen zu können, das sich - erhärtet - wie ein Mantel um den Eisenstift legte. Das hatte gleich einen doppelten Effekt. Einmal stabilisierte das gehärtete Blei den

Stift im Loch wie, ja, wie wir es heute mit Gips oder Moltofill erreichen, und zum anderen verhinderte das Blei die Oxydation und damit den Zerfall des Eisens.

Gern schrieb ich jetzt: »Machen Sie die Probe aufs Exempel, wenn Sie das nächste Mal auf einem griechischen oder römischen Ruinenfeld stehen, und untersuchen Sie die Verbundstifte!« Doch diese Probe funktioniert nicht mehr. Was Sie sehen werden, sind bestenfalls verrostete Eisenstummel.

Ist also die Sache mit dem Bleimantel nur eine Vermutung? Nein! Sie ist - zumindest indirekt - zu belegen. Nämlich durch die Generationen von Türken und Griechen, die seit Jahrhunderten durch die antiken Ausgrabungsfelder zogen und das Blei von den Eisenstiften kratzten. Kilo um Kilo landete so bei den Buntmetallhändlern . . .

Nach diesem Abstecher zu den kleinen Dieben kehren wir zum großen Parthenon zurück. Seine Lage und sein Ruhm waren so einmalig, daß das junge Christentum, sonst doch schnell bei der Zerstörung heidnischer Bauten, vor diesem Meisterwerk kapitulierte. Man adoptierte es einfach. Im fünften Jahrhundert wurde aus dem Heiligtum der Athene die christliche Kirche »Hagia Sophia« (»Heilige Weisheit«). Die Kreuzfahrer gingen sogar noch einen Schritt weiter, sie nannten die Kirche im Parthenon »Santa Maria di Atene«. Ein Beweis mehr, wie unter griechischem Himmel Gegensätze zur Harmonie werden . . .

Weil eine der fruchtbarsten griechischen Eigenschaften das Fragen war - denken Sie nur an Sokrates! -, nehme ich mir die Freiheit und frage ketzerisch: Ob uns das Parthenon, überhaupt alle Tempel, auch so beeindruckten, sähen wir sie so, wie sie waren, als die Zeitgenossen des Perikles sie betraten? Bonbonfarben bemalt die Säulen, Statuen und Friese, überdacht der Bau, so daß kein Sonnenstrahl mit den Schatten der Säulen spielen konnte. Ohne Durchblick das Gebäude, weil sich in seiner Mitte die Cella befand, der fensterlose Hauptraum mit dem Standbild des Gottes oder der Göttin, denen der Tempel geweiht war. Im Parthenon hatte Pheidias in der Cella sein berühmtes Standbild der Athene aufgestellt, das lediglich Licht durch die Eingangstür bekam. Die Cella, von der unser Wort Zelle abgeleitet ist, verhinderte, daß das vielbesungene Blau des ägäischen Himmels durch die Zwischenräume der Säulen schimmerte, die erst jetzt, nachdem Sonne, Regen und Wind die Farben herausgebleicht haben, den Zug ins Vulgäre verloren und so edel, erhaben und feierlich wirken, daß ihr Anblick uns jedesmal an unsere lückenhafte Bildung erinnert. Oder denken Sie an die Karyatiden, jene Urgroßmütter unserer Säulenheiligen, die lächelnd das Dach des Erechtheions tragen! Zu »Lebzeiten« glänzten sie in knalligem Technicolor.

Erechtheion - ein weiterer Stopp bei unserem Akropolisrundgang. In der Rangordnung der Touristen-Highlights rangiert er auf Platz zwei. Den Athenern nach Perikles (er starb vor Baubeginn) jedoch lag der anmutige kleine Tempel mehr am Herzen als das massige, ernste Parthenon. Das Erechtheion wurde zwischen 421 und 406 v. Chr. dort errichtet, wo einst ein Tempel stand, der Athene und Poseidon gemeinsam geweiht war. Genau an dieser Stelle sollen die beiden ihr Duell um die Vorherrschaft über Attika ausgetragen haben. Ein faires Duell: Wer von beiden den Menschen das sinnvollste Geschenk anbot, sollte den Zuschlag bekommen. Athene gewann. Ihr Geschenk, ein Ölbaum, war wertvoller als die Quelle, die Poseidon sprudeln ließ.

Wie fast immer bei griechischen Sagen steckt unter der poetischen Verpackung bitterer Ernst. Die Sage ist ein Gleichnis vom Kampf der Stadtstaaten Eleusis, in dem Poseidon zu Hause war, und Athen um die Vorherrschaft in diesem Gebiet. Weil Athene den Ölbaum brachte, pflanzte man ihr zu Ehren beim Erechtheiontempel Olivenbäume. Da aber Ziegen gern Olivenblätter fressen, durften keine Ziegen in der Nähe dieses Tempels geweidet werden, und - so pingelig waren die Griechen! - die Priesterinnen der Athene durften keinen Ziegenkäse essen.

Heute gibt es weder einen Ölbaum noch eine Quelle um das Erechtheion. Nicht nur die beiden Göttergeschenke fehlen, auch von den originalen Steinen des Tempels ist kaum noch einer vorhanden. An diesem Tempel haben die Restauratoren hervorragende, aber auch ganze Arbeit geleistet.

Und unumgänglich notwendige obendrein. Das Erechtheion mußte Stein für Stein abgetragen werden, weil die Eisenklammern, die vor gut hundert Jahren eingezogen worden waren, um die einzelnen Blöcke vor dem Einsturz zu bewahren, nur noch Rostkrümel waren. Jetzt besorgen das rostfreie Titanklammern.

Reiseführer erklären, daß das Erechtheion seinen Namen von Erechtheus ableitet, einem sagenhaften König von Athen. Aber mehr als das verraten sie nicht. Aus gutem Grund, denn ob dieser Erechtheus mit Erichthonios - ebenfalls sagenhafter König von Athen - verwandt oder gar derselbe war - darüber streiten sich die Gelehrten noch immer.

Bei den Namen der Säulenjungfrauen gibt es keinen Streit. Zwar heißen auch sie mal Koren, mal Karyatiden, doch beides ist richtig. (Nur Erinnyen ist ganz bestimmt falsch. So hießen bei den Griechen jene Geister, die Menschen verfolgten, die Böses getan hatten.) Koren ist ein Sammelbegriff. Alle Mädchenstandbilder werden so bezeichnet. Kore ist das Gegenstück zu Kouros (Mehrzahl Korai). So hießen die Jünglingsstatuen. Die waren immer nackt, die Korai immer bekleidet. So ändern sich die Zeiten.

Was Karyatiden sind, sagt jedes Lexikon: »Mädchenstatuen, die das Gebälk tragen.« Knapp und klar formuliert, nur: Warum heißen sie so und nicht anders; Karyai war der Name eines griechischen Dorfes, dessen Bewohner sich im Persischen Krieg auf die Seite der Feinde Griechenlands schlugen. Nach dem Sieg über die Perser - wann war das noch gleich? Richtig, 490 v. Chr. bei Marathon - wurden die Mädchen dieses Dorfes versklavt und dazu verurteilt, als Lastenträgerinnen zu arbeiten. Daher: Karyatiden = Gebälkträgerinnen.

Keine der vier, die mit toten Augen, aber lächelnd am Tempeleingang auf uns herabschauen, ist echt. Die zweite von links ist schon seit 150 Jahren eine Kopie, Lord Elgin hat die echte nach London entführt. Die anderen drei wurden erst in unserem Jahrhundert durch Kopien ersetzt. Die echten wurden ins museale Abseits gestellt. Ins kleine, viel zuwenig besuchte Museum auf der Akropolis. Stumme Zeugen für Byrons Klage:

». . . und überm Trümmergrunde
macht nur der Schatten noch des
Einst die mächt'ge Runde.«

Die freundlichen Damen verdienen nicht, daß wir uns von ihnen voller Trauer verabschieden, besser ist's mit einer Frage wie dieser: Wie halten die Karyatiden ihre Arme? Auf dem Kopf? Hinter dem Rücken? In die Hüfte gestemmt? Für welche Antwort Sie sich auch entscheiden - sie ist falsch.

Die vier Mädchen haben keine Arme. Exakt: Sie haben keine mehr. Irgendwann wurden sie ihnen abgeschlagen. Einst hielten sie im rechten Arm ein Gefäß und mit dem linken die Stola.

Selten ist mir der Ausdruck »Mauerblümchen« in seinem ursprünglichen Sinn so klargeworden wie beim vierten Bauwerk auf Athens Akropolis. Seit Jahrzehnten abgesperrt und mit Baugerüsten verstellt, steht in der äußersten Südwestecke der zierliche, ionische Niketempel. Aus den Ritzen seiner Steine sprießen – Mauerblümchen ... In mykenischer Vorzeit, als die Akropolis eine echte Stadtburg war, sicherte hier ein Wehrturm den Eingang. Später baute man an dieser Stelle einen hölzernen Niketempel, den prompt die Perser niederbrannten. Im Falle Nike war die Zerstörungswut der Perser sogar verständlich. Nike ist die Göttin des Sieges. Allerdings nicht nur des kriegerischen, sondern auch des sportlichen Sieges. Deshalb ist die Nikestatue in Olympia auch die schönste von allen. Der Athener Tempel ist einer ganz besonderen Nike geweiht, der Nike Apteros, der flügellosen Nike. Welch grandioser, wahrhaft griechischer Einfall, der Siegesgöttin die Flügel zu beschneiden. So konnte sie die Athener nie mehr verlassen, der Sieg war immer auf deren Seite.

Wir wissen: Es war ein Wunschtraum, die Wirklichkeit war anders. Sparta nahm Athen das Heft aus der Hand. Die Stadt der Athene versank in unbedeutende dunkle Anonymität.

Stimmt, stimmt. Aber auch das ist wahr: Keine andere Stadt hat über mehr als zwei Jahrtausende Zeugnis von Glanz und Größe Griechenlands abgelegt. Und dies nicht durch die Jahreszahlen von Schlachten, nicht durch die Namen von Kriegshelden, sondern durch Bauten von unvergänglicher Schönheit. »Du bist ein Tor, wenn du Athen nicht gesehen hast; du bist ein Esel, wenn du es geschaut hast, ohne dich zu begeistern; und wenn du es freiwillig verlassen hast, bist du ein Kamel.« Das sag' nicht ich (obwohl auch ich so denke), sondern ein Zeitgenosse des Perikles hat dies bereits erkannt.

*

»Ich bin enttäuscht.« Die Dame, den Fünfzig näher als den Vierzig, sagte es mit der Bitternis einer um ihre Liebe betrogenen Frau. »Wie habe ich mich auf Athen gefreut! Was aber fand ich? Steine hinter Stahlgerüsten!«

Der Vorwurf war mir nicht neu. Nur die Deutlichkeit, mit der er ausgesprochen wurde, verblüffte. Viele finden in Athen nicht jenes Land der Griechen, das sie mit der Seele suchen, doch nur wenige gestehen es, suchen womöglich die Schuld bei sich und nicht in der »besuchergerechten« Darbietung nackter Ruinen hinter Fußballplatzschutzzäunen.

Die Wahrheit ist: Das perikleische Athen läßt sich nicht entdekken, nur besichtigen. Ihm fehlt der aufgeputzte Kurtisanencharme Venedigs ebenso wie die stolze Würde der einsamen Tempel in Paestum oder Selinunt.

Die Dame machte ihrer Enttäuschung mit einem antiken Vergleich Luft: »Bei der Suche nach ›meinem‹ Athen komme ich mir vor wie dieser griechische Philosoph, wie hieß er doch gleich, der am hellichten Tag mit einer Laterne durch Athen ging, und als er gefragt wurde, warum er das täte, antwortete: ›Ich suche Menschen.‹«

Mir gefiel diese Offenheit, und ich fragte, ob sie mich nach der offiziellen Führung vielleicht auf den Bummel in *mein* Athen begleiten wollte. Eine halbe Stunde später waren wir auf der Agora.

Heute ist die Agora ein Ruinenfeld mit unwichtigen Säulen und Fundamenten, deren Dürftigkeit durch wildwuchernde Büsche und Gräser verdeckt wird.

Einst war sie der wichtigste Marktplatz der Welt. Hier trafen sich Händler, Juristen, Philosophen, Arbeitsuchende und Arbeitsscheue, »um sich gegenseitig zu betrügen«, wie die Perser behaupteten.

Frische Fische wurden hier ebenso feilgeboten wie neue Ideen. Bei beiden konnte nicht gemogelt werden. Es war verboten, Fische zu befeuchten, die nicht mehr ganz frisch waren, und wer sich hier mit neuen Gedanken an die Öffentlichkeit wagte, stellte sich der geschliffensten Kritik seiner Zeit. Unter Perikles war die Agora der Brennspiegel, der Geist, Handel, Kunst, Philosophie und Macht bündelte. Auf der Agora wurde zum erstenmal eine Staatsform erprobt, der uns würdig zu erweisen wir heute noch Schwierigkeiten haben: die Demokratie.

Den Amerikanern ist es zu verdanken, daß dieses ungeordnete Ruinenfeld einen Blick- und Haltepunkt bekam. In den Jahren

1952 bis 1956 haben sie mit Millionendollarbeträgen eine Rekonstruktion der Stoa an der Ostseite errichtet, deren Original aus hellenistischer Zeit (159 bis 138 v. Chr.) stammte. Auch wem Rekonstruktionen ein Ärgernis sind, wird hier seine Einstellung korrigieren: Der 116 Meter lange, 13 Meter hohe, zweigeschossige Bau wurde aus denselben Materialien und mit den gleichen Werkzeugen errichtet wie einst das Original. Statt Läden ist jetzt im Erdgeschoß ein Museum eingerichtet, das Exponate von der Steinzeit bis zur türkischen Besatzung - also über 5000 Jahre - zeigt. Meine Begleiterin winkt ab: »Lassen Sie uns draußen bleiben, durchs Gras gehen und über Säulenstümpfe steigen, bitte kein Museum mehr!« »Dann lassen Sie sich wenigstens erzählen, daß die Regale für diese Ausstellungsstücke in Mauereinkerbungen stecken, die aus dem Jahre 140 v. Chr. stammen!«

»Was war das eigentlich, eine Stoa?«

Ein bürgerlicher Zweckbau, ganz profan. Eine Wandel- und Handelhalle, die Händlern und Käufern an heißen Tagen Kühlung bot. So fing es jedenfalls an, später wurde die Stoa zum Treffpunkt und Diskussionsclub. Auf Athens Agora stand eine der berühmtesten, die Stoa poikile, die »bunte Halle«. Sie hieß so, weil ihre Wände mit Bildern aus der Geschichte Athens bemalt waren, eine ähnliche Methode, wie sie in unserem Jahrhundert Diego Riviera im Nationalpalast in Mexico City für die Darstellung der Geschichte seines Landes in Wandbilderkompositionen anwandte.

In der Stoa poikile lehrte 300 v. Chr. der Philosoph Zeno. Seine Schüler nannten sich nicht nach ihm, sondern nach dem Gebäude. Aus Stoa wurde - Stoiker. In ihrer Runde hat der Sophist Protagoras einen jener Sätze formuliert, um dessentwillen allein griechische Philosophie zum A und O jedes Denkens wurde: »Der Mensch ist das Maß aller Dinge.« Der Mensch, nicht die Götter! Das Unvollkommene, nicht das Ideal.

Der einzelne Mensch war interessant geworden. Seine Meinung, seine Taten, seine Worte - und für diesen neuen Menschen war ein Platz wie die Agora das Testfeld. In diesem Wort steckt das Verb agoreuo, und das heißt: »Ich halte eine Rede.« Es wurden viele große Reden auf der Agora gehalten, und wir Kinder des Mikrofonverstärker- und Teleprompter-Zeitalters machen uns keine Vorstellung, welchen Ansprüchen Redner im klassischen Griechenland genügen mußten.

Spickzettel oder Redemanuskripte waren nicht erlaubt. Frei mußte gesprochen werden, und wer einen begonnenen Satz nicht grammatikalisch einwandfrei zu Ende brachte, wäre besser gleich zu Hause geblieben. Die Zuhörer hatten ein feines Gefühl, ob es sich um Verlegenheits- oder gewollte Kunstpausen bei einer Rede handelte. Außerdem mußte der Redner verstehen, seinen Vortrag mit Pointen zu würzen. Das war dann das »attische Salz«, das auch in unserem Wortschatz noch existiert. Es genügte nicht, die Wahrheit zu sagen, wer bejubelt werden wollte, mußte sie elegant und interessant vortragen. Die Form war mindestens so wichtig wie der Inhalt, und Meinungen zählten mehr als Fakten.

Außerdem war Stimmgewalt notwendig! Demosthenes (um 300 v. Chr.), der berühmteste aller Redner, trainierte seine Stimme mit allen Mitteln und Tricks, bis sie mit der Stentors verglichen werden konnte, von dem Homer versichert, er habe »mit eherner Stimme so laut zu rufen vermocht wie fünfzig«.

An bestimmten Tagen war ein Teil der Agora eingezäunt. »Für Theateraufführungen?« vermutete meine Begleiterin.

Nein, für das Ostrakismos, das Scherbengericht. Dann gab es nur zehn Zugänge, für jeden Wahlbezirk einen. An die zehntausend Wähler kamen an einem solchen Tag auf die Agora. Viel, wenn man bedenkt, daß in Athen während seiner Glanzzeit kaum hunderttausend Griechen lebten. Ob ein Scherbengericht stattfinden sollte oder nicht, darüber entschied einmal im Jahr die Volksversammlung. War die Mehrheit dafür, fand dieses Volksbegehren in der Agora statt. Einige seiner Regeln gelten auch heute noch bei Volksbegehren: Jeder Bürger erhielt eine Tonscherbe, in die er den Namen des Mannes einritzen konnte (nicht mußte!), den er für eine Gefährdung, Bedrohung oder Verunsicherung des Staates hielt. Aber nur, wenn mindestens sechstausend Scherben abgegeben worden waren, galt das Volksbegehren. Dann mußte der, dessen Namen am häufigsten aufgeschrieben worden war, für zehn Jahre außer Landes gehen. Allerdings ohne Verlust seiner Ehre oder seines Besitzes.

Im Agoramuseum sind viele Tonscherben ausgestellt, darunter einige mit dem Namen Perikles. Immer wieder haben seine Feinde versucht, ihn auf diese Art (und wohl auch mit Bestechung der Wähler) aus der Stadt zu vertreiben. Vergeblich.

Vor dem Gericht, auch dies wurde auf der Agora abgehalten, vertraten Kläger und Beklagte ihre Standpunkte selbst, beraten von gewitzten Juristen. Es gab keinen Richter, sondern der Urteilsspruch der Geschworenen galt. Urteils-»Spruch« ist falsch, die Abstimmung war wortlos und anonym. Jeder Geschworene hatte pfenniggroße Bronzescheiben, ein Teil war durchbohrt, ein anderer nicht. Wer einen Angeklagten für schuldig hielt, warf eine durchbohrte Scheibe in die Urne. Eine ungelochte bedeutete unschuldig.

Als Sokrates im Jahre 399 v. Chr. wegen Gottlosigkeit und Verführung der Jugend vor Gericht stand, lagen nur durchbohrte Bronzescheiben in der Urne. Er war damit zum Tode verurteilt. Er hatte dieses Urteil praktisch herausgefordert, getreu seinem Spruch: »Im Leben wie im Theater soll man nur so lange bleiben, wie es Spaß macht.«

Ob er das wirklich gesagt hat? Dieser seltsame Kauz hat nie eine Zeile geschrieben, sondern sich den lieben langen Tag auf der Agora herumgetrieben, die Menschen ausgefragt und Ratschläge gegeben. Glaubt man antiken Klatschkolumnisten, dann hatte Sokrates für diesen außerhäuslichen Zeitvertreib einen sehr verständlichen Grund: Er war mit Xanthippe verheiratet, deren Namen in allen Sprachen als Synonym für »Klaffte« (preußisch) oder »Bißgurn« (bayerisch) einging. Es spricht für die philosophische Überlegenheit des Ehemanns Sokrates, daß er einem jungen Mann auf dessen Frage »Soll ich heiraten?« antwortete: »Was du auch tust, du wirst es bereuen.«

Fragen wie diese forderte Sokrates bei seinem täglichen Agorabummel geradezu heraus. Je stupider die Frage, desto nachdenkenswerter die Antwort. Als jemand ausgerechnet von ihm, dem einfachen, armen Mann, wissen wollte: »Wie werde ich reich?«, bekam er zur Antwort: »Indem du arm an Wünschen wirst.«

Als einer der Händler wissen wollte, warum Sokrates Tag für Tag an den Verkaufsständen vorbeigehe, aber nichts kaufe, erfuhr er: »Um zu sehen, wie viele Dinge es gibt, die ich nicht brauche ...«

Meine Begleiterin hatte offenbar Gefallen an dem sokratischen Fragespiel gefunden und führte es an gleicher Stelle, nur zweitausend Jahre später, fort. Sie wollte wissen:

»Wenn Sokrates nie eine Zeile geschrieben hat, woher kennen wir dann seine schlagfertigen Antworten?«

»Weil zwei der klügsten Griechen es für ihn getan haben: Xenophon, der Historiker, und Plato, der Sokrates für den tapfersten, weisesten und gerechtesten aller Menschen hielt. Beide haben über diesen tiefsinnigsten aller ›Hinterfrager‹ geschrieben.«

»Was war eigentlich nachts auf der Agora los? Wurde sie abgesperrt?«

»In der Antike nicht, aber heute. Wenn wir uns nicht beeilen, müssen wir die Nacht hier verbringen!«

Da sagte meine Begleiterin: »Verstehen Sie mich bitte nicht falsch, aber fast hätte ich nichts dagegen. Ich meine nur, hier spüre ich mehr von dem Athen, das ich suchte, als im vollklimatisierten Hotelzimmer.«

Der Wächter mußte für ein Trinkgeld das Tor noch einmal für uns aufschließen, so spät verließen wir die Agora.

Antike Gewichte

Talent:
Die ursprüngliche Bedeutung ist Waagschale und das auf die Waage Gelegte. Später wurde das Talent Gewichts- und Währungseinheit.
1 Talent: 60 Minen zu 100 Drachmen = 6000 Drachmen
1 Talent (Orient): 30,5 kg
1 Talent (attisch): 26,196 kg (Normalgewicht der Mine = 436,6 g)
1 Talent (äginetisch): 37,142 kg (Gewicht der Mine = 623,7 g).
Zum Vergleich: Im 3. Jahrhundert v. Chr. erhielt ein Handwerker höchstens 2 Drachmen Taglohn, dagegen kostete eine Säule des Tempels in Didyma laut Bauabrechnung 40 000 Drachmen. Die 120 Säulen des Riesenbaues kosteten demnach 48 Millionen Drachmen, also 24 Millionen Tageslöhne.

V.

Klassisch und doch umstritten: Die Sieben Weltwunder

»Wunder ist, was im Widerspruch zu den Naturgesetzen steht«, behauptete ein Gelehrter. Augustinus widersprach: »Falsch. Was wir Wunder nennen, steht nur im Widerspruch zu dem, was wir von den Naturgesetzen wissen.«

19. Wie man Weltwunder macht . . .

Das Geheimnis der magischen Zahl Sieben

Das Wort Wunder wird heute vorzugsweise von Bildbandproduzenten strapaziert. Vom »Wunder der Berge« bis zum »Wunder der Technik« reicht die Farbfotoskala dieser Titel.

Die Griechen waren beim Umgang mit dem Wort »Wunder« vorsichtiger. Sie waren den Göttern vorbehalten. Ein ungewöhnliches Bauwerk war kein Wunder, sondern eine Sehenswürdigkeit. Das lockerte sich erst bei den Römern. Aber auch sie sprachen bei außergewöhnlichen Bauwerken nicht von »Theàmeter«, sondern von Spectacula mundi, von Weltsehenswürdigkeiten, aus denen dann die Weltwunder wurden.

Jahrhundertelang war es ein beliebtes Hobby, Bauwerke zu finden, die dazugerechnet werden konnten. Das war gar nicht einfach. Nicht, weil es so wenige gab, sondern so viele. Und in einem waren die Alten eigen, mehr als sieben Weltwunder durfte es nie geben. Nichts war im geistigen Weltbild der Antike unveränderlicher als die Begrenzung auf sieben. Bei den Weisen, den Wundern, den Wochentagen . . .

Der Kult um diese Zahl war in Babylon ebenso bekannt wie bei Griechen und Römern. Die Bibel übernahm ihn wie auch der Volksaberglaube und die Märchen. Wohin man auch blickt - die Sieben ist immer dabei:

Der Sonnengott Helios, den ein siebenzackiger Strahlenkranz charakterisierte, zeugte sieben Söhne; zu seinem Besitz gehörten sieben Schaf- und sieben Rinderherden.

Sieben Helden Griechenlands zogen unter Theseus' Führung gegen das siebentorige Theben, um den verbannten Polyneikes zurückzuholen. Es war eine der sieben Taten des Theseus, der auch als einer der sieben Opferjünglinge nach Knossos ging und den Minotaurus tötete.

Die Namen von sieben Weisen lernten die »alten« Griechen bereits als Kinder in der Schule: Thales, Pittakos, Bias, Solon, Kleobulos, Chilon und Periander.

Rom und Konstantinopel sind auf sieben Hügeln erbaut.

In sieben Tagen schuf Gott Himmel und Erde, und der siebente

Himmel entstammt einer babylonischen Geheimlehre, im Tempel zu Jerusalem stand ein siebenarmiger Leuchter.

In den christlichen Gleichnissen werden sieben kluge und sieben törichte Jungfrauen genannt, der Mensch empfängt sieben Gaben des Heiligen Geistes.

Die Siebengescheiten geistern durch die Redensarten, genau wie die Siebenmeilenstiefel und die sieben Zwerge hinter den sieben Bergen.

So leicht es fällt, die Liste der Siebenerbeispiele fortzusetzen, so schwierig ist es, *eine* plausible Erklärung für die Wahl ausgerechnet dieser Zahl zu finden. Statt *einer* Erklärung hier eine Auswahl verschiedenster Begründungen:

Arabische Gelehrte führten die »Heiligkeit« der Sieben auf die Teilung des achtundzwanzigtägigen Mondmonats in vier Wochen zu je sieben Tagen zurück.

Die Entdeckung der sieben Planeten und ihre Erhebung zu Göttern hat zur Verehrung dieser Zahl geführt.

Neben ihrem Rechenwert hatten im Altertum Zahlen auch sinnbildliche Bedeutung. Viele galten als Spiegelbild des Weltallgeschehens, und die Sieben nahm dabei eine Sonderstellung ein. Das versuchte man sogar mathematisch zu beweisen: Addiert man der Reihe nach die Zahlen von eins bis sieben, so erhält man achtundzwanzig. Genauso viele Tage braucht der Mond, um in seine Ausgangsposition zurückzukehren. Denn er wächst vom ersten sichelförmigen Aufleuchten bis zum Halbmond in sieben Tagen, dann wird er in ebenso vielen Tagen zum Vollmond, und darauf kehrt er wieder um und durchläuft denselben Weg vom Vollmond bis zum Halbmond in wiederum sieben Tagen und vom Halbmond zur Mondsichel in der gleichen Zeit, macht 28 Tage.

In der Zahlensymbolik wird Sieben »jungfräulich« genannt und der Pallas Athene gleichgesetzt, die, dem Haupt des Zeus entsprungen, sich keinem der Götter und keinem der Menschen vermählte.

Die Verbindung Sieben und Pallas Athene macht Sinn: Die Sieben ist ebenfalls jungfräulich. Sie ist die einzige Zahl innerhalb der Zehnerreihe, die weder selbst zeugt noch gezeugt wird. Die Alten meinten damit: Die Eins zeugt der Reihe nach alle Zahlen, wird aber von keiner anderen gezeugt. Die Acht wird durch zwei mal vier gezeugt, zeugt aber selbst keine andere Zahl in der Dekade; die Vier andererseits gehört sowohl zur Klasse der Eltern als der Kinder; denn sie zeugt die Acht, wenn sie mal zwei genommen wird, und wird gezeugt durch zwei mal zwei. Nur die Sieben kann weder zeugen noch gezeugt werden.

Zuviel der Symbolik? Ich höre schon auf. Was Sie eben gelesen haben, war ein kurzer Exkurs in gnostischem Denken. Nicht von mir, sondern von Philon. Allerdings nicht von dem aus Byzanz, der die Weltwunder beschrieb, sondern jenem aus Alexandria. Er lebte um die Zeitwende und schrieb »De opificio mundi«, ein klassisches gnostisches Werk über die Weltschöpfung, in dem er die pythagoreische Zahlenmystik auch auf Buchstaben und Musiknoten überträgt. Um Ihnen davon einen kleinen Vorgeschmack zu geben: Danach entsprachen die sieben Laute den sieben Planeten, die sieben Planeten den sieben Tönen der Lyra, die wiederum ... genug, genug. Sie kennen jetzt wenigstens die wichtigsten Gründe, warum die Sieben als umschlossene und umgrenzte, vollkommene und vollendete Zahl galt.

Schluß mit der Siebengescheitenspielerei, aber bleiben wir einen Moment bei den Zahlen. In welcher Zeit entstand die Weltwunderliste? Antwort: Zwischen 290 und 227 v. Chr. Warum? Sie nennt den Koloß von Rhodos, und von dem wissen wir, daß er zwischen 290 und 280 v. Chr. erbaut, aber bereits 226 durch ein Erdbeben zerstört wurde. Also kann diese Liste nur in dieser Zeitspanne entstanden sein.

Nicht nur deshalb. Solche Liste paßte auch zur geistigen Entwicklung, die in jener Zeit solchem enzyklopädischen Sammelcifer den Vorrang vor wissenschaftlicher Forschung gab.

In welcher Ecke der antiken Welt mag diese Liste ausgetüftelt worden sein? Da vier der Sieben Weltwunder aus Kleinasien stammen, spricht viel für die Herkunft aus dieser Gegend.

Entstehungszeit und -ort sind also noch einigermaßen logisch einzugrenzen, doch wer versucht, hinter der Auswahl der Wunder ein System entdecken zu wollen, gerät in den Dschungel der Spekulationen. Dennoch ist es immer wieder versucht worden. Einer meinte, die Auswahl nach Baumaterialien (Marmor, Stein, Lehm, Bronze, Gold, Elfenbein) sei ausschlaggebend gewesen, und in einer Touristikzeitschrift fand ich den kühnen Satz: »Die Auswahl der Weltwunder beweist, daß sie nach werblichen Gesichtspunkten eines Reiseveranstalters zusammengestellt wurde.« Genauso könnte man argumentieren, der wichtigste Nutzen der Sieben Weltwunder sei es, sich mit ihrer Aufzählung als Ratespiel über verregnete Urlaubstage oder versandete Parties zu retten.

Ohne Stottern werden drei davon aufgezählt:

Die Pyramiden von Gizeh.

Der Koloß von Rhodos.

Die Hängenden Gärten der Semiramis.

Dann beginnt das Rätselraten.

Der Turm von Babel? Nein, der gehört nicht dazu.

Die Akropolis von Athen? Falsch, auch sie nicht.

Es folgt der Griff zum Lexikon, das die vier restlichen nennt:

Der Artemistempel in Ephesus.

Die Zeusstatue in Olympia.

Das Mausoleum in Halikarnassos.

Der Leuchtturm auf der Insel Pharos.

Auf diese sieben hat man sich schon in der Antike geeinigt. Es ist sozusagen die kanonische Weltwunderliste, neben ihr aber gab es dreißig andere Listen im Laufe der Jahrhunderte. Die Weltwunder wechselten, die Zahl Sieben blieb. Soviel Respekt hatte man vor ihrer Magie.

Einige Lexika behaupten, die »kanonische« Liste stamme von Antipatros, einem Dichter aus dem 2. Jahrhundert v. Chr., doch schon die erste Zeile seines Epigramms über die Sieben Weltwunder: »Babylons drohende Mauern, mit Wagen und Rossen befahrbar ...«, verrät: Seine Liste deckte sich nicht mit der heute üblichen. Er rechnet die Mauern Babylons dazu.

Andere Nachschlagewerke nennen einen gewissen Philon als ersten Wunderinventaristen. Philon aber war in der Antike ein Name wie heute Schulze oder Meier. Wir kennen zwar ein Dutzend Männer dieses Namens, aber ausgerechnet von dem Wunder-Philon wissen wir kaum etwas. Nicht viel mehr, als daß er 280 v. Chr. in Byzanz lebte. Von ihm stammt eine zwölfseitige unvollständige Schrift »Über die Sieben Weltwunder«. Gesehen hat er keines. Auch er führt die Mauern Babylons an und läßt dafür den Leuchtturm auf Pharos aus.

Erst im 19. Jahrhundert wurden die »Sieben Weltwunder« Ziel wissenschaftlicher Forschung. Da war es vorbei mit ihrer »klassischen« Ruhe, denn wenn fünf Archäologenteams zum Spaten greifen, dann kommen mindestens acht unterschiedliche Theorien heraus. Welche heute favorisiert werden - darüber mehr auf den folgenden Seiten.

Wunder 1: Die ägyptischen Pyramiden

»Die Pyramiden fürchten die Zeit,
doch die Zeit fürchtet den Sphinx.«
Lord Byron

Morgen früh werden wir in Alexandria anlegen. Schon am Abend vorher gibt es kein anderes Thema an Bord als die Pyramiden von Gizeh und der Sphinx. Ja, *der* Sphinx. Bei den Ägyptern war Sphinx männlich - Symbolfigur der Pharaonen -, erst die Hellenen vollzogen die Geschlechtsumwandlung.

Die Reisebüros der Kreuzfahrtschiffe wissen, welch hohen Stellenwert der Ausflug nach Kairo bei den Passagieren hat. Die Preise sind gesalzen. »Wir müssen so teuer sein, denn wir müssen alle erdenklichen Sicherheiten für einen zeitlich genauen Ablauf einbauen. Wenn die Omnibusse nicht bis 22 Uhr wieder in Alexandria sind, kommt das Kreuzfahrtschiff nicht mehr vor Mitternacht aus dem Hafen, und die Liegegebühr für eine Nacht fällt an, und das sind 10000 Dollar und mehr«, sagt Nils, der norwegische Touristikmanager, und dann erzählt er mir, was alles getan wird, damit die pünktliche Rückkehr von dem 600-Kilometer-Ausflug gesichert ist. Wenn zehn Busse ausgebucht sind, fahren elf - falls einer in der Wüste liegenbleibt. Hinter dem Konvoi fährt ein Reparaturwagen mit drei Daimler-Benz-Monteuren. Als zusätzliche Sicherung. Also: Hosenträger und Gürtel. »Wenn wir könnten, wir würden die Pyramiden 200 Kilometer näher an Alexandria heranrücken«, sagt er augenzwinkernd. Für ihn ist das einzige noch existierende Weltwunder ein Organisationsproblem.

Zwölf bis vierzehn Stunden dauert der Kairoausflug. Ich habe viele müde aufs Schiff zurückkehren sehen, aber keinen enttäuscht.

»Ich will die Pyramiden sehen«, wer das sagt, meint jene drei bei Gizeh. Einst hat es mindestens achtzig gegeben. Statt weniger werden es von Jahrzehnt zu Jahrzehnt mehr. 1952 wurde bei Sakkara die vorläufig letzte ausgegraben. Fast hundert Meter hoch. Reiseziel aber sind seit eh und je die Pyramiden des Cheops, des Chefren und des Menkaure bei Gizeh nahe Kairo. Sie sind mit großem Abstand die ältesten Weltwunder, und für die Cheopspyramide gilt heute noch – nach über 5000 Jahren: Sie ist das gewaltigste Bauwerk aller Zeiten.

»In ihr könnten die Peterskirche zu Rom, die Dome von Mailand und Florenz, die St.-Pauls-Kathedrale und die Westminsterabtei in London, also die fünf größten Kirchen der Welt, bequem Platz finden«, konstatieren die Statistiker. Sie ist das Ergebnis »der unerhörtesten architektonischen Idee, die nicht zu übertreffen ist«, formulierte Goethe.

Nur die Griechen sind vor ihr nicht demutsvoll in die Knie gegangen. Der Name »Pyramous« ist griechisch und bezeichnet ein kleines, kegelförmiges Weizenbrot. Sagen Sie es nicht gerade Ihrem Nachbarn, wenn er demütig und dankbar den Sonnenuntergang hinter den Pyramiden genießt. (Oben von der Zitadelle aus sieht man ihn am besten.)

Auch Herodot, dem Cicero das Attribut »Vater der Geschichtsschreibung« verlieh, hat über die Pyramiden mehr gelästert als sie gelobt. Für ihn stand fest, daß die zweieinhalb Millionen Steinblöcke, von denen jeder mindestens eine Tonne wiegt, nur durch Zwang und als Strafe aufeinandergetürmt werden konnten. Genau das Gegenteil war der Fall: Die Arbeit an den Pyramiden war Gottesdienst. Wir haben ja im Mittelalter eine Parallele: Damals half jeder gute Christ beim Bau der Kathedralen.

Herodot, von dem wir inzwischen wissen, daß er mitunter ein Vorfahr unseres Lügenbarons Münchhausen gewesen ist, hat denn auch lieber pikante Histörchen um den Pyramidenbau niedergeschrieben, als sich mit der technischen Leistung zu beschäftigen. In einer dieser Anekdoten erzählt er, Pharao Cheops habe Geld für seine Monumentalpyramidengrabstätte unter anderem dadurch beschafft, daß er seine Tochter zur Prostitution zwang. Bei allem Vertrauen in die horizontalen Künste der Dame, sie hätte sich wohl einige Jahrzehnte abrackern müssen.

Herodot hat die Pyramiden um 440 v. Chr. besucht. Zu einer Zeit also, in der ihr Baubeginn so weit zurücklag wie die griechische Antike heute für uns. Die Mehrzahl der Ägyptologen neigt zu der Ansicht, daß die Bauarbeiten an der Pyramide um das Jahr 2644 v. Chr. begonnen haben. Begonnen! Beendet waren die Arbeiten frühestens nach 30, spätestens nach 56 Jahren. Was spielen 26 Jahre bei Jahrtausenden für eine Rolle. Und: Als die Pyramiden gebaut wurden, war der Sphinx bereits uralt und unter einer Sanddüne begraben.

Das muß man sich vor Augen halten, wenn in zahlreichen Ägyptenbüchern mit Jahreszahlen operiert wird, als seien sie verbindlich wie die Baudaten der Schlösser von Ludwig II. Nichts davon. In Sätzen wie »die älteste Pyramide ist die Stufenpyramide von Sakkara, und ihr Baumeister hieß Imhotep, der für Pharao Djoser arbeitete«, stimmt lediglich der Ortsname Sakkara. Alles andere sind Hypothesen. Die ägyptischen Architekten haben keinerlei Aufzeichnungen über die angewandte Technik hinterlassen, und auch in späteren ägyptischen Berichten findet sich kein Wort darüber.

Was wir über die Pyramiden wissen, ist Berichten späterer Schriftsteller entnommen. Was sie notierten, war weder geheimnisvoll noch so phantastisch wie die Gerüchte um diese Bauwerke. Halten wir uns zuerst an diese Tatsachen, danach können dann die modernen Märchenerzähler zu Wort kommen, Ägyptologen nennen sie respektlos, aber treffend »Pyramidioten«.

Die Cheopspyramide war 147 Meter hoch. Um 5 Meter höher als das Straßburger Münster. Die Spitze verschwand im Laufe der Jahrtausende, die Pyramide, um 10 Meter niedriger, hat oben eine Plattform, auf der im Zweiten Weltkrieg eine britische Flakbeobachtungsstelle postiert war. Als erster berechnete Thales aus Milet die genaue Höhe. Seine Meßmethode war einfach wie alles Geniale: Er kraxelte nicht die 201 Steinstufen der Pyramide empor, sondern er maß den Pyramidenschatten. Zu jener Zeit, da die Länge seines Schattens genau seiner Körpergröße entsprach. Da er seinen Schatten nachprüfen konnte, mußte auch der der Pyramide so lang sein, wie diese hoch war.

Im letzten Satz steht bewußt etwas Falsches. Thales hätte nicht, selbst wenn er gewollt hätte, die 201 Steinstufen hinaufklettern können. Zu Thales' Zeit (800 v. Chr.) bedeckten polierte Kalksteine die Pyramidenwände. Wer diese bewundernswert glatten Steinplatten sehen will, muß zur Hassanmoschee in Kairo fahren. 1356 hat sie Sultan Hassan aus den Verkleidungssteinplatten der Pyramiden erbauen lassen. Schade, daß er nicht wenigstens ein paar unverarbeitet liegen ließ, dann könnte man sehen, daß ihre Rückseiten nicht glatt waren, sondern quer gezackt, so daß sie leicht auf dem Unterbau verankert werden konnten. Diese Befestigungsmethode von Außenplatten wurde 1960 - *nach* Christi - als Triumph der Vorfertigung beim Bau gepriesen.

Diese Steinplatten mit der verzahnten Rückwand waren fast ein Jahrtausend schuld an einem grandiosen Mißverständnis. Herodot hatte nämlich geschrieben: »Fertiggestellt wurde die Pyramide von oben nach unten«, und schon glaubten einige an ungewöhnliche Bautechniken, an altägyptische Hubschrauber oder gar an Außerirdische. Dabei meinte der Satz nichts anderes, als daß die Deckplatten von oben nach unten verlegt worden sind, wie es ja auch dem gesunden Menschenverstand entsprach, weil die Arbeiter sich auf die Kalksteinblöcke des Unterbaus stellen konnten. Auf einigen der Blöcke ist in roter Ockerfarbe der Name der Arbeitsgruppen vermerkt. Die bis zu 70 Tonnen schweren Granitblöcke, die zur Überdachung der Königskammer verwendet wurden, kamen aus den Assuansteinbrüchen, ungefähr 500 Kilometer nilaufwärts. Von dort wurden sie vermutlich auf Flößen zur Zeit des Hochwassers stromabwärts verfrachtet.

Doch damals war es nicht anders als heute: Ehe mit dem Bau begonnen werden konnte, mußte erst einmal der Boden geglättet werden. Zu diesem Zweck zog man zunächst um das Areal einen Graben und füllte ihn mit Wasser. Der Wasserspiegel diente als Nullebene und war Ausgangspunkt der weiteren Messungen. An der Cheopspyramide konnte den altägyptischen Architekten ein kleiner Nivellierfehler nachgewiesen werden. Die Fläche ist zwar eben, steigt aber in ihrer Gesamtheit von der Nordostecke zur Südostecke um 15 Zentimeter an. Schuld an dieser Abweichung war starker Nordostwind, der während des Nivellierens das Wasser nach Südosten drückte.

Die Frage, wozu diese Pyramiden errichtet wurden, beantwortet inzwischen jedes Schulbuch: Sie waren Grabdenkmale der Pharaonen. Spezialverriegelungen sollten die Grabkammern vor Räubern schützen. In keinem Fall hat das etwas genützt.

Um die Frage »Wie wurden die Pyramiden erbaut?« drücken sich viele, oder sie beten nach, was Herodot behauptete: Zehn Jahre lang hätten zehntausend Menschen während der Nilüberschwemmung, in der drei Monate lang die Felder nicht bestellt werden konnten, gezwungenermaßen an dieser Baustelle gearbeitet. Wo sie untergebracht, wie sie ernährt worden sind, sagen weder Herodot noch seine Nachbeter. Erstes Licht in dieses Dunkel kam vor dreißig Jahren. Damals wurden westlich der Chefrenpyramide die Reste von Unterkünften für viertausend Arbeiter freigelegt. Und nicht nur das, auch deren Lohnlisten wurden gefunden. Also: Vier- und nicht zehntausend und keine Sklaven-, sondern Lohnarbeit.

Ein Lichtblick, der einiges erhellt, aber nicht folgendes Rechenexempel: Wenn in zwanzig Jahren zweieinhalb Millionen Steinblöcke in insgesamt 7300 Arbeitstagen aufgerichtet wurden, so bedeutete dies eine Arbeitsleistung von 315 Blöcken pro Tag oder 26 pro Stunde. Das aber setzt ein tägliches Arbeitspensum von zwölf Stunden voraus. Ungelöst bleibt eine Reihe weiterer Fragen, zum Beispiel, wie im Inneren der Pyramiden das Belüftungs- und Beleuchtungsproblem gelöst worden ist und wie die gewaltigen Granitblöcke, die den aufsteigenden Gang am Ende versperren, in das Innere der Pyramide gebracht wurden. Zu ihrem Transport wären mindestens vierzig Menschen notwendig gewesen. Der Gang aber bietet nur Raum für höchstens fünf.

Auf einem Gebiet wenigstens sind wir klüger als die Generationen vor uns: Wir wissen, wie die Steinblöcke aufeinandergetürmt wurden. Durch Luftaufnahmen entdeckte man Spuren von Rampen um die Pyramiden. Sie waren mit glatten Steinplatten belegt gewesen, über die die Bauklötze hochgehievt worden sind.

Das entspricht dem, was altägyptische Wandmalereien zeigen und was Plinius der Ältere berichtet hat. Herodot dagegen hatte von Maschinen geflunkert, die wie nach rückwärts wirkende Steinschleudern das Baumaterial nach oben katapultiert hätten.

Aufschlußreich war, daß die bildlichen Darstellungen immer nur Kolonnen von Männern zeigen, die die gewaltigen Monolithen auf Schlitten mit langen Seilen ziehen. Auf keiner der Abbildungen wird diese kraftzehrende Arbeit von Tieren verrichtet. Darauf gründet sich die Vermutung, diese Arbeit sei etwas Ehrenvolles gewesen. Der Schlittentransport war nichts Ungewöhnliches in Ägypten. Auf Sand - 90 Prozent Ägyptens waren und sind Wüste - bewähren sich Kufen besser als Räder.

So weit - so gut. Doch dann kamen die Mathematiker. Sie berechneten, daß eine Rampe, die im Verhältnis von eins zu zehn ansteigt, 1829 Meter lang sein müßte. Von wo die dafür benötigten Erdmassen herangeschafft wurden und wo sie geblieben sind, ist bis heute nicht zweifelsfrei beantwortet worden. Offenbar war sich Plinius bereits über diese Schwachstelle seines Berichtes im klaren, denn er ließ offen, ob die Rampen aus Lehm oder aus Salz und Salpeter bestanden. Die hätte dann der Nil aufgelöst. Eine plausible Überlegung, nur hätte alles Salz des Mittelmeeres für die Pyramidenrampen nicht ausgereicht.

Umsichtige Fremdenführer sagen ihren Touristenschäfchen, daß der Einstieg in die Pyramiden auf eigene Gefahr geschieht. Tatsächlich kann, wer Beklemmungen in engen Räumen bekommt, nicht plötzlich in den schmalen Gängen zurückgehen, eine nicht endende Kette von Touristen läßt keine Umkehr zu.

Wer sich in die schmalen, schlechtbeleuchteten Gänge zwängt, bekommt mit Sicherheit auch die »Königinnenkammer« gezeigt. Der Weg zu ihr zweigt am Anfang der »Großen Galerie« horizontal ab. Eine schöne Vorstellung, daß bereits die Pharaonen ihre Frauen auf der Fahrt ins ewige, eigentliche Leben nach dem Tode an ihrer Seite wissen wollten. Doch wie so oft, beruht auch diese Bezeichnung nur auf Spekulationen. Dieser Raum heißt nur »Kammer der Königinnen«, weil er eine giebelförmige Decke hat und weil bekannt ist, daß die Araber ihre Frauen in Grabkammern mit giebelförmigen Decken bestatteten. Das sagt Ihnen Ihr Führer natürlich nicht.

Fakten und Fragezeichen halten sich wie so oft in der Archäologie die Waage. Dieses Niemandsland des »Nicht-genau-Wissens« ist die ideale Spielwiese für Phantasten. Sie haben für alles eine Erklärung, und je verwegener diese ist, um so lauter tragen sie sie vor. Folgt man ihren Theorien, die alle nach der Devise argumentieren, »genau so muß es gewesen sein, wenn es nicht anders war«, dann waren die Pyramiden . . .

... die Rettungsinseln für Auserwählte während der Sintflut (Noah hat also ganz unnötigerweise seine Arche gebaut);

... die Kornkammern, die der biblische Joseph für den Pharao anlegen ließ (wahrscheinlich kamen die sieben dürren Jahre nur, weil die Arbeiter während des Pyramidenbaus alles kahl gegessen hatten);

... ein monumentales Lehrbuch, in dem das Wissen aus der Entstehungszeit der Pyramiden festgehalten wurde (warum dies auf derart verschlüsselte Weise geschehen mußte, bleibt geheim);

... eine prophetische Weltgeschichte für - mindestens! - 6000 Jahre; der in die Vorkammer führende niedrige Gang hat den Beginn des Ersten Weltkrieges markiert; selbstverständlich wurde dies erst erkannt, als er bereits voll entbrannt war.

... Die Granitwanne in der Königskammer soll vom Rauminhalt her genau dem der biblischen Bundeslade entsprechen. (Nur verschweigt der Erfinder dieser Theorie, welche Maße er zugrunde legte, wie es denn überhaupt ein beliebter Trick ist, die diversen Maßangaben zu manipulieren. Um wenigstens eine gewisse Ordnung in die verschiedenen Längenangaben zu bringen, lohnt ein Blick in die Tabelle auf Seite 22.)

... Die Cheopspyramide war ein steinerner Kalender. Beweis: Die Steine der Terrasse liegen nicht in quadratischen Linien, sondern versetzt zueinander. Dadurch gab es Markierungspunkte, an denen der tägliche Schatten der Pyramide gemessen werden konnte. Langjährige tägliche Beobachtungen ergaben, daß sich durch die Schatten auf diesen versetzten Steinplatten die Länge des Jahres bis auf den 0,2419ten Teil eines Tages genau berechnen lassen. (Ich war leider nie lange genug in Kairo, um dies zu kontrollieren, aber auch die Steine auf der Terrasse meines Hauses sind versetzt angelegt. Wahrscheinlich liegt es nur an den vielen Regentagen in unseren Breitengraden, daß diese Kalendertheorie bei uns nicht funktioniert.)

... 1987 haben japanische Wissenschaftler unter Leitung von Professor Sakuji Yoshimura und mit Hilfe eines Scanners (250 Watt Leistung, 198 Kilohertz Frequenz) in einer bisher unentdeckten Kammer westlich der Cheopspyramide unter 2 Meter tiefen Steinblöcken mehrere Objekte nachgewiesen, bei denen es sich wahrscheinlich um die zweite (zerlegte?) Cheopsbarke und die dazugehörigen Geräte handelt. Dr. Mohammed Saleh, Generaldirektor des Ägyptischen Museums in Kairo, hat diese Nachricht publiziert. Sie hat den Nachteil, daß sie anderen Meldungen zu ähnlich ist, die in ärgerlicher Regelmäßigkeit immer wieder in den Zeitungen auftauchen. So hieß es 1968, der Nobelpreisträger für Physik Dr. Luis Alvariz habe ein Gerät entwickelt, das den Durchgang kosmischer Strahlen durch die Pyramiden aufzeichnen kann. (Dr. Alvariz hat mir versichert, daß diese Meldung blanker Unsinn ist.)

Auch Mohammed Saleh überlebte die japanische Tatarenmeldung nur um einige Monate in seinem Amt. Ende Oktober 1987 wurde ihm fristlos gekündigt.

Einer dieser wissenschaftlich-phantastischen Grenzgänger hat wenigstens aus seiner versponnenen Pyramidentheorie Kapital geschlagen, der tschechoslowakische Radioingenieur Karel Drbal. Er hatte behauptet, daß allein durch die Form der Pyramide und ihre Maße biologische und chemische Prozesse verändert werden können. Also: Wenn man unter eine maßstabsgerecht verkleinerte Pyramide aus Plastik ein Stück Fleisch legt, würde es nicht verwesen, wenn man Milch hineinstellt, würde sie nicht sauer werden, ja, Drbal behauptete, eine stumpfe Rasierklinge, in ein Modell der Cheopspyramide gelegt, das genau nach Norden ausgerichtet ist, wird nach ein paar Tagen wieder scharf. Erklärung: Der Rauminhalt der Pyramide ist so berechnet, daß die Kristalle in der Stahlklinge in ihre ursprüngliche Lage zurückkehrten. Drbal behauptete das nicht nur, sondern holte sich angeblich für seine Erfindung vom tschechoslowakischen Patentamt das Patent Nr. 91304 und brachte seinen pyramidalen Rasierklingenschärfer in den Handel. Inzwischen ist er aus den Regalen verschwunden. Wahrscheinlich ein neues Opfer des Fluchs der Pharaonen ...

Haben also jene recht, für die der Sphinx und die Pyramiden nur noch Objekte für ihre Kameras sind? Genügen Blende 11 und eine 250stel Sekunde, um Ägyptens Geheimnisse ins Fotoalbum zu kleben?

Wer so denkt, unterschätzt die Überraschungen, die Ägypten für Archäologen noch versteckt hält. 1954 wurde wieder einmal eine freigelegt. Man stieß auf diese mittlere Sensation ganz zufällig wie so oft. Bei der Säuberung des Geländes um die Cheopspyramide stellten Angestellte der ägyptischen Antikenverwaltung fest, daß die Umfassungsmauer, die einst den gesamten Pyramidenbezirk umschlossen hatte und von der nur noch Reste existierten, auf drei Seiten gleich weit, nämlich 23,6 Meter, von den Pyramidenkanten entfernt war, nur auf der Südseite war der Abstand um 5 Meter geringer.

Einer der an der Säuberung beteiligten Architekten hielt diese Verkürzung für Absicht, zumal er unter der Mauer auf eine Plattform aus Steinplatten stieß, 1 Meter breit, 4,5 Meter lang. Seine Vorgesetzten in der Antikenverwaltung winkten ab: »Normales Pflaster.« Kamal el-Mallach - so hieß der Architekt - aber rannte weiter von einer Stelle zur anderen, bis er die Erlaubnis erhielt, probeweise an einem der »Pflastersteine« zu bohren. Erfolg: Nichts Ungewöhnliches. Außer das dieser Stein offenbar dicker war als normale Pflastersteine. Die Verwaltung war für den Abbruch der Bohrung, Kamal bohrte weiter. Zum Glück.

Am 26. Mai 1954 meißelte er die letzten Stücke aus dem Bohrloch. Er sah zwar nichts, aber er roch etwas. Modergestank. Blitzlichtaufnahmen mit einer Polaroidkamera, die durch die Öffnung in den Hohlraum abgeseilt worden war, lieferten ein sensationelles Bild: den Bug eines großen Schiffes, wie es Pharaonen mit ins Grab gegeben wurde, damit diese in ihrem Leben nach dem Tode würdig den Fluß zur eigentlichen Welt überqueren konnten. Von solchen Schiffen wußte man durch Hieroglyphentexte, gefunden aber hatte man noch keines.

Die Nachricht von diesem Fund zog Archäologen aus aller Welt nach Kairo, um bei der Öffnung des Schiffsgrabes Ende November dabeizusein. Die Reisekosten haben sich gelohnt. Als die Abdeckplatten gehoben wurden, gab es gleich zwei Sensationen. Eine positive und eine negative.

Positiv war: Die ägyptischen Schiffsbestatter hatten vor 4500 Jahren das Schiffsgrab nicht nur mit 41 Kalksteinblöcken, jeder 15 Tonnen schwer, verschlossen, sondern alle Ritzen mit Gips so sorgfältig versiegelt, daß weder Luft noch Feuchtigkeit in das Grab dringen konnten. Daher war das Holz fast unversehrt geblieben.

Negativ war: Das Schiff hatte man vor seiner Bestattung zerlegt. In 1224 Teile. Zum Glück war das so sorgfältig geschehen, daß jedes Teil an seinem eigentlichen Platz blieb.

Über ein Jahrzehnt hat die Konservierung der Teile und die

Rekonstruktion gedauert, dann war ein Schiff von 43,40 Meter Länge, 5,90 Meter Breite, 1,78 Meter Höhe mit einem Tiefgang von 1,48 Meter und einer Wasserverdrängung von 45 Tonnen fertig. Fünf Doppelruder haben es bewegt, und je ein Ruder an der Back- und an der Steuerbordseite dirigierten es. Seltsamerweise war es nicht farbig bemalt wie sonst Pharaonenboote, auch fand man keine Gebrauchsgegenstände. Einige Ägyptologen meinen, der tote Pharao Cheops sei mit diesem Schiff von Memphis nach Gizeh gebracht worden. Beweise gibt es dafür nicht.

Oder doch? Neben diesem Schiffsgrab wurde ein zweiter ähnlich großer Hohlraum festgestellt, aber Geldmangel hat bisher sogar einfachste Probebohrungen verhindert. Offenbar meint man in Kairo, eine Sensation alle fünfzig Jahre ist genug.

Zum erstenmal konnte eines dieser Schiffe, die Pharaonen mit ins Grab gegeben wurden, rekonstruiert werden. Verständlich, daß gleich neben den Pyramiden eigens für diesen sensationellen Fund ein modernes Museum errichtet wurde. Wie praktisch: Pyramiden, Sphinx und Sonnenschiff - alle drei auf einem pauschalen Ausflug zu besichtigen.

O nein! Keines der Pauschalarrangements für den Ausflug zu den Pyramiden schließt den Rundgang durch das Schiffsmuseum ein. Die Mafia der Kamelvermieter war dagegen. Sie sorgte statt dessen dafür, daß im Ausflugspreis ein Kamelritt eingeschlossen ist. Nichts gegen das obligatorische Erinnerungsfoto zwischen den Höckern eines Kamels, das je nach Nationalität des Touristen angeblich »Bismarck«, »Churchill« oder »de Gaulle« heißt. Für viele gibt es jedoch außer dem Foto noch andere Erinnerungen an ihren Kamelritt: die juckenden Einstiche von Flohbissen.

Wunder 2: Die Hängenden Gärten der Semiramis

> »In dieser Stadt können die Einwohner
> innerhalb der Mauern in die Fremde reisen.«
> *Philon von Byzanz*

An dieser Überschrift stimmt so gut wie gar nichts. Erstens spricht keiner der antiken Schriftsteller von *Gärten,* immer ist nur von einem *Garten* die Rede.

Zweitens ist der Begriff »hängend« falsch. »Als hängend bezeichnet man einen Garten, in dem die Pflanzen hoch über der Erde wachsen und der über unseren Köpfen schwebt«, schreibt der griechische Geograph Strabo. Er lebte um 30 v. Chr. Sein Name bedeutet übrigens »Der Schieler«. Ein hängender Garten war also nach unserer Terminologie ein Dachgarten.

Drittens: Von der Königin Semiramis wissen wir nichts Konkretes. Sie war eine jener antiken Geschöpfe zwischen Mythos und Geschichte, die Träumer glücklich machen und Historiker verzweifeln lassen.

Bei Fräulein Semiramis ist die Verzweiflung besonders groß, weil gleich mehrere Damen als jene persische Prinzessin möglich sind, der zuliebe ein unbekannter assyrischer König den Dachgarten anlegen ließ. Meine Favoritin ist jene Semiramis, die als Gattin des Königs Nimus von Ninive lebte. Weder von ihr noch von ihm haben wir exakte Daten. Was von ihr berichtet wird, klingt reizvoll. So soll sie an den Kriegszügen als Mann verkleidet teilgenommen haben, und in einer der ältesten uns überlieferten Schrift, der sumerischen Keilschrift, ließ sie festhalten: »Mitten in meiner Politik und meinen Kriegen fand ich Zeit, die Begierden meines Leibes zu sättigen.«

Nicht nur der Auftraggeber und die Dame, der zuliebe der Garten angelegt wurde, sind unbekannt, auch der Name des Gartendesigners und der Platz, wo er die Pflanzen sprießen ließ, konnten bis heute nicht ermittelt werden. Zwischen antiken Autoren und modernen Archäologen gibt es keine Einigung. Fest steht lediglich, der Garten war in Babylon. Doch Babylon war groß. Keine Stadt der Antike hat je auch nur annähernd Ausmaß und Glanz »der großen Hure an den Ufern des Euphrats« erreicht. Heute ist die einstige Metropole eine Trümmerlandschaft, menschenleer, und »wilde Hunde heulen in den Palästen und Schakale in den Schlössern«, wie es Jesaja prophezeit hatte.

Über die Frage, wo denn dieser Dachgarten gelegen haben könnte, sind schon einigen Assyrologengenerationen die Haare grau geworden. Drei Plazierungstheorien werden gegenwärtig gehandelt. Jede hat etwas für, aber auch einiges gegen sich.

Die älteste Theorie stammt von dem Deutschen Robert Koldewey, der um die Jahrhundertwende Babylon ausgrub und dessen spektakulärster Fund, das 14 Meter hohe Ischtartor (aus Originalziegeln rekonstruiert), das zweite Glanzstück des Pergamon-Museums in Berlin ist.

Außerdem fand Koldewey 1903 in der Nordostecke der Burg einen viereckigen Unterbau von rund 42 Meter Länge und rund 30 Meter Breite mit 14 gewölbten Kammern aus Bruchsteinen. Einer dieser Räume sollte früher ein Schöpfwerk beherbergt haben, über das Wasser nach oben transportiert werden konnte. Da die antiken Autoren die Verwendung von Stein innerhalb des Palastgebietes lediglich an der nördlichen Burgmauer und am hängenden Garten erwähnen und da die in den Texten genannten Maße mit den freigelegten Gewölbespannweiten von 2,50 bis 3 Meter übereinstimmen, könnte Koldewey mit seiner Vermutung recht haben, dies sei der Platz des »hängenden Gartens« gewesen. Ein weiterer Pluspunkt für Koldewey: Die künstliche Bewässerung der Pflanzen hat Verdunstungskälte erzeugt, durch die die Gewölbe unter dem Dachgarten angenehm kühl und damit hervorragend als Lebensmittellagerräume geeignet waren. Diese Lagerräume könnten also die Ururahnen unserer Kühlhäuser gewesen sein. Tatsächlich wurden bei Ausgrabungen in diesen Räumen Keilschrifttafeln mit Listen von Öl, Wein, Getreide und Früchten gefunden.

Gegen diese Lokalisierung spricht: Der Garten nach Koldewey hätte sich im Beamtentrakt des Palastes befunden, und die Prinzessin wäre nur über schmale Gänge an den gaffenden Blicken der Schreibsklaven vorbei in ihr grünes Paradies gekommen. Auch die Aussicht war nicht gerade verlockend. Saß Prinzessin Semiramis auf ihrer Gartenbank, blickte sie auf die Lehmziegel der Stadtmauer von Babylon. Ganz zu schweigen von der Lärmbelästigung durch den Verkehr auf der Hauptstraße, auf der sich - glaubt man ausnahmsweise Herodot - an Festtagen bis zu einer Million Menschen drängten.

Eine zweite Theorie verlegt den Dachgarten an den Euphrat. Auch dafür spricht einiges: Die Versorgung der Pflanzen mit Wasser war dort wesentlich einfacher, der Ausblick von den Gartenterrassen reichte bis zum fernen Horizont, und Strabo hatte ausdrücklich betont, der Garten befinde sich »über dem Strom, und sein Wasser bezog er aus dem Euphrat«. Gegen diese Theorie spricht, daß dann diese Anlage nicht mehr in Sichtweite des Palastes gelegen hätte und den heftigen Westwinden schutzlos ausgeliefert gewesen wäre.

Da es in der Archäologie keinen Widerspruch ohne daraus resultierende neue Theorien gibt, folgte der Ablehnung der Theorie zwei die Theorie Nummer drei. Sie verlegt den Garten außerhalb der Stadtmauern in die Nähe des Nordpalastes. Dagegen spricht, daß Ausgrabungen dafür keinerlei Hinweise erbrachten und daß an dieser Stelle der Garten samt Prinzessin feindlichen Angriffen offenstand.

Genug der Theorien. Das Ringelspiel der Argumente wird sich noch lange drehen. Einen »Erfolg« haben die Gelehrtenstreitereien bereits gebracht. Sie waren für das irakische Denkmalpflegeministerium der offenbar nicht unwillkommene Anlaß, den 1964 unternommenen Versuch, den hängenden Garten dort zu rekonstruieren, wo Koldewey ihn angesiedelt hatte, wieder in die Schublade zu legen.

Sowenig die antiken Schriftsteller sich zur Lage äußerten - über die Anlage des Gartens haben sie viel Pergament beschrieben. Vor allem der Grieche Diodor, der zur Zeit Cäsars Babylon besuchte und den hängenden Garten noch gesehen hat, gibt eine sachkundige Beschreibung: »Man steigt in ihm hinauf wie auf einen Berg. Die Grünflächen kommen eine aus der anderen heraus gleich der Syrinx, der Panflöte, die aus mehreren Rohren von ungleicher Länge besteht, so daß sich ein amphytheatrischer Anblick ergibt. Siebeneinhalb Meter dicke Mauern flankieren jede Stufe. Der Untergrund besteht aus steinernen Balken. Darauf lag zuerst ein Geflecht von Rohr mit viel Asphalt, darauf eine doppelte Schicht von gebrannten Ziegeln, in Gips verlegt, darüber eine Bleidekke, damit nicht die Nässe die Saaterde in die Tiefe hinabsickern konnte. Die Erde war so hoch angehäuft, daß sie den Wurzeln der verschiedenen Bäume genügte, die nach Größe und Reiz den Betrachter wohl zu bezaubern vermochten.« Und so weiter, und so weiter - seltsam nur, daß keiner der antiken Autoren beschreibt, welche Pflanzen in diesem Garten blühten.

Auch über die Bewässerungsmethode dieses assyrischen Dachgartens fehlen genaue Angaben. Als einziger der Ausgräber hat Koldewey dazu technische Einzelheiten angeführt. Das kann allerdings nur jene verblüffen, denen unbekannt ist, daß Robert Koldewey eines gesicherten Lebensunterhaltes wegen an einer Görlitzer Gewerbeschule Dozent für Kanalisation war und an einer »Geschichte der Kanalisation« arbeitete. Ein Fachmann also auch auf diesem Gebiet. Zum Glück stieß er und nicht ein anderer Ausgräber auf einen Brunnen, der in seiner Anlage von allen anderen babylonischen Brunnen abwich. Koldewey erkannte, daß dieser Brunnen jenen entsprach, die noch heute in südeuropäischen Ländern benutzt werden, um Wasser in höher gelegene Räume zu transportieren. Diese Brunnen bestehen genau wie der babylonische aus drei Schächten. Der mittlere ist quadratisch, die beiden äußeren rechteckig. Nur der Mittelschacht dient als Brunnen, in den beiden Außenschächten läuft ein Paternosteraufzug, der in Gefäßen Wasser nach oben befördert. Angetrieben wird er von einem Göpelwerk. Diese Technik deckte sich mit dem, was Diodor über die Bewässerung des hängenden Gartens geschrieben hat.

Verständlich, daß eine derartige technische Anlage zu den Weltwundern gerechnet wurde. So denken wir, aber so dachten nicht die Griechen. Ihnen war es keinen Jubelschrei, nicht mal einen Piepser wert, wenn jemand dergleichen konstruierte. Hauptsache, es funktionierte. Wie, war ihnen egal. Alles Technische war ihnen eher unheimlich. Nicht einmal so einfache Geräte wie Windmühlen kannten sie. Ihr Herz gehörte allem, was schön war, was die Sinne befriedigte und die Phantasie anregte. Mit Maschinen sollten sich Barbaren abquälen.

Aus dieser Erkenntnis kann man folgern, daß der hängende Garten eher aufregend schön als technisch perfekt gewesen war.

Wer sich mit eigenen Augen ein Bild machen möchte, wie dieser Garten angelegt gewesen sein könnte, braucht nicht weit zu reisen - einen Gartenpark, der sich bewußt jenen der Semiramis zum Vorbild nahm, ließ im 17. Jahrhundert die Mailänder Familie Borromeo auf der Isola Bella im Lago Maggiore anlegen.

*

Bleiben wir noch ein wenig in Babylon, denn in vierzehn der dreiundzwanzig in der Antike kursierenden Weltwunderlisten wird statt des Leuchtturms von Pharos ein anderes Bauwerk dieser

Weltstadt genannt: seine Stadtmauern. Aber auch ihretwegen lohnt sich eine Reise nach Babylon nicht. Nur wenige Reste ragen aus dem Grundwasser. Istanbul einen Besuch abzustatten ist da vernünftiger. Kaiser Theodosius II. hat 420 n.Chr. für die Stadtmauer des damaligen Konstantinopels jene von Babylon als Vorbild genommen. Zwar mit 6,5 Kilometer viel kürzer als diese, aber nach gleichem System angelegt.

So unterschiedlich die verschiedenen Berichte antiker Schriftsteller über Länge, Höhe und Breite der Stadtmauer waren - in zwei Punkten waren sich alle einig: Es gab zwei parallel laufende Mauern. Beide waren aus asphaltgebundenen Lehmziegeln errichtet. So weit, so einig. Doch dann kamen die Abweichungen in den einzelnen Beschreibungen: Die beiden Mauern hatten eine Länge von 70 Kilometer (Diodor), von 90 Kilometer (Herodot).

Die Breite der Hauptmauer ermöglichte es, daß . . .

. . . ein vierspänniger Wagen auf ihr fahren konnte (Herodot),

. . . auf ihr leicht zwei vierspännige Wagen einander ausweichen konnten (Strabo).

Koldeweys Ausgrabungen bestätigen zwar ungebrannte Lehmziegel als Baumaterial (Millionen und Abermillionen wurden verbraucht!), aber die Länge der Mauer hatten die antiken Berichte (wieder einmal) verzehnfacht. Koldewey berechnete 8,5 Kilometer. Der entscheidende Unterschied jedoch zwischen Ausgrabungsbelegen und antiken Beschreibungen war ein ganz anderer: Koldewey fand nicht zwei, sondern drei Mauern. Jede von ungewöhnlicher Breite: 6,3 Meter, 7,7 Meter und 3,3 Meter. Keine war breit genug, um sie mit einem, geschweige denn mit zwei Vierergespannen zu befahren.

Hatten die antiken Reiseberichter maßlos übertrieben? Nein. Koldewey selbst fand des Rätsels Lösung. Es hatte tatsächlich nur zwei Mauern gegeben, die mittlere diente nur als Stütze für die Erde, mit der die Zwischenräume von der äußeren zur inneren Mauer aufgefüllt worden waren - so entstand *eine* Mauer von ungefähr 26 Meter Breite, die leicht zwei Vierergespannen Platz geboten hat.

Koldewey fand auch die Bestätigung für eine Keilschriftnotiz Nebukadnezars II.: »Eine gewaltige Mauer baute ich bergehoch; ihre breiten Toröffnungen fügte ich ein und befestigte zederne

Türflügel mit Bronzeüberzug in dieselben. Damit kein Feind ... die Seiten Babylons bedränge, umgab ich sie mit großen Wassern wie der Wogenschwall des Meeres das Land. . .«

Die Tore dienten als zusätzliche Sperren. Waren Feinde bis auf die Stadtmauer vorgedrungen, wurden die Tore geschlossen und schotteten den eroberten Teil ab. Dort waren die Eindringlinge Pfeilschüssen und Lanzenwürfen ausgeliefert. Sie kamen aus »Schutztürmen«, die in regelmäßigen Abständen rund um die Mauer errichtet worden waren. Koldewey hat 15 davon ausgegraben, er schätzte die Gesamtzahl auf 360. Der griechische Historiker Ktesias, der im 4. Jahrhundert v. Chr. die Geschichte Babylons schrieb, ist zurückhaltender. Er spricht von 250 Türmen.

Länge und Breite konnten geklärt werden, offenbleibt, wie hoch die Mauern waren. Antike Gewährsleute sprechen von 20, gar 30 Metern, dagegen steht die Theorie der Waffenhistoriker. Sie sehen die Mauern nur 12 bis 15 Meter hoch. Ihre Begründung klingt einleuchtend: Da die längsten Sturmleitern 10 Meter lang waren, wird man die Mauern nicht wesentlich höher errichtet haben, denn sicher bestimmten auch damals die Möglichkeiten der Angreifer die Stärke und Höhe der Schutzmaßnahmen. Oder sollte sich die Menschheit so geändert haben?

Weder Höhe, Stärke noch Länge der Mauer mit all ihren Verteidigungskonzepten hat Babylon genützt. Babylon verfiel, und seine Mauern wurden zum Sinnbild, daß keine Rüstung und kein Verteidigungskonzept den Bestand einer Gemeinschaft garantieren können, wenn die Menschen hinter den Mauern es nicht wollen.

*

In Babylon stand ein weiteres Bauwerk, das mit dieser Stadt mehr verbunden ist als die Mauern und der Garten: der Turm zu Babel. In keiner Weltwunderliste wird er erwähnt.

Die Bibel ist schuld, daß dieser Turm über drei Jahrtausende - so alt ist dieser Teil des Alten Testaments - in den Köpfen der Menschen einen festen Platz hat.

Die elf Sätze über den Turmbau zu Babel sind länger im Bewußtsein der Menschen als irgendeine andere Erzählung. Was in der Bibel über den Turmbau zu Babel steht, ist für Literaturhistoriker interessanter als für Archäologen. Die babylonische Sprachverwirrung ist ein Gleichnis, eine »Ätiologie«, eine Erzählung, die reale Angaben als Sinnbild verwendet.

Es hat zwar in Babylon einen Turm gegeben, den Tempelturm des Stadtgottes Marduk, aber solche Zikkurats gab es zu Dutzenden im Land Sumer, und jener in Babylon muß durchaus nicht der höchste gewesen sein.

Nachprüfen können wir es nicht. Sicher ist lediglich, daß Alexander der Große nur noch die Reste des Turms von Babylon vorfand. Alexander, der Babylon zur Hauptstadt seines Riesenreiches machen wollte, befahl, den Turm schöner und größer wiederaufzubauen. »Dieses Unternehmen jedoch erforderte viel Zeit und Mühe, allein den Schutt zu räumen, brauchten tausend Menschen zwei Monate, so daß er seine Absicht nicht verwirklichen konnte, da er kurz darauf starb«, schreibt Strabo in seiner »Geographika«.

Wir wissen, das Turmfundament war quadratisch, mehr wissen wir nicht. Alles, was über seine Höhe und seine Form in Antike und Neuzeit veröffentlicht wurde, sind Hypothesen. Herodot spricht von acht Stufen (Stockwerken), Koldewey hat aufgrund der Ruinen jedoch nur sieben errechnet. Sieben wäre die übliche, weil heilige Zahl, aber möglicherweise war der Marduktempel auf der Plattform des Turmes zweigeschossig, so daß Herodot dadurch zu der ungewöhnlichen Zahl von acht Stufen kam.

Die Zikkurat, die allgemein als Vorbild für den biblischen Turm von Babel gilt, hieß Etemenanki, »Haus der Fundamente von Himmel und Erde«. Dieser pompösen Bezeichnung entspricht Nebukadnezars Inschrift: »Ich habe Hand ans Werk gelegt, um den Etemenanki-Gipfel zu errichten, der an den Himmel stoßen möge.« Das klingt so vertraut. Ist es auch. In der Bibel heißt es: »Auf, bauen wir uns eine Stadt und einen Turm, dessen Spitze an den Himmel stößt.«

Diesem überheblichen Vorsatz verdankt es der Turm, daß er in die Bibel kam. Menschen wollten Gott gleich sein. Dessen Strafe für diese menschliche Hybris war die Sprachverwirrung, »so daß keiner mehr die Sprache des anderen versteht«. Möglicherweise haben jedoch die Autoren des Alten Testaments den Turm von Babel aus einem ganz anderen Grund als Beispiel für Gottes

Sprachstrafgericht gewählt: »Verwirren« heißt auf hebräisch balal - es klingt also an Babili, »Tor Gottes« = Babel, an.

Wortspielereien? Bibeltext als etymologische Bastelstunde? So leicht kann man diese Überlegungen nicht mehr abtun, seit Mitte des vorigen Jahrhunderts Altphilologen entdeckten, daß ausgerechnet in jenem Gebiet, wo der Turm von Babel stand, erstmals Sprache durch Schrift fixiert wurde. Von damals an wurde nachprüfbar, was Menschen gesprochen hatten. Noch nach Tagen, Wochen, Jahren, Jahrtausenden...

Nicht nur die Schrift, auch Mathematik, Astrologie und Rechtsprechung haben im Land der Sumerer ihren Ursprung, und die Grundlagen aller Technik - Rad und Hebel - wurden hier ebenso zum erstenmal benutzt wie jenes Gerät, das die Voraussetzung jeder Zivilisation ist: der Pflug.

Hier im »fruchtbaren Halbmond« dämmerte die erste Morgenröte des Abendlandes. Es sei denn, wir finden in der nahen oder fernen Zukunft Belege, daß ältere Kulturen diese Errungenschaften bereits kannten.

Unmöglich - meinen Sie? Bedenken Sie, daß wir bis Mitte des vorigen Jahrhunderts keinen blassen Schimmer von den Sumerern und ihren Vorleistungen für unsere Kultur hatten. Damals wurde noch alles auf das Habenkonto der Griechen gebucht. Es spricht für deren Größe, daß sie auch nach diesen Abstrichen noch immer der strahlendste Stern am Himmel der Antike sind.

Wunder 3: Die Zeusstatue in Olympia

> »Freilich bewundern wir die anderen von den Sieben Weltwundern, vor diesem allein aber fallen wir auf die Knie.«
> *Philon von Byzanz*

Aus drei Gründen reisten die Griechen nach Olympia ...

... wegen der Orakelsprüche (mehr darüber auf Seite 164),

... alle vier Jahre zu den Olympischen Spielen (mehr darüber auf Seite 173),

... und um die Statue des Zeus zu bewundern.

Mehr als irgendeines der anderen sechs Weltwunder haben die Griechen dies verehrt. Sterben zu müssen, ohne es gesehen zu haben, galt als Unglück, behauptete Epiklet. Er stand nicht allein mit seiner Begeisterung. Fast jeder Schriftsteller erwähnt die Zeusstatue lobend, selbst wenn er sie nicht gesehen hat wie Philon von Byzanz, aus dessen Beschreibung das Motto für dieses Kapitel stammt. Neben ihrer künstlerischen Vollkommenheit war für die Griechen diese Statue eine Art Kyffhäuserdenkmal, das sie in einer Zeit, als der Glanz Griechenlands nur noch einen schwachen Widerschein warf, an die Größe und Herrlichkeit Hellas' erinnerte. Ausschlaggebend für diese panhellenistisch-patriotische Begeisterung war nicht das Abbild des Zeus, sondern der Thron, auf dem er saß. Diesen Sessel schmückten Szenen aus der griechischen Mythologie. Schon damals galt: In schlechten Zeiten sind Heldensagen rechte Mutmacher.

Für uns, die wir aus größerem Abstand versuchen, uns eine Vorstellung von diesem Götterbild zu machen, und nach den Gründen fragen, durch die es auf die Weltwunderliste geriet, fällt auf:

Es ist das einzige Weltwunder auf europäischem Boden,

das einzige in einem Gebäude,

das einzige, das von nur einem Menschen geschaffen wurde.

Sein Name: Pheidias, ein enger Freund des Perikles. (Andere Veröffentlichungen nennen ihn Phidias, das ist kein Druckfehler, sondern eine andere Schreibweise des griechischen PEIAIO.)

Gute Gelegenheit, hier das griechische Alphabet und seine entsprechenden Buchstaben unseres Alphabets vorzustellen. Wobei das Wort Alphabet zwar griechisch ist, aber aus dem Phönizischen stammt. Dort wurde es aus den ersten beiden Buchstaben Aleph und Beth gebildet. Die Griechen benutzen dafür ihre ersten beiden Buchstaben Alpha und Beta, wir fügten unseren dritten hinzu, und so entstand das Abc.

Wenn Sie irgendwo lesen, Pheidias sei einer der größten Bildhauer der Antike gewesen, dann glauben Sie es blind. Es fällt relativ leicht, denn nur eines seiner Bildwerke ist erhalten geblieben. Wir sind auf Beschreibungen und auf Kopien angewiesen. Zeitgenössische Kunstkenner, deren Urteile auch über die Zeiten Bestand hatten, stellten seine Athena Parthenos auf Athens Akropolis über die Zeusstatue. Der Ruhm seiner Bildwerke überragte zu

Griechische Buchstaben - moderne Bedeutung

A	álpha	A
β	beta	B
Γ	gámma	G
Δ	délta	D
E	épsilon	E
Z	síta	S
H	íta	I
Θ	thíta	TH
I	jóta	I
K	káppa	K
Λ	lámwda	L
M	mi	M
N	ni	N
Ξ	xi	X
O	ómikron	O (Kurzlaut)
Π	pi	P
P	ro	R
Σ	ssigma	SS
T	taf	T
Y	ípsilon	I
Φ	phi(fi)	F
X	chi	CH
Ψ	psi	PS
Ω	oméga	O

des Pheidias Lebzeiten seinen persönlichen. Das hatte nichts mit seiner Bescheidenheit zu tun, sondern mit der soziologischen Einstufung der Bildhauer. In Griechenland waren sie Banausen.

Dieses heutige Schimpfwort war damals keines, sondern bedeutete Handwerker oder - wörtlich übersetzt - »der hinter dem Ofen sitzt«, also einer, der zu Hause arbeitet. So jemand galt als »sozial minderwertig«. Für Plato waren Handwerker »verkrüppelte Naturen«, und Plutarch vertrat noch gut ein halbes Jahrhundert später die Ansicht, »wenn ein Werk wegen seiner Schönheit erfreut, so folgt nicht daraus, daß der Mann, der es verfertigte, unsere Hochschätzung verdient«. Einen Bildhauer zu heiraten war für eine junge Griechin ganz und gar nicht das, was man schon damals »eine gute Partie« nannte. Wobei allerdings Pheidias, glaubt man dem Athener Klatsch, nicht daran interessiert war, beweibt zu werden.

Wann Pheidias seine Zeusstatue geschaffen hat, ob um die Jahrhundertmitte, vor seiner Athena Parthenos oder später, war lange eine Streitfrage unter den Fachleuten, da die antiken Aufzeichnungen sich widersprechen und die Münzdarstellungen zuwenig Anhaltspunkte für eine genaue Zeitbestimmung geben. Erst seit 1958 gibt es eine Antwort, die nur noch wenige Außenseiter nicht akzeptieren. Damals haben deutsche Archäologen unter dem Fundament einer byzantinischen Kirche im Ausgrabungsfeld von Olympia die Werkstatt des Pheidias freigelegt. Durch die dortigen Funde war es möglich, 432 v. Chr. als das Jahr der öffentlichen Aufstellung der Zeusstatue im Tempel zu Olympia zu bestimmen. Ein gutes Jahr, wie man so zu sagen pflegt. Keine Kriege. Allerdings stand der Peloponnesische Krieg vor der Tür. Er begann 431 v. Chr. und dauerte 27 Jahre. Doch damit rechnete 432 v. Chr. keiner. Krieg oder Frieden war kein Gesprächsthema auf Athens Agora, eher schon das soeben erlassene Gesetz, durch das Gottlosigkeit unter Strafe gestellt wurde. Niemand konnte sich so recht etwas darunter vorstellen, auch Pheidias nicht, er aber bekam es bald als einer der ersten zu spüren.

Zuerst einmal umjubelte man seine Werke. Die Literaten übertrafen sich in Lobpreisungen seiner Zeusstatue. Schließlich wurde auch nicht alle Tage ein Standbild des Göttervaters im Tempel zu Olympia aufgestellt. Diese heilige Stätte war ein Ringhallentempel, Kunsthistoriker haben dafür das Fachwort Peripteros. Das brauchen Sie sich nicht zu merken, vielleicht aber, daß bei keinem anderen Bau der dorische Stil so vollkommen ausgeprägt ist wie bei diesem. 64 Meter lang, 27 Meter breit - so groß wie ein Tennisplatz war dieser Bau. Er stand auf einem dreistufigen Fundament, auf seinen Breitseiten erhoben sich sechs und auf seinen Längsseiten dreizehn Säulen zu einer Höhe von fast 11 Metern. Zum Vergleich: So hoch ist ein vierstöckiges Mietshaus.

Der untere Säulendurchmesser betrug 2,33 Meter, der obere 1,70 Meter. Mächtigere Säulen wurden bei keinem Tempel auf dem griechischen Festland errichtet. Die poröse Oberfläche des Muschelkalks, aus dem der Tempel gebaut ist, wurde mit feinem Stuck überzogen, so daß der Eindruck von schimmerndem Marmor entstand. Was bei Säulen und Wänden nur vorgetäuscht wurde, war beim Dach echt. Es war mit Marmorplatten gedeckt. Ungewöhnlich, sonst verwendete man zur Abdeckung wesentlich leichtere Tonplatten. Das gewaltige Gewicht des Marmordachs zwang die Statiker zu völlig neuen Konstruktionen. Auch für die Ableitung des Regenwassers fanden sie eine ebenso praktische wie schöne Lösung: 51 Löwenköpfe spien das Wasser vom Dachsims. Marmorskulpturen zierten die beiden Giebel. Im Museum zu Olympia sind einige erstaunlich gut erhaltene zu besichtigen. Deutsche Archäologen haben sie 1874 bis 1881 unter einer 5 Meter dicken Schlamm- und Sanddecke ausgegraben. In der gesamten griechischen Kunst gibt es nicht ihresgleichen.

Von weit her kamen Reisende, um dem olympischen Zeus zu opfern. Noch bevor sie seinen Tempel betraten, wurden sie durch dessen Proportionen, den Figurenschmuck der Giebel, die Wucht der Säulen weihevoll eingestimmt. Die Schritte wurden von selbst langsamer beim Betreten der großen Halle, deren gesamte Stirnwand von einem Vorhang verdeckt war, der von der Decke bis zum Boden reichte. Nur die Priester durften ihn fallen lassen.

Fallen ist der falsche Ausdruck. Als erfahrene Regisseure ihres Gottesdienstes werden sie ihn betont langsam, fast würdevoll gesenkt haben. Zentimeter um Zentimeter, bis allmählich zuerst der Kopf des Gottes sichtbar wurde. In 14 Meter Höhe stieß er fast an die Holzdecke des Tempels. Einfache Bauern fielen auf die Knie, so überwältigte sie dieser Anblick. Das Gesicht war - wie alle unbekleideten Körperteile - aus Elfenbein. Die langen Haarlokken, im Modestil der Zeit geflochten, glänzten nicht nur golden, sie waren aus Gold. Genau wie der Bart. Um die Schläfen trug Zeus einen Lorbeerkranz, der aus Silber, aber grün angestrichen gewesen sein soll. Seine Augen waren aus leuchtenden Edelsteinen geformt. Der Gesichtsausdruck dieses Urvaters hat Dichter zu Hymnen inspiriert. Philippos schrieb in seinem Epigramm: »Entweder kam Zeus auf die Erde, o Pheidias, um dir sein Antlitz zu enthüllen, oder du bist aufgestiegen in den Olymp, um ihn zu sehen.«

Nach einer Weile ließen die Priester den Vorhang ein wenig mehr herabsinken, so weit, daß der linke Arm des Zeus erschien. Seine Hand hielt ein bis zum Boden reichendes Zepter, doch vorerst war nur der obere Teil dieses Stabes zu sehen. Er war aus einer Edelmetallegierung, und auf seiner Spitze saß ein Adler, der

Vogel des Zeus. Wieder sank der Vorhang ein kleines Stück. Die rechte Hand wurde sichtbar. In ihr hielt Zeus die Siegesgöttin Nike mit ausgebreiteten Flügeln. 2 Meter hoch war diese »handliche« Schmuckfigur aus Gold und Elfenbein.

Als sich der Vorhang ein weiteres Mal senkte, da mag, nein, da muß ein bewunderndes Ah im Tempel zu hören gewesen sein, denn nun wurde es auch dem einfältigsten Pilger klar: Diese riesige Zeusstatue war noch größer, als er bisher angenommen hatte, denn dieser Gott stand nicht, sondern er saß auf einem Thron. Ein außergewöhnlicher, ein genialer Einfall des Pheidias! So, nur so konnte er seinen Griechen die geistige Größe des Göttervaters versinnbildlichen. Strabo hat es erkannt, als er schrieb: »Erhebt sich dieser Zeus, so stößt er mit seinem Lockenhaupt durch die Tempeldecke.« Hier in Olympia nimmt zum erstenmal die Idee Gestalt an, daß (ein) Gott zu groß ist, um in einem von Menschenhand geschaffenen Haus eingesperrt zu werden.

Wenn dann endlich der Vorhang am Boden lag und die 12 Meter hohe Statue ganz zu sehen war, erlebten die Besucher das Finale einer grandiosen Inszenierung. Zeus saß auf einem Thronsessel, der mit Ebenholz, Elfenbein, Gold und Edelsteinen ausgelegt und verziert war. Das Gewand, das den Unterkörper umhüllte, war ebenfalls aus Gold und mit Blumen bedeckt, die aus gegossenem Glas - eine Kostbarkeit damals - gefertigt waren. Der Sessel stand auf einem meterhohen Podest mit einer Stütze, auf der die Elfenbeinfüße in goldenen Sandalen standen. Vor diesem gewaltigen Götterbild wurden den olympischen Siegern die Olivenblattkränze aufs Haupt gedrückt. Einer der großen Momente, die allen Beteiligten unvergessen blieben. Zeus selbst schien die Siegerehrung vorzunehmen.

Hier sollte zu lesen aufhören, wer sich dieses schöne Bild bewahren möchte, denn auch dieses Kunstwerk hatte wie viele andere einen profanen Kern. In diesem Fall ist »profaner Kern« sogar wörtlich zu nehmen. Die Zeusstatue des Pheidias war vor allem eine technische Konstruktion. Ein hölzernes, von Metallträgern gestütztes Gerüst hielt die verschiedenen Teile und Materialien zusammen. Dieses Gerüst war sogar zerlegbar. Das wissen wir erst, seit 1958 die Werkstatt des Pheidias freigelegt werden konnte. Dabei stellte man fest, daß ihre Ausmaße, ihre Richtung und damit ihre Lichtverhältnisse genau der Cella des Zeustempels entsprachen. Pheidias konnte also in achtjähriger Arbeit seine Statue bei gleichen Raum- und Lichtverhältnissen schaffen, wie sie im Tempel herrschten. Sein Problem war es, sie so zu modellieren, daß sie zerlegt und in den Tempel transportiert werden konnte.

Er behalf sich mit Eisenträgern und Holz, auf das Goldplatten genagelt und Elfenbeinschichten geklebt wurden. In und um die Werkstatt fand man Abfälle von Elfenbein, Halbedelsteinen, Glas und Metall, aber auch Tonformen, in denen der Goldplattenbelag getrieben worden war. Diese Funde ermöglichten erstmals eine Vorstellung von den Techniken, die Pheidias bei dieser Statue angewandt hat. Einige Unklarheiten sind jedoch nicht auszurotten. Zum Beispiel die Behauptung, Pheidias habe das Innere der Statue mit Öl gefüllt. Das Mißverständnis entstand aus der falschen Interpretation eines Pausanias-Satzes, der zwar eine Verwendung von Öl erwähnt, aber damit nur sagen wollte, daß die Elfenbeinauflagen mit der Zeit spröde wurden und deshalb mit Öl eingerieben werden mußten. Im Laufe der Jahrhunderte wurde dann aus der Behandlung eine Füllung.

Für die Archäologen war ein unbedeutender Fund aufschlußreicher als alles andere: der Fuß einer Tonkanne, auf deren Boden »PHEIDIO EMI« eingeritzt war. »Pheidias gehöre ich.« Damit waren nicht nur die letzten Zweifel beseitigt, daß dies die Werkstatt des Pheidias war, sondern durch Stilvergleiche konnte auch die Entstehungs- und damit Gebrauchszeit der Tonkanne festgestellt werden.

Dieses winzige Tonstück, kleiner als eine Untertasse, wäre eine entscheidende Hilfe bei der Bestimmung wichtiger Daten in der Kunstgeschichte Griechenlands, wenn nicht ... Frei heraus gesagt: Die Sache hat einen Haken. Die Gerüchte wollten und wollen nicht verstummen, daß diese Inschrift ein Jux deutscher Archäologen sei, ein Geburtstagsulk für ihren Teamchef. Als sie am Tag nach seiner Geburtstagsparty ihm die Fälschung gestehen wollten, da hatte der begeisterte Professor bereits diesen sensationellen Fund publik gemacht. Jede Berichtigung kam zu spät, die Sensation war in der Welt. Ob es stimmt? Sicher ist, daß sich die

Griechen beharrlich (und irgendwie verständlich) weigern, diese Tonscheibe, die eines ihrer Schmuckstücke im Nationalmuseum ist, für eine Analyse zur Verfügung zu stellen.

Mit Inschriften hat Pheidias schon zu Lebzeiten seinen Ärger gehabt. So behauptet Pausanias, am goldenen Schemel, auf den Zeus seine Füße gestellt hat, sei der Satz »Pheidias, des Charmides Sohn aus Athen, schuf mich« eingraviert gewesen, und eine zweite Inschrift soll sich am linken Mittelfinger des Zeus befunden und nur aus den drei Worten bestanden haben: »Pantarkes ist schön.« Pantarkes war ein Jüngling, der bei den 86. Olympischen Spielen (436 v. Chr.) Sieger im Ringkampf wurde. Dies auf einer Götterstatue zu verewigen hieß die Götter schmähen.

Einiges spricht dafür, daß es beide Inschriften wirklich gab. Im Jahre 432 v. Chr. wurde nämlich Pheidias vor den Areopag, Athens Gericht, zitiert. Hauptanklagepunkt: Gottlosigkeit. Jenes Vergehen, daß gerade erst in diesem Jahr in den Athener Strafkatalog aufgenommen worden war. Diese Anklage hatte zwar nichts mit der olympischen Zeusstatue zu tun, aber wir können uns ja einmal die Auffassung zu eigen machen, daß das, was einer einmal tat, er auch öfter zu tun versuchte ... Pheidias wurde der »Gottlosigkeit« beschuldigt, weil er dem Theseus auf dem Parthenonfries in Athen die Züge seines Freundes Perikles gegeben und sich selbst auf dem Schild der Athena als Daidalos verewigt haben sollte. Pheidias nützten alle Ausflüchte nichts. Er wurde verurteilt. Aber was heißt das schon, so enden ja meist Prozesse, deren Anklagepunkte nur als Vorwand dienen, unliebsame Menschen aus dem Verkehr zu ziehen.

Dies geschah bei Pheidias. Wozu er verurteilt wurde und über sein Ende wissen wir nichts. Er verschwand ganz einfach. Damit erging es ihm wie seinem Meisterwerk, dem olympischen Zeus. Auch über dessen Ende gibt es lediglich Vermutungen. So viele, als wolle man damit von der wahrscheinlichsten ablenken. Sie ist kein Ruhmesblatt in der Geschichte der Christenheit. Kaiser Theodosios »dem Großen« wird vorgeworfen, daß er nicht nur die Olympischen Spiele als heidnische Unsitte verbot und alle Tempel schließen ließ, er soll auch die Zeusstatue demontiert und nach Byzanz geschafft haben. Zuzutrauen wäre es dem christlichen Eiferer. Was dort mit Zeus geschah, wissen die Götter ...

Wunder 4: Der Artemistempel in Ephesus

»Möge nie der Reichtum euch ausgehen,
Epheser, daß nicht offenbar wird,
wie verkommen ihr seid.«
Heraklit, der um 500 v. Chr.
in Ephesus geboren wurde.

Wer die Reste dieses Weltwunders sehen will, muß an drei verschiedene Orte fahren. Die erste Reise geht nach London. Im Britischen Museum ist eine der zwölf Marmorsäulen dieses Tempels aufgerichtet worden. Über 18 Meter ist sie hoch. Wenn Sie im sechsten Stock eines Hochhauses wohnen, schauen Sie rasch mal aus dem Fenster. So tief, wie Sie blicken, so hoch waren die zwölf Säulen. Jede wog 20 Tonnen. Die Londoner Säule gehörte zu den sechs, die der Lyderkönig Krösus dem Tempel schenkte. »Gestiftet von König Kroisos«, ist auf ihr eingraviert. Natürlich auf griechisch.

Die nächste Reise müßte nach Istanbul führen. In der Hagia Sophia sollen acht Säulen des Artemistempels eingearbeitet worden sein. Ich hab' sie vergeblich gesucht, aber vielleicht haben Sie mehr Glück. Dafür entdeckte ich im Archäologischen Museum - gleich neben dem Topkapi - den Torso eines Artemishauptes, der bestimmt aus Ephesus und vielleicht sogar aus der Statuengruppe des Tempelgiebels stammt.

Die dritte, letzte und wichtigste Reise endet erst einmal in Kushadasi. Die Verlockung dortzubleiben ist groß. Der Ort wurde einer der modernen türkischen Touristikkapitalen und Hauptumschlagplatz für Imitationen von Lacoste-Krokodilhemden über Parker-Füller, Rolex-Uhren und Vouton-Taschen. Von Kushadasi (wörtlich: Vogelinsel) fährt man über gute Straßen ungefähr eine Stunde - nein, nicht nach Ephesus, sondern zuerst einmal nach Didyma. Dort gibt es ein einziges antikes Bauwerk, das aber ist atemberaubend: das Apolloheiligtum der Stadt Milet.

Seine Maße, richtiger seine Ausmaße, seine Anlage und die Bauweise geben am ehesten einen Eindruck vom Artemistempel in Ephesus. Beide Tempel wurden etwa gleichzeitig begonnen, und an beiden haben während verschiedener Bauabschnitte die gleichen Baumeister gewirkt. Da aber vom Artemistempel - dem größten der Antike - außer den Umrissen seines Fundaments nichts erhalten blieb, geben die Ausmaße des Apolloheiligtums der Stadt Milet noch am ehesten einen Eindruck von der imponierenden Größe des Artemistempels zu Ephesus, dessen gewaltige Steinquader im Schlamm versunken sind.

»Sie treffen hier auf keine zwanzig Bewohner, Esel und Kamele einbegriffen«, schrieb Prosper Merimée 1849 an seinen Freund Stendhal. Tempi passati! Heute wälzen sich das ganze Jahr Touristenpulks über die Arkadiane, die 350 Meter lange, 21 Meter breite antike Prachtstraße von Ephesus. Auch ohne Artemistempel haben sie genug zu bestaunen . . .

. . . die Bibliothek, die der Römer Celsus um 100 n. Chr. Ephesus stiftete, damals die Hauptstadt Römisch-Asiens; Celsus muß ein kluger Mann gewesen sein; in seiner Bibliothek sorgten hinter den Nischen, in denen die Schriftrollen gestapelt wurden, Luftschächte für Trockenheit, und außerdem garantierte er für zehn Jahre die Finanzierung des Unterhalts der Bibliothek;

. . . das Amphitheater, in griechischer Zeit in den Berg geschlagen, dann von den Römern erweitert, bietet noch heute 25000 Zuschauern Platz. Hier predigte Paulus, hier kam es zum Aufstand der Souvenirhändler gegen ihn, von dem im 19. Kapitel der Apostelgeschichte die Rede ist.

Ephesus war nach der Zerstörung Milets »die Bank Asiens«, an »Schätzen so reich wie Rom«, die »Wiege von Dichtung, Wissenschaft und Baukunst« und, dürfen wir diesen klassischen Zitaten hinzufügen, eine erstaunlich moderne Stadt. Es gab dort früher Straßenbeleuchtung als in Rom. Unter den Fahrwegen führten Abwässerkanäle direkt ins Meer, allerdings ohne Kläranlagen. Von Umweltschutz wurde nicht nur geredet, sondern er wurde praktiziert. Eine Inschrift sagt kurz und bündig: »Wer hier sein Wasser abschlägt, wird verklagt.« Die Touristen quittieren mit Schmunzeln diesen Hinweis ihres Fremdenführers. Daß die modernen Toilettenanlagen ausgerechnet über dem Eingang zu einem Kammergrab errichtet wurden, verschweigt er. Dafür entschädigt er seine Zuhörer mit einem Stopp bei dem ins Straßenpflaster geritzten Wegweiser. Er zeigt aufs Freudenhaus. Auf das antike, wohlgemerkt.

Viel gibt es zu sehen, arm- und kopflose Statuen liegen über Kilometer verstreut; neben den marmornen weißen Falten ihrer Gewänder leuchtet roter Mohn. Fotomotive. Die alten Griechen wären entsetzt, sähen sie ihre Götter und Helden so leichenblaß. Sie bemalten ihre Standbilder grell, kräftig, bonbonfarben. Unvorstellbar für uns. Unfaßbar aber auch der Anblick jener Götterstatuen, auf deren Stirn frühe fanatische Christen Kreuze gemeißelt haben in dem Glauben, sie so zu taufen ... Nicht alle kopflosen Statuen sind Opfer religiöser Willkür, sondern Bildhauer fertigten solche Standbilder auf Vorrat an. Wer Geld hatte, ließ dann seinen Kopf darauf anpassen.

An wenig Plätzen der Ägäis sind Größe, Ruhm und Vergänglichkeit so unmittelbar vereint wie bei dem marmornen Ruinenfeld von Ephesus, der einstigen Hafenstadt, an der Mündung des Mäanders gelegen, an dessen Ufern »langhalsige Schwäne nach rechts und links ausschwärmen und sich ihrer Schwingen freuen«, wie Homer schrieb.

Der Mäander war der eigentliche Herrscher dieser Stadt, um deren Besitz Könige und Religionen kämpften. Der Name des Flusses wurde zum Verbum »mäandern«, mit dem man das Dahinströmen eines Flusses in Windungen bezeichnet. Weil dies der Mäander tat, versandete das Mündungsgebiet, und aus der bedeutenden Hafenstadt Ephesus wurde ein Binnenort abseits der Weltgeschichte. 18 Kilometer ist das Ruinenfeld heute von der Küste entfernt, und immer weiter versumpft und versandet das Gebiet. Was Archäologen freigelegt haben, wird eines Tages wieder im Schlamm versinken, so wie es schon einmal versunken war. Das Grabungsfeld Ephesus war eines der schwierigsten. Dampfpumpen zum Entwässern waren für die Feldarbeit wichtiger als Hacke und Spaten.

Die Wiederentdeckung des antiken Ephesus ist das Verdienst eines einzelnen, des englischen Architekten John Turtle Wood. Dieser Hobbyarchäologe hat mit Unterstützung des Britischen Museums von 1853 bis 1873 sieben Jahre in diesem versumpften, von Mücken beherrschten Gebiet gegraben. Sein Ziel war genau fixiert: Er wollte das vierte Weltwunder, den Tempel der Artemis, finden. Doch die Angaben, wo »die vornehmste, größte und schönste Weihestätte des Erdkreises« zu finden sei, waren so widersprüchlich, daß er an den verschiedensten Stellen Stichgrabungen vornehmen mußte. Immerzu stieß er dabei auf antike Ruinen, nur nicht auf den Artemistempel, von dessen Aussehen er zwar eine ungefähre Vorstellung durch Abbildungen auf Münzen und aus antiken Texten besaß, dessen Lage aber mit dem unverbindlichen Satz »Im Hain, unterhalb des Pion, im Schatten eines hohen Berges« noch am präzisesten beschrieben wurde.

Wie so oft in der Geschichte der Archäologie half auch hier ein Zufall. Allerdings einer der unglaublichsten Art. Gerade als Wood wieder mal aufgeben wollte, fand er am Eingang zum großen Theater, 6 Meter unter Schlammerde, einen Gesteinsblock mit dem eingemeißelten Wegweiser »Zum Tempel«. (Ephesus scheint eine Stadt gewesen zu sein, die das Zurechtfinden den Fremden sehr erleichtert hat, wonach auch immer ihr Sinn stand, ob Tempel oder Freudenhaus.) Wood folgte mit der Verspätung einiger Jahrtausende dem Wegweiser und fand den Tempel in einer Talsenke etwa 3 Kilometer außerhalb der Stadtmauer.

Diese Lage war ungwöhnlich für griechische Städte, ohne den gemeißelten Hinweis hätte niemand dort gegraben. Sie erklärte aber auch, warum antike Texte betonten, der Tempel gehöre zwar zu Ephesus, aber er sei ein selbständiges Territorium. Wer es ohne Waffen betrat, genoß Asylrecht.

Was Wood vom Tempel fand, war herzlich wenig. Praktisch nichts. Das Fundament wenigstens konnte vermessen werden: 65 Meter breit, 125 Meter lang. Auch der Hinweis, das Tempeldach hätten 127 Säulen getragen, eine ungewöhnliche Zahl, fand durch die Grabungen eine Erklärung. An der Tempelrückseite waren neun, an der dem Westen zugewandten Vorderseite jedoch nur acht Säulen angeordnet.

Generationen von Archäologen, vor allem Österreicher, haben seit 1896 freigelegt, was noch freizulegen war. Immer im Kampf mit Wasser und Sumpf, die sich zurückholten, was ihnen gerade abgetrotzt worden war. Eine Sisyphusarbeit. Touristen, die darauf bestehen, wenigstens die Reste dieses Weltwunders gezeigt zu bekommen, zeigt man eine sumpfige Wasserfläche, aus der einzelne Marmorstümpfe herausragen. Fremdenführer verschweigen, daß es sich dabei nicht um die Reste des vierten Weltwunders handelt, sondern um die eines späteren Tempels.

Vor dem Weltwundertempel hat es mindestens zwei ältere gegeben, und der griechische Dichter Kallimachos besingt in einer Hymne die Gründung des ersten Heiligtums durch die Amazonen:

»Aber es haben dir auch die Amazonen, die schlachtentrunkenen, an Ephesus' Küste einst ein Standbild errichtet. Unter dem Stamm einer Eiche; und Hippo erbaute den Tempel.«

Diese Verse waren für die großmannssüchtigen Epheser Grund genug, 398 v. Chr. das tausendjährige Bestehen des Artemiskultes zu feiern. *»Des«* ist falsch. Es muß *»ihres«* Artemiskultes heißen.

Höchste Zeit, einmal Ordnung in die Vorfahrenreihe und die Verwandtschaft dieser Artemis zu bringen, deren sieben Buchstaben für alle Kreuzworträtselfreunde als »Göttin der Jagd« wichtig sind und von der man weiß, daß die Römer sie Diana nannten. Leichtgeschürzt, mit Pfeil und Bogen hüpft sie durch alle Epochen der Kunstgeschichte, wobei das Rokoko ihr Lieblingsjagdgrund war. Mit ein wenig Nachdenken fällt uns zu ihr noch ein, daß Zeus sie zeugte. Nicht mit seiner angetrauten Hera, sondern mit Leto. Sie brachte Töchterchen Artemis, Zwillingsschwester des Apoll, ohne Wehen zur Welt. Auf ihren Wunsch - zu gern wüßt' ich, warum sie ihn äußerte - verlieh ihr Papa Zeus lebenslängliche Jungfräulichkeit. Bravo, stimmt alles. Aber es ist nicht alles.

Die Ahnenreihe von Fräulein Artemis ist länger, viel länger. Ihre Vorfahrinnen kamen aus Kleinasien. Die Hethiter verehrten eine »große Mutter«, die Göttin der Fruchtbarkeit. Weil die Apolloschwester Artemis bei den Griechen den Beinamen »Eileithyia« hatte, was soviel bedeutet wie »die über eine glückliche Entbindung wacht«, und weil sie ohne Schmerzen geboren wurde, haben Priester in einer kecken Rationalisierungsaktion die jungfräuliche griechische Artemis mit der »großen Mutter« der Hethiter verschmolzen. Nach der Devise: lieber *einen* gutbesuchten Gottesdienst als zwei in halbleeren Tempeln.

Aha, sagen jetzt jene, die im Archäologischen Museum in Ephesus vor den beiden überlebensgroßen Statuen der Artemis gestanden haben, wegen ihrer Fruchtbarkeit wurde sie auch mit einer ganzen Garnitur von Brüsten dargestellt. »Artemis, die vielbrüstige«, heißt sie denn auch in den meisten Büchern über antike Götter. Falls ein solches Buch in Ihrem Bücherschrank steht, schreiben Sie an den Rand: »Stimmt nicht.«

Diese seltsamen Auswölbungen an der Brust jener Artemisfiguren können alles mögliche sein, nur Brüste sind es mit Sicherheit nicht. Dazu verstanden die hellenischen Bildhauer zuviel von ihrem Beruf und von dem Körper einer Frau. Nie haben sie derartig schlaffe, anatomisch falsche Busen modelliert, nie haben sie versäumt, die Brustwarzen wenigstens anzudeuten. Warum sollten sie es ausgerechnet bei den Artemisfiguren (und nur bei diesen) getan haben?

Das ist nicht das einzige Argument gegen die vielbrüstige Artemis. Ein stärkeres, weil sichtbares ist im Nationalmuseum in Neapel zu besichtigen, vorausgesetzt, es wird nicht gerade gestreikt, gefeiert oder renoviert. (Kenner behaupten, dies sei nur an drei Wochen im Jahr nicht der Fall.) In Neapel ist die Statue einer »vielbrüstigen« Artemis zu bestaunen. Ein Meisterwerk. Bei ihm sind alle unbedeckten Körperteile in Alabaster ausgeführt, das Gewand aber in Bronze. Und siehe da, Kopf, Arme, Füße sind unbedeckt und daher in Alabaster, die Brust aber mit den vielen »Busen« ist in Bronze gearbeitet. Schlußfolgerung: Die kleinasiatische Artemis trug einen Brustzierpanzer, ein Schmuckstück mit diesen seltsamen Wölbungen. Bereits 1834 hat das der deutsche Archäologe W. G. Becker veröffentlicht. Ohne Erfolg: Es wurde und wird weiter über die vielbrüstige Artemis geschrieben. Vielleicht, weil es interessanter klingt, vielleicht aber auch, weil alles, was an Deutungen für die Wölbungen angeboten wurde, nicht überzeugte. Diese Brustbeulen sind ...

... Tiereuter als Symbol der Fruchtbarkeit;

... die linken Brüste von Amazonen, die diese sich abschnitten, um Pfeil und Bogen besser handhaben zu können;

... Eier, die Symbole der Wiedergeburt. Da dies von Form und Befestigungsmöglichkeit wenig überzeugte, verstieg sich einer der Artemisexperten sogar zu Auberginen, Trauben, Nüssen, Datteln, Eicheln.

Die Deutungsversuche wurden immer absonderlicher, Resignation breitete sich aus. Seit 1979 gibt es eine neue Theorie. In Ermangelung einer besseren halte ich sie für die plausibelste Erklärung. Veröffentlicht hat sie der Schweizer Archäologe Gérard Seiterle in Heft 3 der »Antiken Welt«. Er meint, die Göttin der Fruchtbarkeit trage auf einem Brustlatz Stierhoden, die ihr als

Weihegeschenke umgehängt worden seien. Eine Theorie, mehr nicht, aber sie kann mehr Punkte für sich buchen als alle anderen. Wir wissen: Der »großen Mutter« wurden in Kleinasien Stierhoden geopfert, und an Stierhoden erinnert am ehesten, was auf der Brust der Artemisstatuen zu sehen ist. So führt möglicherweise über den Stierkult eine Ahnenreihe von der Urgroßmutter der Artemis, die »in ganz Asien und der Welt angebetet wurde«, zum kretischen Minotaurus.

Wann mit dem Bau jenes Artemistempels begonnen wurde, der in die Adelsliste der Weltwunder kam, wissen wir nicht. Aber da bekannt ist, daß 120 Jahre an ihm gearbeitet worden ist und seine Fertigstellung um 440 v. Chr. erfolgte, muß etwa 560 der erste Spatenstich erfolgt sein. Ein Prachtbau von ägyptischer Kolossalität. Zedern- und Zypressenholz, Gold und Farben in Hülle und Fülle. Mehr als andere Tempel war dieser nicht nur Götterwohnung, sondern auch Wechselhalle. Die Zeitgenossen nannten ihn »Hauptkasse Asiens«, für 7 bis 8 Prozent verliehen die Priester Geld.

Heraklit (etwa 540 bis 480 v. Chr.), der bedeutendste Epheser, ging durch die Säulengänge der Tempelbank und formulierte hier sein »Panta rhei« (Alles fließt), von dem Lenin meinte, es sei einer der Eckpfeiler der marxistischen Dialektik. Offenbar ist es Heraklits Schicksal, mit seinen Aussprüchen mißverstanden zu werden, auch mit dem unverwüstlichen »Der Krieg ist der Vater aller Dinge« widerfuhr ihm ein martialisches, kriegverherrlichendes Mißverständnis, weil es immer nur halb zitiert wurde. So geht der Satz weiter: ». . . und aller Dinge König, die einen macht er zu Göttern, die anderen zu Menschen, die einen bestimmt er zu Sklaven, die anderen zu Freien.« Mit anderen Worten: Finger weg von der Kriegsfackel, durch sie wird die bestehende Ordnung zerstört.

Heraklit wußte vom Wert seiner Schriften. Er hinterlegte die Originale am sichersten Ort der antiken Welt: im Tempel der Artemis. Ob Mensch, Tier, Gold oder Gegenstand – was sich hinter seinem Säulenwald befand, galt als unantastbar. An diesen Orakelspruch hielten sich alle, ob sie als Freunde oder Feinde nach Ephesus kamen. Bis eines lauen Sommerabends im Jahre 368 v. Chr. alles, was dort lagerte, auch Heraklits Schriften und die ganze Pracht und Tempelherrlichkeit, der Vergangenheit angehörte. Ein Mann, ein einziger, hatte im Tempel Feuer gelegt, Vorhänge und Holztäfelung loderten, jeder Rettungsversuch kam zu spät - die Säulen barsten, die Decke stürzte ein.

Es war die Tat eines Wahnsinnigen. Eines publicitygeilen Pyromanen. Ohne Gegenwehr ließ er sich verhaften, brüstete sich mit seiner Tat. Die Epheser verurteilten ihn zum Tode und beschlossen, sein Name dürfe von niemandem erwähnt werden. Sie hatten nicht mit der Neugier der Nachwelt gerechnet, die dafür sorgte, daß sein Name verewigt wurde. Bis heute. Jeder, der einen sinnlosen Frevel nur verübt, um auf sich aufmerksam zu machen - jüngstes Beispiel: die Brandstiftung im Oktober 1987 in der Neuen Oper zu Frankfurt -, wird mit dem Namen jenes Ephesers bezeichnet. Er sei, heißt es dann, ein neuer Herostratos.

In jener Flammennacht soll Alexander der Große geboren worden sein. Dieses Datum ist bekannt: 21. Juni 356 v. Chr. Doch das Zusammenlegen beider Ereignisse ist wahrscheinlich nur eine jener Arabesken, mit der versucht wird, den knarrenden Gang der Weltgeschichte zu ölen. Vorbau möglicherweise für eine andere Begegnung Alexanders mit dem zerstörten Tempel. Als der Makedonier 374 nach Ephesus kam, gefiel ihm nicht nur die Stadt, sondern auch die Entschlossenheit ihrer Bürger, möglichst rasch einen neuen, noch größeren, noch schöneren Tempel auf dem Fundament des ausgebrannten zu bauen. Er bot den Ephesern an, den Bau zu finanzieren - vorausgesetzt, sein Name würde im Tempel verewigt werden.

Ein großzügiges Angebot, aber es hatte einen Haken: Wenn Alexander und nicht die Epheser den Tempel erbauten, konnte Artemis möglicherweise ihre Gunst ihm und nicht der Stadt schenken. Andererseits konnte man unmöglich einen Mann, der sich anschickte, die Welt zu erobern, durch eine glatte Absage brüskieren. Die Epheser fanden den Ausweg in einer Schmeichelei. Sie zeigten sich geehrt, fanden aber, es zieme sich nicht, daß ein Gott einem anderen einen Tempel errichte. Die Schmeichelei war nicht aus der Luft gegriffen. Tatsächlich gehörte es zu Alexanders psychologischer Kriegführung, sich vor der Eroberung eines Landes als Gott ausrufen zu lassen, der tüchtiger und stärker war als die lokalen Gottheiten. Das demoralisierte die feindlichen Truppen;

da Gott Alexander immer siegte, war seine Göttlichkeit im nachhinein bestätigt. Hier in Ephesus wurde zum erstenmal sein eigener psychologischer Trick gegen ihn angewendet.

Der Tempel wurde ohne seine Hilfe errichtet. Durch Spenden. Frauen brachten ihren Schmuck, Bauern und Hirten verkauften Vieh, Händler hinterlegten ihre Einnahmen. Auf dem Fundament des alten entstand der neue Tempel. Man ersparte sich, den Schutt wegzuräumen, sondern stampfte ihn auf dem alten Fundament zusammen, wodurch es - und damit der neue Tempel - fast 3 Meter höher in den Himmel ragte. Er wurde kein Weltwunder, er war nicht mehr der fruchtbaren Artemis Kleinasiens geweiht, sondern der römischen jungfräulichen Diana. Diesen Tempel sah Paulus, gegen Dianas Vergötterung predigte er. Bis ins Jahr 262 n. Chr. pilgerten Verehrer zum Dianatempel. Dann eroberten die Goten Ephesus, und dem Heiligtum der Diana half seine Unantastbarkeit nichts. Sie plünderten ihn. Ein Erdbeben vollstreckte die äußere Vernichtung, die geistige hatte bereits zwischen den Jahren 54 und 55 begonnen, als Paulus in Ephesus predigte, eine christliche Gemeinde gründete und gegen die heidnische Götterverehrung so wetterte, daß er vor den aufgebrachten Devotionalienhändlern fliehen mußte, die ihn mit »groß ist die Diana der Epheser« aus der Stadt jagten. Paulus konnte noch nicht ahnen, wie bereitwillig christliche Gläubige schon bald religiösem Kitsch verfallen würden.

Das junge Christentum bewies in Ephesus - und nicht nur da - seinen Sinn für Kontinuität in der Übernahme heidnischer Symbol-Orte: In der christlichen Tradition gilt die Stadt der jungfräulichen Heidengöttin Artemis/Diana als letzter Aufenthaltsort der christlichen Jungfrau Maria.

Wunder 5: Das Mausoleum von Halikarnassos

»Nichts im Übermaß«,
hieß es in der Ausschreibung, die Königin
Artemisia II. für die Ausgestaltung des
Mausoleums veranstaltete.

Gizeh, Babylon, Olympia, Ephesus, Rhodos und Alexandria – diese sechs Weltwunderorte stehen auch heute noch auf jeder Landkarte, vergeblich jedoch sucht der Weltwunderreisende Halikarnassos. Aber den Ort gibt es. In den letzten Jahren erlebte der verträumte Fischerort eine neue Tourismusblüte, und sein jetziger Name Bodrum ist Musik in den Ohren von Türkeifans und Campern. Sein Yachthafen ist in den Sommermonaten hoffnungslos überbelegt. Seit 1522 ist Halikarnassos/Bodrum türkisch.

In der Perlenkette antiker Städte an Kleinasiens Küste, die im Norden mit Troja beginnt, war Halikarnassos die südlichste. Seine Lage machte den Ort zu einem Schnittpunkt östlicher und westlicher Kultur. Mesopotamien und Persien stießen hier auf Athen und Griechenland. Heute sind hier zwei »befreundete« NATO-Partner auf Rufnähe. Das türkische Halikarnassos/Bodrum ist nur ein paar Segelwenden von der griechischen Insel Kos entfernt.

Was Vitruvius, der römische Architekt, über Halikarnassos schrieb, gilt auch für das heutige Bodrum: »In seiner Anlage ähnelt es einem Amphitheater.« Zwischen seine Häuser und Weinberge schieben sich immer wieder antike Mauerreste. Minaretts und die dem Hafen vorgelagerte Johanniterfestung zeugen vom wechselvollen Schicksal des Ortes zwischen Halbmond und Kreuz.

In der Antike besaß Halikarnassos einen großen und einen kleinen Hafen, der auch »geheimer Hafen« genannt wurde, weil er nur vom Königspalast aus eingesehen werden konnte. Mindestens einmal in der Geschichte der Stadt blieb ihr durch diesen Hafen ohne Feindeinsicht eine Eroberung erspart. Halikarnassos wollten viele erobern. Es war eine reiche und schöne Stadt. Woher ihr Reichtum kam, weiß keiner verbindlich zu sagen. Bodenschätze gab es nicht, das Hinterland war bergig und bewaldet. Wahrscheinlich haben jene recht, die Sklavenhandel für die Haupteinnahmequelle halten.

Die Archäologen haben Halikarnassos abgehakt. Zuletzt haben Dänen 1977 noch einmal ihr Glück mit dem Spaten versucht. Ohne nenneswerte Funde. Dabei ist Halikarnassos eine alte Stadt, 540 v. Chr. wird sie erstmals erwähnt. Damals eroberten sie die Perser. Dann die Griechen, dann die Römer, dann die Goten, dann die Kreuzritter, die Türken und jetzt die Touristen. Ist es ein Wunder, daß kein Stein mehr dort ist, wo er einst war? Sondern wo?

Wo wohl! In London im Britischen Museum. Dort ist zu besichtigen, was vom fünften Weltwunder, dem Mausoleum, erhalten blieb. 800 Fragmente dieses Bauwerks sind in einem eigenen Saal ausgestellt. Bescheiden meldet sich auch Istanbul, in dessen Archäologischem Museum haben sich einige wenige Teile verirrt.

Ein Mausoleum ist eine prunkvolle Grabstätte. Das ist Kreuzworträtselwissensstand. Der Begriff war bereits in der Antike verbreitet, im lateinischen Sprachschatz hatte er seinen festen Platz. Wer jedoch dieser König Mausolos war, dessen Prachtgrab zum Namensgeber wurde, wissen nicht einmal die Fachgelehrten genau. Zwischen 377 und 352 v. Chr. soll er regiert haben. Doch schon die Bezeichnung »König« ist falsch. Er war ein Satrap, ein Statthalter von des persischen Großkönigs Gnaden.

Sein Amt hatte er von den Persern, sein Herz aber schlug für die Griechen. Vor allem klopfte es für seinen eigenen Ruhm. Um ihn zu mehren, waren ihm viele Mittel recht, nur eines nicht: Kriege. Ob aus Feigheit oder Klugheit, braucht uns nicht mehr zu interessieren. Fest steht: Während seiner Regierungszeit blühte Halikarnassos auf. Mausolos hatte den verständlichen Wunsch, sein Ruhm solle ihn überdauern. Deshalb plante und förderte er bereits zu Lebzeiten sein eigenes Grabmal. Ein imponierendes Gebäude sollte es werden, an der Hügelspitze über Halikarnassos gelegen. Sein Grabmal sollte architektonisch tun, was er zu seinen Lebzeiten selbst getan hatte: auf Halikarnassos herabblicken.

Doch als noch nicht einmal der Grundstein fertiggestellt war, starb Mausolos. Die endgültige Form erhielt die Grabstätte durch Artemisia II., Frau und Schwester des Königs. Sie sah in dieser Aufgabe einen Dank an ihren heißgeliebten Mann und Bruder. Nicht nur das persisch-karische Recht erlaubte die Ehe mit Blutsverwandten, auch das ägyptische und das griechische. Bei der

Verbindung Mausolos-Artemisia ging es nicht nur darum, mit einer Geschwisterehe Gepflogenheiten treu zu bleiben, bei diesen beiden war Liebe im Spiel.

Woher wir das wissen? Ausnahmsweise nicht von Herodot, obgleich dieser aus Halikarnassos stammte. Über Mausolos und Artemisia hat er nicht eine Zeile geschrieben. Weil er es nicht konnte. Mausolos wurde frühestens fünfzig Jahre nach Herodots Tod (ca. 424 v. Chr.) geboren.

Ein römischer Schriftsteller, wahrscheinlich war es Vitruvius, hat Artemisias Liebe beschrieben: »Es geht das Gerücht, Artemisia habe ihren Gemahl Mausolos mehr geliebt, als es alle Liebesgedichte auszudrücken und menschliche Leidenschaft zu ertragen vermöchten. Als sich Mausolos' Schicksal vollendete, ließ sie ihn unter Tränen und Händeringen prunkvoll bestatten. In brennender Trauer und glühender Sehnsucht nach dem Gemahl zermalmte sie seine Gebeine zu Staub, vermengte diesen mit Duftmitteln, goß Wasser hinzu und trank es aus.«

»Weil sie zu Mausolos' lebendiger Grabstätte zu werden trachtete«, fügte Valerius Maximus ein anderer römischer Schriftsteller, für begriffstutzige Leser hinzu.

Rühren wir nicht an diesem Gerücht um einen makabren Liebesbeweis, halten wir uns an das, was von mehreren Autoren überliefert ist. Sie berichten, Artemisia habe nach dem Tod ihres jüngeren brüderlichen Gemahls zwei Preisausschreiben veranstaltet: das erste für die eindrucksvollste Trauerrede, das zweite für die würdigste Form der Grabstätte. Beide Wettbewerbe waren hoch dotiert. Es lohnte, mitzumachen. Entsprechend groß und prominent war die Beteiligung. Leider ist keine Zeile der Trauerreden überliefert, und auch von der Grabstätte sind die Beschreibungen und Funde so widersprüchlich, daß im Laufe der Jahrhunderte über fünfzig unterschiedliche Konstruktionen angefertigt wurden.

Artemesia hat die Fertigstellung des Mausoleums nicht erlebt. Sie starb etwa 348 v. Chr. »Aus Trauer um ihren Mann«, versichert einer der Chronisten. Doch wurde der Wunderbau - wie Plinius berichtet - von den beauftragten Architekten und Arbeitern »aus Liebe« noch im Todesjahr der Artemisia fertiggestellt. Während ihrer vier Witwenjahre regierte die kinderlose Königin über das gesamte karische Gebiet. Eine Frau auf dem Thron war damals noch ungewöhnlicher als heute eine Regierungschefin. Das hatte einerseits Ablehnung zur Folge, andererseits aber auch Bewunderung. Vitruvius gehörte zu den Bewunderern. Er fand Artemisia II. auch als Politikerin fabelhaft.

Wie tüchtig sie war, dafür liefert er eine Geschichte aus der Zeit, als die Flotte der Insel Rhodos vor Harlikarnassos aufkreuzte, um das »Reich eines Weibes« zu erobern. Doch - glaubt man dem Römer - kam alles anders:

»Sobald Artemisia davon erfuhr, befahl sie ihrer Flotte sich im Geheimhafen zu verbergen. Die übrigen Einwohner mußten sich auf der Stadtmauer postieren. Als die Rhoder mit ihrer Flotte im großen Hafen einliefen, befahl sie, ihnen von der Mauer herab Beifall zu spenden und die Kapitulation anzubieten. Kaum hatten die Rhoder ihre Schiffe verlassen und sich in die Stadt begeben, fuhr Artemisia mit der Flotte vom kleinen Hafen aufs offene Meer hinaus und drang in den großen Hafen ein. Die verwaisten rhodischen Schiffe ließ sie aufs offene Meer schleppen. So wurden die Rhoder, die sich nirgendwo zurückziehen konnten, in der Stadt umzingelt und gefangen.

Artemisia besetzte daraufhin die rhodischen Schiffe mit ihren Ruderern und lief gegen Rhodos aus. Als die Rhoder ihre Schiffe lorbeergeschmückt nahen sahen, glaubten sie, ihre Flotte kehre siegreich heim, und ließen die Feinde in den Hafen. Artemisia besetzte Rhodos und ließ die Stadtväter hinrichten.«

Artemisia II. bewies auf Rhodos ihr Faible für Denkmäler, indem sie zwei Figuren in Bronze gießen ließ. Die eine stellte Rhodos, die andere die siegreiche Königin dar, die über Rhodos triumphierte. Da die Zerstörung geweihter Stätten als gottlos galt - und dies Denkmal war eine -, griffen die Rhoder zu einer »österreichischen« Lösung: Sie friedeten das Denkmal durch dichte Büsche ein, so wie die Wiener 1946 das Denkmal der sowjetischen Befreier durch schnellwachsende Bäume den Blicken der Passanten entzogen. Ende der Abschweifung.

Nichts hat Artemisia II. so sehr einen Platz in der Prominentengalerie gesichert wie das auf ihre Initiative geschaffene Mausoleum.

Was war das Besondere an diesem Bauwerk, das so frühen Ruhm einheimste? Fünf Gründe werden dafür genannt:

... Weil es der erste zweigeschossige Monumentalbau der griechischen Baukunst war,

... weil man es für die größte und prunkvollste Grabstätte der Antike hielt,

... wegen seiner »vortrefflichen Kunstwerke«,

... wegen seiner architektonischen Konzeption,

... wegen seiner »Vollkommenheit in der künstlerischen Ausgestaltung«.

Für welches der fünf Argumente Sie sich auch als ausschlaggebend für die Aufnahme unter die Sieben Weltwunder entscheiden - niemand wird widersprechen.

Niemand kann sagen, wie das Mausoleum ausgesehen hat. Dabei glaubten sich die Archäologen der Antwort so nah, als sie den Sockel dieser Grabstätte gefunden hatten: 40 Meter lang, 32 Meter breit, »aus prokonnesischem Marmor«. Wie ein antiker Schriftsteller bemerkte. Der Mann irrte. Nur die Verkleidung war aus Marmor - so eine Art Furnier -, der Kern des Blockes bestand aus ungebrannten Ziegeln. Es blieb beim Sockelfund. Keine Spur von den 36 ionischen Säulen, keine Reste der kunstvollen Reliefs von den Außenwänden wurden gefunden. Sie waren bereits im Mittelalter zweckentfremdet worden.

Besonders eifrig waren dabei die Ritter des Johanniterordens, die nach dem Verlust von Rhodos sich nach Halikarnassos zurückgezogen hatten und dort die Festung St. Peter mit antik-heidnischem Marmor armierten. Das einzige, was die Ordensritter nicht zerstörten, waren dreizehn Reliefplatten mit Darstellungen kämpfender Amazonen. Nicht aus Pietät, sondern weil sie diese als Verstärkung in die Mauern ihres Kastells einbauten. Und wo sind die Platten heute? In London! Weil 1846 der britische Gesandte in Konstantinopel, Stratford Canning, den Sultan bat, »einige alte Steine aus Budrum [so hieß der Ort damals] entfernen zu dürfen«. Der Sultan nickte Zustimmung. Die Engländer holten mehrere Schiffsladungen. Doch für die Schiffsladungen »einiger alter Steine« galt: »Viel Steine gab's, doch wenig Sinn« - bei der Rekonstruktion dieses Weltwunders sind wir mehr noch als bei anderen auf die Berichte antiker Autoren angewiesen.

Übereinstimmend berichten sie: 46 Meter hoch sei die Grabstätte gewesen. In 24 Pyramidenstufen verjüngte sich der Bau zu einer Plattform, auf der ein Viergespann mit einer Doppelstatue von Mausolos und Artemisia II. gestanden haben soll. Wie aber Gespann und Statue die 46 Meter hinaufgehievt worden sind – darüber schweigen sich die Berichterstatter und ihre modernen Interpreten aus. Allein jedes der Pferde war 4,2 Meter lang und 3,6 Meter hoch. Was von ihnen gefunden wurde, ist im Britischen Museum kunstvoll zusammengefügt. Aber damit hat es sich schon. Beim Bauwerk selbst bleiben alle Fragen offen.

Wo der Leichnam des Mausolos aufgebahrt wurde, ob im Fundament, im Erdgeschoß oder im ersten Stock ...

wie schräg das Pyramidendach anstieg ...

was im Inneren der Säuleneinfassung war ...

wer welche Reliefs ausführte ...

warum das Fundament in Ost-West-Richtung angelegt wurde ...

... wir wissen es nicht.

Angesichts eines so gewaltigen Trümmerhaufens ungeklärter Fragen beschritten die Archäologen und Kunsthistoriker einen beliebten Umweg. Sie suchten nach Vor- oder Nachbildern für dieses spektakuläre Bauwerk. Unweit von Halikarnassos wurden sie fündig. In Mylaso, dem antiken Milas, fanden sie ein Grabmälchen aus dem 2. Jahrhundert n. Chr., das ebenfalls einen dreistufigen Aufbau besitzt. Es lag so abseits aller Verkehrswege, daß kaum einer sich zur Kontrolle auf den Weg machte. So hielt es sich zwei Jahrzehnte in der Fachliteratur, bis dann doch einmal ein Archäologenteam die Beschwernisse auf sich nahm. Da war es aus mit den Parallelen. Beide Gräber ähnelten sich wie ein Schlachtroß einem Schaukelpferd. Die Annäherung an das fünfte Weltwunder schien endgültig gestoppt.

Da meldeten sich Ende der siebziger Jahre Zoologen mit konkreten Informationen. Was können Zoologen schon an Aufklärungshilfe bei einem antiken Weltwunder-Bauwerk beisteuern? Viel, wie sich bald zeigte. Bei den Ausgrabungen in unterirdischen Grabkammern in Halikarnassos war man auf Tierknochenreste gestoßen. Fein säuberlich waren sie aufeinandergeschichtet. Was das bedeutete, war bekannt: Hier hatten Tieropfer stattgefunden, denn bei diesen Opfern wurden Fell, Fleisch und Knochen voneinander gelöst. Die Zoologen untersuchten Stück für Stück und konnten melden: 5 Ochsen, 25 Schafe, 8 Lämmer, 3 Hähne, 10 Hennen, 1 Küken, 8 Tauben und 26 Eier sind hier geopfert worden. Und zwar, wie die C-14-Untersuchungen ergaben, alle zur gleichen Zeit. Das war eine größere Menge, als man bisher als gleichzeitige Opfergaben bei Grabstätten gefunden hatte. Damit war die Frage, ob dieses Kammergrab vielleicht das des Mausolos gewesen ist, aktuell. Das hieße: Auf dem Platz, auf dem einst das Mausoleum stand, konnte das Grab selbst nicht gefunden werden, weil Mausolos gar nicht dort bestattet worden ist. Wenn dem so ist, warum fand er eine andere Ruhestätte? Das Fragezeichen hinter diesem Satz ist zugleich das Signal für die nächste Archäologengeneration, dem Mausoleum doch noch seine Geheimnisse und Erkenntnisse zu entreißen.

Atempause für eine verblüffende Erkenntnis: Nicht unzerstörbare Steine, sondern vergängliches Fleisch gab einen Fingerzeig zur Lösung des Rätsels um das berühmteste Monument des ewigen Stirb und Werde . . .

Wunder 6: Der Koloß von Rhodos

»Hic Rhodos, hic salta.«
Äsop, griechischer Dichter um 550 v. Chr.
in seiner Fabel Nr. 33

Mit etwas Glück kann man heute für knappe 700 DM eine Urlaubswoche auf Rhodos buchen.

Die größte und östlichste Insel der Dodekanesgruppe (zwölf Inseln) behielt auch in der Jet-Tourismus-Zeit ihre Anziehungskraft für Fremde.

Daran ist ihre Lage in der Mitte zwischen dem westlichen und östlichen Teil des Mittelmeers ebenso schuld wie die Geschicklichkeit ihrer Bewohner. »Insel der Kraftmeier, Großtuer und Freßsäcke«, hat sie Cicero genannt. Er mußte es wissen, er hat in Rhodos studiert, genau wie Cäsar, Brutus, Cassius und viele andere kluge Römer.

Wer heute auf Rhodos landet oder im Emborio-Hafen der Stadt

Rhodos anlegt, sucht Sonne und Strand, nicht alte Steine und Tempel. Davon gibt es auf der Roseninsel auch weniger als auf den meisten anderen griechischen Inseln. Dafür gehen die Feriengäste über mittelalterliches Straßenpflaster an Ritterherbergen vorbei, wie es sie in dieser rekonstruierten Perfektion nirgendwo sonst gibt.

Schuld daran sind die Italiener. Genauer: Mussolini. Nach seinem »Marsch auf Rom« 1922 war ihm das seit 1912 italienische Rhodos gerade recht, um seine Vorstellung vom Mittelmeer als »mare nostrum« zu demonstrieren. Nicht die griechischen Tempel - von denen es bei Lindos außergewöhnlich schöne gibt - ließ er restaurieren, sondern die Herbergen der Johanniterritter und die Gebäude venezianischer Kaufleute. Die italienischen Historikbaumeister haben vorzügliche Arbeit geleistet. Eine spätmittelalterliche Ritterstadt ist wiedererstanden, so wie sie aussah, als die Johanniter am Neujahrstag 1523 für immer von Rhodos wegsegelten. Der Sultan hatte ihnen wegen ihrer Tapferkeit freies Geleit gewährt. Mitunter waren die Türken ritterlicher als die Kreuzritter. Das agile Touristikamt hat die mittelalterlichen Aktivitäten der Italiener in seine Werbung einbezogen und offeriert außer den drei Freudenbringern Sonne, Meer und Wein noch Tempel-Burgen-Diskos als Zuwaage.

Mein Freund Plato vom »Stern von Rhodos«, dem Leib- und Magenblatt der 60000 Rhoder, weiß, was er seiner Heimatinsel schuldig ist. Mindestens einmal im Jahr sorgt er dafür, daß die Nachrichtenagenturen eine Meldung über Rhodos verbreiten müssen. Müssen! Wozu sonst gab es einmal den Koloß von Rhodos. Von ihm behauptet Plato in schöner Regelmäßigkeit, er solle wiederaufgebaut werden. So hoch, wie der antike war: 45 Meter. Nur jetzt nicht aus Bronze, sondern aus Aluminium, dafür mit einem Drehrestaurant an seiner Spitze, im Hals der Heliosfigur.

Auch der Standort, versichert mir Plato bei der zweiten Flasche Rotem, sei der gleiche wie einst im Jahre 280 v. Chr.: die Hafeneinfahrt. Ein Bein auf der westlichen, eines auf der östlichen Mole. Alle Schiffe können bequem unter den Zehnmeterbeinen der Heliosstatue durchfahren. Plato weiß natürlich, daß kein Wort von diesen antiken Behauptungen stimmt. Aber er weiß auch, daß Zeitungen gern solche Meldungen drucken. Und wenn sie später berichtigt werden müssen, kommt der Name Rhodos noch einmal vor. So bleibt die Insel im Gespräch, und ihr hübscher Name wird vielleicht zum Urlaubsziel.

Anfang Juli 1987 erhielten die Inselpropagandisten Hilfe von Okeanos, dem Gott der Meere, der einst seinem Schwiegersohn, dem Sonnengott Helios, die Insel schenkte.

Der alte Okeanos - oder war es doch wieder das Touristikamt? - wußte es so einzurichten, daß Hobbytaucher 700 Meter vor der Hafeneinfahrt in 52 Meter Tiefe einen fast mannsgroßen Stein entdeckten, der wie eine geballte Faust auf dem Meeresgrund lag. Ein Geschenk der Götter! Videoaufnahmen wurden gemacht, und der griechische Handelsmarineminister Stathis Alexandris reiste aus Athen an, um diese Aufnahmen der internationalen Presse vorzuführen, denn »es könne sich bei diesem Fundstück um die Faust der Statue des Helios handeln, die mit gespreizten Beinen über der Hafeneinfahrt von Rhodos gestanden haben soll«. Der Name Rhodos stand wieder einmal in den Zeitungen. Schneller als bei NATO-Manövern war ein Bergungsschiff zur Stelle und hievte den Fund achtern an Deck.

Ach, hätten sie ihn auf dem Meeresgrund liegen gelassen! Die Archäologen spuckten den Urlaubsanimateuren in die Werbesuppe: »Zu groß für die Faust des Kolosses, zu weit entfernt von einem der möglichen Standorte.« Ende der 1987er Erwähnung von Rhodos in der internationalen Presse - bis zum nächsten Jahr. Meinem Freund Plato hatte die Aktion von Anfang an nicht gefallen: »Falscher Zeitpunkt. Bis September sind wir sowieso ausgebucht.« Im Januar/Februar hätte der Stein gefunden werden müssen. Aber welcher Gott denkt schon so werbeaktiv.

Um den Koloß von Rhodos gab es zu allen Zeiten fast so viele Gerüchte wie um die Pyramiden. Doch zuerst die Fakten: Das jüngste der Sieben Weltwunder ist das einzige auf einer Insel und das vierte im griechischen Kulturkreis. Mehr als 25 antike Autoren haben über dieses Standbild geschrieben, keiner von ihnen hat es gesehen.

Da die Angaben der verschiedenen Autoren in einigen Punkten übereinstimmen, folgt daraus, daß entweder alle richtig sind oder daß einer vom anderen abgeschrieben hat. Schon in der Antike war das eine fleißig betriebene Übung unter Reiseschriftstellern. Angenommen, die Angaben deckten sich, weil sie der Wirklichkeit entsprachen, dann gilt: Mit dem Bau dieses Standbilds ist um 292 v. Chr. begonnen worden. Zu einer Zeit also, da Griechenland unterjocht war und nur Rhodos durch seine geschickte Diplomatie Macht und Geld (oder umgekehrt) besaß.

Das Standbild wurde als Danksagung an Helios, den Schutzgott der Insel, errichtet. Er hatte die Rhoder vor der Eroberung durch den makedonischen König Demetrios Poliorketes im Jahre 304 v. Chr. errettet. So sehr muß Helios die Bewohner jener Insel geliebt haben, daß er ihnen jede Kampfhandlung ersparte. Er sorgte einfach dafür, daß Demetrios einen Fehler beging, der ihn den Sieg kostete. Dieser Technikfreak vertraute so sehr einem eigens konstruierten Ungetüm von Belagerungsmaschine, daß er nach dem ersten Einbruch in die Stadtmauer von Rhodos eine Erstürmungspause einlegte. Die Rhoder nutzten diese Zeit, schaufelten Gräben, fluteten diese, und die militärische Überkonstruktion blieb im Schlamm stecken. Demetrios gab auf, zog ab und ließ den Giganten samt anderem Kriegsgerät zurück. Daraus bauten die Rhoder den Koloß.

Zwölf Jahre arbeitete Chares mit seinen Gesellen daran. Chares war ein begabter Schüler des berühmten Bildhauers Lysippos, aber wenn es stimmt, was die meisten Koloßautoren schreiben, dann war er ein noch besserer Statiker und Ingenieur. Philon von Byzanz hat das so ausgedrückt: ». . . der verborgene Teil des Werkes ist großartiger als der sichtbare.«

Der Koloß war hohl. Eine Eisenkonstruktion hielt ihn zusammen, die Verkleidung aus Kupferplatten wurde erst zum Schluß aufgelegt. Wie? – darüber gehen die Meinungen auseinander, genau wie über die Technik der Verankerung, schließlich mußte die 35 Meter hohe Bronze- und Eisenkonstruktion jedem Sturm trotzen. Stimmen 35 Meter? Andere schreiben 45. Wie schön, beide haben recht. Die einen haben den Sockel mitgerechnet, die anderen nicht.

Mit 35 Metern war die Statue 16 Meter höher als die Bavaria in München und 11 Meter kleiner als die Freiheitsstatue in New York. Chares hatte 300 v. Chr. die gleichen Probleme zu lösen wie F. A. Bartholdi beim Bau der Freiheitsstatue. Keine technischen, sondern ästhetische Probleme. Die Schwierigkeit lag bei den Proportionen. Kopf, Schulter, Arme, alle Körperteile, die vom Betrachter entfernt waren, mußten extrem vergrößert werden, da sie - wären sie in richtigen Proportionen zu den Beinen dargestellt - dem Betrachter am Boden als zu klein erschienen.

Die Heliosstatue stand nur knapp sechzig Jahre. Bei einem Erdbeben stürzte sie zusammen. Wir wissen, es war in einer Oktobernacht, ob aber im Jahre 227 oder 226 oder 224 v. Chr., ist nicht mehr festzustellen. Plinius der Ältere sah noch die Trümmer des Kolosses: ». . . große Höhlungen gähnen aus den zerbrochenen Gliedern, und innen drin sieht man Steine von großer Masse, durch deren Gewicht der Meister den Koloß standfest machte. Aber«, fügte er hinzu, »es sei auch so noch bewunderungswürdig.« Und: »Die Messung eines Fingers ergab, daß er so groß war wie ich selbst.« Was die Nachwelt aber am meisten interessierte, die Haltung und Kleidung der Figur - darüber machte Plinius keine Angaben.

Falsch ist mit Sicherheit die bekannteste Darstellung des mit gespreizten Beinen über der Hafeneinfahrt stehenden nackten Helios. Daran können auch die Tücher, Keramikteller, Holzfiguren, Aschenbecher, Gläser, Badeanzüge und T-Shirts nichts ändern, die mit diesem Motiv in jedem Souvenirgeschäft auf Rhodos angeboten werden.

Die Darstellung des Kolosses als breitbeiniges Hafenwahrzeichen stammt aus der Renaissance, also gut 1700 Jahre nach seiner Zerstörung. Ihre Erfinder berufen sich auf zwei Zeilen der Weihinschrift, die wie durch ein Wunder erhalten blieb:

»Fest auf der Erde erbaute es [das Volk von Rhodos] ihn und hoch überm Meere,

daß er eine strahlende Leuchte [phengos] fronloser Freiheit ihm sei.«

Die »strahlende Leuchte« hielt man für ein Kohlebecken oder eine Fackel, die das Standbild mit dem rechten Arm zum Himmel reckte. So wurde aus Helios ein Leuchtturm. Hübsch, aber falsch. Das griechische Wort »phengos« bedeutet zwar sowohl »Leuchte« wie »Fanal«, bezog sich aber offensichtlich auf den Goldglanz des Helioskopfes, denn die Griechen hätten in ihre Weltwunderliste schwerlich zwei Leuchttürme aufgenommen. Auch fehlten alle »fundamentalen« Voraussetzungen für die Aufstellung einer so gigantischen Statue auf schmalen Molen. Die Abstände zwischen den Enden der moleartigen Landzungen, die die natürlichen Häfen von Rhodos bilden, sind dafür zu groß. Die Entfernung beträgt beim nördlichen Hafen, dem heutigen Porto di Mandracchio, etwa zweihundert und beim Südhafen, dem Porto di Commercio, dreihundert Meter.

»Aber«, entgegnete mir Plato, der so schnell nicht von seinem Hafenwahrzeichen lassen wollte, »vielleicht stand er auf der kleinen Insel vor dem Hafen, auf der sich heute das Kastell Sankt Nikolas befindet.« Nein, diese Insel hätte keinen Raum für die Errichtung einer Kolossalfigur geboten. Für Werkstätten und die lange Erdrampe wäre hier kaum Platz gewesen. Tut mir leid, Freund Plato. Nichts blieb vom einstigen Weltwunder übrig, auch keine gesicherte Nachbildung.

»Der Koloß ist kaputt - es lebe der Koloß!« Nach dieser Devise beschlossen die Rhoder, nach dem Einsturz der Heliosfigur so schnell wie möglich eine neue zu bauen. Noch schöner und größer sollte sie werden. Doch die Rhoder wollten dabei auf Nummer Sicher gehen. Bevor der Bau in Auftrag gegeben wurde, befragten die Prytanen, die »Gewährsleute des Rates«, das Orakel in Delphi. Das war gegen den Neubau, sein Spruch lautete: »Was gut ruht, soll man nicht aufrichten.« Den Rhodern blieb dadurch viel Geld erspart, selbst wenn dieser Orakelspruch sie viel Geld gekostet haben sollte.

Keine Chance also, von diesem Weltwunder aus Bronze und Eisen sich eine Vorstellung zu machen? Doch. Seit 1932 haben wir wenigstens einen Fingerzeig, wie Kopf und Haltung des kolossalen Helios gewesen sein könnten. Damals wurde auf Rhodos ein arg beschädigtes steinernes Heliosrelief gefunden, das eines der Prachtstücke des Archäologischen Museums im Ordensritterhospital der Insel war und auch heute noch ist, obgleich das, was heute zu sehen ist, weniger als das wenige ist, was 1932 gefunden wurde. Damals fehlte zwar bereits der untere Teil, aber an dem linken Arm des Helios waren die Falten eines Tuches zu erkennen. Wer heute das Relief betrachtet, sucht diesen Teil vergeblich. Er verschwand im Zweiten Weltkrieg.

Der englische Archäologe Herbert Maryon hatte dieses Relief gefunden und die Theorie entwickelt, es sei ein Abbild des Kolosses. Viele schlossen sich seinen Argumenten an. Haben sie recht, dann wäre der Helioskoloß nackt gewesen und hätte mit der erhobenen Rechten die Augen beschattet, als sähe er der aufgehenden Sonne entgegen. Das wäre eine Pose, die durchaus zum Wesen des Helios paßte. Die starke Wendung des Kopfes hätte eine entsprechende Drehung des Oberkörpers erzwungen. Eine Haltung, die wir in der klassischen Zeit der griechischen Skulpturen nicht finden, die aber in der hellenistischen Kunst - also in der Zeit, in der der Helios entstand - angewendet wurde.

Wenn der Koloß nicht am Hafen stand - wo dann? Im Laufe der Jahrhunderte wechselte Helios seinen mutmaßlichen Standort wieder und wieder.

Der richtige schien gefunden, als Historiker entdeckten, daß es beim Palast des Hochmeisters eine Ordenskirche gegeben hatte, die St. Johannes Colossensis hieß. Das war doch ein klarer Hinweis, hier habe einst der Koloß gestanden! Kolossale Freude, bis sich herausstellte, daß der Name auf einem kolossalen Irrtum beruhte. Im Mittelalter hatte man glatt vergessen, daß es in der Antike die kleinasiatische Stadt Kolossai (auch: Colossai) gab, in der jener Johannes lebte, an den Paulus seinen »Brief an die Kolosser« richtete. Sosehr diese Stadt in Vergessenheit geraten war, sosehr war der Koloß von Rhodos bekannt geworden. Also verpflanzten Kirchenväter Johannes den Kolosser auf die Roseninsel, die Heimat des Kolosses.

Doch ein Irrtum kommt selten allein. Die Bezeichnung »Koloß« bedeutete ursprünglich nichts anderes als »Bildsäule, Standbild«. Erst nachdem das Riesenstandbild des Helios errichtet worden war, wurde »Koloß« der Name für Riesenstatuen.

Das Rätselraten über den Standplatz des Helios ging weiter. Irgendwann wurde es einem ordnungsliebenden Archäologen zu dumm, und er machte dem Hin und Her ein Ende, indem er erklärte, der Koloß habe dort gestanden, wo sich heute der rosafarbene Uhrturm erhebt. Punkt. Dieser Meinung schlossen sich die meisten seiner Kollegen an. Bewiesen ist nichts. Doch hat diese Theorie einen Vorteil vor vielen anderen: An dieser Stelle sind Nachforschungen unmöglich. Hotelburgen schießen hier aus dem Boden, jeder Quadratmeter wird für Touristenbetten gebraucht. Kein Platz für Grabungen. Es kann also durchaus sein, daß Sie bei

Ihrem Rhodosurlaub auf dem Fundament des Kolosses geschlafen haben.

Viel mehr als das Fundament dürfte sowieso nicht mehr zu finden sein. Zwar haben die Rhoder, schon aus Bequemlichkeit, den Rat des Orakels »Was gut ruht, soll man nicht aufrichten« über Jahrhunderte befolgt, als jedoch 653 n. Chr. der Kalif von Damaskus unter der grünen Fahne des Propheten Rhodos eroberte, kümmerte ihn ein heidnisches Orakel herzlich wenig. Er verkaufte die Reste - behauptet der byzantinische Historiker Zonar - »einem Juden aus Edessa«, dem heutigen Ufra in Syrien. Der soll die Weltwundertrümmer verschifft und auf 900 Kamele verladen haben, bis deren Spuren vom Flugsand der arabischen Wüsten verweht wurden. Einige wollen wissen, achtzig Kamele hätten Medina erreicht, und dort sei die heidnische Bronze zum Bau der Kuppel über Mohammeds Grab verwendet worden. Beweise stehen aus, aber warum soll der Islam seine Heiligtümer nicht ebenfalls mit antiken Stücken errichtet haben wie das frühe Christentum?

Gerüchte wie diese sind kein befriedigender Schluß für die Schilderung eines Weltwunders. Hier sind noch ein paar Fakten: Nero, entschlossen, »alle Kunstwerke der Welt nach Rom zu holen«, schickte Architekten und Bildhauer nach Rhodos, bevor er in Rom das Riesenstandbild des römischen Heliospendants Sol anfertigen und nahe dem Amphitheater aufstellen ließ. Das Standbild gibt es nicht mehr, aber ein Name hält die Erinnerung daran wach. Niemand spricht vom römischen Amphitheater, alle nennen es nach der riesigen Solstatue, die einst dort stand, »Kolosseum«.

Wenige Tage nachdem ich dieses Kapitel beendet hatte, las ich im Reiseteil mehrerer Tageszeitungen ein und dieselbe Meldung: »Spektakulärer Fund auf Rhodos: Archäologen stießen auf eine 2000 Jahre alte Bibliothek, die über das Bildungswesen der alten Griechen Aufschluß gibt: Politik und Rhetorik waren Hauptfächer.«

Sollte mein Freund Plato vom »Stern von Rhodos« sein Lieblingsthema »Koloß« um eine neue antike Variante bereichert haben, durch die er einmal mehr den Namen seiner Heimatinsel in die internationale Presse lancieren kann?

Zuzutrauen ist's ihm.

Wunder 7: Der Leuchtturm von Alexandria

»Sostratos, des Dexiphanes Sohn aus
Knidos [weiht diesen Turm] den rettenden
Göttern zum Besten der Seefahrer.«
Inschrift am Leuchtturm von Alexandria.

Nein, in Alexandria möchte ich nicht Fremdenführer sein. Was hat diese quirlige, staubige Stadt schon zu bieten? Nichts, was es in Kairo nicht farbenprächtiger, größer und chaotischer gäbe. Von den Fassaden an den einstigen Prachtpromenaden am Strand sind Putz und Lack abgebröckelt. Auch die beiden letzten Relikte aus Alexandrias High-Society-Zeit - die beiden 18-Loch-Golfplätze mitten in der Stadt - sind nicht mehr Treffpunkt der eleganten Welt, sondern gleichen Ackerfeldern, auf denen unermüdliche Japaner die Schläger schwingen. Links und rechts der Faiways hängt aus den Fenstern der Mietshäuser die bonbonfarbene Unterwäsche der Alexandrinerinnen. Der bunte Fahnenschmuck bietet endlich Aufklärung, was die tiefverschleierte Ägypterin unter ihrer Galabea trägt.

Alexandria hat seine »englische« Vergangenheit verloren und seine ägyptische Zukunft in der Resignation vor Überbevölkerung und nicht dirigierbaren Blechlawinen begraben. Lawrence Durrells vier Alexandria-Romane sind Appetitmacher auf eine Stadt, die es nicht mehr gibt. Bis 1952 war Alexandria, zumindest in den Sommermonaten, Ägyptens heimliche Hauptstadt. Hier trafen sich Königshof, Diplomaten, Bankiers, Damen und Callgirls. Wer heute nach Alexandria kommt, sucht nicht Zerstreuung, sondern Bildung. Wissen statt Eleganz. Gefragt sind die Zeugnisse aus seiner antiken Blütezeit, als die Stadt Schmelztiegel arabischen Wissens und hellenistischen Denkens war. Verständlich, aber kaum zu erfüllen.

Verfallen das Große Theater aus dem 4. Jahrhundert v. Chr.

Nichts erinnert mehr an das Hippodrom, an das Stadion, das Gymnasium.

Kein Stein mehr vom Grabmal Alexanders, von Cäsars Palast oder jenem der Kleopatra. Fehlanzeige, falls jemand nach den Resten der berühmtesten Bibliothek der Antike fragt. 700 000 Handschriften soll sie besessen haben. Gegründet wurde sie von Ptolemaios II. Philadelphos im dritten vorchristlichen Jahrhundert. 250 Jahre beherbergte sie das gesamte Wissen der Zeit, bis Cäsars Legionäre die Gebäude brandschatzten. Den Rest besorgten 642 n. Chr. die Truppen des Eroberers Amr Ibn el-As.

Seit Mitte 1988 ist der Platz, an dem der Hort des Wissens der Antike stand, eine Baustelle. Ägyptens Staatspräsident Husni Mubarak legte den Grundstein für einen Neubau, in dem vor allem Tausende von unausgewerteten griechischen, lateinischen, hebräischen und arabischen Manuskripten zusammengefaßt werden sollen, die bisher bei privaten Sammlern oder in Klöstern verstreut waren. Die UNESCO finanziert die Hälfte der auf 300 Millionen DM veranschlagten Baukosten.

Doch das ist Zukunftsmusik, auf die sich vor allem Altphilologen freuen. Heute und wohl auch noch im nächsten Jahrzehnt bietet Alexandria dem Bildungsreisenden nichts außer einigen griechischen und zahlreichen römischen Fundstücken im kleinen, wohlgeordneten Museum.

Widerspruch! Es gibt die Pompejussäule! Sie wenigstens hat alle Jahrhunderte überdauert. Pech jedoch auch mit ihr als Touristenattraktion. Mit Pompejus, dem Widersacher Cäsars, hat diese Säule aus rotem Assuangranit nichts zu tun. Wahrscheinlich stammt sie aus dem Jahre 297, und der Christenverfolger Diokletian hat sie nach seinem Sieg über den ägyptischen Gegencäsar Achilles errichten lassen. Errichten, nicht anfertigen! Sie ist viel älter. Ägyptologen vermuten, sie sei eine jener 400 Säulen gewesen, die die Kolonnade des Serapeiontempels in Alexandria stützten und schmückten. Auch er verschwand. Wenigstens seine feuchten Katakomben können besichtigt werden. Aber wer kommt schon Katakomben wegen nach Alexandria?

Die Frage, wer Alexandria gründete, ist von jener Art wie die nach der Dauer des Dreißigjährigen Krieges. Alexander der Große natürlich, im Jahre 331 v. Chr. Das ägyptische Alexandria war das erste von fast einem Dutzend Alexandrias, die er auf seinen Eroberungszügen gründete. Das erste, das bedeutendste und das einzige, das bis heute seinen Namen behielt. Zu Recht.

Es gibt an der ganzen Küste keinen idealeren Platz für eine Hafenstadt.

Alexander gründete die Stadt nicht nur, er kümmerte sich auch um ihre Anlage. Wie ihr Stadtplan entstand, erzählt eine jener Anekdoten, mit denen Alexanders Leben so reich geschmückt ist: Der des Schreibens unkundige Alexander markierte mit Gerstenmehl aus den Vorräten seiner Armee den Verlauf der zu errichtenden Stadtmauer. Eine Freude für die Tauben, in deren munterem Picken die Orakelpriester ein gutes Zeichen zu erkennen glaubten.

Alexander zog den Nil aufwärts, ließ sich zum Pharao krönen und als Gott ausrufen, zurück blieb sein Leib-und-Magen-Architekt Deinokrates, der bisher ziemlich tatenlos im Gefolge Alexanders durch die verschiedenen eroberten Reiche gezogen war. Jetzt endlich hatte er Gelegenheit zu zeigen, wie gut er seinen Beruf verstand. Er verband die der Küste vorgelagerte Insel Pharos durch einen Damm mit dem Festland. Der Damm war sieben Statien (1¼ Kilometer) lang und hieß deshalb »Heptastation«. Ein Teil des Dammes war als Aquädukt gebaut, über den das Trinkwasser zur Insel kam. Im Laufe der Jahrhunderte ist dieser Verbindungsweg ständig erweitert worden. Heute steht auf ihm ein eigener Stadtteil.

Dieser Damm brachte dreifachen Nutzen:

... Er teilte das Seegebiet zwischen Insel und Festland in zwei Teile. Dadurch entstand ein großer und ein kleiner Hafen,

... er machte die Insel Pharos zum natürlichen Wellenbrecher für diese beiden Hafenbecken,

... und er ermöglichte es, mit Gespannen statt mit Booten das Baumaterial für jenes Gebäude heranzuschaffen, das dann zum siebenten der kanonischen Weltwunder wurde: der Leuchtturm von Alexandria. Durch ihn blieb der Name der Insel Pharos über die Jahrtausende erhalten. Im Griechischen, Italienischen, Französischen, Spanischen und Portugiesischen heißt Leuchtturm noch heute pharos, phare, farol oder faro. Algarveflugurlauber landen in einer Stadt namens »Leuchtturm« - Faro.

Durch ihren Leuchtturm wurde die Insel Pharos unsterblich, berühmt war sie schon vorher. Homer besingt sie im 4. Gesang der Odyssee:

»Eine der Inseln liegt im wogenstürmenden Meere
Vor des Ägyptos Strome (die Menschen nennen sie Pharos),
Vor dem Strome so weit, als wohlgerüstete Schiffe
fahren, wenn rauschend der Wind die Segel erfüllt.«

Obwohl viele antike Autoren über den Leuchtturm geschrieben haben und arabische Reisende im Mittelalter eingehende Berichte veröffentlichten, blieben Zweifel, ob es diesen überdimensionalen Leuchtturm wirklich gegeben hat. Es schien unwahrscheinlich, daß ein noch so begabter Architekt einen schmalen Turm von 180 Meter Höhe statisch berechnen und konstruieren konnte. Hinzu kam: Der Turm zu Alexandria hatte keine Vorfahren. Außerdem fehlte von diesem Weltwunder jede Spur. Keine Säule, kein Fundament - nichts existierte.

Erst seit Anfang der sechziger Jahre unseres Jahrhunderts brauchen wir von diesem Leuchtturm nicht mehr im Konjunktiv zu sprechen. Damals entdeckten italienische Sporttaucher östlich der Insel Pharos unter einem Felsriff Marmorsäulen und Bruchstücke. Das war nichts Ungewöhnliches in diesem Küstengebiet. Der Fund wurde erst interessant, als man feststellte, daß in dem Kastell Kait Bey, das auf diesem Riff errichtet worden war, ähnliche Marmorsäulen und Steinquader verarbeitet worden waren. Damit war klar, warum auf der Insel Pharos keine Reste des antiken Leuchtturms gefunden worden waren - er hatte gar nicht dort gestanden, sondern auf dem Riff davor. Auf seinem Fundament und mit seinen Materialresten ist dann 1480 das Kastell erbaut worden. Daß dies der Standort des Urgroßvaters unserer Leuchttürme war, gilt heute unter Archäologen als ausgemacht. Zu besichtigen aber ist es nicht. Das alte Fort, dessen Türfassung aus Granitquadern des Leuchtturms zusammengesetzt ist, gehört zum Hafensperrgebiet. No entry. Keine Chance, wenigstens dieses Glanzlicht vorzuführen.

Verstehen Sie jetzt, warum ich kein Fremdenführer in Alexandria sein möchte! Dabei gibt sich das städtische Touristoffice viel Mühe. So hat es in einem offiziellen Museumsführer für Alexandria aus allen alten Berichten über den Leuchtturm zusammengefaßt, was der Wirklichkeit am nächsten kommt. Hier sind die wichtigsten Fakten:

Um 279 v. Chr. wurde der Leuchtturm nach etwa fünfzehnjähriger Bauzeit eingeweiht. Er soll 135 Meter hoch gewesen sein, damit war er nach den Pyramiden das höchste Gebäude der Alten Welt, und bis heute ist er der höchste Leuchtturm der Erde geblieben. Nicht, weil wir nicht höher bauen können, sondern weil wir nicht so hoch zu bauen brauchen. Satelliten und Radar sind exaktere Wegweiser für den Schiffsverkehr als Leuchttürme.

Verkleidet war der Turm mit weißen Marmorplatten. Damit leuchtete er auch am Tage den Seefahrern. Nächtlicher Schiffsverkehr war in der Antike ohnehin selten.

Soweit die verbürgten Angaben, daneben blühten und wucherten Berichte, deren Farbigkeit und Phantasie im direkten Gegensatz zum Wahrheitsgehalt standen. Oder ist vielleicht unsere nüchterne Vorstellungskraft nur nicht beweglich genug, Ausschmückungen zu folgen, wie sie der Araber Marudi im 10. Jahrhundert n. Chr. niederschrieb? Marudi, der den Turm selbst gesehen hatte, behauptete, an den Ecken seiner ersten drei Terrassen seien vier »blasende Tritonen« (Söhne des Poseidon) aufgestellt gewesen. Diese Standbilder hätten aus ihren Muschelhörnern seltsame Sirenentöne erklingen lassen. Vorläufer der Heulbojen also? Einer soll, wenn vom Meer her Feinde nahten, schreckliche Töne ausgestoßen, ein anderer die Stunden akustisch angezeigt haben. Waren es Äolsharfen, die der Wind bewegte, oder war es die praktische Nutzung der Wasserorgel, die schon den Pharaonen bekannt gewesen sein soll?

Der Turm diente aber nicht nur zur Orientierung für Steuerleute, sondern er war auch Wach- und Wehrturm. Cäsar hat das im Jahre 47 v. Chr. während des alexandrinischen Kriegs erlebt und notiert: Niemand kann »gegen den Willen derer, die den Turm besetzt haben«, in den Hafen gelangen.

Wie aber war das mit dem Lichtschein durch das sprichwörtliche Dunkel ägyptischer Nächte, von dem so viele Autoren berichten? Stand eine Figur - Poseidon oder Alexander - auf seiner Spitze und hielt ein Leuchtfeuer in der Hand, wie dies auf vielen Rekonstruktionszeichnungen zu sehen ist? Kein antiker Schriftsteller erwähnt dergleichen. Die frühesten Berichte, daß der Turm Licht ausgestrahlt habe, stammen aus dem ersten nachchristlichen Jahrhundert. Vergessen wir auch alle spektakulären Berichte von Brennspiegeln, mit deren Hilfe Schiffe angezündet werden konnten, schieben wir auch Ferngläser zur Seite, durch die man bis Konstantinopel sehen konnte, fragen wir statt dessen, welche Möglichkeiten der damalige Stand der Technik für die Einrichtung und Funktion des Leuchtturms bot. Das war gar nicht so wenig.

Archimedes hatte den Flaschenzug erfunden.

Kräne und Hebeeinrichtungen waren nicht nur bekannt, sondern wurden viel benutzt.

Herodot berichtet von brennbarem Petroleum, und harzgetränkte Holzscheite waren als Lichtquelle üblich.

Nur - Holz war zu knapp, um damit Nacht für Nacht die Hafeneinfahrt zu erleuchten.

Und - wie soll das Brennmaterial für das Leuchtfeuer die 130 Meter zur Turmspitze hinaufgeschafft worden sein?

Es wurde - ob Holz oder Petroleum - von Eseln über Rampen im Inneren des Turms hochgeschleppt. Klingt plausibel, ist aber nur eine Vermutung ohne Belege. Jedenfalls ohne Belege aus Ägypten.

Diese Theorie kam auf, weil im einzigen erhaltenen römischen Leuchtturm bei La Coruña an der Nordwestküste Spaniens diese Transportmethode benutzt wurde. Touristen können sich noch heute davon überzeugen, sogar ohne den Turm zu besteigen. Bei der Renovierung hat man um die Fassade ein schrägverlaufendes Gesims gezogen, dessen Diagonalen denen der antiken Rampen im Inneren des Leuchtturms entsprechen.

Schön und gut - nur, wenn der Turm von Alexandria so schlank war, wie die Berichte behaupten, dann war in dem Teil über der letzten, dritten Terrasse kein Platz mehr für die Rampe, die breit genug gewesen wäre, daß auf ihr Esel hätten gehen können. Um sich nicht von ihrer liebgewonnenen Theorie verabschieden zu müssen, meinen nun einige Gelehrte, auf dieser letzten Etappe seien dann eben ausgemergelte Sklaven eingesetzt worden. Das muß ein ganz schönes Gedränge zwischen Eseln und Sklaven gegeben haben. Unverständlich, daß man den Flaschenzug zwar als Hilfsgerät beim Bau akzeptierte, aber keiner der Leuchtturmspezialisten unserer Tage hat die naheliegende Idee aufgegriffen, daß auch das Material für das Leuchtfeuer per Flaschenzug hochgezogen wurde.

Das Ende dieses antiken Weltwunders ist bekannt. Im Jahre 796 wurde der Turm durch ein Erdbeben beschädigt. Die Türken, die neuen Herren Ägyptens, versuchten, ihn auszubessern. Anfang des 12. Jahrhunderts wurde aus dem Leuchtturm ein zweigeschossiger Bau mit einer Moschee. Hundert Jahre später war der Pharo zerfallen, bis im Jahre 1477 aus seinen Trümmern der Mamelukkensultan Kait Bey ein Fort errichten ließ. 1882 wurde es von englischer Schiffsartillerie zusammengeschossen. Während ihrer »ägyptischen Zeit« errichteten die Engländer an dieser Stelle einen quadratischen Eckbau im maurischen Stil, dessen Proportionen denen des alten Baus entsprochen haben sollen.

Als sich unser Schiff in sternenklarer Nacht aus dem überfüllten Hafen von Alexandria schiebt, leuchtet kein Leuchtfeuer. Niemand steht mehr im Ausguck auf der Mastspitze. Der Eins-O schaut nicht einmal aus den breiten Rundfenstern der Brücke, sondern starrt auf den grünschimmernden Radarschirm wie die Wahrsagerin auf die Glaskugel. Leuchttürme sind für ihn romantische Relikte wie die Shanties, die um Mitternacht im Ballroom für die Passagiere gesungen werden. Doch um diese Zeit ist das Schiff schon längst außer Küstensichtweite. Alexandria, Kairo, Ägypten, die Antike und ihre Weltwunder sind vergessen. Die Band spielt einen Cha-Cha-Cha, und morgen sind wir in Haifa.

VI.

Römisches Reich - reiches Rom

»Was«, fragte ein Freund den alten Cato, »hältst du von den Römern?« -
»Sie erinnern mich an Schafe«, antwortete dieser, fügte aber nach einer Kunstpause hinzu: »Einzeln wollen sie nicht parieren, aber alle miteinander rennen sie dann doch hinter ihrem Leithammel her.«

(frei nach Plutarch)

20. Paestum - Griechen in Italien

Winckelmann und Goethe waren als erste Deutsche hier / Magna Graecia - was war das? / Lukanier wollten griechische Skulpturen schaffen - was dabei herauskam / Nur hier zu sehen: Griechische Wandmalereien / 1943 - ein Rollfeld über Gräber / Drei Tempel - jeder trägt einen falschen Namen / Die »Tricks« griechischer Architekten / Darf Medusa lächeln?

Hinter Salerno verließ ich die Staatsstraße 18, die in etwa so verläuft wie jene, die Karl III., König von Neapel um 1740, an der Küste entlang hatte bauen lassen. Von ihr führt, wie mit einem Lineal gezogen, eine gute Nebenstraße die 36 Kilometer nach Paestum.

Rechts der Straße Nadelwald, kilometerlang. In den Schneisen parken Wohnwagen. Links Felder und Sumpfweiden, in denen schwarze Büffel wie gewaltige Reklamefiguren stehen. Die Gegend um Paestum ist die Heimat des Mozarella, des Büffelkäses.

Die Straße gehört den LKW, die hier vorbeidonnern, als gäbe es keine Geschwindigkeitsbegrenzung. Beim dritten wurde mir gleichzeitig klar, daß das Aufleuchten des roten Rücklichts nicht nur Bremsen signalisierte und daß die Wohnwagen nicht Campern, sondern Freudenspenderinnen des horizontalen Gewerbes gehörten. Auch ich fuhr wegen einer Dame nach Paestum, allerdings einer, vor der alle Angst hatten: Medusa. Doch vorher wollte ich Wiedersehen mit den Tempeln feiern.

Als ich 1952 zum erstenmal hier war, bezog ich mein Wissen über diesen antiken Platz von Johann Joachim Winckelmann, der 1758 Paestum besuchte und überzeugt war, er und seine Begleiter seien die ersten Deutschen an diesem Ort. Für ihn waren die Ruinen »das Erstaunendste und Liebste, das Ehrwürdigste aus dem ganzen Altertum«. Winckelmann folgte sehr bald Goethe, der 1785 mit dem Maler Kniep Paestum besuchte und in seiner »Italienischen Reise« schwärmte: ». . . ja, ich pries den Genius, daß er mich diese so wohlerhaltenen Reste mit Augen sehen ließ, da sich von ihnen durch Abbildung kein Begriff geben läßt. Denn im architektonischen Aufriß erscheinen sie eleganter, in perspektivischer Darstellung plumper, als sie sind! Nur wenn man sich um sie her, durch sie durch bewegt, teilt man ihnen das eigentliche Leben mit; man fühlt es wieder aus ihnen heraus, welches der Baumeister beabsichtigte, ja hineinschuf.«

Über viele Zeilen berichtete er vom Vergnügen, sich in Ruinen zu verlaufen und die Gegenwart dabei zu verlieren. So wenig Konkretes Winckelmanns und Goethes Texte auch enthielten, es war doch mehr, als in meinem Reiseführer aus dem Jahre 1952 zu lesen stand. Er erwähnte Paestum überhaupt nicht, sondern sprach nur von der abgeschiedenen Landschaft Lukanien am Spann des italienischen Stiefels, in der sich Hexen, Wölfe und Wildschweine angeblich »gute Nacht« sagten.

Was Winckelmann suchte, was Goethe faszinierte, war die Begegnung mit Griechenland auf italienischem Boden. Wer Paestum sagte, meinte jahrhundertelang die drei großen griechischen Tempel, die noch heute die ebene Landschaft beherrschen. Wir kennen weder die Namen der Erbauer der Tempel noch die Namen ihrer Architekten. Wir wissen nicht einmal die Namen der Götter, die in diesen Tempeln wohnten. Auch die Geschichte der Stadt, in der sie erbaut wurden, ist weitgehend unbekannt.

Wer heute das Gelände betritt, sieht auf den ersten Blick nicht mehr, als die Besucher im vorigen Jahrhundert sahen. Beim Bummel durch die antiken Straßen mit ihren Ruinen ist heute jedoch weit mehr zu entdecken, als Goethe und weniger prominente Zeitgenossen sehen konnten. Seit 1952 wurde in Paestum systematisch ausgegraben. Neben den drei blickbeherrschenden Tempeln sind die Grundmauern elf kleinerer freigelegt. Was im 19. Jahrhundert durch seine einsame Größe beeindruckte, ist zum nicht weniger eindrucksvollen archäologischen Szenario geworden.

Die Häuserruinen, durch die wir heute spazieren (wirklich, in Paestum spaziert man!), sind aus der römischen Epoche, die etwa im 3. Jahrhundert v. Chr. begonnen hat. Damals waren die Tempel bereits alt, Zeugen einer fremden, den neuen Herren unheimlichen Welt.

Das Urpaestum war eine der bedeutendsten Städte Großgriechenlands, des »Magna Graecia«. Ein Begriff, der alle von Griechen in Süditalien und an den Küsten Siziliens erbauten Städte umfaßte. Bereits im 2. Jahrhundert v. Chr. war diese Bezeichnung Sprachgebrauch. Im Unterschied zu ähnlichen »Groß«-Reichen der Neuzeit war mit dem griechischen weder Machtanspruch noch territoriale Ausdehnung oder gar Kolonialisierung nach einem politischen Programm verbunden. Die Gründung dieser Städte erfolgte aus individuellem Entschluß und merkantilen Gründen.

Paestum, das in seiner griechischen Anfangszeit Poseidonia hieß und dem Poseidon geweiht war, ist ein gutes Beispiel dafür. Es besaß den am günstigsten gelegenen Hafen am Tyrrhenischen Meer und wurde so zum Hauptumschlagplatz für den Handel mit Etrurien, bis 410 v. Chr. die Lukanier die Stadt eroberten. Sie tauften Poseidonia in Piston um und verboten den einstigen Herren, den Griechen, den Gebrauch ihrer Muttersprache. Genutzt haben diese und andere Schikanen nichts. Glanz und Reichtum dieser einst blühenden Hafen- und Handelsstadt verblaßten bald.

Doch das lag nicht an den neuen Herren, sondern an der Baulust des Cäsar Appius Claudius, »dem Blinden«. Im Jahre 312 v. Chr. begann er mit dem Bau seiner Straße, der Via Appia. Schließlich war unter ihm das Straßennetz so ausgebaut, daß »viele Wege nach Rom« führten. Unter anderem die direkte Verbindung von Brindisi. Das aber war für den Handelsplatz Paestum tödlich. Der Verkehr verlagerte sich vom Tyrrhenischen Meer zum Landweg Rom–Adria. Paestum verfiel. Die Besetzung durch die Römer im Jahr 273 v. Chr. war nur noch eine Formsache.

Als die Lukanier die Macht in Paestum übernommen hatten, ereignete sich dort, was sich immer wieder im Lauf der Geschichte an den verschiedensten Plätzen ereignet hat und ereignen wird: Die kampfstarken, aber primitiven Sieger unterlagen dem Reiz der andersartigen, höheren Kultur der Griechen und bemühten sich, deren Formen nachzuahmen. Was dabei herauskam, ist von grotesk-komischer Hilflosigkeit. Im kleinen, aber klug arrangierten Museum von Paestum ist es zu besichtigen. Schon dieser Asterix-figuren wegen lohnt ein Besuch. Da stehen ungelenke Schrumpfgriechen mit Knollennasen in einem Fries. Sie ahmen zwar die Bewegungen griechischer Statuen nach, doch das wirkt – da unproportioniert – weder schön noch edel, sondern nur komisch.

Ein bronzener Marsyas aus dem 1. Jahrhundert v. Chr. scheint von drei Künstlern geschaffen, von denen keiner vom anderen wußte. Ein viel zu großer Kopf sitzt plump auf einem viel zu langen Körper, der auf Stummelbeinen steht. Ein Skulpturenpanoptikum, bei dessen Anblick sich immer wieder die gleichen Fragen aufdrängen: Konnten sie es nicht? Wollten sie nicht? Was war der Grund, daß sie die Vorbilder so veränderten? Unfähigkeit? Eigenwilligkeit? Wer konnte Gefallen an einem derartigen Mischmasch finden?

Die Antwort auf diese Fragen ist durch die neueren systematischen Ausgrabungen noch schwieriger geworden. In ihrem Verlauf wurden Wandmalereien aus Kastengräbern geborgen, die ebenfalls im Museum zu besichtigen sind. Auch sie sind von lukanischen Künstlern nach griechischen Vorbildern geschaffen - doch bei der Malerei ist die Anpassung an die griechischen Muster viel besser gelungen als bei den Figuren. Oft verrät nur das Entstehungsjahr, ob das Gemälde von einem griechischen oder von einem lukanischen Künstler geschaffen worden ist.

Am bekanntesten ist die Deckplatte eines Grabes, auf der vor hellem Hintergrund ein nackter Jüngling in makelloser Haltung vom Sprungbrett in das hellblaue Meer oder in ein Schwimmbekken springt. Die klare Linienführung macht diese Gemälde zu einer zeitlosen, ewig gültigen Darstellung eines sporttreibenden Jünglings. Ob dies den Tod symbolisieren soll, der ebenfalls ein Sprung aus diesem Leben in das jenseitige ist, oder ob dies nur eine der beliebten Hinein-Geheimnis-Interpretationen ist, sei dahingestellt. Griechischer Symbolik entspricht solche Deutung jedenfalls nicht, und daß ein Grieche im 4. Jahrhundert v.Chr. dieses Bild schuf, ist sicher.

Diese Feststellung ist von kunstgeschichtlicher Bedeutung. Denn die in Paestum in Gräbern gefundenen Wandmalereien sind die einzigen uns bekannten griechischen Malereien aus klassischer Zeit. Für die Kunsthistoriker, die sich bis dahin mit Vasenmalereien aus dieser Epoche begnügen mußten, ein Fund von unschätzbarem Wert. Schließlich galt in jener Zeit die Malerei als der höchste künstlerische Ausdruck des Griechentums.

Zu den zahlreichen Wiederentdeckungen der Grabungskampagne 1952 gehört die Amphore des Meisters Nikoxenos, die neben vielen anderen Exponaten aus dieser Grabung im Museum ausgestellt ist. Sie ist nicht nur ein Beispiel für den hohen Stand griechischer Vasenmalerei, sondern auch für die Mühsal moderner Rekonstruktionsarbeit. 178 winzige Bruchstücke mußten zusammengefügt werden, bis die Amphore wieder ihre ursprüngliche Form bekam. Fast ein Jahr hat allein diese Arbeit gedauert.

Für wie viele archäologische Überraschungen Paestum gut ist, hatte sich bereits Anfang der vierziger Jahre gezeigt. Damals kamen Amerikaner in diese Gegend. In Uniform. Als sie 1943 während der Schlacht um Salerno in Gaudo, einem kleinen Ort bei Paestum, einen Feldflughafen anlegten, stießen ihre Bagger auf eine Gräberstadt. Die Gräber gehören zu einer bis dahin unbekannten Kultur. Man vermutet, daß die ersten Grabstellen Ende des 3. Jahrtausends v. Chr. entstanden sind. Mehr als Vermutungen gibt es bis heute nicht. Es wird wohl noch Jahrzehnte dauern, bis wir uns ein erstes Bild über diese Kultur, die selbst den Römern unbekannt war, machen können.

Das archäologische Gelände Paestum ist von einer Mauer eingefaßt. 5 Kilometer lang. Sie ist so gut erhalten, daß viele sie nicht für ein antikes Bauwerk halten. Sie ist eines. Und ein besonderes dazu. Bis zu 4 Meter war sie an einigen Stellen stark, nur wenige antike Städte hatten Gleichwertiges zu bieten.

Paestums größte Attraktionen aber sind seine drei Tempel. Viele halten sie für die klarsten Beispiele griechischer Baukunst. Das mag übertrieben sein, aber mit zu den schönsten gehören sie sicher. Und an keinem anderen Platz läßt sich die Entwicklung griechischer Architektur von grobschlächtigen Anfängen bis zur harmonischen Vollkommenheit so gut verfolgen wie hier. Alle drei Tempel haben zwei Gemeinsamkeiten. Eine davon ist für griechische Tempel selbstverständlich: Alle sind von Osten nach Westen errichtet, Symbol des ewigen Kreislaufes der Sonne. Die zweite Gemeinsamkeit ist äußerlich: Die Namen der Tempel, die auf Hinweisschildern und in Broschüren stehen, sind falsch. Keiner stimmt mit dem überein, was einst Sinn und Zweck dieser Gebäude war und ihnen den Namen gab.

Das älteste der drei Bauwerke nennen Reiseführer und Touristikbroschüren »Basilika«. Das ist gleich doppelt mißverständlich. Im allgemeinen Sprachgebrauch wird eine Kirche mit einem höheren Mittelschiff und zwei Seitenschiffen als Basilika bezeichnet, die Kunstgeschichtler verwenden das Wort jedoch nach dem Sinn seines griechischen Ursprungs »Basilikos«, was »königlich« bedeutet. Damit war in vorchristlicher Zeit eine große rechteckige Halle gemeint. Eine Gebäudeform, die Anfang des 2. Jahrhunderts v. Chr. in Italien entstand. Diese Basiliken dienten als Markthalle, Wechselbank, Gerichtsstätte, Behördensitz, gelegentlich auch als Thronsaal.

Nichts davon trifft auf die »Basilika« von Paestum zu. Sie war ein Tempel. Man hat inzwischen den Altar gefunden. Welcher Gott oder welche Göttin hier zu Hause war - das wissen wir allerdings immer noch nicht. Wahrscheinlich war er - wie die meisten Heiligtümer in Paestum - der Hera geweiht, der Schwester und Frau des Göttervaters Zeus.

Nicht nur der fehlende Altar hatte die Archäologen vermuten lassen, daß dies kein Tempel gewesen ist. Das Bauwerk weicht noch in einer anderen architektonischen Besonderheit vom Baukanon griechischer Tempel ab: Sein Dach ruhte an den Schmalseiten auf einer ungeraden Zahl Säulen. Neun hinten und vorn, achtzehn an den Längsseiten. Diese ungerade Zahl dorischer Säulen ist ungewöhnlich. Bis vor einigen Jahrzehnten galt es als verbindlich, daß bei Tempelbauten eine gerade Säulenzahl vorgeschrieben war. Inzwischen wurden weitere griechische Sakralbauten freigelegt, deren Dächer ebenfalls von einer ungeraden Zahl von Säulen getragen worden waren. Alle stammen - genau wie dieser - aus dem 6. Jahrhundert v. Chr.

Was sind das aber auch für Säulen! Jede von ihnen strotzt vor Kraft. Massiv und schwer wachsen sie nach oben, mehr der Erde verhaftet als dem Himmel. Einige Kunsthistoriker meinen, die Baumeister dieses Tempels hätten das Material noch nicht bezwungen; aber wäre es nicht auch möglich, daß sie mit dieser erdverwurzelten Stämmigkeit das Machtgefühl ausdrücken wollten, das damals alle Städte des »Magna Graecia« erfüllte, besonders jene, die so erfolgreich waren wie Paestum, als es noch Poseidonia hieß?

Ich halte viel von dieser Ansicht und habe Gründe dafür, die jeder nachprüfen kann, der sich dicht an eine der Säulen stellt und nach oben blickt. Da erkennt man, daß die meisten Kapitelle, die aus der Ferne wie glatte Zehnpfundbrotlaibe wirken, erstaunliche Feinheiten aufweisen. Dort, wo die Säule an ihr Kapitell stößt -

Echinus nennen die Kunsthistoriker diese Stelle –, sind Lotosblüten und Rosetten herausgemeißelt. Kunstvoll und an jeder Säule verschieden. Erste Akkorde der Schwerelosigkeit, die griechische Säulen späterer Epochen auszeichnet. Das zeugt von Stilwillen und früher Könnerschaft. An einigen Säulen fehlen diese Steinmetzarbeiten. Aber auch diese Säulen hatten einst einen solchen ornamentalen Abschluß. Mario Napoli, Superintendent für Archäologie der Provinzen Neapel und Caserta, erzählte mir bei meinem ersten Besuch: »Bei diesen Säulen sind die Rosetten nicht herausgemeißelt, sondern nur aufgemalt gewesen. Eine künstlerische Absicht scheint mit der Verwendung der beiden Methoden jedoch nicht bestanden zu haben, eher eine Koordinierungslücke zwischen verschiedenen Werkstätten, die die ihnen gemachten Auflagen verschieden ausführten.«

Der Gott, dem dieser Tempel geweiht war, muß Farbigkeit besonders geschätzt haben. Dafür sprechen zahlreiche bunte Terrakottabrocken, die von Wand- und Giebelverkleidungen stammen. Stellt man sich den Tempel mit diesen farbigen Verzierungen vor, verliert er viel von seiner achaischen Schwere.

Ganz anders wirkt daneben der Cerestempel, der kleinste der drei. Mit seinen sechs Säulen an den Schmal- und dreizehn an den Längsseiten ist er eine Augenweide. Und nicht nur das, sondern auch ein kunstgeschichtliches Dokument. Zum erstenmal in der Geschichte der griechischen Architektur tauchen ionische Elemente in einem dorischen Tempel auf. Und zwar nur im Inneren, als hätten seine Erbauer bereits gewußt, daß sich der ionische Stil besser als der dorische für Innenräume eignet.

Hab' ich »hätten« geschrieben? Was soll dieser zögerliche Konjunktiv! Wer vor diesem Tempel steht, spürt: Seine Architekten haben es gewußt.

Er ist um 500 v. Chr. erbaut worden. Nur fünfzig Jahre später als die »Basilika«. Doch welch eine Eleganz strahlen seine Proportionen aus. Er wirkt leichter, harmonischer, fast bin ich versucht zu schreiben, beschwingter.

Auch von diesem Tempel wissen wir nicht, wem er geweiht war. Mit Sicherheit nicht der Ceres, der römischen Pflanzengöttin, unter deren Namen er seit Jahrzehnten in den Reiseführern erwähnt wird. Wahrscheinlich war er ein Tempel der Athene. Dafür

sprechen die zahlreichen Votivstatuetten dieser Göttin, die in der Umgebung des Tempels gefunden wurden, wie auch die Umwandlung ausgerechnet dieses Tempels in eine christliche Kirche in byzantinischer Zeit. Damals wurden vor allem die Tempel, die der Jungfrau Athene geweiht waren - denken Sie nur an das Parthenon! -, zu Kirchen der Jungfrau Maria.
Der dritte Tempel, als Poseidon- oder Neptuntempel irrtümlich registriert, ist . . .
. . . der jüngste, er entstand 450 v. Chr.,
. . . der besterhaltene,
. . . das großartigste Beispiel griechischer Architektur im westlichen Mittelmeerraum.

Seine sechs Säulen an der Front- und dreizehn an den Längsseiten sind gut erhalten. In diesem Bau werden geradezu lehrbuchhaft alle Tricks demonstriert, die griechische Architekten anwandten, um ihren Bauten jenen Eindruck der Gradlinigkeit und des perspektivischen Augentrugs zu geben, durch den sie ihr zeitloses Ebenmaß erhielten.

»Tricks« ist ein häßliches Wort für diese Minimalkorrekturen. Viel Berechnung und höchste Könnerschaft waren dazu notwendig! Dafür zwei Beispiele:

Erstens: Bei einer Säulenreihe, deren Säulen alle gleich hoch sind, entsteht für unser Auge die optische Täuschung, die Säulen in der Mitte der Reihe seien kürzer als die an beiden Enden. Die Säulenreihe scheint »durchzuhängen«. Um das zu vermeiden, haben die Baumeister die Mittelsäulen ein wenig höher ausführen lassen. Ein wenig! Nämlich um ganze 2 Zentimeter. So erreichten sie den Eindruck von Gradlinigkeit, wie wir ihn auch vom Parthenon kennen, das etwa zur gleichen Zeit entstand.

Zweitens: Ecksäulen, die gleich rund und in der gleichen Linie wie die anderen Säulen der Zwanzigmeterfront aufgestellt werden, erwecken für unser Auge den Eindruck, als kippten sie nach außen aus der Reihe. Deshalb haben griechische Baumeister die vier Ecksäulen nicht rund, sondern leicht asymmetrisch-oval aus dem Stein gemeißelt. Dies, verbunden mit ihrer leicht nach innen geneigten Aufstellung, verhinderte die optische Täuschung des Aus-der-Reihe-Fallens. Unser Auge ist überlistet. Das Kameraobjektiv nicht. Bei Weitwinkelaufnahmen stürzen Ecksäulen.

Diesen schönsten und mächtigsten der drei großen Tempel dem Poseidon zuzuschreiben lag nahe. Schließlich hieß Paestum zur Zeit seiner Erbauung Poseidonia. Inzwischen wissen wir: es war falsch. Die Funde in den Votivschreinen lassen kaum noch einen Zweifel, daß auch dieser Tempel der Hera geweiht war.

Andererseits war es eine griechische Selbstverständlichkeit, daß es in einer Stadt, die dem Poseidon geweiht war, auch einen Tempel für ihn gegeben haben muß. Wo mag dieser gestanden haben? Bis heute wurde vergeblich nach ihm gesucht. Das ist nicht verwunderlich, denn bisher ist erst ein geringer Teil des Stadtgebietes freigelegt. Und wer weiß, vielleicht haben sogar jene recht, die den Tempel weit außerhalb der Stadt auf der ins Meer ragenden Landzunge von Agropolis vermuten? Dort könnte er als Zeichen und Schutz für aus- und einlaufende Schiffe gestanden haben. Die Suche nach dem Poseidontempel zeigt einmal mehr, wie viele archäologische Rätsel noch in und um Paestum versteckt sind.

Anstoß für meine nochmalige Fahrt nach Paestum 1987 hatte ein Leserbrief gegeben, den ich auf meinen Beitrag »Rendezvous mit Medusa« in einer Fachzeitschrift erhalten hatte. »Sie irren«, hieß es darin, »nicht nur im Archäologischen Museum in Korfu gibt es eine lächelnde Medusa, wie Sie behaupten, sondern auch im Museum zu Paestum ist eine aufgestellt.«

Tatsächlich war mir bisher nur diese eine grinsende Gorgonendame in Korfu begegnet. Alle anderen Medusen zwischen Ephesus, Didyma, Selinunt und München (ja, auch dort gibt es eine an der Ostseite des Justizpalastes) hatten die energische Falte zwischen den Augenbrauen, die wulstigen Lippen und vor allem den angestrengt-bösen Blick, der jeden zu Stein erstarren ließ, wie die Sage berichtet. Der Stammbaum dieser menschenmordenden Dame ist viel zu verästelt, um ihn in Kurzform darzustellen. Deshalb nur soviel: König Polydektes von der Insel Serphios schickte seinen ungeliebten Schwiegersohn Perseus los, um ihm das Haupt der Medusa zu bringen, von der er wußte, daß sie – im Gegensatz zu ihren beiden Schwestern – sterblich war und daß alle, die ihr Blick traf, zu Stein erstarrten. Eine elegante Methode, sich dieses lästigen Perseus zu entledigen, glaubte der König und irrte sich tödlich.

Perseus löste diese scheinbar unlösbare Aufgabe dank der Hilfe von Nymphen, die ihn mit einer Tarnkappe, mit Flügelschuhen und einem Mantelsack (zur Beförderung des abgehauenen Gorgonenkopfes) ausstatteten, und mittels eines Sichelschwertes, das ihm Hermes gab. Perseus gelang der entscheidende Schwerthieb, ohne Medusa ins Auge blicken zu müssen. Er nahm am Hals der Dame Maß, indem er nur das Spiegelbild ihres schlangenumzüngelten Hauptes in seinem blankgeputzten Schild betrachtete.

Die blutige Tat hatte Folgen. Die eine Sage behauptet, aus dem Blut der geköpften Medusa sei Pegasus, das geflügelte Pferdchen, hervorgesprungen, das dann von den Dichtern mit und ohne Sattel in allen Gangarten geritten wurde. Eine andere Sage erzählt, daß aus einem Blutstropfen der Medusa, der ins Meer gefallen war, die erste Koralle entstanden ist.

Mit dem Meer hatte es Medusa schon vorher gehabt. Schön und verführerisch, wie sie einst war, hatte sie Poseidon umgarnt, dessen blaues Haar es ihr angetan hatte. Sie schlief mit ihm im Tempel der Athene. Diese bestrafte Medusa für solchen Frevel, indem sie sie in ein abstoßendes Scheusal verwandelte mit Schlangenhaar und Eberfängen, mit stierem Blick und heraushängender Zunge, ehernen Händen und plumpem Gang.

Verständlich, daß Athene die Enthauptung der Medusa durch Perseus guthieß. Sie ließ es zu, daß er zu Polydektes zurückkehrte, dort das Medusenhaupt aus dem Mantelsack zog und vorzeigte, worauf der König und sein Gefolge zu Stein erstarrten. Dann erst nahm Athene das Haupt der Tempelfrevlerin als Opfer an und setzte es in ihren Brustpanzer ein. Das machte Mode. Auf vielen Schilden sind Gorgonenhäupter aus dem Metall getrieben, und von Tempeldächern blicken finster und unheilverkündend Medusenhäupter, um das Übel fernzuhalten. Eine Medusa hat bös zu blicken und gefährlich zu wirken wie Hagen von Tronje. Von dieser Regel gibt es zwei Ausnahmen. (Jedenfalls kenn' ich nur diese beiden.)

Die eine Medusa ist das einzige Glanzstück des mittelmäßigen Archäologischen Museums auf Korfu, die andere ist auf einem Tonstück im ausgezeichneten Museum zu Paestum.

Die Medusa zu Korfu entstand Ende des 6. Jahrhunderts v. Chr. und war der überlebensgroße Mittelpunkt eines Tempelgiebels.

Diese Gorgonentochter hat nicht nur Schlangenhaar, sondern auch einen Schlangengürtel, dafür fehlen ihr die Eberhauer. Sie kniet auf dem linken Bein, das rechte hat sie angewinkelt, und ihre Arme sind verdreht wie die indischer Tempeltänzerinnen. Ihr Lächeln gleicht eher einem irren Grinsen. Kurz, alles wirkt so ungriechisch, daß sich ein so vorzüglicher Kenner der Mittelmeerkulturen wie Lawrence Durrell bei ihrem Anblick fragte, ob nicht auch die Medusasage eine jener Mythen sein könnte, die durch langsame Osmose von so entlegenen Ländern wie Indien und vielleicht sogar China herübergefiltert worden sind.

Ganz anders die Medusa in Paestum. Sie grinst nicht, sie lächelt. Tatsächlich. Mehr neugierig als bös blickt sie aus großen, eng zusammenliegenden Augen den Betrachter an. Vor ihr muß man keine Angst haben. Nicht Schlangenhaar umzüngelt ihren Kopf, sondern ihre modische, ondulierte Frisur läßt nur ahnen, daß es sich um sorgfältig arrangierte Schlangenköpfe handeln könnte. Dafür besitzt diese Medusa am linken und rechten Mundwinkel ein Paar gewaltiger Eberhauer, wie die Sage es verlangte. Doch deckt man sie auf einer Abbildung ab, bekommt das runde Mondgesicht den freundlichen Ausdruck einer pausbäckigen Bäuerin.

Die modellierte Tonscheibe wurde in unmittelbarer Nähe des Neptuntempels gefunden, doch Dr. Nunzio Daniele, dessen archäologisches Spezialgebiet die Funde von Paestum sind, ist überzeugt, daß die Medusa älter als der Tempel ist. Entweder stammt die Tonscheibe von einem Tempel, der abgerissen wurde, um Platz für den neuen zu schaffen, oder aber sie gehörte zu einem Tempel, der noch nicht freigelegt wurde.

Was ein weiteres Mal beweist: In und um Paestum ist noch viel zu entdecken. Dies als Tip für die gut zehntausend Urlauber, die in der Hochsaison in diese Gegend einfallen. Natürlich und mit Recht haben für sie Strand, Meer und Sonne Vorrang vor allem. Aber als Ergänzung ist ein Abstecher nach Paestum, diesem Treffpunkt griechischer Kunst und italienisch-lukanischer Kraft, eine »echte Alternative«, wie es im Modedeutsch heißt.

21. Oplontis - ein neuer Name in Roms Geschichte

Herculaneum - als Ausgrabungsort interessanter als Pompeji / Die Legende vom »unblutigen Tod« dieser Stadt / Gibt die »Villa dei Papiri« endlich ihre Geheimnisse preis? / Was die Tabula Peutingeriana verriet / Neue Konservierungsmethoden in der Villa der Poppäa / Einiges über diese Dame / Bei Möbeln waren die Römer sparsam / Vom Sinn römischer Wandgemälde / Ein römisches Haus in Aschaffenburg.

»Die Wagen wurden, obgleich auf flachem Felde, so hin und her geworfen, daß sie nicht einmal, von Steinen unterstützt, auf einem Flecke stehenblieben. Überdies schien sich das Meer zurückzuziehen und durch die Erderschütterungen zurückgetrieben zu werden. Dadurch hatte sich das Ufer erweitert, und viele Seetiere waren auf dem trockenen Sande liegengeblieben. Auf der anderen Seite spaltete sich eine schwarze furchtbare Wolke, durch mannigfaltig verschlungene Feuerströme zerrissen, in langen Flammengestalten; ähnlich den Blitzen, jedoch größer. Nicht lange hernach stieg diese Wolke zur Erde herab und bedeckte das Meer. Sie umhüllte und verbarg die Insel Capreä und entzog das Vorgebirge Misenum unseren Blicken. Endlich zerstreute sich die dicke Finsternis und verschwand gleichsam in Rauch und Nebel. Bald erschien der Tag und auch die Sonne, aber nur gelblich. Den noch zitternden Augen stellten sich alle Gegenstände verändert dar und mit Haufen Asche wie mit Schnee überdeckt.«

So Plinius der Jüngere in seinem Brief an Tacitus, der von ihm eine Schilderung des Untergangs von Pompeji für seine »Annales« erbat. Der Augenzeugenbericht des Siebzehnjährigen gilt zu Recht als eine journalistische Glanzleistung des Altertums.

Drei Tage lang wütete der Versuv, vernichteten Naturgewalten Plätze von Geist, Charme und Sittenlosigkeit unter Massen von Lava und Asche. Die Zahl der Toten wird zwischen 4000 und 16000 beziffert. Unter ihnen war auch Plinius der Ältere, Vater des Reporters Plinius, Schriftsteller mit Kunstverstand und Kommandeur der kaiserlichen Flotte, mit deren Schiffen er von Misenum aus zur Hilfe ins lavaverwüstete Gebiet segelte.

Wir kennen Naturkatastrophen, die ungleich mehr Opfer forderten, aber keine andere hat Generationen und Generationen so bewegt wie der Untergang dieser beiden Städte. »Selbst als Racheakt der Götter ging dies zu weit«, formulierte Martial, lateinischer Dichter und Zeitgenosse der Katastrophe.

Zu allen Zeiten hat der Untergang Herculaneums die Gemüter weniger bewegt als der seiner großen Nachbarstadt Pompeji. Gründe dafür gibt es genug.

Dazu gehörte vor allem, daß Pompeji von weichem, leicht zu entfernendem Bimsstein erstickt und zugedeckt wurde, während Herculaneum von einer steinharten, bis zu 20 Meter dicken Lavamasse überzogen wurde, die zwar bessere Konservierungseigenschaften besaß, aber so schwierig abzutragen war, daß man jahrzehntelang den leichteren Abbau in Pompeji favorisierte.

Dazu zählten auch die vielen Menschen, die in Pompeji umgekommen waren und deren Körper Hohlräume in den Lavamassen hinterließen, während in Herculaneum kaum Tote gefunden wurden. Der »unblutige Tod« dieser Stadt hatte weniger Faszination.

Dazu paßte auch der Lesehunger jener bürgerlichen Leihbüchereigenerationen, die mit Romanen wie »Die letzten Tage von Pompeji«, »Ben Hur« und »Quo vadis« Gemüt und Bildung befriedigten.

Dazu darf man auch die Verlockung rechnen, die Sittenlosigkeit zu allen Zeiten bietet. Während in Herculaneum sich das Leben offenbar in braven Bahnen bewegt hatte, bot Pompeji freizügige Wandgemälde und Graffiti. Für ein paar tausend Lire schließen die Wächter die Holztüren auf, hinter denen die Bilder auch zu »Playboy«-Zeiten versteckt sind. Pompeji war Mode, prägte Adjektive wie »pompejanisch Rot« weltweit.

Nur ein Engländer tanzte aus der Reihe und gab Herculaneum den Vorrang: Josrah Wedgwood aus Staffordshire, der 1768 das nach ihm benannte Steingut erfand und eigens einen Töpfereibetrieb gründete, der sich erfolgreich auf die Fertigung von Urnen »nach der Art von Herculaneum« spezialisierte. Sonst aber lag bis vor wenigen Jahren das Interesse beim Sündenbabel Pompeji, dessen Untergang Goethe in seiner »Italienischen Reise« makaber wie treffend mit dem Satz umriß: »Es ist viel Unheil in der Welt geschehen, aber wenig, das den Nachkommen soviel Freude gemacht hätte.«

Für den Untergang von Herculaneum lautete bis weit in unser Jahrhundert die offizielle Lesart so: Am 24. August des Jahres 79 n. Chr. explodierte der Vesuv. Seine Asche bedeckte das 12 Kilometer vom Krater entfernte wohlhabende Pompeji. Das sehr viel näher gelegene Herculaneum dagegen blieb von Staub und tödlichen Gasen verschont. Statt dessen wälzte sich hier ein mächtiger Schlammstrom talwärts, der Herculaneum zwar unter sich begrub, den Einwohnern aber Zeit zur Evakuierung der Stadt ließ.

Diese Darstellung ist nicht mehr aufrechtzuhalten. Sowohl Untersuchungen von Vulkanologen wie neue Funde unterhalb der alten Stadtmauer widerlegen die Behauptung vom »unblutigen Tod« Herculaneums. So wies Haraldur Sigurdsson von der University of Rhode Island 1987 erstmals nach, welch vernichtende Rolle die bislang kaum erforschten pyroklastischen Ströme beim Untergang beider Städte gespielt haben: Mit Geschwindigkeiten bis zu 100 Stundenkilometer tobten sie über Pompeji und Herculaneum hinweg. Sechs solcher apokalyptischer Lawinen ergossen sich über Herculaneum, nur zwei über Pompeji.

Archäologische Grabungen bestätigten diese Angaben. Grabungen, die seit 1982 in großem Umfang durchgeführt werden, belegten, daß es in Herculaneum viele Tote gegeben hat. Unter Stützbögen und Mauern wurden 150 Tote entdeckt. Und zwar - anders als in Pompeji - als Skelette. Darunter so erschütternde Funde wie jene von drei Kindern, zwei Jugendlichen und sieben Erwachsenen. Sie alle hatten ihre Gesichter in den Schlamm gepreßt. Eine der Frauen hat offensichtlich versucht, ihr Kind mit ihrem Körper zu schützen, offene Münder lassen die panische Angst im Todeskampf erkennen.

An anderer Stelle legten die Archäologen ein Wirrwarr von Gebeinen frei. Mindestens acht Menschen und ein Pferd, dessen Schädel aus der Schlammasse wie nach Luft schnappend herausragt, sowie Wohnungsgegenstände sind hier von der Lavawelle zusammengepreßt worden.

Für die Fachgelehrten ist heute die Entscheidung, welche der beiden Städte für Grabungen ergiebiger ist, keine Frage. Das kleine Herculaneum verspricht mehr als das vielberedete Pompeji, in dem Besuchermassen und Diebe für den ständigen Verfall der ausgegrabenen Stadt sorgen.

Wie aber sollen sich interessierte Laien entscheiden, wenn sie aus Zeitgründen nur eine der beiden Städte besichtigen können? Auch ihnen rate ich zu Herculaneum, denn es ist nicht so überlaufen, auch drängen sich weniger Guides auf, und im örtlichen Antiquarium gleich neben dem Grabungsfeld sind die jüngsten Funde ausgestellt, die seit einiger Zeit nicht mehr ins Nationalmuseum nach Neapel abgeliefert werden müssen. Außerdem sind in den Häusern Küchengeräte, Textilien und Holzteile aufgestellt, durch die ein unmittelbarer Kontakt zu dem geschaffen wird, was sich einst in den Häusern abspielte.

Nur wer auf Wandmalereien mit freizügigen Darstellungen erotischer Szenen, Kritzeleien in Lupinaren (Bordellen) erpicht ist, dem bleibt das Gedränge in Pompeji nicht erspart. Die Mosaiken und Fresken in Herculaneum verraten, daß ehrbare Handwerker und Kaufleute den Ton angaben. Die Biederkeit des Mittelstandes war hier zu Hause. Getrunken aber wurde auch in dieser Stadt oft und gern. Jedenfalls gab es Verkaufsstände für Weinamphoren an jeder Straßenecke. Wir wissen, welchen Wein die Bewohner dieser Städte am liebsten tranken: schweren Süßwein.

Das Freilichtmuseum Herculaneum liegt direkt an einer verkehrsreichen Straße. Hat man das Eingangstor passiert, blickt man auf die Straßenzüge des römischen Städtchens herab. Im Rücken Autolärm, Hupen und Abgase, im Blick die Antike. Das findet man selten in so enger Nachbarschaft.

»Man blickt herab« ist richtig, denn die Ausgrabungen liegen 20 Meter unter dem jetzigen Niveau. So dick waren die Schlamm- und Lavamassen, die abgetragen werden mußten. Das war erst möglich, nachdem 1927 ein Enteignungsgesetz erlaubte, unter den bis dahin bewohnten Teilen von Resina Grabungen vorzunehmen. Inzwischen weiß man, daß noch mindestens ein Drittel vom einstigen Herculaneum verschüttet ist. Die Häuser des darüberliegenden Stadtteils werden nach und nach geräumt, damit die Ausgrabungen weitergehen können.

Eine Milliarde Lire hat die italienische Regierung für weitere Grabungen bewilligt. Die Haupthoffnung der Archäologen richtet sich bei dieser neuen Kampagne auf die »Villa dei Papiri«, eines der luxuriösesten Landhäuser, das - wahrscheinlich zu Cäsars Zeiten - vor den Toren Herculaneums errichtet worden ist, auf dem aber so dicke Lavaschichten lagern, daß seit 1765 keine Grabungen mehr unternommen worden sind. Damals mußten sie eingestellt werden, weil sich vulkanische Gase in den Stollen ausbreiteten. Seitdem waren die Einstiege in die Papyrosvilla versiegelt. Wer allerdings die klassische Villa mit ihren Säulengängen, Terrassen und Bibliotheksräumen, den stranggegliederten Gartenanlagen und dem langgestreckten Wasserbekken trotzdem bestaunen wollte, konnte dies seit 1970 tun. Allerdings mußte er dazu nach Kalifornien reisen. Dort, in Malibu, hatte Ölmagnat J. Paul Getty nach den sorgfältigen Plänen der ersten Grabung die Villa als Gebäude für sein Antikenmuseum nachbauen lassen.

Geht die Hoffnung des Chefarchäologen von Pompeji und Herculaneum, Dr. Baldarsarre Conticello, in Erfüllung, dann werden in den nächsten Jahren nicht nur das Haus, sondern auch dessen noch ungehobene Schätze zu besichtigen sein. Was bereits im 18. Jahrhundert dort gefunden wurde, läßt auf Überraschungen hoffen. Damals hatten Ingenieure und Bergleute unterirdische Gänge bis ins Innere der Villa vorgetrieben und unter den verhärteten Schlamm- und Lavaschichten prächtige Bronze- und Marmorskulpturen entdeckt. Wertvoller noch erwiesen sich Hunderte angekohlter, aber lesbarer Papyrusrollen, die heute das Nationalmuseum in Neapel verwahrt. Sie gaben der Villa den Namen »dei Papiri«, denn wer ihr Erbauer und Eigentümer war, ist bis heute unbekannt. Auch über ihn erhofft man sich durch die jetzigen Grabungen Aufschluß.

Überhaupt sind die Erwartungen hoch gespannt. So glaubt der neapolitanische Philologe Professor Marcello Gigante, unter den noch ungeborgenen Papyri nicht nur - wie bisher - Schriften griechischer Philosophen zu finden, sondern auch Werke von Cicero, Horaz und Vergil. Möglicherweise sogar solche, die bisher als verloren gelten mußten. Noch ist das Zukunftsmusik, denn noch blühen auf der Lavadecke über der »Villa dei Papiri« die Nelkenkulturen des neapolitanischen Blumenhandels. Was macht's, der Arbeitsplan zur Entdeckung der Römerstädte südlich von Neapel - so erläutert Professor Giuseppe Maggi - ist »auf Generationen angelegt«.

Zu diesem Plan gehören auch Grabungen an einem Platz, über

den bisher herzlich wenig publiziert worden ist: die Ausgrabungsstätte Oplontis. Keine Straßenkarte nennt den Ort. Das haben die modernen Autokarten mit den antiken Autoren gemeinsam. Weder bei Plinius noch bei Seneca noch bei Martial, die doch sonst jede Kleinigkeit festgehalten haben, wird er erwähnt. Erst seit der Name auf der Tabula Peutingeriana entdeckt wurde, einer Landkarte aus dem 13. Jahrhundert, auf der die Welt vom Ganges bis zum Atlantik dargestellt ist, reißen die Spekulationen um diesen Ort nicht ab. (Diese Tabula Peutingeriana ist ein Pergament von 6,8 Meter Länge und einer Höhe von 30 Zentimetern, das in der Nationalbibliothek von Wien aufbewahrt wird. Einst bestand diese Weltkarte aus zwölf Streifen, jetzt sind es nur noch elf. Jener, der Spanien darstellt, ist verlorengegangen. Die Karte wurde 1598 erstmals veröffentlicht, Konrad Peutinger erwarb sie bereits 1507.)

Wer Oplontis besuchen möchte - und ich rate sehr dazu -, muß von der Autobahn Neapel-Salerno oder der Nationalstraße 18 bei Torre Annunziata abbiegen. Eine Ausfahrt, die von Neapel aus näher an Pompeji als Herculaneum liegt.

Unter dem Ort Torre Annunziata lag im Altertum Oplontis. Lange Zeit glaubte man, der Ort sei der Seehafen von Pompeji gewesen, doch davon ist man abgekommen. Wahrscheinlich war Oplontis keine intakte Stadt, sondern mehr ein Sommerfrischlerort für reiche Bürger, die hier ihre Luxuxvillen in den heißen Monaten bezogen. Diese Theorie wird auch durch das Symbol gestützt, das für den Ort auf der Peutinger-Karte benutzt wurde: ein Haus mit zwei Türmen, das Zeichen für private Prunkbauten und Thermen. Damit alles schön zueinanderpaßt, deutet man neuerdings den Namen Oplontis (dessen Herkunft umstritten ist) als von dem Lateinischen »ad opulentos« (zu den Reichen) abgeleitet. Mag sein, mag nicht sein - fest steht, daß die 1964 begonnenen Grabungen italienischer Archäologen unter der Leitung von Professor Alfonso de Franciscis mehrere Thermen und Prunkvillen in der Nähe des Meeres freigelegt haben. Das prachtvollste und großzügigste dieser Häuser ist die Villa Romana der Poppäa. Sie liegt in der Gegend, die heute Mascatelle heißt, zwischen der Via Sepolcri und der Via Margherita di Savoia.

Das schwierigste bei diesen Ausgrabungen waren (und sind) nicht die Arbeiten mit Hacke und Schaufel, nicht das Abtragen der

6 Meter dicken Lavaschicht, sondern die Überwindung bürokratischer Hürden. Kaum ist eine genommen, stehen die Archäologen einem halben Dutzend neu aufgestellter gegenüber. Die Bewohner der Häuser und die Stadtverwaltung verteidigen jeden Meter bebauten Bodens mit einem Eifer, der einer besseren Sache wert wäre. Deshalb konnte die Villa der Poppäa bis heute nicht ganz freigelegt werden.

Obgleich von ihr inzwischen über 3000 Quadratmeter zu besichtigen sind, glauben die Archäologen, daß unter dem Lavagestein, über das eine vielbefahrene Asphaltstraße verläuft, noch gut ein Viertel der Villa verborgen ist. Kaum Hoffnung, daß deshalb die Straße stillgelegt wird. Als ich den Grabungsplatz 1987 besuchte, waren gerade Restauratoren mit der Konservierung der außerordentlich schönen Wandgemälde beschäftigt. Zu diesem Zweck werden die Wandgemälde mit einem praktisch unsichtbaren Überzug auf Nylonbasis konserviert.

Sieht man, mit welcher Sorgfalt und unter Benutzung aller Entwicklungen der chemischen Industrie heute solche Erhaltungsarbeiten betrieben werden, kann man nur als Vandalismus bezeichnen, was Ende des vorigen Jahrhunderts bei der Bergung der Fresken von Pompeji geschah. Sie wurden einfach zerschlagen, damit sie besser transportiert werden konnten, paßten sie dann nicht mehr zusammen, wanderten sie auf Abfallhalden. Andere wurden so dick mit Firnis überzogen, daß von den ursprünglichen Farben nichts mehr zu erkennen war.

Anders heute: Chemiker haben spezielle Folien und Kleber entwickelt, Restauratoren reisen in entlegenste Gebiete, um jene Farburstoffe zu finden, die denen der Originale entsprechen. Dadurch dauern heute Konservierungsarbeiten ungleich länger als früher, an ihrem Ende aber steht die nahezu perfekte Wiederherstellung des Originals.

Ob diese Villa wirklich der Poppäa gehörte, ist keineswegs erwiesen. Von Poppäa selbst wissen wir zwar, wann sie lebte, nämlich vom Jahr 31 bis 65 n. Chr., doch wie sie aussah, wissen wir nicht. Keine der zahlreichen Marmorbüsten berühmter Römerinnen kann mit Sicherheit ihr zugeordnet werden. Um so lebhafter blüht der Klatsch um diese ebenso zielstrebige wie hemmungslose Dame, die viele Männer umgarnte. Bei Plinius ist nachzulesen, daß sie ihre Schönheit durch tägliche Bäder in Eselsmilch pflegte und sich eigenhändig Hautsalben nach geheimen Rezepten mischte. Ob durch sie tatsächlich ihre Schönheit ins hohe Alter hinübergerettet worden wäre, ist nicht festzustellen, denn Nero, der berühmteste ihrer drei Ehemänmner, brachte im Jähzorn die schwangere 34jährige um. Später ließ er sie unter die Götter versetzen. Auch eine Methode, seine Liebe zu beweisen.

Für die Möglichkeit, daß sie in Oplontis eine Sommervilla besaß, sprechen zwei indirekte Belege. Zum einen ist die Anwesenheit von Angehörigen der weitverzweigten Poppäafamilie in der Gegend um Pompeji durch Funde und Inschriften bezeugt. Der zweite Beleg ist einem Zufallsfund zu verdanken: Auf einer Amphore, die in der Latrine der Villa gefunden wurde, war »Secundo Poppäaae« eingraviert, was soviel wie »gesandt an Secundus, einem Freigelassenen der Poppäa« bedeutet. Das ist aber auch der einzige mögliche Hinweis auf Poppäa als Besitzerin der Villa zur Zeit des Erdbebens. Wem sie vorher gehörte, bleibt (vorläufig) ungeklärt. Sicher ist nur, daß sich eine derart großzügige Villa nur eine sehr reiche Familie oder eine sehr berühmte Persönlichkeit leisten konnte. Möglicherweise gehörte sie einem Bühnenstar jener Zeit. Zahlreiche Theaterszenen und Maskenmotive bei den Wandmalereien könnten darauf hinweisen. Und Bühnen- wie Arenastars wurden in Rom hoch bezahlt.

Die Villa ist 60 Meter lang und 50 Meter breit. Allein das Atrium, der Mittelpunkt des Hauses, war 125 Quadratmeter groß. Der Hauptaufenthaltsraum zog sich durch die ganze Tiefe des Hauses mit Panoramablick aufs Meer. Hinter den Wänden der Wohnräume zirkulierte warme Zugluft, die wahrscheinlich aus der Küche kam. In der Latrine steht noch die Trennwand zwischen dem Raum für die Sklaven und dem für die Sklavinnen. Ein raffiniertes Abwassersystem mit Fließwasser sorgte für Hygiene.

Außerdem gehörte zum Haus ein Viredarium, eine Art Wintergarten. Eine seltene Einrichtung damals, die als äußerster Luxus galt. Schattenspendende Gänge – die meisten Säulen konnten wiederaufgerichtet werden – schufen den Übergang zu einem weitläufigen Garten, dessen Mittelpunkt ein Impurium war; ein Bekken, in dem das Regenwasser gesammelt und in die Zisterne geleitet wurde.

Wie alle römischen Landhäuser war offenbar auch diese Villa nur sparsam möbliert. Wobei sich »sparsam« nur auf die Zahl, aber ganz und gar nicht auf die Qualität der einzelnen Stücke bezieht.

Als 79 n. Chr. der Vesuvausbruch die Villa zuschüttete, war sie unbewohnt. Jedenfalls fand man keine Skelette. Ist das ein Beweis? Hätten sich die Bewohner nicht rechtzeitig in Sicherheit bringen können? Möglich, aber da man außerdem auf viel Baumaterial und Handwerksgerät für den Hausbau stieß, folgerten die Historiker, daß wahrscheinlich in dieser Villa bereits beim ersten Erdbeben im Jahre 62 Schäden entstanden waren, deren Ausbesserung man benutzte, die Villa zu vergrößern. Eine Methode, die von der Antike bis in unsere Tage gern praktiziert wird.

Erfreuliche Feststellung: Weder das erste noch das zweite Erdbeben im Jahr 79 n. Chr. hat die Wandmalereien beschädigt. Sie waren und sind fraglos das Kostbarste in dieser kostbaren Villa. Sie sind Teil der Architektur, mehr noch, durch perspektivische Dekorationssysteme täuschen sie auf Flächen Architektur vor. Eine vorweggenommene Renaissance. Die Restauratoren sind überzeugt, daß diese großartigen Ausschmückungen nicht von einem einzelnen Künstler geschaffen worden sein können. Eine ganze Schule muß hier unter Leitung ihres Meisters am Werk gewesen sein.

Eines großen Meisters, der Wert auf Details legte. Zum Beispiel ist eine Glasschüssel so gemalt, daß man durch ihr Glas hindurch wie durch einen Filter die Äpfel sieht. In einem Weidenkorb schimmern nicht nur die Früchte durch das Geflecht, sondern auch das zarte Schleiertuch, das gegen die Fliegen über das Obst gelegt wurde, ist zu erkennen. Nur wenige Fresken aus pompejanischer Zeit sind so sorgfältig ausgeführt. Aber vielleicht kennen wir sie nur nicht, weil sie bei den ersten Ausgrabungen (die eher Ausraubungen waren) im 18. Jahrhundert zerstört worden sind?

Wer aber nicht so bald in die Gegend von Neapel kommt und sich trotzdem eine Vorstellung machen möchte, wie reiche Römer lebten, der kann dies bald wieder in nächster Nähe tun. Nämlich in Aschaffenburg.

Aschaffenburg ist kein Druckfehler. In diesem Renaissancejuwel und Rhein-Main-Donau-Umschlaghafen hat der Bayernkönig

Ludwig I. in den Jahren 1840 bis 1848 am Hochufer des Mains in den Parkanlagen nahe Schloß Johannisburg das Pompejanum errichten lassen, eine Villa, deren Vorbild das Haus des Castor und Pollux in Pompeji war.

Im Gegensatz zum eingeschossigen antiken Atriumhaus entstand das Pompejanum dreigeschossig, wobei ein Aufbau mit Fenstern nach allen vier Seiten einen einmaligen Blick in das Maintal und auf die Stadt bot. Als die Villa fertig war, hatte Ludwig I. bereits abgedankt.

Das Haus wurde zum vielbesuchten Schauobjekt römischen Alltagslebens. Der Zweite Weltkrieg hat das Pompejanum seinem Vorbild angepaßt. Bomben verwandelten es ebenfalls in eine Ruine.

Seit 1986 wird es mit etlichen Millionen des bayerischen Finanzministeriums wieder »original« antik aufgebaut. Anfang der neunziger Jahre soll der Wiederaufbau fertig sein.

22. Bikinimädchen - fast zweitausend Jahre alt

Sportgeschichten, auf dem Fußboden erzählt / Wie es beim Wagenrennen zuging / Nicht nur Pferde, auch »Fohlen« waren im Circus eine Augenweide / Die Liebeslotterie der Römer / Warum Eheringe am vierten Finger der linken Hand getragen wurden / Mark Antons generöses Liebespfand für Kleopatra.

Am Tage, an dem unsere kleine Herrenpartie in Catania eintraf, stand im Lokalblatt der Beitrag eines Spaßvogels, in dem dieser vorschlug, man solle zur Hebung des Fremdenverkehrs jedem Touristen, der mit seinem Wagen unausgeraubt Sizilien erreicht, eine Medaille verleihen. »Zu teuer kann das die Stadtverwaltung nicht kommen«, schloß der Artikel, »weil nur wenige Orden benötigt werden.«

Da wir zu Hause bereits entsprechend vorgewarnt worden waren, hatten wir den Lufthansaflug nach Catania gebucht und einen Mietwagen vorbestellt. Sollte sich doch die Versicherung mit der Polizei oder der Mafia herumstreiten, wenn der Wagen gestohlen würde. Das Hauptgepäck blieb sowieso im Hotel. Eine Woche erkundeten wir mit dem Fiat 125 die Insel. Nichts wurde ihm und uns angetan.

Am dritten Tag fuhren wir von Catania die 75 Kilometer hinauf nach Enna, der höchstgelegenen Stadt Italiens. Meine Reisebegleiter, alles gestandene Wintersportler, bezweifelten dies, aber es stimmt: Enna mit seinen 950 Metern Höhe läßt Bozen und Meran um satte 500 Meter zurück.

Es war gar nicht so leicht gewesen, die drei vom Strand wegzulocken. Als der Hinweis auf den schönsten Rundblick über die Insel nicht zog, versprach ich ein Rendezvous mit Bikinimädchen, verschwieg jedoch wohlweislich, daß diese Beauties gut 1700 Jahre auf den durchtrainierten Körpern hatten.

Zur Ehre meiner Begleiter sei gesagt, daß keiner mir den halben Schwindel übelnahm, als ich ihnen in der Villa Romana del Casale, knapp 5 Kilometer südlich Enna, das Mosaik mit den neun wohlfrisierten antiken Bikinidamen zeigte. (Es waren einst zehn, aber von einer sind nur die hübsch geschwungenen Beine erhalten.)

Dieses Sportlerinnenmosaik ist einer der Bodenbeläge, die 1954 in der Nähe des Bergortes Piazza Armerina freigelegt wurden. Sie bedeckten die Böden einiger Räume im Sommerpalast, den Maximian Herculeus, einer der vier Mitregenten Diokletians (um 300 n. Chr.), sich in dieser Abgeschiedenheit inmitten von Eichen- und Pinienwäldern hatte errichten lassen.

Als ich 1958 zum erstenmal hier war, lagen die vier Mosaikböden frei und ungeschützt in der prallen Sonne zwischen Gräsern und Sträuchern. Geckos huschten über die Steinchenquadrate, als spielten sie ein uns unbekanntes Spiel auf den farbigen Steinen. Damals war bereits zu erkennen, daß die unbarmherzige sizilianische Sonne ihre Farben mehr und mehr ausbleichen würde. Spät, aber hoffentlich nicht zu spät ist inzwischen ein großes Acryldach über die 3500 Quadratmeter Mosaiken errichtet worden. Nicht schön, aber notwendig.

Die Mosaiken sind nicht nur für Kunstfreunde eine Augenweide, sondern erzählen vom römischen Alltag mehr als manche Kulturgeschichte. Die Bikinimädchen beispielsweise sind Leichtathletinnen. Ihr zweiteiliger Sportdreß ist keine Badebekleidung, sondern der »subligar«. Ihn trugen Mädchen bei gymnastischen

Übungen. Auch ihre unterschiedlichen Frisuren sind aufschlußreich. Zu jener Zeit gab es kein Modediktat, das »Zopf ab« oder »Bubikopf her« befahl. Jede Frau trug, was sie für sich passend fand. Langlockig oder zum Knoten aufgesteckt, mit Mittelscheitel oder ohne. Unter den Haarfarben hatte Blond den Vorzug, weil es so selten war. Entweder trug man Perücken aus dem Haar von Germaninnen, oder man färbte die eigenen mit Essighefe, Mastixöl, Quitten- und Ligustersaft.

Zwei der Mosaikmädchen spielen Ball. Er war mit elastischem Material gefüllt, und es galt, ihn im Flug zu fangen. Die anderen betätigten sich in Sportarten ohne Partner: Eine wirft den Diskus, eine andere hält einen Balancierschirm, und die erste in der oberen Reihe scheint mit zwei Hanteln zu üben. Antikes Bodybuildung? Nein, die Dame hält keine Hanteln in den Händen, sondern Halteren. Das waren Sprunggewichte, die in der Antike über viele Jahrhunderte beim Weitsprung benutzt wurden.

Von allen vier Mosaiken erzählt jenes, das den Boden der Palästra bedeckte, am meisten. Die Palästra war das, was wir heute Fitneßraum nennen. Dessen Boden war zur Gänze mit einem Mosaik ausgelegt: der 100 Quadratmeter großen Darstellung eines Pferderennens im Circus Maximus in Rom. Kein Sportbild der Antike ist größer als dies, keines zeigt dramatischeres Geschehen. Jeder Zentimeter des Mosaiks ist Teil einer spannenden Sportreportage. Das Wagenrennen ist in vollem Gange; acht Quadrigen rasen im Galopp um die Spina, den erhöhten schmalen Innenraum. Die Wagenlenker tragen lederne Sturzhelme und ein ledernes Wams, darüber eine Tunika mit einer der Farben der vier Parteien. Rot, Blau, Grün oder Weiß. Die Zügel haben sie um den Leib geschlungen, und am Gürtel hängt ein Dolch, mit dem sie beim Sturz die Lederriemen durchschneiden, um sich vor dem Zu-Tode-geschleift-Werden zu retten.

Von Juvenal, dem galligen Satiriker, wissen wir, daß »diese Helden des lärmenden Circus«, wie der Schriftsteller Martial sie taufte, mehr verdienten als ein Rechtsanwalt. Was beweist: Auch auf diesem Gebiet hat sich kaum etwas geändert.

Der Gestalter des Mosaiks hat nichts ausgelassen, was zu einem aufregenden Rennen gehört: Einer der Rosselenker ist aus dem Wagenkorb gefallen und liegt betäubt auf der Bahn, während die übrigen Gespanne heransprengen. Gehilfen eilen herbei, schütten aus Amphoren Wasser auf die heißgelaufenen Achsen der leichtgebauten Rennwagen.

Eine Kleinigkeit verrät, daß sich dies alles in der fünften Runde ereignet, denn deutlich sind die »sieben Eier« zu erkennen, jene auf einem Mast befestigten Ballons, von denen nach jeder Runde einer heruntergezogen wurde. Vier sind auf dem Mosaik bereits eingeholt.

Wagenrennen waren in Rom so beliebt wie heute bei uns Fußball. Wie wir Begriffe aus der Fußballsprache verwenden, wenn wir in anderen Lebensgebieten etwas plastisch beschreiben wollen – wie zum Beispiel »Abseits« oder »Eigentor« –, so benutzten die Römer Vergleiche aus dem Wettbewerb der Rosselenker. Ovid beispielsweise wählte für die Beschreibung der schönsten Gemeinsamkeit eines Paares in seiner »Ars amatoria« (und nicht, wie immer wieder zu lesen ist, »ars amandi«) ein Beispiel aus der Welt der Wagenrennen:

»Haltet euch Rad an Rad,
Erreicht wird volles Vergnügen,
Wenn Mann und Frau zugleich
Liegen, am Ziele besiegt.«

Cäsar Augustus fand, derartige Verse verdürben die Jugend, deshalb schickte er Ovid in die Verbannung. Eine Behauptung, die seit Generationen durch die Bücher geistert. Die Wahrheit war viel direkter: Ovid hatte den Kaiser in flagranti beim Liebesspiel mit der eigenen Tochter ertappt.

Doch laßt uns lieber von der ganz normalen Liebe reden. Auch für sie war der Circus Maximus ein beliebter Spielplatz. Damals wie heute ist bei einem Stadion, in dem über 100 000 Menschen Platz haben, nicht nur interessant, was sich auf der Sandbahn zuträgt, sondern auch das Getuschel in den dunklen Tribünengängen. Der Circus Maximus war Sportstätte, Tummelplatz, Rendezvousort und sein eigenes Massenereignis. Besorgte Eltern ließen ihre flüggen Töchter nicht allein zu den Spielen. Gewisse andere Damen wußten den Ausfall der jüngeren Amateurkonkurrenz an diesem Platz zu schätzen. Für sie war der Circus bevorzugtes Jagdrevier.

Properz besingt diese flanierenden Liebesdienerinnen in einer seiner Elegien: »Wie liebe ich diese Emanzipierte, die mit halboffenem Gewande einherschreitet, ohne Scheu vor neugierigen und eifersüchtigen Blicken ... und nicht zimperlich Umstände macht, wenn jemand ihr winkt!«

Diese Jägerinnen durften jedoch nie vor vier ins Revier. Das verbot ihnen ein Gesetz, erlassen, »um die Jugend nicht vom Lernen abzuhalten«.

Zwei dieser Jünglinge, die per Gesetz bis vier Uhr vor losen Mädchen geschützt werden sollten, sind in der sizilianischen Sommervilla des Maximian Herculeus auf einem kleinen Bodenmosaik dargestellt, mit dem der Massageraum ausgelegt war. Einen solchen Raum besaß jede römische Therme. Um Massage geht es auch auf dem Mosaik. Einem der beiden abgebildeten Sportler wird von einem Knaben die Schulterpartie durchgeknetet, während der andere Athlet zwei wichtige Sportrequisiten der Antike in der rechten Hand hält: die Ölflasche und den Strigulus, das Schabeisen. Mit ihm schabte sich nach dem Training der Athlet die Staub- und Ölkruste vom Körper ab, ehe er sein Bad nahm.

Seinen Körper zu pflegen gehörte zum Lebensprogramm. Juvenal hatte diese Einstellung auf den Nenner »mens sana in corpore sano« gebracht, Jugendlichkeit war bis ins hohe Alter gefragt, und alle Hilfsmittel waren erlaubt. Wer eine Glatze hatte und sich dieser schämte wie Cäsar, trug ein Toupet, und Kaiser Augustus verbot, von ihm Altersbüsten aufzustellen. Auch als er über siebzig war, gab es von ihm nur idealisierte Jugendskulpturen.

Um das Altwerden sorgten sich die Jünglinge, die den beiden Mosaikdarstellungen als Modell gedient haben, sicher nicht. Ihre Gespräche werden sich in nichts von denen ihrer heutigen Altersgenossen unterschieden haben. Hauptthema: Mädchen. Speziell jene, die auf dem Bikinimosaik dargestellt sind, denn es gilt als sicher, daß alle Figuren der Mosaiken nach lebenden Vorbildern im kaiserlichen Sommerpalast geschaffen worden sind.

Leider ist auf dem Mädchenmosaik nicht zu erkennen, ob eine von ihnen einen Ring am Finger trägt. Der würde sie nämlich als verlobt ausweisen. Daß keiner der beiden Sportler einen Fingerring trägt, will nichts besagen, denn immer steckte *er* ihr den Ring auf. Nur *sie* durfte (oder mußte?) den Brautring tragen. Fingerringe hatte es bereits lange vorher in Kleinasien und bei den Griechen gegeben, aber das waren lediglich Schmuckstücke. Erst die Römer gaben ihnen Symbolcharakter als »anulus pronubus« (Brautring). Diese Ringe waren jahrzehntelang aus Eisen, erst später aus Gold. Viele trugen Inschriften eingraviert wie »Memini tui, Memini et Amo« (»Ich denke immer an dich, ich erinnere mich und ich liebe«) oder »Wie dieser Reifen den Finger umschließt, so verpflichtet er dich zu ständiger Treue«.

Damals war es offenbar nicht anders als heute: Das Hauptproblem eines jungen Mädchens bestand darin, möglichst bald einen jungen Mann zu finden, der einen Ring aus der Toga zog und ihn ihr an den Finger steckte. Eigens um das zu fördern, hatten die Römer eine Einrichtung geschaffen, die auch der Schüchternsten eine Chance bot: eine Lotterie für Ehewillige. Sie fand am Ehrentag der Juno statt, die erstaunlicherweise Beschützerin der Frauen und der Ehe, aber auch Göttin des Krieges war. Die Methode der Lotterie entsprach unserer Tombola: Heirats- und überhaupt willige Mädchen warfen einen Zettel mit ihrem Namen in eine Urne, zog ihn ein Jüngling, war er verpflichtet, ein Jahr lang der Betreffenden den Vorzug vor allen anderen zu geben. Wer in diesen zwölf Monaten zu keinem Ring kam, war selber schuld.

Verständlich, daß die Mädchen Junos Ehrentag entgegenfieberten. Und wann war der? Am 14. Februar. Welch ein Zufall, an diesem Tag feiern wir noch heute den Valentinstag mit Blumengrüßen an Freundinnen.

Kein Zufall, sondern frühchristliche Diplomatie. Weil nämlich die Mädchen, auch nachdem sie getauft waren, keinesfalls auf die Liebeslotterie verzichten wollten, machte die Kirche den 14. Februar zum Namenstag eines ihrer Märtyrer, des heiligen Valentin, der im 3. nachchristlichen Jahrhundert heimlich junge Paare getraut hatte, obgleich Cäsar Claudius II. die Ehe abgeschafft hatte.

Auch an diesem - nun christlichen - Ehrentag wurde eine Lotterie veranstaltet. Nur standen auf den Zetteln, die in die Urne geworfen wurden, statt Mädchennamen die von christlichen Heiligen. Dem Heiligen, dessen Namen man zog, hatte man in den nächsten zwölf Monaten sein Leben zu weihen. Das war natürlich bei weitem nicht so interessant wie die Verpflichtung eines jungen Mannes einem Mädchen gegenüber, da aber zu allen Zeiten in jedem Mädchen bereits eine Frau versteckt ist, fanden die jungen Römerinnen schon bald einen Ausweg: Kaum war die offizielle Heiligenlotterie vorbei, warfen sie wieder Zettel mit ihren Namen in die Losurne, und das alte, ewig junge Spiel zwischen IHR und IHM konnte weitergehen.

Lange hat man gerätselt, warum Braut- und Liebesringe ausgerechnet am vierten Finger der linken Hand getragen werden. Die Lösung stand in alten medizinischen Lehrbüchern: In der Antike und noch lange danach glaubte man, daß von diesem Finger ein äußerst feiner Nerv direkt zum Herzen führe. Er galt als »heilender Finger«. Nur mit ihm durften Arzneien umgerührt werden.

Über drei Stunden hatten wir bei den Mosaiken verbracht. Durch sie und mit ihnen waren wir zu den Hobbys der Römer gekommen. Jetzt saßen wir unter einer Pinie, aßen Oliven, Käse und Brot, und natürlich tranken wir auch einen Schluck Wein. Das Thema »Tu keinem Mann etwas zulieb als mit dem Ring am Finger ...« beherrschte auch noch während der Heimfahrt unser Gespräch. Alle fanden es aufschlußreich für den menschlichen Charakter, daß Zuneigung und Liebe schon immer nach äußerlicher Bekundung, nach demonstrativer Zurschaustellung verlangten. »Eine herrliche Eigenart«, fand Helmut. Kein Wunder, er war Juwelier.

Sizilien zeigte sich an diesem Abend von der schönsten Seite. Eine leichte Brise brachte Kühlung, am blauen Himmel zogen Schäfchenwolken, von irgendwo hörten wir die Glöckchen eines Eselskarrens. Wie aufgespannte Regenschirme standen Pinien in gelbgrünen Feldern.

»Eine Landschaft zum Verlieben!«

Irgendeiner von uns sagte es. Mehr zu sich selbst.

»Ob Mark Anton das gewußt hat?«

»Was hat Mark Anton mit Sizilien zu tun?«

»Viel! Als er in Liebe zu Kleopatra entbrannte, suchte er nach einem Liebespfand, um zu zeigen, wie sehr er sie liebte ...«

»Und das fand er hier auf Sizilien?«

»Nicht *auf*, *mit* Sizilien! Er schenkte ihr diese Insel.«

»Stimmt das?«

Ja, es stimmt.

23. Spaziergänge am Tiber

Moderne Kanalisation mit antikem Zeichen / Die Wölfin ist älter / Hintergründiges zum Forum Romanum / Kurze militärische Instruktionen / Wie lang war eine Meile? / Pontifex, der Brückenbauer / Der Apoll vom Belvedere – eine Kopie, der Laokoon ebenfalls? / Ehrenrettung Lucullus / Zwei Gefängnisse, deren Besuch lohnt

»Bitte versuchen Sie, im Kapitel über Rom nur Informationen zu geben, die nicht schon jedes Schulkind weiß.«

Nur Verleger können solche Briefe schreiben. Wie soll man von Rom schreiben, ohne Cäsar, Augustus, Nero, Cicero und all die anderen großen, klugen, gefährlichen Männer zu erwähnen ... Und außerdem: Rom kennt jeder. Auch wer es nie gesehen hat. Auf geheimnisvolle Weise lebt diese Stadt in unseren Herzen. Oft ist sie uns näher und vertrauter als unsere Heimat, und wir haben Heimweh nach ihr, der fremden Stadt.

Im übrigen hat der Verleger recht: Erst hinter den Postkartensehenswürdigkeiten beginnt das wahre, das ewige Rom. Jene Stadt, die bereits im 4. vorchristlichen Jahrhundert doppelt so groß wie Athen war. Wer mit der Bahn nach Rom kommt, kann gleich nach der Ankunft in der Statione Termini sich einen Begriff von jenem antiken Rom machen, das von einer massiven Stadtmauer eingefaßt war. Teile von ihr wurden erst in unserem Jahrhundert neben dem Bahnhof freigelegt. Wenn man davorsteht, bitte sich erinnern: 378 v. Chr. wurden diese Steine und Ziegel aufeinandergeschichtet.

Und auch beim Weitergehen lohnt es, die Augen auf dem Boden zu halten. Die gußeisernen Kanalisationsdeckel tragen seit der Antike das Signum S.P.Q.R. »Senatus Populusque Romanus«, zu deutsch: »Senat und Volk von Rom.« So präzis waren sie eben, die alten Römer. Senat *und* Volk! Beide waren damals gleichberechtigt. Lang ist's her, gut 2000 Jahre. Daß diese Kanaldeckelkontinuität keine Touristenfängerei ist, wird deutlich, wenn man außerhalb des Stadtkerns durch die Straßen der ärmeren und älteren Wohnviertel schlendert. Alle nasenlang kommt man an Geschäftsräumen und Werkstätten vorbei, die zu vermieten sind. Aber statt »Affittasi«, was »zu vermieten« auf italienisch heißt, steht auf den meisten

Tafeln »Est locanda«. Auch das heißt »zu vermieten«, aber im klassischen Latein. So nah ist in Rom die Antike dem Pulsschlag unserer Zeit.

*

Symbol Roms ist heute wie schon vor der Cäsaren großer Zeit die Wölfin, deren Bronzeskulptur aus dem 5. Jahrhundert v. Chr. im Palazzo dei Conservatori auf dem Kapitol steht. Aber die milchsaugenden Zwillinge sind erst im 15. nachchristlichen Jahrhundert hinzugekommen, dadurch wollte man dieses schöne etruskische Stück mehr der Sage anpassen, nach der die Wölfin die Zwillinge Romulus und Remus halb verhungert am Tiberufer fand und säugte. Romulus gründete Rom und erschlug Remus, als dieser über die niedrige Stadtmauer spottete und darübersprang. Ich weiß, das steht in den Schulbüchern. Auch der Kommentar des Romulus nach diesem Brudermord: »So soll es jedem ergehen, der über meine Mauer springt.« Deshalb füge ich als jüngste Information hinzu, daß Rom wahrscheinlich von dem etruskischen Namen »Ruma« abgeleitet ist und demnach eine Gründung dieses rätselhaften Volkes war.

*

Den Platz, an dem Romulus seine Stadtmauer errichtete, kennt jeder Römer: der Palatin, jener der sieben Hügel, der dem Tiber am nächsten liegt. In unmittelbarer Nachbarschaft der Mittelpunkt des antiken Roms: das Forum Romanum. Auf diesem Platz kauften die Römer ein, hier kämpften Gladiatoren, hier war der Mittelpunkt der Religion, der Staatsmacht und der Rechtsprechung. Cäsar verweigerte hier die Krone, hier wurde sein Leichnam verbrannt – genug der Aufzählung. Sprechen wir von zwei Bauwerken des Forums, von denen jeder schon gehört hat und deren Ruhm so strahlt, daß in seinem Schatten einiges Interessante verschwindet. Die Rostra beispielsweise, die Rednertribüne, von Augustus monumental ausgebaut. Doch nicht Marmor und Prunk haben sie berühmt gemacht, sondern die Gewalt der Reden jener Männer, die von ihr sprachen.

Hier hat Cicero sein stolzes »Civis romanus sum« (»Ich bin ein römischer Bürger«) in die Menge gerufen und dabei mit großem

Faltenwurf seine Toga um die Schulter drapiert. Nach seiner Ermordung auf Befehl Mark Antons wurden sein Kopf und seine Hände vor der Rostra zur Schau gestellt. Das war die Weiterführung eines alten Brauchs, der der Rednertribüne ihren Namen gegeben hatte: Rostra hieß der Rammschnabel von Kriegsschiffen. Mit den Waffen von erbeuteten feindlichen Schiffen wurde die Rednertribüne geschmückt. Den Platz, der anfangs für die Waffen äußerer Feinde reserviert war, nahmen später die Köpfe von Staatsfeinden ein.

*

Von der Rostra aus sieht man auf die Stadtmitte, die Umibilicus urbis, und auf den Goldenen Meilenstein, auf dem die Entfernungen zu den wichtigsten Städten Italiens eingemeißelt waren. Wie wurden die eigentlich gemessen? In Meilen. Und wie wurden die berechnet? Jede römische Meile, der Miles passus (Miles = der Fußsoldat, passus = der Schritt, also: der Soldatenschritt), waren tausend Legionärsdoppelschritte. Jeder Schritt mit fünf Fußlängen berechnet. Eine Meile war also 1479 Meter lang.

Legionär - da steht das Wort, das mehr als andere Glanz und Größe Roms schuf, verteidigte und verkörperte. Keine Armee der Antike war so durchorganisiert wie die römische. Ihr Kernstück waren die Legionen. Jede bestand aus zehn Kohorten zu je 360 Mann. Die Kohorten wiederum wurden aus drei Manipeln gebildet. Zu einem Manipel gehörten zwei Zenturionen zu je sechzig Mann. Diese Gliederung ist bis in unsere Zeit von den meisten Armeen beibehalten worden, genau wie die Rangordnung des römischen Heeres. Sie reichte vom Decanus (Unteroffizier) über den Zenturio (Feldwebel) bis zum Legatus (General).

Die römische Begabung, sich fremde Leistungen anzueignen, sie den eigenen Vorstellungen anzupassen, die die römische Bildhauerkunst lange im Schatten der Griechen stehen ließ, diese Begabung hatte ihre erstaunlichsten Blüten im Militärischen.

Entdeckten Legionäre zum Beispiel bei ihren Feinden Waffen, die wirkungsvoller als die ihren waren, wurden sie übernommen, und als die Legionen ihre liebe Not mit den Galliern hatten, erkannten sie bald, daß diese Barbaren über ein Kleidungsstück verfügten, das wesentlich besser für Waldgefechte geeignet war als die römischen Röcke: Hosen, vorne geschlitzt und an den Sandalen zu befestigen. Bald trugen die in den Provinzen »Transalpina« stationierten Legionäre diese Hosen. Sie fanden sie so praktisch, daß sie jeden Schneider als »bracarius faber« - Hosenmacher - bezeichneten.

*

Möglicherweise haben einige Kohorten dieses neue Kleidungsstück bereits getragen, als sie über die Via Sacra zu Ehren des Legats (später Kaiser) Titus paradierten. Wer im Morgengrauen über die von Abermillionen Sohlen abgerundeten Steinquader dieser Prachtstraße bis zu jenem Triumphbogen geht, der dem Titus nach seinem Sieg über die jüdischen Rebellen errichtet wurde, spürt noch immer etwas von dem, was Rom zur Herrscherin der Alten Welt gemacht hat und das Vergil in die Worte brachte:

»Du aber, Römer, gedenke mit Macht,
der Völker zu walten.
Dies sei deine Berufung - des Friedens
Gesetze zu ordnen;
Schone den, der sich fügt, doch brich
den Trotz der Rebellen.«

Auf den Mauern des Triumphbogens ist nicht nur der Sieg der Legionen dargestellt, sondern auch der Raub des Tempelschatzes zu Jerusalem. Deshalb geht bis heute kein gläubiger Jude durch dieses Tor.

Was für Juden eine religiöse Entscheidung ist, kann für Nichtjuden bald eine Vorsichtsmaßnahme werden: Der Titusbogen wie die meisten antiken Baudenkmäler im Stadtgebiet von Rom ist der Zerstörung durch Industrie- und Verkehrsabgase ohne Schutz ausgeliefert. Schon 1981 mußte das Reiterstandbild Mark Aurels von seinem Platz vor dem Kapitol entfernt werden. Weil Geld für eine Gesamtsanierung fehlt, behilft man sich damit, einzelne Bauwerke immer mal wieder für Touristen zu sperren. Doch nicht die Touristen sind die Hauptschuldigen, sondern die Autos. Abhilfe würde der Ausbau der einzigen U-Bahn-Strecke schaffen. Wenn der Verkehr unter die Erde verlegt werden könnte, wären die Bauten des alten Roms geschützt. Ja, aber nur die über der Erde! Unter Roms Straßen und Häusern jedoch sind so viele Bauten verschüttet, daß jeder U-Bahn-Bau mehr zerstörte, als er vielleicht über der Erde erhalten würde.

*

Verlassen wir das Forum und die Via Sacra, überqueren wir den Tiber, aber nicht über den Ponte Palatio, sondern über den Ponte Sublicio. Das frischt die Lateinkenntnisse auf: Eine sublicia war ein Brückenpfahl, und sublicius heißt »auf Pfählen ruhend«. Den Mann, der in den ersten Jahrhunderten Roms für den guten Zustand dieser wichtigen Tiberbrücke verantwortlich war, nannte man Pontifex maximus. Später verstand man darunter den Priesterkönig, dem die Pontifices zur Seite standen.

Über den Ponte Sublicio kommen Sie nach Trastevere und von dort in die Stadt des heutigen Pontifex maximus. So lautet seit Leo I. die amtliche Bezeichnung des Papstes, dessen Vatikan an den Stadtteil Trastevere anschließt.

*

Ob auf eigene Faust oder in einer »geführten Gruppe« - zu einer römischen Sightseeing-Tour gehört die Besichtigung der Vatikanischen Museen wie die Münze in den Fontana di Trevi.

Selbst für Museenverächter ist der Besuch der Antikensammlung des Vatikans ein »Muß«. Sie ist die größte der Welt. Das will noch nicht viel sagen, aber sie besitzt einige Stücke, die zum Schönsten und Wertvollsten gehören, was aus der Antike auf uns gekommen ist. Im Belvedere, dem achteckigen Innenhof, stehen der Apoll (der sein Feigenblatt erst in der Neuzeit angepappt bekam) und - Jahr für Jahr von Millionen bestaunt - die Laokoongruppe. Jene genial arrangierte Marmorgruppe eines Vaters mit zwei Söhnen, die sich gegen die Erdrosselung durch Schlangen wehren. Um beide Sklupturen hat es seit Jahrhunderten immer wieder Wirbel gegeben.

Beim Apoll vom Belvedere begann es mit Winckelmanns Jubelruf, er sei »das höchste Ideal der Kunst des Altertums«, mehr und mehr setzte sich aber die Überzeugung durch, es handle sich bei ihm um die Marmorkopie einer griechischen Bronzefigur, bis sich schließlich Professor Dr. Eberhard Paul (Karl-Marx-Universität, Leipzig) 1981 festlegte, daß der Apoll »auf ein Bronzeoriginal des Leochares aus dem 4. Jahrhundert v. Chr. zurückgeht«. Die Zuweisung an diesen Künstler ist umstritten, daß jedoch der Apoll vom Belvedere eine Kopie nach einem griechischen Bronzeoriginal ist, bezweifelt in der Fachwelt niemand mehr.

Um so mehr verteidigen die Vatikanischen Museen die Originalität ihres zweiten Prunkstücks, die der Laokoongruppe. Das aber wird seit einigen Jahrzehnten immer schwieriger. Dr. Gotthard Strohmaier 1977 im »Lexikon der Antike« über den Laokoon: »Das Werk, bei dem es sich um eine römische Kopie handelt.«

Wer seinen Lessing aufmerksam gelesen hatte, fand bereits im Abschnitt V seiner Abhandlung »Laokoon oder: über die Grenzen der Malerei und Poesie« den aufschlußreichen Satz: »Es gibt Kenner des Altertums, welche die Gruppe Laokoon zwar für ein Werk griechischer Meister, aber aus der Zeit der Kaiser halten . . .« Die Zeitangabe stimmt nicht, aber sonst . . . einmal mehr Respekt vor Lessing!

Die drei Figuren gestalten ein Ereignis aus der griechischen Sagenwelt. Genauer: aus dem Trojanischen Krieg. In Troja war Laokoon Oberpriester, als die Griechen ihr hölzernes Pferd vor die Mauern der Stadt schoben. Laokoon warnt seine Landsleute, das hölzerne Pferd in die Stadt zu holen. Pallas Athene, die auf seiten der Griechen ist, schickt daraufhin zwei riesige Schlangen, die den Priester und seine zwei Söhne umschlingen und erwürgen. Die Troer sehen darin ein Zeichen, daß Laokoon zu Unrecht warnte, und ziehen das Pferd in die Stadt. Die Folgen sind bekannt.

Wer jetzt sagt: »Richtig, so steht es ja bei Homer«, irrt. Homers Ilias endet mit Hektors Begräbnis und erwähnt daher Laokoon nicht mehr. Auch in der Odyssee taucht das Trojanische Pferd lediglich am Rande auf. Erst der römische Dichter Vergil (70 bis 19 v. Chr.) hat die Laokoonsage im zweiten Buch seiner »Äneis« niedergeschrieben. Vor ihm soll Sophokles eine Laokoontragödie verfaßt haben, doch nicht ein einziger Vers ist davon erhalten.

Das geschah mit der Skulptur in den letzten vier Jahrhunderten.

1506 wird sie auf dem Exquilinhügel, unweit der Thermen des

Titus, gefunden. Wer sie erschaffen hatte, war rasch beantwortet. Plinius hatte notiert: »Errichtet haben sie die größten Künstler: Hagesandrus, Polydorus, Athenodorus.« Der Katalog des Vatikanmuseums hält sich bis heute daran. Er schreibt das unsignierte Kunstwerk diesen drei Künstlern zu, von denen weder die Lebenszeit noch ein anderes Werk bekannt war. Jedenfalls bis vor wenigen Jahren.

1507. Papst Julius II., der den Laokoon erworben hatte, beauftragte Michelangelo, die fehlenden Teile zu ergänzen. Das schien einfach. Dem Laokoon fehlte lediglich der rechte Arm und seinem jüngsten Sohn die linke Hand. Michelangelo, ein Bewunderer der Plastik, machte sich an die Arbeit. In seiner Ergänzung hat Laokoon den rechten Arm ausgestreckt, und dessen Hand umklammerte den Schlangenkörper. Dadurch erhielt die Gruppe eine diagonale Linie, die vom linken Oberschenkel Laokoons nach rechts oben zu dem nun ausgestreckten Arm führte. Das war genial. So, nur so konnte die Gruppe ursprünglich ausgesehen haben. Doch Michelangelo fügte den fertigen Arm nicht der Figur an. Warum? Wir wissen es nicht. Nach seinem Tode taten es andere. Der ergänzte Arm war ausgestreckt, wie Michelangelo es wollte, aber aus Gips statt aus Marmor. Das störte jahrhundertelang nicht die Bewunderer dieser Figur.

1906: Der deutsche Archäologe Ludwig Pollak entdeckt im Lager eines römischen Steinmetzen einen Marmorarm, dessen Ellbogen angewinkelt war und um den sich eine Schlange wand. Als mögliche Variante statt des ausgestreckten Laokoonarms schenkte er ihn den Vatikanischen Museen. Dort wanderte er ins Magazin. Dort blieb er bis . . .

1957. Bei Straßenbauarbeiten werden bei Sperlonga, einem Küstenort 120 Kilometer südlich Roms, unter antiken Marmorfragmenten Körperteile von einer Marmorgruppe gefunden. Als Professor Giulio Jacopi die Marmorpuzzles zusammensetzte, entstand eine Laokoongruppe. Mit Figuren zweimal so groß wie ein Mensch - und damit fast dreimal so groß wie sein Namensvetter im Vatikan. Mehr noch: An einigen Fußbruchstücken waren Reste von Signaturen zu erkennen, die Gutwillige als »Athenodorus, Hagesandrus und Polydorus« entzifferten. Jene Namen also, die Plinius als Schöpfer der Laokoongruppe genannt hatte. Und auch für den Fundort Sperlonga gab es eine Erklärung: Hier hatte Kaiser Tiberius seinen Sommersitz gehabt. Hatte er das Laokoonoriginal besessen?

1958 und in den folgenden Jahren entfaltete die »Antikenabteilung« der Vatikanischen Museen eine geradezu hektische Aktivität um ihren Laokoon. Das Bildwerk wurde von allen Ergänzungen befreit und in seine Originalteile zerlegt. Das Ergebnis war doppelt aufschlußreich:

Erstens: Mindestens fünf Restauratoren hatten sich im Laufe der Jahrhunderte an der Gruppe zu schaffen gemacht.

Zweitens: Am rigorosesten war der große Michelangelo der Figur zu Leibe gerückt. Er hatte, um sich die Vorbereitung für die Anpassung seines Armes zu erleichtern, einfach die Bruchstelle glattgesägt! Aber an der Schulter entdeckte man ein Loch, und da hinein paßte der Rest eines Bronzestifts an dem 1906 gefundenen, angewinkelten Arm. Was Ludwig Pollak nicht für möglich gehalten hatte, wurde bestätigt: »sein« Arm war der echte Arm!

1960. Von nun an drückt Laokoon wieder wie in der Antike die Schlange nicht mehr mit gestrecktem rechtem Arm von sich, sondern versucht, sich mit gebeugtem Arm aus der Verschlingung zu befreien.

Ein guter Test, um festzustellen, ob Kunstbände, Reise- und Museumsführer auf dem jüngsten Stand sind: Bücher, die die Laokoongruppe noch mit gestrecktem Arm zeigen, sind veraltet.

Ist dies das Ende der Laokoon-Odyssee durch die Jahrtausende? Nein, denn nun mußte geklärt werden, was es mit der zweiten, in Sperlonga gefundenen Laokoongruppe auf sich hatte. Sie stellt, wie es Professor Dr. Bernard Andreae nachwies, nicht den Laokoon mit seinen Söhnen dar, sondern die Blendung des Kyklopen Polyphem durch Odysseus.

1986 beschäftigte sich Andreae erneut mit der Laokoongruppe. In einem Artikel für die Beilage der »Frankfurter Allgemeinen Zeitung« vom 26. Juli stellt er die Behauptung auf, diese Figuren verdankten ihre Berühmtheit ». . . der wohl erstaunlichsten und kunstgeschichtlich folgenreichsten Fehlinterpretation eines lapidaren Satzes . . .«. Andreae meinte damit den Plinius-Satz, »dieses Kunstwerk ist allen Werken sowohl der Malerei als auch der Bildhauerkunst vorzuziehen«.

Andreae stellt fest, daß das, was bisher immer mit »Bildhauerkunst« übersetzt worden war, bei Plinius »statuaria ars« lautete. Dies aber, so Andreae, heißt »nach Auskunft der einschlägigen Fachlexika nicht Plastik allgemein, sondern unzweifelhaft und ausschließlich Bronzeguß«. Andreae ergänzt: »Der Satz des Plinius lautet in exakter Übersetzung: ›Diese Ausführung (zu ergänzen: in Marmor) ist allen anderen in Malerei und Bronzeguß vorzuziehen.‹ Plinius will nur sagen, daß ihm die Version des Laokoon in Marmor besser gefällt als alle anderen, die er kennt, in Malerei oder Bronze.«

Daraus folgt, daß es offenbar Laokoondarstellungen auch in Bronze gegeben hatte. Und meistens waren jene aus Bronze die Originale, die Kopien aus Marmor. Ob dies auch für den Laokoon galt - darüber müßten doch die Funde von Sperlonga Auskunft geben können. Schließlich hatte man dort Stücke mit Signaturen jener Künstler gefunden, die laut Plinius auch den Laokoon geschaffen hatten. In ihrer Lebenszeit mußte der Laokoon entstanden sein. Klang logisch, erwies sich aber als falsch. Was in Sperlonga gefunden und den drei Künstlern zugeordnet wurde, stammte sowohl aus dem 2. vorchristlichen wie aus dem 1. christlichen Jahrhundert. Ein Lebensalter von dreihundert Jahren aber wurde höchstens alttestamentarischen Propheten nachgesagt.

Es gab nur eine Erklärung, wie die drei Bildhauer Kunstwerke aus so unterschiedlichen Epochen schaffen konnten: Ihre Produkte waren keine Originale, sondern Kopien. Damit wurden die Künstler von genialen Bildhauern zu begabten Kopisten degradiert. Die Frage blieb: Hatten sie auch die vatikanische Laokoongruppe kopiert?

Vieles spricht dafür, und um ein Haar hätte es sogar einen Beweis gegeben. Die deutsche Archäologin Dr. Christa Hees-Landwehr hatte nachweisen können, daß Gipsfragmente, auf die man 1954 zufällig gestoßen war, Reste römischer Gußformen zur Herstellung von Kopien nach griechischen Vorbildern waren. Mehr noch: Einige Gipsteile konnten zweifelsfrei als Formen für den »Apoll vom Belvedere« und den »Epheben Westmacott« bestimmt werden. Beides sind also mit Sicherheit Kopien nach griechischen Originalen. Für den Laokoon jedoch fand sich kein solcher Gußformrest.

Es werden sich also auch weiterhin die Regale der kunstgeschichtlichen Seminare mit Laokoonliteratur füllen wie nun schon seit Jahrhunderten. Das ist gut so, Zweifel und gegenteilige Meinungen sind das Salz jeder wissenschaftlichen Forschung.

*

Das Schlimmste, was sich ein bildungshungriger Tourist in Rom antun kann, ist, *alles* sehen zu wollen. Was man wegläßt, muß jeder selbst entscheiden, mit Sicherheit kann man sich den Weg in die Via Nazionale zum »Torre di Nerone« sparen. Er hat nichts mit Nero oder einem anderen alten Römer zu tun. Obgleich der Turm einwandfrei als ein mittelalterlicher »Baronel«-Turm zu erkennen ist, hält sich die Behauptung, Nero habe »lautespielend und singend« von diesem Turm aus den Brand Roms betrachtet. Macht man lokalpatriotische Römer darauf aufmerksam, daß dies vom Bau her niemals stimmen könne, bekommt man zur Antwort, daß dann eben vorher hier ein Turm für Nero gestanden habe oder eigens für das Brandspektakel errichtet worden sei. So beharrlich hielt sich diese Behauptung, daß durch Stichgrabungen ihre Haltlosigkeit bewiesen werden mußte. An Roms antiker Vergangenheit führt eben kein Weg vorbei.

Die Mehrzahl der Historiker hält es inzwischen übrigens für erwiesen, daß Nero die Stadt nicht aus reiner Brandlust anstecken ließ; er scheint vielmehr die Absicht gehabt zu haben, Rom zu verschönern und die Elendsviertel abzureißen. Dabei mußte er zu dem drastischen Ausweg des Niederbrennens greifen, da die Bewohner dieser Bezirke nicht zu vertreiben waren, obgleich man ihnen bessere Quartiere zur Verfügung stellte.

Warum soll es im alten Rom anders gewesen sein als heute an vielen Plätzen Südamerikas und der dritten Welt?

*

Die Spanische Treppe mit ihrem barocken Schwung ist Zweckbau und Kunstwerk in einem. Schon im Altertum war dieser Platz viel besucht. Hier stand mit weitem Panoramablick die Villa des Lucullus mit ihren berühmten Gärten, die jedermann offenstanden.

Lucull, der Urvater aller Gourmets, begann seine Karriere als ein Mann des Schwertes. Er war römischer Feldherr und ein erfolgreicher obendrein, wenn man kriegerischen Erfolg an der Beute mißt, die einer nach Hause bringt. Was Lucullus aus den Pontischen Kriegen an Schätzen nach Rom brachte, erlaubte ihm von 59 v. Chr. an ein Leben in Luxus und Vergnügen. Leider nur vier Jahre lang. Er starb 55 v. Chr.

Eines seiner »Mitbringsel« genießen wir noch heute: In Kleinasien hatte er Cerasusfrüchte entdeckt, deren Bäume in Rom angepflanzt. So kam durch ihn diese Frucht nach Europa.

Das Wort »Cerasus« ist übrigens eine gute Gelegenheit, den alten Streit, ob die Römer das C wie K oder wie Z gesprochen haben, wiederaufleben zu lassen. Ginge es nach unserer *K*irsche, dann sprachen sie es wie K, folgt man aber den Franzosen, die aus Cerasus Cerise abgeleitet haben, dann haben die Römer Z gesagt, wenn sie C schrieben. K oder C – es bleibt ein Streit um des »Zäsars« (oder »Käsars«) Bart.

Plutarch hat Lucullus, von dem es hieß, mit ihm sei »nicht gut Kirschen essen«, nicht gemocht. Er spottete über seine »neureichen« Eßsitten und sprach ihm jeden Geschmack ab. Diese schlechte Meinung hat die Nachwelt zu Recht korrigiert. Lucullus war ein gebildeter Lebenskünstler. Er aß zwar nicht nur, um zu leben, aber er lebte auch nicht nur, um zu essen. Er las viel und begriff, was er las. Seine gutbestückte Bibliothek war jedermann zugänglich. In seiner römischen Villa speisten Cato, Cicero, Pompejus, alles, was Rang und Namen hatte.

Lucullus hat das Essen von der Nahrungsaufnahme zum Vergnügen gemacht, ohne daraus ein Happening werden zu lassen, wie es dann unter Nero geschah. Nicht das gute Essen, die Eßkultur beginnt mit Lucullus.

Wenn die Gerichte saftig und nahrhaft waren, fragte man nicht nach dem Drumherum. Gegessen wurde mit den Fingern, die ungeniert auf der blanken Tischplatte abgewischt wurden. Erst zu Ovids Zeit (43 v. Chr. bis 17 n. Chr.) gehörte es zum guten Ton, seine eigene Serviette mitzubringen, und er erinnerte sich: »Einst saß man auf hölzernen Bänken und glaubte, daß die Götter am Mahl teilnähmen.«

Haben Sie bei dem Wort »saß« gestutzt? Es stimmt! In den frühen Jahrzehnten aßen die Römer wirklich sitzend. Erst später übernahmen sie die asiatische Sitte, ihre Hauptmahlzeiten halb liegend einzunehmen. Anfangs nur die Männer, später auch die Frauen, niemals die Kinder. Sie mußten ihre Suppe immer im Sitzen auslöffeln. Gekocht wurde in der »guten, alten Zeit« in der eigenen Küche. Entweder von der Hausfrau oder einer Sklavin. Nur wenn Gäste eingeladen waren - ein Sprichwort hieß: »Sieben Gäste ein Mahl, neun Gäste eine Qual« -, wurden Köche gemietet. Sie boten ihre Dienste auf dem Markt an. Es gab nur wenig gute, dafür sehr viel unehrliche unter ihnen.

Unter Nero (54 bis 68 n. Chr.) änderten sich die Tisch- und Eßgewohnheiten total. Wer etwas darstellen wollte, mußte sich eigene Köche halten. Nicht ein oder zwei, nein, mindestens ein Dutzend arbeiteten nun an den Herden und Kesseln. Jeder von ihnen war ein Spezialist, in Kochfachschulen ausgebildet und teurer als ein Hauslehrer. Seneca, der dieser Entwicklung fassungslos gegenüberstand, rief entsetzt aus: »Wieviel Menschen kann doch ein einziger Bauch ernähren!«

Auf einer »Feinschmecker«-Speisekarte jener Zeit fanden sich Gerichte wie gebackene Hahnenkämme, Salat aus Flamingo- oder Papageienzungen, gebratene Kamelfersen, Mägen von Kanarienvögeln und was der »Delikatessen« für ausgeflippte Gaumen mehr sind. Gleichgültig, wie es schmeckte, wenn es nur selten war und aus fernen Ländern kam.

Unberührt von allem modischen Schnickschnack blieben die Rituale zu Beginn und am Ende eines Mahls. Bevor man den ersten Bissen nahm, wurden die Götter angerufen, und vor dem ersten Schluck mußte ein wenig Wein auf den Boden geschüttet werden. Hatte der Hausherr das Mahl für beendet erklärt - nur er konnte das - verteilten seine Sklaven die Reste des Hauptgangs unter die Gäste. Jeder durfte soviel mitnehmen, wie noch vorhanden war.

Zweitausend Jahre ist das nun schon her. Der Sprung von der reichgedeckten Tafel des Lucullus zurück auf die Spanische Treppe von heute ist groß. Wo einst reiche Römer im Fackelschein sich in Sänften tragen ließen, sitzen heute Jeans- und Rucksacktouristen. Wo einst ein falsch gewürzter Kapaun den Koch das Leben kosten konnte, werden heute Hot dogs und Hamburger gemampft. Nur die Blumenstände am Fuße der Treppe bestätigen mit ihrer bunten Blütenfülle, was jeder, der Rom einmal sah, ohnehin weiß: Diese Stadt besitzt das Geheimnis ewiger Jugend.

*

Irgendwann - meist nach drei, vier Tagen - wird auch der aufgeschlossenste Romtourist ruinen-, tempel- und kirchenmüde. Für ihn bietet Rom ungewöhnliche Ziele: antike Gefängnisse. Das bekannteste ist der Mamartiuskerker nahe dem Forum Romanum zwischen der Kirche San Giuseppe Felegnami und dem Concordiatempel. Die christlich-heidnische Nachbarschaft paßt zu diesem Gefängnis, in dessen Zellen frühe Christen und alte Heiden litten und starben. Es war das römische Staatsgefängnis. In seinem unteren Raum (mehr ein Loch) wurden die Feinde Roms hingerichtet. Vercingetorix, jener Gallier, der Cäsar durch Partisanenangriffe ganz schön zu schaffen machte, wurde hier enthauptet. Auch Petrus soll hier eingesessen haben. Die Fremdenführer zeigen, ohne mit der Wimper zu zucken, eine Quelle, die er angeblich entspringen ließ, um seine Wärter taufen zu können, als brauche es solcher Legenden, um einen Platz interessant zu machen, an dem das Schwert eines Rebellen und das Kreuz der Gläubigen so eng aneinandergekettet waren ...

*

Ein anderes Gefängnis existiert zwar nicht mehr, doch kann man den Platz, wo es einst stand, nicht verfehlen, denn jetzt bieten sich dort die Ruinen des Teatro Marcello als Fotomotiv an. So wie es heute ausschaut, wurde es im Mittelalter unter den Savellis als Befestigung ausgebaut. Bereits Cäsar hatte mit dem Bau des Theaters begonnen, aber erst Augustus erlebte dort die erste Premiere. Zehntausend Zuschauer sollen in ihm Platz gefunden haben.

Wer glaubt, Cäsar hätte, um das Theater bauen zu können, jenes Gefängnis abreißen lassen müssen, der unterschätzt die Vielfalt römischer Baugeschichte. Nein, kein Gefängnis mußte abgerissen werden, sondern ein Tempel, der genau an der Stelle, an der sich einst das Gefängnis befand, im zweiten vorchristlichen Jahrhundert errichtet worden war.

Ein Tempel anstelle eines Kerkers? Ungewöhnlich, aber verständlich, denn ohne daß sich vorher dort ein Gefängnis befunden hätte, wäre der Tempel nicht an dieser Stelle erbaut worden. Er war der Pietas geweiht. Vergeblich sucht man im griechisch-römischen Götterhimmel nach einer Göttin dieses Namens. Pietas ist kein Göttername, sondern der einer Tugend: der liebenden Ehrfurcht, sowohl den Göttern, den Eltern, dem Vaterland wie auch Fremden gegenüber. Unsere Worte Pietät und Pieta, für die Darstellung der trauernden Mutter Maria mit dem Leichnam Christi, haben im lateinischen Pietas ihre Wurzel.

In ganz Rom gab es für diese Tugend nur diese eine Weihestätte. Warum sie ausgerechnet anstelle des Gefängnisses errichtet worden ist, steht bei Plinius dem Älteren im siebten Buch seiner Naturgeschichte. Er berichtet, daß hier eine Frau aus ärmlichsten Verhältnissen eingekerkert und zum Hungertod verurteilt war. Die einzige Erleichterung, die man der Todeskandidatin gewährte, waren Besuche ihrer Tochter.

Jedesmal, bevor diese zur Mutter durfte, wurde jeder Zentimeter ihres Körpers und Kleides peinlichst kontrolliert, damit auch nicht ein Krümel Nahrung der Mutter zugeschoben werden konnte. Doch trotz dieser Überprüfung fanden die Wärter die Mutter nach jedem Besuch der Tochter frischer und munterer als vorher. Die Wärter beschlossen, sich Klarheit zu verschaffen, und drangen, als die Tochter wieder einmal zu Besuch war, in den Kerker ein. Was sie sahen, machte sie sprachlos: Die Tochter nährte die Mutter mit der Milch ihrer Brüste.

Die Obrigkeit verneigte sich vor dieser Pietas der Tochter; der Mutter wurde das Leben geschenkt, mehr noch: Beide erhielten auf Lebenszeit vom Senat ein Unterhaltsgeld.

Wenn Sie bei Ihrem Stadtbummel vor dem Teatro Marcello stehen und zu seinen Arkaden emporschauen, dann fragen Sie sich bitte, ob Sie eine andere Stadt außer Rom kennen, in der an einem Platz ein Kerker, ein Tempel und ein Theater standen - und hinter jedem eine lebenspralle Geschichte.

Die Antike ist so reich an Heldensagen. Auch von listigen Streichen wird oft berichtet. Freundschaft und Treue bis in den Tod, Liebe, die alle Widerstände überwindet, kehren als Themen in Geschichten und Gesängen immer wieder, doch eine Geschichte wie die der Pietas, die Tochterliebe, List und ungewöhnliche Hilfe vereint, kenne ich nur von diesem Platz in Rom.

Vielleicht heißt sie auch deshalb »Ewige Stadt«.

Gruß zurück - Dank nach vorn

Das Altertum ist jung.

Stimmt dieser Satz aus der Einleitung, oder hat Terenz recht mit seiner resignierten Feststellung: »Es gibt nichts mehr zu sagen, das nicht früher schon einmal gesagt worden wäre«?

Die Entscheidung liegt bei Ihnen.

Worte können immer nur Wege weisen, und nur jene Antworten taugen, die neue Fragen provozieren.

Auf dieses Buch bezogen, heißt das: Die Antike lebt, solange wir in ihr eine Herausforderung sehen.

Viele Bücher waren wichtige Begleiter auf meinen Reisen, eines vor allem war unentbehrlich: mein Notizbuch mit Anmerkungen und den Namen derer, die auf den Streifzügen rund ums Mittelmeer meinen Weg kreuzten:

Fachgelehrte in großer Zahl, deren Auskunft mich aus mancher Sackgasse führte, Dolmetscher, die mir verschlossene Sprachwelten öffneten, Reisebüro- und Hotelmanager, die Unmögliches möglich machten, Instituts- und Museumsleiter, deren Informationen Lücken überbrücken halfen, Reisebekanntschaften für Stunden und solche, aus denen Freundschaften wurden. Bauern, mit denen ich aß, Fischer, mit denen ich trank, Fellachen, mit denen ich mich nur durch Blicke und Gesten verständigen konnte.

Ihnen allen Dank nach der Sitte ihrer Länder: durch Kopfnicken, Händeschütteln, Schulterklopfen oder vollbrustige Umarmung mit Bruderkuß.

Diesmal sag' ich nicht zum Abschied, diesmal schreib' ich's allen Freunden an den ewig jungen Gestaden der Götter: Auf Wiedersehen!

M. B.

Literaturverzeichnis

Allgemein

Bartels, Klaus: Streiflichter aus der Antike. Zürich 1981.

Bartels, Klaus: Sokrates im Supermarkt. (Neue Streiflichter aus der Antike.) Zürich 1986.

Ceram, C. W.: Götter, Gräber und Gelehrte. (Roman der Archäologie.) Hamburg 1949.

Ceram, C. W. (Hrsg.): Ruhmestaten der Archäologie. (Götter, Gräber und Gelehrte in Dokumenten.) Reinbek 1965.

Ceram, C. W.: Götter, Gräber und Gelehrte im Bild. Reinbek 1972.

Glyn, Daniel (Hrsg.): Enzyklopädie der Archäologie. (Deutscher Herausgeber Joachim Rehork.) Bergisch-Gladbach 1980.

Göll, Hermann: Göttersagen und Kulturformen der Hellenen, Römer, Ägypter, Inder, Perser und Germanen. 4. vermehrte und verbesserte Auflage o. J.. Faksimile-Edition Wiesbaden 1979.

Gorys, Erhard: Kleines Handbuch der Archäologie. (Ausgrabungen und Ausgräber, Methoden und Begriffe.) München 1981.

Göttlicher, Arvid: Die Schiffe der Antike. Berlin 1979.

Hafner, German: Sternstunden der Archäologie. (Wissenschaftler auf den Spuren alter Kulturen.) Düsseldorf/Wien 1978.

Hafner, German: Tatort Antike. (Archäologen auf den Spuren verschollener Kunstwerke.) Düsseldorf/Wien 1979.

Heyden, van der, A. A. M. (Hrsg.): Bildatlas der klassischen Welt. (Deutsche Ausgabe Hans E. Stier.) Gütersloh 1960.

Hockmann, Olaf: Antike Seefahrt. München 1986.

Irmscher, Johannes (Hrsg.), in Zusammenarbeit mit Renate Johne: Lexikon der Antike. Leipzig 1977.

Kerényi, Karl: Auf Spuren des Mythos. München 1967.

Paul, Eberhard: Gefälschte Antike. Leipzig 1981.

Popp, Hermann: Antike Kriegskunst. München 1935.

Pörtner, Rudolf (Hrsg.): Alte Kulturen ans Licht gebracht. (Neue Erkenntnisse der modernen Archäologie.) Düsseldorf 1975.

Prause, Gerhard: Tratschkes Lexikon für Besserwisser. München 1984.

Prause, Gerhard: Spuren der Geschichte. (Mit Archäologen auf großen Grabungen.) Stuttgart 1988.

Schlegel, August Wilhelm von: Griechisches und römisches Theater. Leipzig und Wien o. J.

Schulz, Eberhard: Die archäologische Landschaft. München 1974.
Sontheimer, Walther/Ziegler, Konrat (Hrsg.): Der kleine Pauly. Lexikon der Antike. 5 Bde. Stuttgart 1964–1975.
Spengler, Oswald: Der Untergang des Abendlandes. (Umrisse einer Morphologie der Weltgeschichte.) Bd. 1 und 2. München 1931.
Veit, Ludwig (Hrsg.): Lesebuch der Antike, Bd. 1-3. München 1986.
Wheeler, Mortimer (Sir): Moderne Archäologie. (Methoden und Technik der Ausgrabung.) Übersetzt von Anne Strecker. Hamburg 1960.
Yonah, Michael Avi/Shatzmann, Israel: Illustrierte Enzyklopädie des Altertums. Übersetzt von Hermann Teifer. Königstein/Ts. 1979.

Malta

Mayr, Anton: Die vorgeschichtlichen Denkmäler von Malta. Leipzig 1901.
Muscat, S. J.: The Megalithic Temples of Tarxien-Hagar Qim, Mnajdra and Ggantija. Malta 1979.
Zammit, Themistocles (Sir): Malta, the islands and their history. Valletta 1926.

Ägypten

Barthel, Manfred: Was wirklich in der Bibel steht. 2. überarb. u. erg. Aufl. Düsseldorf 1986.
Beltz, Walter: Die Mythen der Ägypter. Düsseldorf 1982.
Clayton, Peter A.: Das wiederentdeckte alte Ägypten in Reiseberichten und Gemälden des 19. Jahrhunderts. Übersetzt von Joachim Rehork. Bergisch-Gladbach 1983.
Desroches-Noblecourt, Christian/Gustner, Georg: Die Welt rettet Abu Simbel. Wien/Berlin o. J.
Erman, Adolf: Ägypten und ägyptisches Leben im Altertum. Neu bearbeitet von Hermann Ranke. Hildesheim 1981.
Katalog. Das Museum für altägyptische Kunst in Luxor. Übersetzt von Marguerite Haeny. Mainz 1981.
Katalog. Die Hauptwerke im Ägyptischen Museum Kairo. Herausgegeben vom Antikendienst der Arabischen Republik. Mainz 1986.
Leca, Ange-Pierre: Die Mumien. Übersetzt von Erika Remberg. Düsseldorf/Wien 1982.
Michalovski, Kazimierz: Ägypten, Kunst und Kultur. Übersetzung: Wilfried Seipel. Freiburg 1969.
Paczensky, Gert/Ganslmayr, Herbert: Nofretete will nach Hause. (Europa – Schatzhaus der »Dritten Welt«.) München 1984.

Posener, Georg: Lexikon der ägyptischen Kultur. Übersetzt von Jürgen und Irmgard Beckerath. München 1960.

Pückler-Muskau, Hermann Fürst von: Aus Mehemed Alis Reich. 3 Bde. Leipzig 1844.

Strelocke, Hans: Ägypten und Sinai. 9. erw. Aufl. Köln 1984.

Tompkins, Peter: Cheops. Die Geheimnisse der großen Pyramide. Übersetzt von Herbert Drube. 4. Aufl. Bern und München 1973.

Vandenberg, Philipp: Der Fluch der Pharaonen. Bern und München 1973.

Wildung, Dietrich: Sesostris und Amenemhet. (Ägypten im Mittleren Reich.) München 1987.

Zauzieh, Karl-Theodor: Hieroglyphen ohne Geheimnis. Bd. 6 der Kulturgeschichte der antiken Welt. Mainz 1980.

Kreta, Santorin

Horwitz, Sylvia L.: Knossos. Übersetzt von Joachim Rehork. Bergisch-Gladbach 1983.

Kehnscherper, Günther: Kreta, Mykene, Santorin. Leipzig/Jena/ Berlin 1980.

Knidlberger, Lois: Santorin, Insel zwischen Traum und Tag. Landsberg 1981.

Leonhardt, Rudolf Walter: Bemerkenswert: Bienen und Busen. Wie und warum Kreta die Keimzelle unserer Kultur wurde. In: DIE ZEIT, 4. 11. 1983.

Schachermeyer, Fritz: Die minoische Kultur des alten Kreta. Stuttgart 1984.

Spamuth, Jürgen: Atlantis. Tübingen 1965.

Wunderlich, Hans Georg: Wohin der Stier Europa trug. Reinbek 1972.

Griechenland

Aischylos: Tragödien und Fragmente. Verdeutscht von Ludwig Wolde. Wiesbaden o. J.

Aksit, Ilhan: Westanatolische Zivilisationen. Istanbul 1986.

Bamm, Peter: An den Küsten des Lichts. Variationen über das Thema Aegaeis. München 1961.

Denel, Leo: Heinrich Schliemann. Übersetzt von Gertrud Baruch. München/Wien 1979.

Deutsches Archäologisches Institut Athen: Führer durch Tiryns. Athen 1975.

Finley, Moses/Pleket, H. W.: Die Olympischen Spiele der Antike. Übersetzt von Karl Berisch. Tübingen 1976.

Habicht, Christian: Pausanias und seine »Beschreibung Griechenlands«. München 1987.

Heinemann, Karl: Die klassische Dichtung der Griechen. Leipzig 1912.

Homer: Die homerischen Götterhymnen. Verdeutscht von Thassilo von Scheffer. Jena 1927.

Homer: Ilias - Odyssee. Übersetzt von Johann Heinrich Voß. 2. Aufl. München 1982.

Homer: Die Odyssee. Übersetzt in deutsche Prosa von Wolfgang Schadewaldt. Hamburg 1958.

Jaeger, Werner: Paideia. Die Formung des griechischen Menschen. Bd. 1 und 2. 2. Aufl. Berlin/Leipzig 1936.

Kerényi, Karl: Die Mythologie der Griechen. Bd. I: Die Götter- und Menschheitsgeschichten. Bd. II: Die Heroengeschichten. 6. Aufl. München 1983.

Licht, Hans: Sittengeschichte Griechenlands. (Neu herausgegeben von Herbert Lewandowski.) Stuttgart o. J.

Luce, I. V.: Archäologie auf den Spuren Homers. Übersetzt von Joachim Rehork. Bergisch-Gladbach 1975.

Nichols, Marianne: Als Zeus die Welt in Atem hielt. (Götter und Helden der Antike haben wirklich gelebt.) Übersetzt von Jürgen Bavendamm. Bern und München 1975.

Papachatzis, Nikos: Mykene - Epidauros - Tiryns - Nauplia. (Führer durch die klassischen Stätten der Argolis.) Übersetzt von Argyres Petronokis unter Mitwirkung von Elfriede und Euthymios Gazis. Athen 1978.

Photinos, Spyros: Olympia. (Vollständiger Führer.) Athen 1972.

Pleticha, Heinrich/Schönberger, Otto: Die Griechen. Ein Lexikon zur Geschichte des klassischen Griechenlands. Bergisch-Gladbach 1984.

Pollak, Kurt: Die Heilkunde der Antike. Düsseldorf/Wien 1969.

Ranke-Graves, Robert von: Griechische Mythologie. (Quellen und Deutung.) Übersetzt von Hugo Seinfeld unter Mitwirkung von Borris von Borresholm. Neuausgabe. Reinbek 1984.

Schadewald, Wolfgang: Von Homers Welt und Werk. Leipzig 1944.

Schliemann, Heinrich: Abenteuer meines Lebens. Leipzig 1982.

Schliemann, Heinrich: Mykenae. Bericht über meine Forschungen und Entdeckungen in Mykenae und Tiryns. Darmstadt 1964.

Schwab, Gustav: Sagen des klassischen Altertums. 7. Aufl. München 1978.

Simon, Erika: Die Götter der Griechen. (Aufnahmen von Max Hillner u. a.) Studienausgabe. München 1985.

Steinert, Harald: Enthält die »Ilias« Homers historische Wahrheit? (Über einen Vortrag des Tübinger Archäologen Prof. Dr. Manfred Kaufmann in der Frankfurter Allgemeinen Zeitung v. 8. 2. 1985.)

Steinert, Harald: Die Legende vom Schatz des Priamos. In: Frankfurter Allgemeine Zeitung, 30. 4. 1985.

Temple, Robert K. G.: Götter, Orakel und Visionen. (Die Zukunftsschau im Altertum und heute.) Übersetzt von W. Gutbrod und Ingeborg Hartmann. Frankfurt 1982.

Thukydides: Politische Reden. Ausgewählt, übersetzt und eingeleitet von Otto Regenbogen. Leipzig 1949.

Vandenberg, Philipp: Das Geheimnis der Orakel. Archäologen entschlüsseln das Mysterium antiker Voraussagen. München 1979.

Weltwunder (Allgemein)

Dawid, Maria: Weltwunder der Antike. Frankfurt/Innsbruck (1968).

Ekschmitt, Werner: Die Sieben Weltwunder. Ihre Erbauung, Zerstörung und Wiederentdeckung. Mainz 1984.

Pombart, Theodor: Die sieben Weltwunder des Altertums. Tusculum Schriften.

Zamarovsky, Vojsteîde: Den sieben Weltwundern auf der Spur. Brockhaus, Leipzig 1981.

Weltwunder (Einzeldarstellungen)

Andrae, Walter: Die versunkene Weltstadt und ihr Ausgräber Robert Koldevey. Berlin 1952.

Arnold, D.: Überlegungen zum Problem des Pyramidenbaus. Aus: Mitteilungen des Deutschen Archäologischen Instituts. Kairo.

Bamm, Anton: Das Heiligtum der Artemis von Ephesus. Graz 1984.

Jenkins, Nancy: Das Schiff in der Wüste. Übersetzt von Volker Bradke. Frankfurt 1980.

Jeppesen, Kristian: Neue Ergebnisse zur Wiederherstellung des Maussolleions von Helikarnassus. Aus: Istanbuler Mitteilungen 26, 1976.

Mallvitz, Alfred: Olympia und seine Bauten. 2. Aufl. München 1974.

Mallvitz, Alfred/Schiering, Wolfgang: Die Werkstatt des Phidias in Olympia. Teil 1 (Olympische Forschungen V). Berlin 1964.

Michalovski, Kazimierz: Alexandrien. Übersetzt von Wilfried Seipel. Wien/München 1970.

Nagel, Walter: Wo lagen die »Hängenden Gärten« in Babylon? Aus: Mitteilungen der Deutschen Orient-Gesellschaft 110, 1978.

Newton, C. T.: A History of Discoveries at Halicarnassus, Cnidus and Branchidae. London 1982.

Riemschneider, Margarete: Rhodos, Kultur und Geschichte. Wien/München 1974.

Seiterle, Gérard: Artemis - Die große Göttin von Ephesus. Aus: »Antike Welt«, Heft 3, 1979.

Rom

Andreae, Bernard: Die Entdeckung des Laokoon. Frankfurter Allgemeine Zeitung (Beilage), 26. 7. 1986.

Barthel, Manfred: Amors süße Pfeile. Bergisch-Gladbach 1984.

Christ, Karl: Die Römer. Eine Einführung in ihre Geschichte und Zivilisation. 2. überarb. Aufl. München 1984.

Dal Maso, Leonardo B.: La Rome de Césars. Franz. von Micheline Gille. Roma 1975.

Daniele, Nunzio: Paestum. Hypothesen und Wirklichkeit. Genova 1984.

Der Spiegel. Kultur auf dem Lande. Nr. 28/1987.

Grant, Michael: Pompeji, Herculaneum. Untergang und Auferstehung der Städte am Vesuv. Übersetzt von Hans Jürgen v. Koskull. Bergisch-Gladbach 1978.

Hees-Landwehr, Christa von: Griechische Meisterwerke in römischen Abgüssen. (Der Fund von Baia.) Ausstellungskatalog. Freiburg 1982.

Kuypers, Franz: Rom. Zeiten, Schicksale, Menschen. Leipzig 1927.

Metzner, Adolf: Die Helden des lärmenden Zirkus. In.: DIE ZEIT Nr. 52, 1982.

Napoli, Mario (Hrsg.): Paestum. Novara 1970.

Personenregister

Sach- und Ortsregister

Schauplätze der Antike im östlichen Mittelm